U0525707

全球视野下的
投资机会

时寒冰◎著

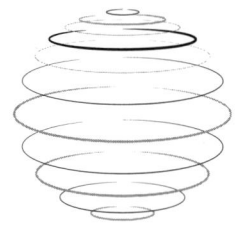

图书在版编目（CIP）数据

全球视野下的投资机会 / 时寒冰著. -- 北京：中信出版社，2025.8. -- ISBN 978-7-5217-7542-6

Ⅰ.F831.6

中国国家版本馆 CIP 数据核字第 20256C4F78 号

全球视野下的投资机会

著者： 时寒冰
出版发行： 中信出版集团股份有限公司
（北京市朝阳区东三环北路 27 号嘉铭中心　邮编 100020）
承印者： 河北鹏润印刷有限公司

开本：787mm×1092mm 1/16　　印张：26　　字数：308 千字
版次：2025 年 8 月第 1 版　　印次：2025 年 8 月第 1 次印刷
书号：ISBN 978-7-5217-7542-6
定价：88.00 元

版权所有·侵权必究
如有印刷、装订问题，本公司负责调换。
服务热线：400-600-8099
投稿邮箱：author@citicpub.com

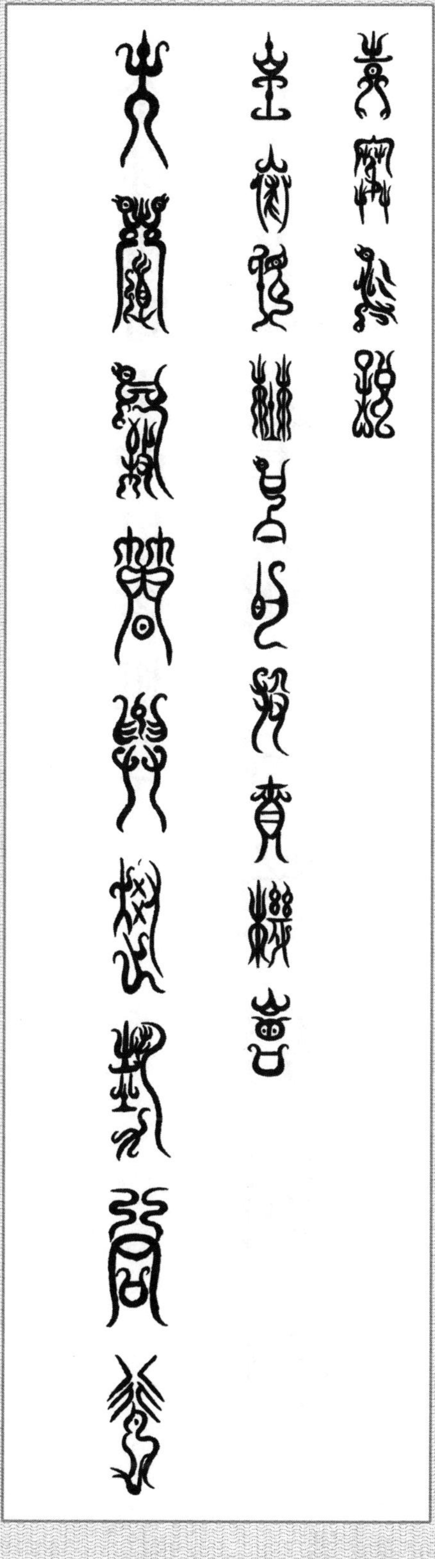

时寒冰说

全球视野下的投资机会

大道至简与趋势同行

目　录

序一　大争之世的"投资宝典"
/ VII /

序二　莫逆于心两共鸣
/ XI /

序三　洞见未来的智者
/ XV /

序四　俯瞰全球，开启投资之门
/ XIX /

自　序
/ XXIII /

第一章　高盈利的源头 / 001 /

抓住财富的密码　/ 003 /

第五次产业大转移与未来 30 年国运　/ 010 /

紧抓稀缺性　/ 015 /

与确定趋势同行（上）　/ 026 /

与确定趋势同行（下）　/ 035 /

要点总结　/ 042 /

第二章　趋势起源：币漫金山 / 045 /

　　确定性中的好机会　/ 047 /

　　全球央行在疯抢　/ 051 /

　　正在走向枯竭　/ 057 /

　　投资黄金须知这些　/ 061 /

　　未来的大趋势　/ 066 /

　　要点总结　/ 075 /

第三章　白银时代 / 077 /

　　讲一点儿历史背景　/ 079 /

　　内在属性巨变　/ 085 /

　　藏着一个宝藏　/ 092 /

　　黄金和白银，未来谁更强　/ 097 /

　　要点总结　/ 102 /

第四章　货币大比拼 / 105 /

　　货币是投资的命门　/ 107 /

　　货币在分化　/ 114 /

货币的支撑 /119/

去美元化浪潮的背后 /123/

货币的未来走向 /130/

要点总结 /142/

第五章 核电的历史机遇 /145/

人工智能时代 /147/

新能源的短板 /155/

在争议中冒进 /160/

真正的王者 /165/

未来的投资机会（上） /171/

未来的投资机会（下） /182/

要点总结 /192/

第六章 世界资本角逐美股 /195/

资本爱投美股 /197/

开启宝藏的钥匙 /202/

强者恒强，强中寻宝 /208/

寻找王者 / 215 /

要点总结 / 222 /

第七章　把握美债的机会 / 225 /

投资大佬爱投美债 / 227 /

投资美债的时机 / 231 /

趋势的节奏 / 235 /

要点总结 / 245 /

第八章　中药材 / 249 /

中药材火到海外 / 251 /

大力发展中医药 / 257 /

中医药的困局 / 261 /

中药材的机会 / 268 /

要点总结 / 274 /

第九章　小金属 / 277 /

越来越稀缺 / 279 /

钨：最不怕火炼 / 284 /

锂：鬼门关的领路者　/ 289 /

稀土：不稀有却稀缺　/ 297 /

钴：这个小"恶魔"　/ 308 /

锆：核电不能缺它　/ 314 /

铟：此砖胜过金砖银砖　/ 321 /

钛：机器人时代的灵魂　/ 325 /

要点总结　/ 330 /

第十章　投资大趋势　/ 333 /

资本市场的力量　/ 335 /

又到关键节点　/ 341 /

全球化坍塌　/ 347 /

大风险与大机会　/ 352 /

要点总结　/ 361 /

注　释　/ 365 /

序一
大争之世的"投资宝典"

我曾为寒冰的两部大作作过序,其中一篇的题目是"悲壮的先知"。我之所以将寒冰称为"先知"且冠之以"悲壮"二字,是因为在我眼里,寒冰不仅仅对经济、社会的现状与未来高度敏感甚至有一定的预知能力,更是一个对普罗大众深度同情且有责任感的人。这两种品质使寒冰每有新作,必不同凡响,这一点已在他的前两部大作发表后,为10多年来的全球经济巨变所验证。也正因此,我对他的这本书充满期待。

这是一本可以被称为"投资指南"甚至"投资宝典"的书,但它不同于如过江之鲫的其他投资类图书。在寒冰之前,这类著述或者是因侧重作者的实战体会而囿于个人经验,或者是因作者雾里看花而偏于隔靴搔痒,或者干脆就是作者既无经验,又无观察,东拼西凑而成。而寒冰的不是,他的这本书,可谓集他数十年对中国乃至全球的金融、资本、市场及投资领域的全方位深度考察、思考、总结之大成,是他的心血之作。

这本书几乎涉及所有重要的投资领域。如是,只要对所涉领域钻研不够,内容就很容易流于泛泛而谈;过于关注微观的话,这就又可能变成"盲人摸象",宏观视野不足。但寒冰用他细致入微、鞭辟入里的剖析,以及追根溯源、高屋建瓴的洞察,成功避免了陷入这类作品常见的两难之境。

正如这本书第一章,他开宗明义,谈"高盈利的源头"。在世人纷纷哀叹"钱越来越难赚"的当下,这是个让人心向往之又难免心生疑窦的话题。但寒冰没有用什么独门绝技吸引众人的眼球,而是直接告诉你能否"高盈利"取决于"趋势",也就是"资本""资源""人口"这三要素的流动方向。这一道理简单明了,直抵投资人心底。

又如第二章,他把话题转到了投资者的避险偏好——黄金。具有稳定性的贵金属固然是投资者趋之若鹜的重要产品,但各国央行甚至民间的疯狂追逐,使这一珍稀资源日益枯竭。黄金与黄金投资者未来将面临什么?对此,寒冰做出了他的趋势性预判。你可以不完全同意,但你不能不理会。

再如第四章第一小节"货币是投资的命门",这个标题初看上去不过是说出了人人都懂的道理,但时下貌似走弱的美元,为何于"货币在分化""去美元化浪潮"的呼声日渐高涨之际,依旧左右着全球资本的流向、流速和流量,这是投资者需要从美元及其他货币的根源进行透彻思考的问题。因此,我们不能绕开这一章。

不过,一切规律性的东西,通常都是历史峰值的总结。尽管很多人都赞同克罗齐所言"一切真历史都是当代史",但所有的"当代史"从未完全复制过任何一段过去的历史。这是因为任何一个历史上不曾出现过的变量,都可能改变历史的风貌和走向。这就需要我们不仅把握历史的规律,还要预知未来的趋势。在这一点上,寒冰显然心知肚明。对于所论及的每一个投资领域,他都逐一探讨了它们的来龙去脉,既追根溯源,又预估趋势,从而把不确定性压缩到最小。这里有他的经验,亦有他的远见。

今天,全球经济的最大变量,是特朗普第二次入主白宫。尽管他本人也是全球政治经济演变的产物,但他不同于常人的个性,毫无疑问会给时代烙下其鲜明的印记,其朝令夕改、充满不确定性的特点,影响着未来世界政治与经济的走向,这也必定会影响投资人的投资决策和方向。我相信细心的寒冰也会注意到这一点,并对此做出自己的趋势性预测。

在我看来,特朗普对中国打关税战,在全球范围内对"中国制造"围追堵截,目的就是通过加税,整体拉高"中国制造"的价格,使中国失去质高价低的成本优势,而这正是中国对美国来说的"致命优势"。而美国对各国打关税战,一是要多收各国产品进入美国的"门票";二是要用提高各国产品价格来拉高各国产品的成本水位,使其与美国的持平。一句话:通过给别国产品加税,让美国制造业恢复,并重获成本优势。针对中国,其在上述目标之外还有一个目标,那就是将中国制造业"打残",以打掉中国的发展势头。

如果上述目标达成,那么整个世界经济都将重新洗牌,我们已知的经济规律和趋势预测都可能被颠覆。但好在这个世界的算盘珠子,从来就不是被"如意"这根手指拨动的,一厢情愿的事情大都难以如愿,对特朗普来说亦是如此。

特朗普这一变量的出现,彻底地打乱了全球经济的盘面,这并非特氏一人之力所为,其背后的动因是美国内部的多重危机与矛盾。这意味着一切都已改变,包括经济发展的底层逻辑已从全球化转向逆全球化,这将击碎世人对"这世界会变好"的所有幻想。这些都是我们考虑经济与投资问题之前必须考虑的因素,否则船已离开,在原先的记号处是寻不到剑的。

唯一值得欣慰的是,在一个翻天覆地的大时代到来前,寒冰借以阐发他大部分观点的经济学基本逻辑还在,那么,天不变,道亦不变。这本书的读者只要能如寒冰所指,把握住时代大趋势,过滤掉不确定因素,就一定会找到投资机会。尽管风险丛生,机会也一直在等着你。

是为序。感谢寒冰殚精竭虑,为我们奉献出又一部指斥江湖、指点迷津的好书。

乔良
退役空军少将

序二
莫逆于心两共鸣

我一直以拥有"为暖之（时寒冰字暖之）全部著作写过序言的唯一一人"这个称号而自豪。为了保住这个称号，我这次主动申请为他的新书写序。不过，那句在资本市场上自我调侃的老话怎么说来着？——"这次不一样。"

我以极大的惊喜之情读完了暖之给我发来的新书样稿。在读完之后，我感觉既平静又震撼。

我感到平静的是，我记得暖之曾经说过："趋势原本就在那里。只是因为趋势在那里，才可以被推导出来。"在大趋势的面前，我们只能坦然面对，顺势而为或被动适从。

我感到震撼的是，暖之在这本书里揭示了一个我从未想见的宏大趋势。它蛰伏已久，几乎让人忘了它的存在。如今，它已应运而生。忽略它的到来或站到它的对立面，都能让人在瞬间错失一生的积蓄与机会。我自己写过货币史，也教过金融学。暖之在这本书中揭示了美元纸币体系与金本位的交接棒、历次金融危机的前因后果、各国命运的起伏沉沦，我很佩服他。这些内容我读了都感觉惊心动魄并扼腕长叹。他是真懂了，并且说了实话。我希望读者能够理解他的苦心孤诣。这本书对普通投资者来说，是看清世界未来趋势的眼镜，是锁住自己财富和地位的钥匙。

我感觉，暖之不是以经济学或者金融学专家的身份写这本书的，因为他从来都不屑于为赢得经济学家的掌声而引用或杜撰一些空洞的理论。

在这本书里，暖之更像是一个老练的大厨，把自己烹饪过和品尝过的美味总结成一本菜谱。普通人按照它的指引，自己亲身实践操作，慢慢地，就能享受一顿接近大厨水平的大餐。

我曾经翻译过塔勒布的书 Skin In The Game。当时，我把书名翻译成《实盘游戏》（我并不同意出版社将书名改为《非对称风险》）。塔勒布在书里提醒读者：不要相信那些没有做过交易的人（往往是专家）有关交易策略的任何建议。我记得书中有这样一段话，很适合暖之的读者在正式阅读这本书之前预热一下情绪："对我的绝大多数美国同学来说，风险就是一种对自己不利的概率分布。而我从小在战火纷飞的黎巴嫩长大，风险对我来说意味着在每天吃晚饭的时候，我不知道白天和我一起踢球的小伙伴还能活下来几个人。"——这段话提醒读者要重视那些经历过实战的幸存者总结出来的经验教训。

在塔勒布的另外一本书《塔勒布智慧箴言录》中，有这样一句话："那些经常给我投资建议的人，投资回报都不如我高；那些投资回报比我高的人，从不给我投资建议。"——这句话提醒读者提防身边那些信口开河，轻易预测市场走势的经济学家。

做投资需要多听活下来的"老兵"通过实践总结出来的经验教训。这就像是你为了享受美食而学习做菜时，要少看网红发布的漂亮照片，多读退休大厨的工作日记。前者只是好看的摆拍，后者才能用于做出美味。对于投资，暖之是真正的过来人。我至今记得20年前，股权分置改革前夜，有天晚上，我去他工作的位于上海浦东的上海证券报社的大楼找他，我们在大楼下面的街角处聊天。在黑夜里，上证刚跌破1 000点，他的眼睛里却充满了希望和光芒。他相信其中孕育着巨大的市场机会。

市场并不是随机淘汰一些人，而是专门淘汰那些缺少智慧的人。

在资本市场，暖之有足够的阅历、经验、城府、胸怀、胆识、先知、伤疤和奖章。他这次是以"老兵"、幸存者、投资人和"退休大厨"的身份来写这本书的。

  过去，他曾经给我提过几次建议。事后回头看，他说的都是对的。我之所以没有按照他的建议去操作，并不是因为我不信任他，也不是因为我迷信自己的模型，而是因为那些建议确实有点儿违背当时普遍的理念和常识，以至于他给我提的那些建议执行起来需要克服自己的情感惯性乃至生物本能。这对他的任何一个读者（包括我在内）来说，都会是有难度的。

  此时此刻，世界面临百年未有之大变局。在我的生命中，还从来没有这么集中地遇到这么多重大事件。暖之就像老酋长，他帮你排除那些"肯定输"和"必定错"的选项，然后给你梳理几条投资路径。从黄金、白银到美股、美债，再到稀有金属，他都一一详解，娓娓道来。剩下的事情，你就交给时间吧。当然，你仍然需要勇气和运气，因为资本市场上没有捷径。

  物理学家费曼曾经说过："带着好奇心出发，你将收获惊喜；带着结论出发，你将愚弄你自己。"我在暖之的新书中发现了好几处与我固有知识结构相悖的"棒喝式"的提醒。我意识到，这些"违和的""令我不舒服的"内容似曾相识——当年我在抵触他给我提的投资建议时曾经有过相似的感觉。因此，我建议读者，您阅读这些内容时，不要轻易下结论，而是认真思考一下维特根斯坦对自己读者的要求："理解我的哲学并不需要高深的智慧，却需要巨大的勇气。"

周洛华
中国著名金融学家、中国人民大学重阳金融研究院副院长

序三
洞见未来的智者

在全球化进程遭遇逆流,世界经济格局剧烈重构的当下,一部具有战略穿透力的经济著作犹如迷雾中的灯塔,为我们照亮未来。时寒冰这本新书的诞生,恰逢这个充满不确定性的历史转折点。作为时寒冰多年的学友,我有幸见证这部著作从思想萌芽到体系构建的全过程。书中不仅有经济学研究者对市场演变和投资规律的深邃洞察,更蕴含着知识分子对人类文明和未来命运的深切关怀。

时寒冰在构建其投资理论体系时,创造性地将经济周期分析与资本的流动规律相结合。书中对经济学传统周期理论的诠释,不再局限于单纯的基于某一要素的研究,而是将其置于人类文明演进的宏大叙事之中,赋予周期预测未来的功能。这种分析方法令人耳目一新,当读者沿着他的思维路径,看到蒸汽机发明与启蒙运动的共振、电气革命与民族国家崛起的互动、AI(人工智能)技术革命与未来经济格局的重塑时,经济数据的冰冷曲线顿时被赋予了鲜活的历史记忆和关乎未来趋势指引的意义。

作为中国最早系统运用利益分析法和经济周期理论判断未来趋势的学者,时寒冰在这本书中建构的"四维周期嵌套模型"堪称方法论革命。他将基钦周期的库存波动、朱格拉周期的设备更替、库兹涅茨周期的房地产和建筑兴衰与康德拉季耶夫周期的技术革命,加入人口变迁和资本流动等因素,编织成观察全球经济的"天罗地网"。这种多维透视破解了传统周期理论的线性局限,并在俄乌冲突、东南亚产业转移的资本暗流、黄金价格飞涨等诸多趋势中，验证了其理论框架的永恒张力和巨大的实用价值。

那些深夜伏案的记忆碎片，随着书稿的展开越发清晰。2014年初，当《时寒冰说：未来二十年，经济大趋势》这套书完稿时，他因过度劳累导致视力骤降的往事，如今化作书页间密布的数据矩阵。从房地产困局到债务的灰犀牛，再到人口结构的断崖式巨变，从数字货币的狂潮到碳交易的困局，这些被精准预判的经济图景，在当下正以惊人的历史惯性徐徐展开。

最触动我的，是"中药材"章节里的人文微光。当多数研究者用供需模型解构三七价格波动时，时寒冰却注意到云南药农皱纹里隐藏着的传统知识体系与道德体系日渐堕落的危机。这种将田野温度注入数据分析的学术品格，在我们这个迫切需要重建崇高道德的时代，显得如此可贵。

时寒冰始终保持着传统士大夫式的济世情怀。从贵州山区的助学行动到云南旱区的水窖工程，再到河南"艾滋病村"小学的多媒体图书馆，他的慈善轨迹与新书的理论建构产生奇妙共振——正如投资需要穿越周期的定力，教育扶贫需要超越世俗功利的慈悲。这种纯粹的慈悲，或许正是他得以洞悉未来的力量源泉。

站在"两个一百年"奋斗目标的历史交会点上，这本书的出版具有特殊的时代价值。时寒冰以其贯通中西的学术视野、充满人文关怀的研究方法和敢于理论创新的学术勇气，为我们展现他眼中的大趋势，从而使我们得以借助他的慧眼穿越到未来，看到如影随形的风险和宝贵的投资机会。

时寒冰的这部著作不仅承载着经济学家对市场规律的深刻认知，更饱含着中国知识分子对芸芸众生的深切悲悯和强烈的责任感。当投资智慧与人文精神如此水乳交融时，我们看到的不仅是一张来自未来的藏宝图、一部专业著作，更是一个时代的思维图谱。

当全球资本在股市动荡与加密货币的暴涨暴跌中集体焦虑时，时寒冰用文明演进的坐标系为我们锚定了价值判断的基石；当短期功利主义笼罩投资市场时，他坚持运用周期理论，以百年视野审视人类的技术伦理；当功利主义侵蚀学术研究时，他始终守护着经济学作为"人学"的本质属性，泣血谏言，呼唤民生的回归。

这或许正是这本书最值得珍视的价值——它不仅教会我们如何投资未来，更启示我们如何以悲悯之心守护人类脆弱的文明和道德，这种超越个人利益的情怀，将让人类的未来拥有更多的爱与温情。

周漪青
中国人民大学亚太法学研究院副院长、中国仲裁法学研究会常务理事

序四
俯瞰全球，开启投资之门

10多年前，我与寒冰先生在博士后科研工作站结缘。彼时，他踏入这片学术天地，开启应用经济学领域的探索，而我有幸以站长的身份，成为他这段征程的见证者与同行者。

当时，寒冰先生在学界和业界已颇负盛名，其对房地产等领域的深刻见解，如熠熠星辰，吸引着众人目光。同人们常问："李站长，站内的时寒冰，可是那位经济趋势研究专家？"我总是自豪回应："正是他。"他的到来，为站内的学术氛围注入新活力。他认真投入国家课题的研究，圆满完成了任务。

十余载如白驹过隙，寒冰先生始终坚守学术阵地，以笔为剑，以智为芒，佳作频出。他的每一部著作都似灯塔，在经济浪潮中为读者照亮前行之路，而这本书更是其多年沉淀的精华之作。我反复研读书稿，每一次都收获新感悟。

当下，全球化浪潮汹涌，投资边界跨越国界，局势复杂多变。寒冰先生如智慧的领航者，站在全球视野巅峰，为我们打造通往世界投资舞台的钥匙。他凭借深厚的学术造诣与敏锐的市场感知力，在书中抽丝剥茧，清晰地呈现全球经济格局下的投资脉络。从宏观经济趋势到微观投资策略，他用深入浅出的文字，将晦涩理论与技巧转化为生动案例和简明建议，帮专业投资者捕获商机，为普通读者开启投资智慧之门。

寒冰先生的贡献不止于学术与投资策略。他心系房地产市场健康，疾呼其畸形的发展对民生、制造业及经济可持续发展的威胁，提出诸多前瞻性建议，以引起社会关注并解决相关问题。在舆论领域，他以深刻的见解和犀利的观点引发广泛讨论，文章如利刃划破认知迷雾，促进大众对经济社会问题的思考，以提升公众的经济素养与责任感。他倡导理性投资和独立思考，为舆论树立正确导向。其对时政财经的独到评论，让公众清晰地了解经济形势与政策走向。

在全球化面临贸易保护主义、地缘政治冲突等逆风的当下，投资的全球视野已成关键。这本书适时问世，正逢其时。世界经济格局似变幻画卷，各国经济紧密相连，大家仅关注国内市场犹如坐井观天，会错失良机且难分散风险。只有拥有全球视野，方能审视各国经济动态，挖掘潜在投资机遇。

这本书卓越之处众多。寒冰先生以宏观的全景式俯瞰视角，深入剖析了各类资产与市场，不仅勾勒出多元化的投资蓝图，还为投资者提供了清晰的分析框架。针对股票市场，他深入研究了主要经济体的股市特征、内在逻辑，论述了正确市场的重要性；针对债券市场，他详细阐述了债券市场的现状与趋势。更重要的是，寒冰先生对电力（特别是核电）、黄金、白银、小金属等市场都做了详细的分析，提供了很多深入而独到的见解，以帮助读者清晰地把握投资脉络。

书中深刻揭示了风险与机遇共生的本质。在全球投资领域，虽然获利机会众多，但地缘政治冲突、贸易摩擦、汇率波动以及宏观经济变化等风险始终如影随形。寒冰先生通过丰富的案例和翔实的数据，坦诚而系统地讲授了识别、评估与应对风险的方法，以帮助投资者保持清醒的头脑，制定出平衡的投资策略。这种对风险的深刻洞察，使得这本书不仅是一本投资指南，还是一本风险管理手册。

实用性是这本书的另一大亮点。书中既有高屋建瓴的理论，又有切实可行的实践指导，并结合当下经济形势给出了资产配置方案与投资组合建议。无论是专业人士还是普通投资者，皆能从中受益。

针对传统投资领域，寒冰先生对股票、债券、黄金、白银等进行了深入剖析，不仅指明了投资机会，而且深入挖掘了其背后的成因、背景、逻辑与原理，以帮助读者深度理解市场规律，从而做出明智的投资决策。针对新兴投资领域，寒冰先生紧跟时代脉搏，探讨了核电、中药材、小金属等标的的投资机会。例如，核电行业因全球电力需求的增长迎来了新的契机，小金属行业因稀缺性和需求增长呈现牛市行情，等等。

此外，这本书通过深入分析消费、就业和人口等关键指标，揭示了判断经济趋势与投资机会的有效方法。书中对奢侈品消费、人口数量增减等因素对投资的影响进行了详细分析，以帮助读者从日常生活的细微之处捕捉投资信号。针对货币与贵金属领域，寒冰先生深入解读了新冠疫情后全球央行的政策变化，以及这些变化给货币、黄金和白银投资带来的机遇。在投资分析维度上，书中融合了传统与新兴投资品种，深入挖掘了各品种的投资逻辑，并强调了风险防范的重要性。同时，书中明确了各领域投资的要点，比如在黄金投资中，投资者要重点关注央行购金、供需变化和投资形式等；在美债投资中，投资者需要注意国债价格与收益率的反向关系，并把握买入的最佳时机。

总之，这本书是难得的投资佳作。它为专业投资者提供研究的土壤，为普通投资者开启投资之门。无论是新手还是行家，都能从书中汲取智慧，在全球投资舞台把握机遇，实现财富的稳健增长。

李建革
教育管理哲学博士、管理科学与工程博士后、钱学森之问研究中心主任

自 序

这是一本关于现在和未来的投资机会的书。书中讲了具体的投资机会，具体的投资品种，也讲了投资机会产生的原因、背景、逻辑和原理。书中讲了风险的防范，也讲了从时间和空间的角度把握投资机会的重要性。

尽管本书写的是投资，但我不建议读者以太功利的心态阅读——如果大家能摆脱这一点，可能会有更多收获。我特别建议读者把全书读完以后，再做长远的规划。如果读者只阅读某个章节，带着某一块信息碎片就去布局资产配置，这是很轻率的态度。

第十章有关"投资大趋势"的内容，是必读的部分。

这本书的缘起，是十几年前，当时我还在上海证券报社工作，中信出版社的蒋永军先生到上海找我，约谈书稿。当时，我们约在浦东蓝村路的一家饭店，那里距离报社很近，我步行10分钟就能到。我们谈得很投缘，定下了出一本新书的事情。

这本书原计划在2021年完稿，但由于我平时太忙，时间一再延后。

我每天花费大量时间和精力准备每周的趋势课程，不是一般繁忙，只能挤时间来写书稿，因此计划经常被打乱。我曾经设想在假期期间，能够腾出时间多写一些。但不幸的是，每一次假期我几乎都会生病。平常忙课程，不敢生病，一到假期，突然放松，病就来了，这好像在逼着我休息。

另一边，敬业无比的编辑张庆丽女士不停地鞭策和督促，让我必须尽快完成这本书。

原本有一种比较省心的办法，就是把我平常所讲的投资课的内容，以及我对楼市、股市、大宗商品、黄金、白银、美债等重点内容的精彩分析，提取一部分，写成书。但对一个追求完美的人来说，这种偷懒的方式是不恰当的。我内心不能接受。如果写书，我一定要认认真真地从头来。

这是尊重读者，也是爱自己。

这是本书至今才得以与读者见面的原因。

对一个追求完美的人来说，完成这部书稿，是非常不易的。

这是一本"纯人工"写成的书，没有借助任何人工智能工具。这是一本写未来趋势和投资机会的书，人工智能可以很生硬地帮助总结过去，但它并不能给出一个确定性的趋势和未来——它真的不懂。借助工具写书，不是一种对自己和对读者负责任的态度。

写书需要投入。当灵感到来的时候，我经常会忘掉吃饭，一口气写十几个小时。我以虔诚、敬畏和感恩之心，推导未来的趋势。我从来不愿意用模棱两可的话来描述我看到的趋势——那是愚蠢的懦夫才做的事情。

趋势在我眼中，永远是清晰且明确的。

多年来，在研究趋势的过程中，我也犯过错误，比如，过早地判断房地产的转向。这些错误让我反思、检讨，也促使我建立起更全面的分析体系，通过几种方法的推导，通过对结果的比较，反复检验分析过程中可能存在的疏漏，以此让趋势分析与趋势实际走向的契合度变得越来越高。

这是一个巨大的挑战。

我非常感恩，一直走在这条路上，一直与趋势保持同步而行，一直有新的感悟和收获。

我非常感恩上天的恩赐，让我得以提前看到未来。

2014年，我出版了《时寒冰说：未来二十年，经济大趋势》，这套书里展望的很多趋势，如今已经变成现实。我建议有时间的读者，阅读一遍这套书，如果时间不够充裕，可以把每一章每一节的开头几段和最后几段读一下。如果这点儿时间也腾不出来，就把目录完整细致地看几遍。

《时寒冰说：未来二十年，经济大趋势》与大趋势的契合，并没有让我产生丝毫的成就感和满足感，只因为一种叫悲悯的东西。有时候它会让人满含热泪，不能自已。我相信熟悉我的读者朋友能够理解这种情感。

心灵的共鸣总是能够穿越时空的。如果您从书中看到曾经的那个满怀激情的少年的影子，就在心中给他一个拥抱吧。

作为一名趋势研究者，我曾经试图阻止一些事情向不好的方向发展，当时满怀激情，经常不顾及风险与后果。当然，一介平民这样做，就是在重复螳臂当车的无用功。

遂退隐。静心研究趋势，研究周期的变化，让我有了很多发现和感悟。我和我的学生，一起经历并见证了趋势之美。他们也一再建议我出一本书，与更多的人分享，让更多的人受益。

这本书是写给有缘人的。

我尽可能地把未来的一些投资机会讲出来，有些趋势已经形成并且持续一段时间了，但这并不会削减趋势本身的意义。走在趋势的大道上，总归是在与智者为伍，与趋势同行，与机会同行。

就像闻道有先后，终归是悟了。

我尽可能简明扼要地表述我的观点。尽人皆知的东西，我就尽可能一笔带过，把机会留给那些没有新的见识，一直吃老本的人，让他们重复着那些谁都知道的常识，维持基本的生计。

但对于那些需要强调的地方，我也会反复强调。这可能使得某些地方略显啰唆，而另一些地方又略显简单。在写书的时候，我不能顾及或迎合某种需求，只能按照趋势的逻辑、原理等来写。我不是那种委曲求全的人，写书也一样。

所以，我希望读者们尽可能从书中获得有价值的信息。我非常珍惜读者的时间。在网络和快餐文化摧毁文字之美的当下，我尽可能用诚实的表达方式，让自己的表达更加准确和完整。尽管有些数据可能显得枯燥，但我尽可能用朴实的文字表达清楚。

在这里我要特别感谢为本书作序的乔良将军，他是一位受人尊敬的学者，博学且具有深邃的洞察力，他的鼓励和鞭策一直是我前行的动力。他为人真诚而谦和，是我的良师益友。

我还要特别感谢周洛华教授，他是一位能穿透历史迷雾，把复杂金融问题讲得引人入胜的金融学家。他博闻强识、才华横溢。我们相识20多年，他为我的每一部作品写序，是我在人生道路上交流最多的挚友。

我还要特别感谢中国人民大学亚太法学研究院副院长周漪青女士为本书写序。她是法律正义的坚守者。她为社会培养了大量优秀的法律人才，同时也热心地为民营企业家提供法律帮助，助力中国经济的健康发展。她是法学界的一位女侠。

我还要特别感谢李建革博士为本书写序，他常年在教育领域辛勤耕耘，发表了许多影响深远的文章，为社会培养了大量人才。他对事业的不懈追求和认真严谨的态度，一直令我印象深刻。

我还要特别感谢为此书题写书名的文化和旅游部艺术发展中心鸟虫篆艺术研究院魏亚平副院长，她用优美洒脱的书法艺术，把世界上最美的文字之一——鸟虫篆以令人心醉的方式呈现在读者面前，让人们真切感受到中国古文字的独特魅力。

在这里，我还要特别感谢新华社的杨溟先生，他是我人生路上最重要的一位良师益友，他的智慧、严谨、豁达和包容，对我影响巨大。

我还要特别感谢陈宏斌老先生，他作为一位博学多闻、可亲可敬的长者，一直给我关心和鼓励。我还要感谢王保海先生，他对中国经济的深入调查研究和独特视角，让我受益匪浅。我还要特别感谢好友侯方先生，他十分敬业和执着，一直是我学习的楷模。我还要感谢我的学生富元博，他对书中所有的图表和数据进行了认真的校对。

我还要感谢所有曾经关心我、帮助我的良师益友，点点滴滴，我都永远铭记于心。我无法用文字完整地表达我的感激之情，唯有写好每一个字，回馈他们对我的信任和支持。

我祈祷我的读者朋友，能在"冬天"来临之时，看清楚趋势，照顾好自己和家人。

该说的都在书里。除此，不再用多余的文字耽误大家阅读的时间。

于 2025 年 1 月 1 日

第一章

高盈利的源头

抓住财富的密码

获取尽可能多的财富，是很多人的梦想。而要获取财富，我们必须首先知道高盈利源自何时、何地，用一句有点儿故弄玄虚的话说就是要洞悉财富密码。

看清这一点极为重要。

很多人都有过这样的体验：在一些阶段，遍地是机会，赚钱很容易；而在另一些阶段，无论多么辛苦，无论付出多少，总是面临亏损的结局。

小钱是辛苦挣来的，大钱则是靠超前的眼光投资赚得的。对于这个常识，很多人都是知道的。然而，参与追逐暴利的投资往往也面临着巨亏的风险，为什么有人获得了巨大的成功，而有的人穷其一生，除了累累伤痕、心力交瘁，一无所获？

原因可归纳为一个字："势"。

人迎着天时、地利、人和，顺势而为，不想赚钱都难。反之，不想亏钱也难。

那么，这个"势"在哪里？如何洞悉它并与之同行？

这个"势"并不复杂，普通人都能看见，它就是资本、资源、人口等流动的方向。

中国经济的真正腾飞始于2001年，这一年，中国加入了世界贸易组织（WTO），正式"入群"，全世界的资本从此开始流向中国，中国随处可见外国人的身影，到处是新创立的企业，到处是在建的工程，到处是招聘的广告。

中国经济创造了一个前所未有的奇迹。

2001年，中国GDP（国内生产总值）还只有95 933亿元，20年后的2021年，中国GDP增长到惊人的1 149 237亿元。以房地产为代表的资产的价格疯狂上涨。

中国原本应该借助这种经济高速增长的势头，大力发展高端制造业，全面提升中国的科技水平和制造业水平，然而，房地产的过度投机犹如黑洞，将不计其数的宝贵资源吸入其中，这在一定程度上制约了中国产业的技术升级。

这也改变了大趋势。

2016年9月，我写了一篇非常重要的文章《时寒冰：第五次产业大转移与未来30年国运》，在当时甚至随后的几年时间里，很多人都没有意识到影响我们未来30年命运的巨变正在到来。

即便你今天才读到这篇文章，也会迅速看透近年来的趋势变化。

2018年中美贸易战开始之后，逆全球化浪潮逐渐兴起，"脱钩断链"成为人们耳熟能详的词。高端产业回流欧、美、日等发达国家和地区，低端产业向东南亚、墨西哥等国家和地区转移。

2020年的新冠疫情强化了这一趋势。随着资本和产业回流，美国、欧洲、日本的股市开始持续大幅上涨。作为第五次产业大转移的直接受益者，印度等国的股市也持续大幅上涨。墨西哥的股市在新冠疫情之后也有不错的表现。

这与资本的流向其实是完全吻合的。

提起产业大转移的受益者，很多人首先会想到越南、印度等国，其实，日本也是非常直接的受益者。与越南、印度等国相比，日本的制造业体系更为完整，供应链也极为完整，而且，日本在技术、劳动力等方面具有更明显的优势，日本的这些优势是越南、印度等国远不能相比的。尤其是新冠疫情之后，西方发达国家痛感供应链断裂的风险之大，急需重塑新的产业链体系，而越南等国在基础设施、技术和劳动力等诸多方面与其他国家存在差距，难以在短期内担当大任，这个时候，日本的重要性凸显。

这意味着，在产业大转移的过程中，日本成为更大的受益者。

相应地，日本的房地产和股市都会得到强有力的支撑。因此，新冠疫情之后，我在给学生讲课的时候反复强调，在日本股市和楼市方面有非常好的抄底机会。

"股神"巴菲特也看到了这个难得的机会。

2020年开始，巴菲特持续不断地加码投资日本股市。2020年8月，巴菲特在90岁生日时披露其拥有伊藤忠商事株式会社、丸红株式会社、三菱商事株式会社、三井物产株式会社、住友商事株式会社这5家公司各5%的股份，当时的投资价值超过60亿美元。伯克希尔-哈撒韦公司在2022年11月宣布其已将在日本五大商社的持股比例提高到了6%以上。2023年4月11日，巴菲特表示，伯克希尔-哈撒韦公司已将其在日本五大商社的持股比例提高至7.4%。这位亿万富翁投资者表示，他可能会在日本进行更多投资。[1]

2024年2月22日，东京股市日经平均指数收盘上涨836.52点，至39 098.68点，首次站上39 000点大关，这也是其时隔34年零两个月后再创新高——日经指数在1989年12月29日年终收官交易日曾创下38 915.87点的历史高点。

从日本股市的表现来看，巴菲特在日本的投资获取了丰厚的回报。

随着资本的流入，日本房价也摆脱多年来的低迷，开始快速上涨。2024年8月，东京23区的二手住宅楼平均出售价格为7 750万日元（约合人民币379万元），创17年来的最大涨幅。[2]

这就是资本流动的重要性。资本流入之地，无论是股市还是楼市，都容易上涨。而资本流出之地，无论是股市还是楼市，都容易下跌。这种规律，是永远有效的。

受益于第五次产业大转移，墨西哥的经济也飞速发展。根据美国商务部2024年2月7日公布的数据，2023年，墨西哥超过中国，成为美国进口商品的最大来源国。

从全球化的角度来看，"势"如此分明，而从一国之内的情况来看，亦是如此。

为什么鹤岗一套房子的价格，还不及深圳一平方米房子的价格？原因就在于：鹤岗是人口流出地，而深圳是人口流入地。常言说，人往高处走，人口的主动流向，往往也是资本的流向，只有资本的流入地才能给人带来更多、更好的机会，人们才愿意去"淘金"。

这个原理在全世界都是适用的。

最近几年，美国佛罗里达州的房价涨得特别猛，原因就在于，佛罗里达州是美国的一个高净值人口净流入地区。佛罗里达州是共和党执政，共和党执政的州的税率一般比较低，社会治安更好；而同期，民主党执政的州税率高，社会治安差。相比之下，佛罗里达州、得克萨斯州等共和党执政的州的吸引力就大大增加了。

研究机构智能资产（SmartAsset）根据美国国税局（IRS）年收入超过20万美元的868万份纳税申报表，研究了全美国2020—2021年每个州收入在20万美元以上的纳税申报人的流入和流出情况。结果发现，佛罗里达州出现最大规模高收入居民净流入，超过4万个收入超过20万美元的家庭搬到这个"阳光之州"。即使考虑到流出人数，佛罗里达州的高收入纳税申报人仍增加了约2.75万名。[3]

2022年，佛罗里达州的净流入人口增幅在美国所有州中最高。根据美国人口普查数据，738 969名居民迁入该州，而489 905名居民迁出，这意味着，佛罗里达州当年净流入人口为249 064。人口流入的同时，该州新企业数量也在增加。佛罗里达州2023年新企业数量净增幅高达86%。[4]

我们再来看一个例子。底特律曾经是美国著名的汽车城，在繁荣时期，这里建造了大量建筑，被称为"美国的巴黎"。但是，随着人口大规模向郊区迁徙，底特律人口锐减。1950 年，底特律市区人口达到 185 万，到 2023 年，仅剩下 63.32 万，相对应的是它的房价持续下跌。

2010 年 3 月 12 日，英国《每日电讯报》刊发了一篇题为《底特律家庭住宅仅售 10 美元》（Detroit Family Homes Sell for Just $ 10）的报道，中国日报网转载的时候，将题目改成了《美国底特律房价狂跌　一座民宅只卖 10 美元》。报道说，5 年前，底特律的房屋均价还在 10 万美元的高位徘徊，现在已经跌到了 1.15 万美元，有的民宅的挂牌价竟然为 10 美元，低得可怜。[5]

如果你在资本和人口开始大量流入的时候到流入地投资，就会有很多机会。相反，如果你在资本和人口流出之时做投资，就会亏得血本无归。从时点来看，在 2001 年资本开始大量流入中国的时候买房，跟在 2018 年中美贸易战开启以后买房，结果完全不同。

2001 年之后，中国逐渐成为全球奢侈品的消费大国，而 2018 年和新冠疫情之后，随着第五次产业大转移的开启，消费降级成为主要趋势。如果一个人在 2018 年以后开始投资高端消费行业，其结果可想而知。

从行业角度来看，资本的流动方向同样是具有决定性的主导力量。

2022 年 11 月 30 日，美国新兴企业 OpenAI 公司推出 ChatGPT，引发新一轮人工智能革命。我在我所讲授的课程中，开专题讲了英伟达、微软、谷歌、直觉外科、博通等高科技企业，也提到过 Palantir 等新崛起的企业，因为这类企业将是最直接的受益者。持有这些公司的股票，就是与趋势共舞，就是顺势而为。

2022 年 11 月 30 日，英伟达的股价最低点是 166.35 美元，而一年多以后的 2024 年 6 月 6 日，股价涨到 1 255.87 美元，这就是趋势的力量。当英伟达的股价涨到 30 多美元的时候，就不断有人说利好透支了，不断有人试图做空，也不断有人损失惨重。在这里需要说明一下的是，2024

年6月10日，英伟达的股票每1股拆分成10股，如果用当下的股价与拆分之前的股价进行比较，需要把拆分后的股价乘以10才能做直观的对比。

上面提到的这些人忽略了一点，即一个大趋势到来后，绝不会短短几个月就结束。很难想象，当英国刚开始工业革命的时候，去做空英国工业会有何等悲惨的结局。

人工智能时代才刚进入初始阶段，未来还有很长的路要走。我们一定要陪着行业中的王者慢慢前行，不离不弃，这样，我们才有机会带着盈利的满足感信心百倍地迎接新的时代，而不是因为愚昧或者过于急躁而被抛弃在路上，与这个时代最好的机会擦肩而过。

人们对大趋势总是缺乏概念。

2001年开启的长上涨周期，如果不是因为2018年中美贸易战开启，还会继续下去。即便因中美贸易战而步入转折点，其也走过了近20年的时间。

相应地，当房价刚开始调整的时候，有人就试着抄底。很多人缺乏长周期的概念：一个长调整，往往需要10年甚至20年或更久的时间才能完成。无论是上行阶段，还是下行阶段，从周期的角度来看，往往都是漫长的。

尤其是在人口开始减少的大趋势之下，力量更需要在漫长岁月中释放，最后调整才会真正结束。

顺势而为说起来简单，但要真正做到并不容易。

有些大趋势已经开始转换，但很多人浑然不觉，所谓"不识庐山真面目，只缘身在此山中"。

2022年底以后，人工智能开始飞速发展，很多人没有意识到的是，人类正在悄然告别石油驱动经济发展的时代，而逐步步入电力驱动经济发展的时代。在过去的经济发展进程中，石油有多重要，在未来的经济发展进程中，电力就有多重要。这不仅仅体现在燃油车逐步被电动汽车取代，也体现在人工智能的普及、机器人的大范围应用等方方面面。

机器人的发展尤其值得重视。未来，随着机器人像过去的电视机那样走进千家万户，生产机器人的原材料将供不应求。制造机器人的材料需要具有良好的机械性能、物理性能和化学性能，那些质量轻、强度和硬度高、耐磨损、耐腐蚀的材料的需求量尤其大。像聚醚醚酮（PEEK）、镁合金、钛合金、铝合金、碳纤维、钕铁硼磁材等，需求量将激增。这些因素将推动相关材料及资源价格的上涨。

在趋势的转换过程中，原有的力量还在延续，新的力量在慢慢崛起，两者有重叠，这种重叠使得趋势的转换过程显得有些模糊，但只要有趋势的概念，我们就会明白，这一切都在飞速进行中。只有看清趋势，我们才能看清在趋势转换过程中产生的巨大的投资机会。

很多人被脱离现实的过度的幻想或者恐惧裹挟着，与机会擦肩而过，却与风险相拥、厮守。其实，相当一部分人并非看不到现实中的趋势的信号，他们只是不愿意相信，或者不愿意接受。相信楼市永远只涨不跌的人，与相信股市永远会带来好机会的人，往往是同一个市场当中同一类型的人。

人们必须明白一点：只有在正确的时间将钱放在正确的市场中才能赚钱并且赚大钱。

什么是正确的市场？正确的市场，就是只要选对品种或者选对企业，哪怕有剧烈的调整，也能很快修复，并持续给你带来可观的投资回报的市场。

什么是错误的市场？就是这个市场已经经过漫长的时间的检验，它除了吞噬你的财富甚至本钱以外不能带给你任何像样的回报。如果在经济好的时候它不能带来好的回报，遑论经济不好的时候呢？这样的市场，对投资者来说，就是错误的市场。但遗憾的是，很多人用侥幸和幻想美化现实的残酷，让陷阱变得华美无比，以此安慰或麻醉自己。

比如，有的投资者在委内瑞拉、土耳其等市场做投资，其常常面临着通胀失控、货币飞速贬值等巨大风险，结果基本上都是亏损惨重，甚至血本无归。这就是典型的错误的市场。

退一步说，即使没有机会到正确的市场博弈，也至少要把资金放在正确的板块、正确的企业身上，比如，选择人工智能领域的佼佼者，同样能享受投资所带来的愉悦。

这几年讲趋势课程期间，我在培养学生通过数据、公开信息判断趋势的能力上花费了最多的时间。其中最难的一点，就是让学生摆脱非黑即白的思维定式，走出以想象替代客观现实的误区。这很难。但一旦摆脱并走出来，学会客观理性地获取数据和信息，从中找寻、推导趋势，我们就会感到非常愉悦，感觉海阔天空。

任何人，要想获取财富，必须战胜幻想，从幻想中走出来，回到现实中，无论现实是美好的还是残酷的。我们只有脚踏实地，才能真正地规避风险、把握机会。

我在写作本书的时候，尽可能不使用已经发表过的文章的内容，而是给喜欢、信任我的读者新鲜的东西。但下一节是一篇我在 2016 年写的文章，因为它太重要了，所以我必须把它放在这里。如果你能认真读一下下一节，那么很多问题就真的容易理解了。

第五次产业大转移与未来 30 年国运

正在发生的第五次产业大转移正在深刻影响乃至决定着中国未来 30 年的国运……无论是股市、货币汇率还是房价，都将深深受到影响并因此发生巨变。

如果以全球视野去看待一个经济体的发展趋势，更能一览全貌。

诚如我在《时寒冰说：未来二十年，经济大趋势》这套书中所言，中国经济在 2016 年步入新的发展周期，做实业的人越来越感觉到盈利乃至生存的艰难，压力越来越大。

是他们不够努力吗？

不是。

这种情况是"冬天"最"寒冷"的时候吗？

不是，现在只是刚刚开始"入冬"。因为，一种强大的力量正在施展着它的巨大影响力，而且，这种影响力将至少持续 20 年乃至 30 年。这种力量将使得一些国家变得更为强大，也使得一些国家深陷经济危机难以自拔。

这种力量就是正在发生的全球第五次产业大转移。

我们不妨简单回顾一下前几次产业大转移给世界经济发展带来的巨变。

第一次产业大转移

18 世纪 60 年代，英国用机器"山寨"中国的纺织技术，开始了轰轰烈烈的工业革命。工业革命让英国迅速崛起，发展为"世界工厂"。英国需要从全球掠夺廉价资源，也需要开辟广阔的市场。19 世纪 40 年代，英国开始向外转移产业，英国是输出国，美国是输入国。这是第一次产业转移。这次产业转移成就了美国，使得美国最终超越了昔日的这个"日不落帝国"（由于全球每个时区都有英国的殖民地，英国被称为"日不落帝国"）。

这次产业大转移发生的时候，中国是受害国。1769 年，理查德·阿克莱特制造水力纺纱机。1779 年，塞缪尔·克朗普顿发明了骡机。1785 年，工程师埃德蒙·卡特莱特制成了水力织布机，将工效提高了 40 倍。1791 年，英国建立了第一个织布厂。当英国工业技术飞速发展时，闭关锁国的清朝还沉浸在乾隆盛世的幻觉中。迅速崛起的英国需要廉价的资源和广阔的市场，由此，羸弱不堪的清朝逐渐成为廉价资源的输出国，大量资源被掠夺，大片疆域被沙俄侵占。

第二次产业大转移

1946年，丘吉尔访问美国，发表了著名的"铁幕演说"："从波罗的海边的什切青到亚得里亚海边的的里雅斯特，一幅横贯欧洲大陆的铁幕已经拉下。""铁幕演说"被认为是冷战的序幕。美国为了培养自己的盟友，遏制共产主义阵营，从20世纪50年代开始，向日本和联邦德国实施产业大转移。而朝鲜战争爆发后所形成的"特需经济"，不仅大大加快了美国对日本产业转移的步伐，也优化了所转移产业的结构，成就了日本和联邦德国的高速发展，使日本和联邦德国成为新的"世界工厂"。

第三次产业大转移

日本经济发展到一定程度的时候，遇到了当年英国所面临的问题：资源不足且市场狭小。这引发了新一轮产业大转移：20世纪60年代，日本开始将劳动密集型产业转移至中国香港、中国台湾、新加坡和韩国，随着产业转移的升级，范围又逐步扩展到了汽车、电子等资本密集型和技术密集型产业，这使得"亚洲四小龙"成为新的"世界工厂"。

第四次产业大转移

随着不断向前发展，"亚洲四小龙"很快就面临资源不足、市场狭小的问题，它们迫切需要廉价的资源与广阔的市场。而中国开始改革开放，正好提供了这种机遇。这使得美国、欧洲、日本等国家和地区纷纷向中国转移产业，尤其是劳动密集型产业，由此中国迅速成为新的"世界工厂"。

中国成为这次产业转移的最大受益者,而日本从20世纪90年代开始步入所谓"衰退的20年"。其中一个重要原因是,日本是第三次和第四次产业大转移的重要输出国,当"亚洲四小龙"、中国大陆等地区在某些领域的技术方面追赶上来时,日本的优势地位受到冲击,挤压了日本相关产业的发展空间。

下面正在发生的这次产业大转移对中国影响深远、重大。

第五次产业大转移

这次产业大转移始于2012年后〔2012年是中国经济的一个重要转折点,我在书中(《时寒冰说:未来二十年,经济大趋势》)已经做了详细的分析〕,是从中国向美国、欧洲、日本、东南亚等国家和地区转移。根据产业大转移的规律,其将持续20~30年甚至更长的时间。

导致第五次产业大转移的原因:改革开放后,中国的制造业迅速崛起,技术飞速发展,尤其是1992—2002年,中国抑制房地产投资,促使资源向制造业聚集,使得大批优秀的制造业企业脱颖而出。那个时候出名的企业家大都来自制造行业。

但是,2003年,在房地产成为支柱产业后,中国的产业结构发生了天翻地覆的变化:从追求技术的精进,转变为发展围绕房地产展开的高耗能、低端的产业。房地产业成为最赚钱的行业,宝贵的资源和人才从制造业向房地产领域集中。这不仅造成钢铁、水泥等低端产业的产能严重过剩,也使得中国制造业的机会成本越来越高,许多人关掉工厂,加入炒房的队列。开工厂10年不如炒一套房赚钱多,这就是最明确的价值指引信号。这个时候,最出名的企业家大都是房地产企业老板。

房地产业持续的赚钱效应拖累了中国制造业的升级梦想。从全球经济来看,没有一个国家能够在投机大行其道的同时还能有无数人踏踏实实从事制造业的升级。德国房价几十年不怎么变化，才成就了德国制造业世界领先的优势。日本在20世纪也有过房价持续暴涨的阶段，这个阶段同样给日本带来了极其负面的影响：长达20年且至今还没有结束的衰退。但此后稳定的房价让日本的制造业技术优势得以保持。倘若没有房地产泡沫的破灭，日本的技术优势恐怕早已丧失殆尽。

房地产业的持续景气、房价的持续上涨使得中国的制造业不再具有优势。高房价导致中国的生产、经营、生活等成本大幅上升，许多低端制造业开始向东南亚国家转移，这意味着国内机会减少、就业减少等。

另一方面，以日本、美国为首的国家的机器人技术的高速发展，与以美国为首的国家的3D（三维）打印技术等先进技术的发展，使劳动力的使用减少，这大大弥补了发达国家劳动力成本高的劣势，从而导致高端产业从中国向美国、日本、欧洲等发达经济体回流。

也就是说，第五次产业大转移的输出国是中国，并且，这种输出是双路线的：低端的产业向东南亚、墨西哥等国家和地区转移，高端的产业向美国、日本、欧洲等发达经济体回流。

根据产业转移的规律，这次产业大转移至少持续20年乃至30年。这将对中国的未来发展产生极其深远的影响。我们可以参考日本在两次产业大转移后所面临的窘境，以知晓我们正在面临的挑战（中国是二合一的转移，一次完成日本的两次转移路线）。不仅实体经济，像货币汇率、股市、楼市等，都将深受这种力量的影响。

必须强调的一点是，以往的产业大转移都是从发达国家或地区向不发达国家或地区转移，而第五次产业大转移是从不发达国家向发达国家回流，从不发达国家向同样不发达国家转移，属于双消耗型的产业转移模式。这对中国经济的"抽血"效应会更加明显。

紧抓稀缺性

2005年前后，我开始写一些趋势类的文章。其中一篇文章讲了这样一件事：

> 2005年6月，我的一位做生意的亲戚，手头有几十万元的现金，想拿出来做投资，他问我买股票的事情，让我帮助挑选股票。我说："你就选个有稀缺性的吧。"后来他告诉我，他买了贵州茅台的股票，他的理由是，他做生意，知道茅台酒在别的地方生产不出来，最具稀缺性。在买完后，他就放那里了。他没有时间看盘，忙着做生意。2007年用钱时，他想起来手里还有些股票，但交易密码忘记了。找回密码后，他一看赚了很多钱，自己都被吓了一大跳。

物以稀为贵，以稀缺性为目标，是获取高盈利的捷径，但必须考虑时间因素，时间是成就、强化稀缺性的帮手，同时也是摧毁、击败稀缺性的利器。

经济学上给稀缺性下的定义是这样的：稀缺性是指在获得人们所需要的资源方面存在的局限性，即资源的供给相对需求在数量上的不足。资源的稀缺性可以进一步划分为绝对稀缺和相对稀缺。绝对稀缺是指资源的总需求超过总供给；相对稀缺是指资源的总供给能够满足总需求，但分布不均衡会造成局部的稀缺。通常人们所说的稀缺性是相对稀缺。

那么，我们在投资上如何对稀缺性下定义呢？

我给它下的定义是，稀缺性是指在某个时间段内（时间长短可以由稀缺性的强度而定），某种商品的需求稳定或增长而供应无法同步增长甚至还可能减少的特性，并且，这种商品在某个阶段内缺乏充分的替代商品，从而导致该商品的供给在该时间段内无法满足需求（消费需求与投资需求）。

这个定义强调以下几点：

（1）供给有限。

（2）缺少替代商品或替代商品不足。

（3）需求稳定或增长。

（4）强调在某个阶段内——这是重点，因为投资是有时间限定的。某些商品在某一个时间段内有投资价值，在另外一个时间段则没有投资价值。很多人没有意识到进行这种区分的重要性，他们只是简单地认为稀缺性是永恒的。因为这种盲信，有人稀里糊涂赚了很多钱，有人稀里糊涂亏了很多钱。他们没有意识到，时间对于财富的获取是极为重要的。哪怕面对同一个投资品种，在不同阶段投资，结果也是天壤之别。接下来，我还会细讲这一点。

我这里说的稀缺性，与经济学上的界定之间的差异是非常大的，但对投资来说，我的这个定义更准确、更实用。

为了便于投资，我把稀缺性分为几大类。

第一种稀缺性是地域稀缺性。某种商品，只有这个地方有，别的地方没有，那么这种稀缺性从空间角度来看就是无可替代的。

比如，茅台酒，它就具有地域稀缺性的特点，除了贵州的茅台镇，其他地方酿不出来茅台酒。

1974年，时任国务院副总理的方毅亲自主持茅台酒的易地生产规划，茅台酒厂精选了一批表现好的酿酒师、工人、工程师，带着大批设备、原料，包括一箱子灰尘（据说里面有丰富的微生物，是制造茅台酒所必需的），敲锣打鼓地搬往遵义近郊。那里和茅台镇相距100多千米，按道理说，气候属同类。

试验进行了 11 年，1985 年，50 多名评酒专家的评断最终让这种叫"茅艺"的酒放弃了与茅台沾边的念头。当地从此多了一种"珍酒"，而异地酿茅台的事再也没人提起。茅台集团终身名誉董事长季克良曾感叹，"离开了茅台镇就酿不出茅台酒"，酿造车间扩容时必须固守茅台镇。[6]

第二种稀缺性是技术的稀缺性，技术的稀缺性带有鲜明的垄断特色。

因为这一块蕴含着巨大的投资机会，所以，我会用更多文字来讲解。

8 年前，我们曾经组织过一次到美国硅谷的游学，带领学生参观了英伟达、IBM（国际商业机器公司）、谷歌、英特尔等世界顶级公司。我们印象最深刻的是英伟达，该公司的工程师对公司技术的高度自信以及对未来的展望使得几位学生随后买了英伟达的股票，他们之后因为这笔投资的盈利而实现了财富自由。

我在给学生讲"投资的艺术"课程时，多次讲到技术稀缺性，详细对比分析了英特尔与英伟达、微软、谷歌等公司。早期，英特尔具有非常强的技术垄断优势，但它坐享其成，不思进取，通过挤牙膏式迭代享受垄断带来的高额回报。这种安逸的状态让它失去了进取的动力，也失去了进军智能手机芯片领域的绝佳机会——这一市场很快被三星等公司瓜分。2017 年第二季度，三星把英特尔拉下马，打破了英特尔自 1993 年以来的霸主地位，三星成为全球第一大芯片厂商。

而在 GPU（图形处理器）领域，英特尔面临着英伟达的竞争。2017 年第三季度，英伟达 GPU 的销量较前一季度增长了 29.53%，远超同一时期的 AMD（7.63%）和英特尔（5.01%）。英伟达开始步入飞速发展阶段。

2024 年 6 月 5 日，英伟达收盘市值突破 3 万亿美元，正式超越苹果，成为美股市值第二高企业。[7] 在我们游学时买入英伟达股票的投资者，获得了超过百倍的收益。

把钱放在正确的市场、正确的企业身上，永远是最重要的选择。

总的来看，英特尔在移动业务上输给了高通，在人工智能芯片业务上输给了英伟达。英特尔的技术垄断优势逐渐丧失，而且仍走在继续丧失的路上。

2024年8月1日，英特尔发布2024财年第二季度财报。财报显示，第二季度英特尔营收为128亿美元，同比下降1%；净亏损16亿美元（上年同期净利润15亿美元），同比转亏。财报公布后，英特尔股价暴跌，市值也跌破千亿美元的历史关口。与此同时，英特尔宣布将裁员1.7万人以上。[8]

相比之下，微软的操作系统是无可取代的，没有一家试图取代微软的操作系统的公司能够真正对微软构成威胁，哪怕小的威胁都很难产生。这本身就注定了微软收益的稳定性与其股票价格的稳定性。而且，微软大量投资有前途的高科技企业，在2022年11月30日推出ChatGPT的OpenAI，就是微软慧眼投资的杰作。

如果在这些公司当中选择一家投资，很显然，首先淘汰英特尔，因为英特尔一次又一次的战略性错误让它陷入了"创新者困境"。所谓"创新者困境"，是指那些不愿牺牲其最大收入来源的强大公司，因循守旧，坐吃老本，可能会被新兴企业赶超，而这些新兴企业没有包袱，它们大胆开发新的竞争产品，虽然起初规模可能很小，但最终可能占领吃老本的企业所主导的市场，从而对原来的主导者构成威胁。这也意味着，相比之下，英特尔最缺乏技术的稀缺性——它在原本具有领先优势的领域接连被竞争对手超越，成长最快的是英伟达，最稳定的则是微软。

英特尔精准地失去了在此后兴起的所有赛道上的优势，从一位领跑者，变成了被甩在后面气喘吁吁的追赶者。

技术的稀缺性是通过庞大的研发投入与科研人员的努力，通过技术水平的大幅提升创造出来的。

2024年12月9日，美国谷歌公司推出最新量子芯片Willow。Willow能够在不到5分钟的时间完成当今领先的超级计算机需要10^{25}年才能完成的计算。这是打造实用量子计算机过程中的重要一步。

谷歌的量子计算机还使用了一种纠错形式（一种减少错误的方法），以发挥其潜力。谷歌表示，这种机器已经突破了"纠错阈值"，这是科学家们几十年来一直努力想实现的。

"当量子计算最初被设想出来时，许多人——包括该领域的许多领导者——都认为它永远不会成为现实……过去一年发生的事情表明，它不再是科幻小说。"哈佛大学物理学教授、量子计算初创公司QuEra联合创始人米哈伊尔·卢金如是说。[9]

为什么谷歌、IBM、微软等科技巨头，都在投入重金研发量子计算机？因为谁在这一领域取得突破，谁就能享有技术领先优势所带来的高额利润。这种技术的稀缺性更有价值。

当我们从技术的稀缺性角度看问题的时候，就更容易理解特斯拉的价值。

从常规角度来看，特斯拉就是一个普通的电动汽车生产厂家；但如果从技术角度来看，那么马斯克的着力点其实是自动驾驶。一旦在自动驾驶技术上取得重大突破，特斯拉就会成为一家"躺赢"的高科技公司：仅提供自动驾驶服务所带来的收益，就足以让它傲视其他汽车生产企业。这其实也是它不惜打价格战也要扩大市场占有率的原因。它在为未来稳定的盈利打基础。

美国汽车保有量在2.8亿辆以上，而中国已经超过美国，成为全球汽车保有量最多的国家。2024年，中国机动车保有量达4.53亿辆，其中汽车3.53亿辆；机动车驾驶人达5.42亿人，其中汽车驾驶人5.06亿人。[10]

制造和销售电脑的公司不及卖电脑操作系统的微软赚钱容易。同样的道理，如果自动驾驶技术成熟，越来越多的汽车采用自动驾驶技术，那么这将给相关企业带来非常丰厚的收益。制造汽车的赚不了多少钱，很多甚至赔钱，未来真正的盈利点在自动驾驶上。尤其是自动驾驶一旦普及，很多人将不再有动力去学习驾驶技术，这意味着，人们将更加依赖自动驾驶技术。

当然，企业拥有技术的稀缺性，也会不断受到后起之秀的挑战。2025年1月，中国人工智能企业深度求索（DeepSeek）发布其开源模型DeepSeek-R1，该模型用较低的成本达到了接近美国OpenAI开发的GPT-o1模型的性能。短短几天内，DeepSeek便登顶中美两区苹果应用市场免费榜榜单，包括亚马逊、微软在内的科技巨头宣布接入DeepSeek模型。因受到中国公司的冲击，2025年1月27日，纳斯达克股指下跌3%。[11]

受冲击最严重的是英伟达，因为人工智能大模型开发效率的提升和成本的降低会导致英伟达相关产品如GB200等出货量下降。但长期来看，由于占据着一定的垄断地位，英伟达在人工智能领域的优势依然非常显著且稳固。

技术进步的力量之强大，不仅可以改变一个企业的命运，甚至可以改变国运。从2022年底开始，人工智能革命拉开序幕。人工智能革命比历史上所有工业革命的影响都要大得多，因为工业革命尚且给暂时落后的国家奋起直追的机会，而人工智能革命使各国之间的差距迅速拉开，这意味着将不再有后起之秀，谁一旦落后就再也没有机会赶上。

这是一次"大决战"意义的科技革命。

人工智能革命是一次锁定差距的博弈，谁一旦胜出，就会步入强者恒强的轨道，彻底锁定胜局。

长期以来，产业大转移遵循着一些基本的规律，比如，产业从劳动力成本高的地方向劳动力成本低的地方转移。人工智能革命将彻底改变产业大转移的路线图：当发达国家用廉价机器人弥补劳动力昂贵造成的竞争劣势时，像纺织服装业这样传统的劳动密集型产业重新转向发达国家将不再是一种可能性，而更像是一种必然。当发达国家用机器人替代劳动力从而解决效率低下的问题时，它们在基建等方面的劣势也将迅速被扭转。

人工智能将改变经济发展和竞争的很多逻辑。

因此，人工智能及其应用（含具身机器人、无人机等）、3D打印等领域的投资机会将是长期的，这是真正意义上的大势。

然而，很多人忽略的一个重点是，人工智能的竞争，不仅是技术层面的竞争，也是社会保障制度的竞争。由于很多工作岗位会被人工智能替代，人工智能革命所带来的大量失业使得社会保障不健全的国家更加缺乏缓冲，也更加难以承受。

技术不仅制造稀缺性，也摧毁稀缺性。以钻石为例，"钻石恒久远，一颗永流传"的广告语深入人心，这是一个经典的营销策略，让很多人都想拥有一颗美丽的钻石。然而，合成钻石（或称人造钻石）技术的进步，彻底摧毁了天然钻石营造出来的、神话般的稀缺性。1879—1928年，许多学者提出钻石合成的假设，这个假设后来变成现实，美丽的合成钻石被制造出来。随着技术的进步，合成钻石开始以压倒性的优势抢占天然钻石的地盘。2018年，美国联邦贸易委员会（FTC）对钻石的定义进行了修改，删除了"天然"二字，无论是合成钻石还是天然钻石，此后均可被称为"钻石"，这为钻石的稀缺性，以及钻石的高贵奢华举行了一场庄严而隆重的"葬礼"。钻石的投资价值，从此被淹没在记忆的尘埃中。

第三种稀缺性是不可再生的稀缺性。

所谓不可再生的稀缺性，是指这种资源原本就很少，而且随着人们的开采、使用，会越来越少。这种稀缺性本身蕴含的力量是巨大的。

比如，铟在地壳中的自然储量为5万吨，而可开采储量连一半都不到。中国铟储量居世界第一。中国的铟主要伴生于铅锌矿床和铜矿金属矿床中，保有储量为13 014吨，主要分布在15个省和自治区，其中云南、广西、内蒙古、青海和广东铟储量分别占全国铟总储量的40%、31.4%、8.2%、7.8%、7%。除了中国，铟资源比较丰富的国家还有秘鲁、美国、加拿大和俄罗斯。这5个国家铟储量占全球铟储量的80.6%。铟主要用于制造平板显示器、合金、半导体、航天产品。你一看需求就知道，市场对铟的需求量是非常大的。

铟这么宝贵、这么稀缺的资源，早就应该作为战略资源储备起来。而中国大量生产铟，2005年一年就生产了410吨。铟的全球供应量的80%都来自中国，价格肯定也不会太高。以这个消耗速度，很快我们自己也没有了，铟再稀缺跟我们也没有多大关系了。事实上，自2006年以来，中国铟的生产量一直处于下降状态。由于这种稀缺性不能充分发挥作用，相关股票价格的表现非常有限。

这就引出一个问题，在某段时间内，供应的增长会摧毁稀缺性。

稀土也是如此。我在2009年出版的《中国怎么办：当次贷危机改变世界》中，特别提到储备稀土的重要性，但是，长时间的大量开采导致稀土的稀缺性无法在市场中体现出来，其价格一跌再跌，大量宝贵资源被贱卖。

也就是说，稀缺性并不是恒定的，而是可以被供应等因素改变的。

那些供应量小而需求量大的品种，随着内外部条件的改变，特别容易变成稀缺性非常明显的品种，比如可可。

可可是生产巧克力的主要原料，它的产量很低，但人类对巧克力的需求在持续增长，可可的供应缺口越来越大。由此，可可的稀缺性日益增强，价格也不断上涨。可可成为最近几年价格上涨最迅猛的品种之一。

可可树主要分布在南纬20°与北纬20°之间，大规模产区更是集中在少数国家。科特迪瓦和加纳的可可豆产量占全球产量的60%以上。就是因为生产地太集中了，所以只要这两个国家出现一点儿风吹草动，可可豆的价格就容易暴涨。

可可树对环境气候异常敏感，干旱会抑制可可树的生长，雨季的潮湿高温又会引发各种病害。偏偏在2023年底，可可的产区普降暴雨，2024年2月开始，这些地区又遭遇高温干旱。科特迪瓦和加纳的可可豆已连续3年收成不佳，2023—2024年的可可豆收成创下22年来的新低，市场供应缺口持续扩大。而彼时世界第三大可可生产国厄瓜多尔也遭遇了干旱等自然灾害。

产量下降直接导致可可的供应缺口扩大。

而供应缺口的扩大，又容易引来资本的炒作。对贪婪的资本来说，可可的全球产量实在太低了。根据国际可可组织（ICCO）发布的数据，2022—2023年全球可可产量仅为493.8万吨，2024年进一步下降，全球可可市场出现了60多年来最大的供应短缺，可可价格不断创历史新高。[12]

从2024年1月初到11月底，伦敦交易所的可可豆库存水平下降了20%，从26 010吨降至20 770吨。在美国，交易所的可可豆库存在同一时间段内下降了11%，从114 197吨降至101 639吨。这清楚地表明可可豆库存没有得到补充。[13]

可可不像粮食，可以简单地通过增加播种面积来加大供应。可可树种植4到5年后才开始结实，10年以后收获量才开始大幅增加，又特别怕病虫害和真菌感染。例如，曾经的可可生产国哥斯达黎加，就因为"可可链疫孢荚腐病菌"，其产量在1983年锐减96%，从而退出可可生产国之列。

这种脆弱性意味着，在巧克力需求上升的大背景下，可可的稀缺性更容易得到强化。

而有些稀缺性，是比较容易被人为改变的，比如茅台酒的稀缺性。茅台酒在早期，稀缺性极其明显。新中国成立前夕，茅台酒厂的前身——成义、荣和和恒兴3家私人烧坊，设备简陋，生产条件差，其生产的茅台酒，即使在产量最高的1947年也仅有60吨。

1977年，茅台酒年产量达到750吨。

1996年，茅台酒年产量达到5 000吨。

2001年，贵州茅台成功上市，茅台酒产销量进入高速增长阶段。此后，其每年保持新增1 000吨以上的制酒及配套生产能力。[14]

2023年，茅台酒年产量为5.72万吨，相比前一年的5.68万吨稍有增长，再创新高。[15]

产量的急剧增长稀释了稀缺性。

更关键的是，新冠疫情之后，"脱钩断链"之声不绝于耳，消费降级，高端消费品尤其是带有奢侈品特征的高端消费品首先被排除在公众的选择之外，加上反腐浪潮一波接一波，作为高端礼品的茅台需求锐减。反腐的效果越明显，对茅台酒的需求下降得越厉害。

从库存数据来看，这一趋势更加一目了然。根据白酒上市公司2023年的年报，21家A股白酒上市公司，2023年成品酒库存和半成品酒库存合计超过362万千升，再创新高。2023年末，22家A股、港股白酒上市公司的存货总额高达1 558亿元，其中贵州茅台存货余额超过464亿元。[16]

库存增加，意味着稀缺性的基础在消费降级阶段非常容易坍塌。飞天茅台在2024年初创下价格高点2 700元/瓶，4月起价格开始下跌，单日跌幅接近百元，至2024年底，散装单瓶价格逼近2 100元。[17]

在消费降级阶段，凡是带有奢侈品特征的高端消费品，都面临着受众萎缩的局面。这些高端消费品，要么降价销售，要么大幅减少供应以"挺价"，否则，其价格下跌的趋势就难以逆转。

无论是做投资还是做实业，在消费降级的巨大威力面前，都必须顺势而为，及时进行调整，调整越早、越快，就越主动，反应越慢、越迟钝，就越被动。

带有奢侈品特征的高端消费品，与高品质的消费品是两个概念。

无论是定位于高端、中端的产品，还是定位于低端的产品，高质量的永远都是受欢迎的。劣质的产品只会被消费者迅速抛弃，最终烂在商家自己手中。在消费降级、"内卷"严重的时代，保持着对消费者最起码的尊重，坚守着基本的道德底线，赋予产品高质量，永远都有利于商家在竞争中胜出。尤其是现在，能这样做的商家本身就具有稀缺性，这种品质投射到产品上，也同样会赋予自己的产品某种稀缺性。

稀缺性并不仅仅适用于投资，也同样适用于做实业和做人。

2024年11月，"黑心卫生巾"事件成为舆论关注的焦点。多个品牌的卫生巾被曝出偷工减料，实际长度与标示长度不一，这又引出卫生巾行业标准滞后、安全性无法保障等一系列问题。假如此时，有一个卫生巾厂家凭良心认真做事，善待消费者，保质保量，它就能迅速脱颖而出，成为最具有稀缺性的那个，被消费者的信任推到巅峰，取得花再多广告费都达不到的效果。然而，这样的机会，竟然被卫生巾厂家集体丢弃。也许，当真的有一个良心厂家脱颖而出时，其他厂家才会痛惜：守住良心，用心做事，是多么宝贵的机会。

随波逐流者，永远与好机会无缘，永远与持久的回报无缘。因为，随波逐流是最不具有稀缺性的选择，也是竞争人数最多的博弈，其过程往往艰难且无助。

在商业"内卷"极其严重的时候，河南许昌的超市胖东来，却几乎成为"打卡景点"，在消费者眼中成为"顶流"。为了确保货真价实，胖东来甚至对销售的卫生巾进行检测，保证"不好的不会上架"。"黑心卫生巾"事件发酵之后，很多商场的卫生巾卖不动了，但"胖东来卫生巾遭哄抢"等相关话题在多个社交平台登上热搜。[18]

服务好，东西真，对顾客好，对员工好，且始终如一，这些因素使胖东来成为中国商超的"新榜样"。新开通的城际地铁郑许线（郑州—许昌专线），甚至成了"从省会郑州开往胖东来的专列"。[19]

即使在工作日，胖东来门前的长龙也是常态，其中不少人从外地自驾而来或者乘坐高铁而来。胖东来为顾客免费提供纸杯和热水，开设宠物暂存地，为看不清字的老年人提供老花镜。在胖东来，肉类熟食先称重再装汤汁，蔬菜的标签像生活百科，不仅注明产地、供应商，有的甚至标出做法；如售出的商品7日内正常调价，就主动将差价退给顾客……一些顾客直言："在胖东来消费，购买的是商品，体验的是爽感。"[20]

在人心冷漠的时候，用良心做事所具有的稀缺性，就是最强大的号召力，会带来好的回报。

与确定趋势同行（上）

趋势判断猛地一听好像非常复杂，其实，如果懂得了大道至简的道理，人们就会发现，判断趋势其实是非常简单的事情。很多时候，人们不是缺乏判断力，而是不愿意相信，或者不愿意面对自己不喜欢的趋势。

对普通人来说，要判断趋势，不需要看非常专业和烦琐的数据，只需要关注消费、就业和人口，这些是最能直接反映经济现状和未来趋势的硬性指标。

当你身边的人，带着饱满的热情，为了休闲娱乐去购买奢侈品的时候，这种现象给出的明确信号就是，经济是快速向前发展的，人们的信心是充足的，人们的心中是充满希望的。

借用参照物，我们可以最直观而准确地判断趋势。

过去，你经常会看到类似下面的这种报道：

> 2011年世界奢侈品协会发布的蓝皮书显示，截至2011年3月底，中国奢侈品消费总额已达107亿美元，占全球消费总额的1/4。

这一数据意味着，中国目前已成为世界第二大奢侈品消费国。[21]

2011年3月7日，《中国青年报》报道："'2010年6月至今，欧洲奢侈品市场消费总额的65%属于中国人。'世界奢侈品协会中国代表处首席代表欧阳坤告诉本报记者，中国奢侈品消费总额几年内就将超过日本，中国将成为世界第一大奢侈品消费国。该协会的最新调查还显示，中国奢侈品消费者平均比欧洲奢侈品消费者年轻15岁，比美国的年轻25岁。"[22]

即便是新冠疫情暴发的时候，中国的奢侈品消费总额也在增长。

尽管全球社会和经济挑战日益严峻，但中国奢侈品市场在2021年仍实现了两位数的强劲增长，部分品牌的增幅超过70%。这一时期，由于国际旅行选择有限，中国消费者主要在内地购物，这导致2020年中国个人奢侈品销售额增长48%，2021年又增长36%，总额近4 710亿元，短短两年内增长近一倍。由于免税机会和数字化，奢侈品消费者的国内支出也继续增长。然而，2021年上半年和下半年的情况却截然相反：上半年各大品类的同比增幅达到40%~100%，而2021年下半年部分品牌同比增幅为0%~25%。[23]

2021年下半年，奢侈品的增长已经是强弩之末，增幅大幅下降。

2022年则成为转折点。而几乎与此同时，房价开始明显下跌。这跟我在《时寒冰说：未来二十年，经济大趋势》中所划分的时间节点竟然重叠在了一起。

贝恩公司在2023年2月发布的报告显示："2022年中国个人奢侈品销售额同比萎缩10%，结束了5年的指数增长……房地产市场的下滑、失业率的上升以及对新冠疫情的焦虑削弱了消费者的信心。"[24]

消费是最直接反映经济现状和未来前景的指标。

当一个国家的人满世界抢购奢侈品的时候，你就知道，这个国家处于明确的上升周期，经济增长势头强劲，房价也将因获得强大的支持而猛烈上涨。休闲消费、奢侈品消费是反映经济热度的很好的"体温计"，它们代表着消费的两端。

但当消费不断降级，人们对商品价格斤斤计较，甚至生活必需品的消费都开始缩减的时候，这说明整个经济处于收缩阶段——这种趋势不需要根据专业数据判断，每个人都能感知到。此时房价、股市、汇率等都承受着巨大的压力，投资很容易出现亏损。因此，这时当然不是投资的好时机。

人口也是判断投资趋势时非常重要的一个因素。一切经济活动归根结底是围绕着人进行的，生产的东西要卖给人消费，建造的房子要卖给人住，人口如果是增长的，经济上行的动力就更足，反之亦然。

我是国内比较早关注到人口变化，并在10多年前就呼吁调整计生政策的研究者之一。因为当人口趋势发展到一定程度时，就会形成质变。

我当时关注的是历年全国小学数量与招生人数——这是研究人口变化的一个非常重要的前瞻性指标（见图1-1）。即使是当时政策下"超

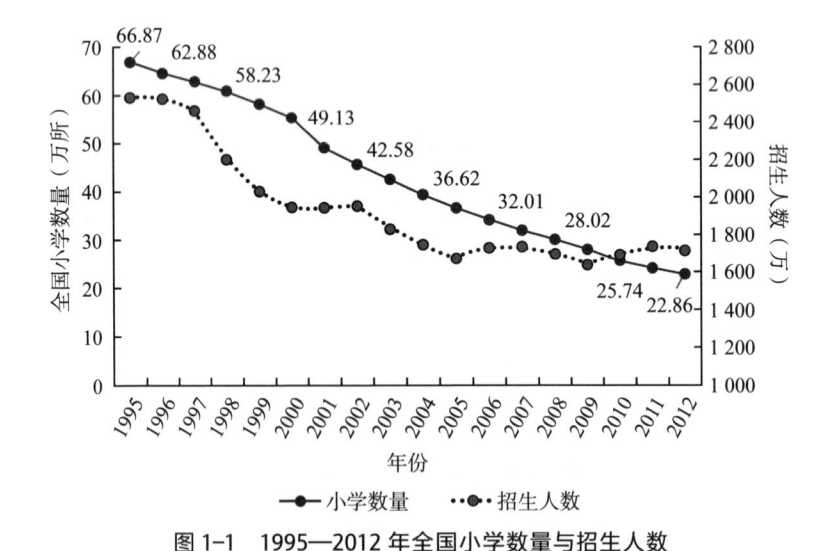

图 1-1　1995—2012年全国小学数量与招生人数

数据来源：1995—2012年各年度的《全国教育事业发展统计公报》汇总。

生"的孩子，也终归要上小学。因此，全国小学数量和小学招生人数是非常直观的指标。要想看懂趋势，需要尽可能用简洁的指标，因为越简洁越直观。

从《全国教育事业发展统计公报》中披露的数字来看，全国小学的数量从 1995 年的 66.87 万所，锐减到 2012 年的 22.86 万所，减少了 65.8%！与此相对应的是小学招生人数的锐减，从 1995 年的 2 531.8 万，减至 2012 年的 1 714.66 万，减少了 32.28%！而这一期间的小学学龄儿童净入学率一直在上升，2012 年的小学学龄儿童净入学率达到 99.85%！这说明用这个数字来观察中国人口的变化，是准确和直观的，也是误差最小、最值得信赖的。[25]

图 1-2 为 1990—2023 年中国人口出生率和自然增长率。

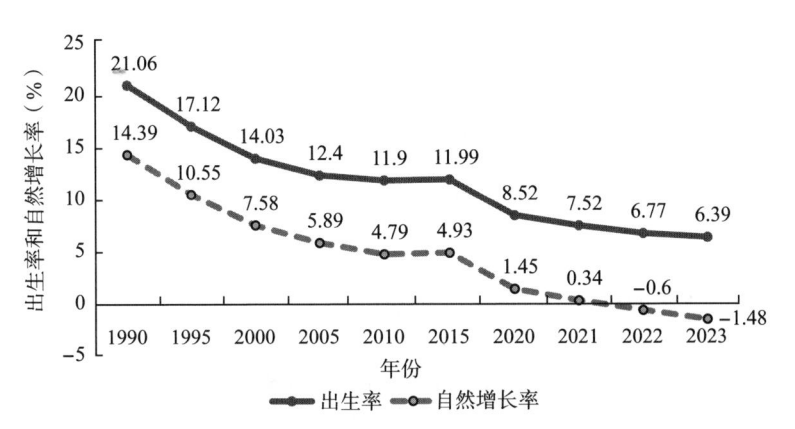

图 1-2　1990—2023 年中国人口出生率和自然增长率

数据来源：中国国家统计局。

2023 年 7 月 11 日，世界人口日当天，育娲人口研究结合联合国《世界人口展望 2022》，发布了 2023 年版《主要国家和地区的总人口和出生人口预测报告》。报告指出："在低预测情形下，中国人口到 2050 年将减少到 11.7 亿，2100 年中国人口将降到 4.79 亿，占世界比例将从现在的 17% 降至 4.8%，而新出生人口只有世界新出生人口的 0.89%。届时，中国就不再是一个人口大国了。按此趋势，中华民族几千年来积累的人口优势，将在100年内丧失殆尽。值得一提的是，由于人口惯性，总人口的萎缩会滞后于出生人口的萎缩，因而不能及时反映人口衰减的严峻性及其对经济社会的深刻影响。如果只按目前这种力度来鼓励生育，中国毫无疑问将在几十年内成为老龄化程度和人口萎缩最严重的国家之一。"[26]

人口的趋势一旦转变，就难以逆转。

人口的变化是房价的一个根本性的影响因素。在独生子女为主的社会，人口下降之后，未来的相当一部分人结婚以后，将分别从爷爷奶奶、外公外婆、父母、配偶父母那里继承房产，这些房产不仅转手有难度，就连出租都面临着越来越大的压力，尤其是在房地产行业大量建造房屋，使存量庞大、供应过剩的情况下。

2000—2023年，中国商品房销售面积累积达到241.76亿平方米，住宅商品房销售面积累积达到211.95亿平方米（见表1-1）。根据国家统计局数据，2023年末中国城镇常住人口超9.3亿。那么，平均下来不难发现，城镇平均每人买了22.79平方米的住宅商品房。这些商品房当中的一部分被人囤积起来，没有形成有效的供应。一旦炒房者的预期发生改变，这些囤积的住房就会倾注到市场中。

表1-1　2000—2023年中国商品房销售面积

年份	商品房销售面积 （万平方米）	住宅商品房销售面积 （万平方米）
2000	18 637.13	16 570.28
2001	22 411.90	19 938.75
2002	26 808.29	23 702.31
2003	33 717.63	29 778.85
2004	38 231.64	33 819.89
2005	55 486.22	49 587.83
2006	61 857.07	55 422.95
2007	77 354.72	70 135.88

（续表）

年份	商品房销售面积 （万平方米）	住宅商品房销售面积 （万平方米）
2008	65 969.83	59 280.35
2009	94 755.00	86 184.89
2010	104 482.76	93 180.59
2011	108 662.07	95 973.60
2012	110 074.67	97 433.13
2013	128 347.07	113 808.43
2014	118 336.00	103 218.58
2015	125 475.76	109 798.66
2016	152 578.53	133 398.85
2017	163 427.03	139 713.12
2018	164 947.34	142 185.13
2019	164 531.42	144 040.23
2020	168 560.41	148 315.87
2021	171 414.60	149 602.34
2022	129 766.39	109 564.45
2023	111 735.00	94 796.00
合计	2 417 568.48	2 119 450.96

数据来源：中国国家统计局。

除此之外，还有大量待售商品房。根据国家统计局的数据，2023年末，商品房待售面积为67 295万平方米，也就是6.73亿平方米，比上年增长19.0%。其中，住宅待售面积增长22.2%。

而新的商品房还在建造。2024年1—9月，房地产开发企业房屋施工面积715 968万平方米，同比下降12.2%，其中，住宅施工面积501 051万平方米。房屋新开工面积56 051万平方米，其中，住宅新开工面积40 745万平方米。房屋竣工面积36 816万平方米，其中，住宅竣工面积26 871万平方米。[27]

人口的下降，让房地产的供应显而易见地过剩，而这种趋势会日益明显。

因此，依赖房地产拉动经济增长的路子走不通了，必须改变；需要采用以科技创新促进经济增长，以民富路线刺激消费、拉动经济增长的高质量发展模式。

必须强调的是，很多人做投资容易犯一个错误，那就是他们总是根据现实的情况做决策。其实，投资交易的是未来，确切地说，应该基于对未来的判断在当下做交易。

房地产投资尤其如此。

年轻人按揭买房，抵押的并不是现在，而是自己未来几十年可能实现的收入。这是基于未来希望而在当下交易的行为。房地产产业链的各个环节，都是围绕着最核心的群体——年轻群体进行的。只要经济发展，只要就业机会好，希望就在。希望在，房地产行业的暴利就能维持。反之，这种交易就会停止。所以，判断房价的走势非常简单，看看年轻群体对未来的希望和激情，看他们处在什么样的状态之下，就一目了然了。

从长期趋势来看，人口是增长还是下降（决定需求），经济是增长还是衰退（决定购买力），房地产供应是增长还是下降（决定供给），是决定房价涨跌的关键，也是我们判断未来房价走势的关键。其中，人口因素尤其重要。

在人口结构发生巨变的情况下，人的投资决策必须随之改变。

即便是古人基于自身经验所说的"一铺养三代"的商铺，在电子商务深入每个角落的情况下，其价值也在发生着巨变。你到街上走走就知道了：除了闹市区，除了某些黄金地段，很多商铺的租户在不断换人，有的甚至已经空置起来，无人问津。为什么？生意不好做，亏损在加大。电子商务的高速发展蚕食了商铺的价值，让商铺的投资价值变得越来越弱。

人们的购物习惯从真实的空间转向了虚拟空间，这意味着，空间悄然发生了转换：原来是实空间的商铺，越来越被冷落，变成了虚空间；而位于虚空间的电子商务，由于人们购物习惯的改变，由于大量购买力的支撑，反而转换成了实空间。如果人们无视这种巨变，继续沿着旧的思维观念去投资，就容易亏损。

固有观念是投资者的敌人，也是投资者最大的心魔之一。

想获取高额利润，规避风险，我们做投资决策时必须足够迅速和果断。

"地利"重要，时间更重要。

在周星驰的电影《功夫》当中，火云邪神有一句非常经典的台词：天下武功无坚不摧，唯快不破。当你发现一个别人没有意识到的好的商机时，应该迅速行动。等别人意识到，想追上来，而你因缺乏独家技术从而无法享有垄断优势的时候，你就要果断将机会转让出去。因为，在中国投资的特点就是，人多、机会少、资源少、市场不足，尤其是与发达国家的市场"脱钩"之后，国内市场的争夺变得更加激烈。无论哪个领域，只要刚开始赚钱，人们就会一窝蜂地冲上去，用不了多久就会供应过剩，投资者只有赶在供应过剩之前出手才能卖出好价钱，才能体面而安稳地退出。

这就是"快"的意义所在。

我们必须记住，在中国，很多行业的盈利黄金期都在早期阶段，因为中国有庞大的制造产能和数量众多的市场追随者，以及大量的寻找工作、寻找生存机会的人。你如果先知先觉、抢占市场先机，就能享受红利。一旦这个阶段过去，就会涌入庞大的过剩的产能。无论多么强悍的企业和投资者，都会很快被淹没在这种过剩之中。关于"内卷"的残酷，你只有身在其中，才能深刻体会。比如，新冠疫情初期做口罩是暴利，而这一暴利阶段过去，就是过剩产能之下的疯狂"内卷"，就是价值的垂直落体，就是亏损。

适时退出，也是优秀投资的一个组成部分。

有的时候，某些领域看似风险很大，却需要投资者坚定地往前走。比如，发达国家市场与中国的"脱钩"，对很多行业来说是显而易见的利空影响，但对芯片行业来说却是为数不多的例外之一。

当美国对中国的芯片产业一而再、再而三地进行制裁、打压的时候，会产生一种反作用力，倒逼中国国产芯片产业发展。虽然在研制高端芯片方面还有很长的路要走，但对于中高端芯片，几乎可以说，这一领域以后就是中国的天下了。这是头部国产芯片的历史性发展机遇。

这个逻辑是非常清晰的。

"脱钩"使中国芯片产业高速发展。

2024年12月10日，中国海关总署公布的数据显示，2024年前11个月中国集成电路出口1.03万亿元，首次突破万亿元，同比增长20.3%。这表明，美国持续的打压并未阻止中国芯片产业发展壮大。而且，复杂多变的外部环境为中国半导体产业破除技术封锁、加速自主替代提供了契机。国产零部件产业将迎来高速、高质量发展，由点及面逐渐完善，并对设备环节形成全面有效支撑。[28]

在中国国产芯片替代外国芯片的过程中，一些企业会深深受益并迅速崛起。在低端芯片领域残酷"内卷"的企业，则由于饱受供应过剩的困扰而苦不堪言，无法享受这种红利——这是我们选择股票的时候必须考虑的重要因素。

全球市场是连通着的。基于同样的规律，中国严厉管控和限制战略稀缺矿产资源的出口，对美国资本市场中的相关企业则是重大利多支持。比如，中国严厉管控锑的出口，美国锑业公司（United States Antimony Corporation，美股代码：UAMY）、珀佩图阿资源公司（Perpetua Resources，又名加拿大金锑矿业公司，美股代码：PPTA）的股价就获得了强大的支撑力量，因此持续上涨。中国管控稀土的出口，美国稀土类企业的股价就会大幅上涨。比如，致力于建立一个垂直整合的美国国内稀土元素磁体生产供应链的公司——美国稀土有限责任公司（USA Rare Earth，美股代码：USAR），以及美国最大的稀土矿公司，同时也是美国唯一一家全产业链一体化的稀土生产商——MP材料公司（MP Materials，美股代码：MP），它们的股票就非常容易受到资金的青睐。

同样的逻辑，"脱钩"对供销社行业或板块来说，也是明确的利好支持。只不过，这种利好只可意会不可言传。

与确定趋势同行（下）

如果我们站在未来发展方向的角度看，无论是美股还是A股、港股，人工智能板块都将是一个更值得被寄予厚望的板块，因为这是人类发展过程中一个非常明显的大趋势。在这个大方向下，保持长线思路的人，要比像斤斤计较的无头苍蝇一样进进出出忙碌不停的人更能享受到收获丰硕果实的快乐。

人很容易被环境局限。

当看到周围消费降级，商家拼命"卷"价格的时候，你如果放眼全球就会发现，跨境电商其实非常火爆。过去5年间，中国跨境电商整体贸易规模增长超过10倍。2024年以来，跨境电商增速更为明显，据海关总署初步测算数据，2024年前三季度，中国跨境电商进出口1.88万亿元，同比增长11.5%。跨境电商已经成为中国外贸发展的有生力量，为全球消费者提供了更多元化的购物选择。[29]

消费降级并不仅仅存在于中国，在海外很多市场同样如此。中国廉价的商品在本国没有优势，只能"卷"价格，但在海外市场就不一样了，中国商品的廉价优势极为明显。当海外消费也降级的时候，中国廉价商品反而有更强大的竞争优势，因为很少有国家的商品能做到比中国制造的商品成本更低。

在与发达国家市场"脱钩"的过程中，很多出口商品转为内销，使得国内商品的供应过剩，价格下降。但是，即便是在整体性"脱钩"的环境之下，中国企业和商品仍有机会"走出去"。以美国为例，美国电商基本上是亚马逊一家独大，在打掉一个又一个竞争对手后，亚马逊享有越来越大的垄断优势。

根据经验，市场竞争越激烈，消费者越能享受到优质的服务，而市场垄断性越强，消费者的选择空间越小，享受到的服务越差。商业领域垄断的结果往往是会员费的不断提高和服务质量的降低。比如，过去UPS（联合包裹）免费上门取退货，现在上门取退货需要收取费用；过去商品投递不及时会立即退款，现在消费者多等几天才能拿到退款，等等。

对于这些弊端，美国消费者当然深有体会。在这种情况下，消费者想"用脚投票"，就会产生其他选择，这其实就是中国电商在美国这样的发达国家发展异常迅猛的重要原因。

当自己周围的生存环境变得恶劣时，不要一直在这个小圈子里无助地、徒劳地"内卷"和挣扎，而应该放眼于世界，大胆走出去，哪怕只有一条微小的缝隙，只要从中走出去，也是海阔天空。

投资者如果停留在过去，就看不到趋势的演变。仅根据过去的经验做投资是危险的。

人可以重视经验，但必须往前看，不能被过去的经验束缚住。

在现在这个时代，从投资的角度来看，集邮没有什么意义。集邮兴起于20世纪八九十年代，那个时候，能投资的市场和品种都是非常少的。股票交易市场和期货交易市场1990年才开始建立，当时房地产投资也还没有真正展开，这是当时很多资金涌入集邮市场并助推集邮热的根本原因。而现在，能投资的领域和品种都非常多，更重要的是，在互联网时代，年轻人通过电子邮件或者聊天工具交流，即便是发快递，也往往发顺丰快递等，几乎不接触邮票。未来的人们可能更无法理解邮票的价值。而你永远不可能把某个东西高溢价卖给一个不懂其价值的人，更何况这种东西本身就由于发行过滥而缺乏最基本的稀缺性。

浮躁时代生产（原谅我不用"创作"来表述）的许多艺术品（无论是绘画还是雕塑等）是没有生命力、没有价值的，所谓的高价炒作只是投资者和生产者玩的交易游戏。这种所谓的艺术品不能按照艺术品的标准去衡量，甚至不能按照纸张和颜料的价值来衡量——新的纸张和颜料最起码还有使用价值。过去这种游戏存在的唯一理由是人们有太多的闲钱和精力，需要在这种打着文化旗号的领域寻求某种慰藉，或者，需要用一种文化符号装点贫瘠的精神世界。

在经济下行的时候，这一切都将成为泡影，因为拿文化符号显摆的人也没钱了。

生活压力是让人克服虚荣心、让人心回归现实的最强大的力量。

永恒的艺术永远是用心、用灵魂浇筑出来的。

书法界流行的所谓的"乱书"，是传统书法艺术堕落和道德沦丧的表现。一些人不思苦修，不去精进技能，提升修养，而是一味投机取巧，打着创新的旗号羞辱、埋葬传统文化。在这种氛围之下，很多书画艺术其实只是工厂化的复制、生产，而这种工厂化的操作制造出来的只能称为"垃圾"。这种所谓的收藏品，是毫无价值可言的。在未来的这个经济周期内，对于流水线批量制造出来的所谓艺术品，你无论以多大的折扣卖出去，都是减少损失的一种明智之举。在机会紧缩、流动性紧缩的阶段，只有随着时间的流逝而增值且随时可以变现的资产，才是真正值得投资的、有价值的资产。

很多投资品种的趋势是变化着的。

在美国，拜登政府时期，大力鼓励发展新能源，新能源板块走势强劲；而在"特朗普2.0"时期，美国政府的政策是大力鼓励发展传统能源，对新能源的发展则充满了抵触和排斥倾向。

但是，这种极端政策的骤然转换，实际上也带来了一些好的、长远的投资机会。比如，充电桩类公司的股票。美国有两家具有代表性的充电服务公司，Blink Charging Co.（美股代码：BLNK）和 ChargePoint Holdings Inc.（美股代码：CHPT）。在拜登政府时期，Blink Charging Co. 的股价曾经涨到 64.5 美元的历史高位；而在"特朗普2.0"时期，它的股价跌到了 1 美元以下的位置。同样地，ChargePoint Holdings Inc. 的股价，在拜登政府时期达到过 49.48 美元的历史高点；而在"特朗普2.0"时期，也跌到了 1 美元以下的位置。

特朗普政府的打压，让人们忘记了新能源汽车依然是未来的大势所趋。看一下现在满大街的加油站，我们就能知道，未来，取代这些加油站的，将是一个个的充电站。因此，特朗普政府对新能源的嫌弃和打压，实际上为投资者做长远投资带来了一次好机会。未来，当美国一位青睐新能源的总统走马上任时，这些跌入谷底的充电服务类公司恐怕又会生机勃勃，只不过我们恐怕再也看不到如此低的股价了。当然，前提是这些公司能活着度过"冬天"最暗淡和痛苦的阶段。

我们有限的资金，要永远投在有生命力、有价值的领域和品种上。

随着时间的流逝，这些品种的价值更加凸显。也许，过去人们曾经忽略它们，但在接下来的这个经济大周期，它们必将大放异彩，而这正是本书要重点讲的内容。

我必须强调，这本书是写给有耐心的人的——虽然这有点儿画蛇添足的意味，但我基于内心的感受必须这样强调。

为什么有人能看到多年以后的趋势，而有的人甚至不能站在今天看到明天的趋势？这种区别在于认知和思维方式的巨大差异——这种差异并不能简单通过技术性的方式消除，而必须通过认知能力的提升来消除。

在生活中，我们或许见过这样的现象：一个人唱歌，如果没有抑扬顿挫，没有节奏，就不会有韵味，就不会好听。相应地，当人们做分析和投资的时候，往往会进入一个很常见的误区，就是不分轻重缓急，不对确定性和不确定性进行仔细的区分。在这类投资者的分析结果中，重大事件和听到的未经证实的小道消息的分量是一样的；在这类投资者的投资当中，大机会和小机会分配的资金是没有区别的；在这类投资者的操作中，投资者一天不交易就会莫名其妙地生出失落感。这样的状态完全不是投资的状态。

市场的不确定性越高，蕴含的风险越大。人们往往只看到可能的收益而忽略风险，这样的结果往往很悲惨。

追求确定性盈利，在确定性高的时间节点入手最具确定性的品种，这是获取高收益的非常重要的保障。

好眼光需要建立在空间思维的基础之上。所谓空间思维也称"多元思维"、"全方位思维"、"整体思维"或"多维型思维"，是指跳出点、线、面的限制，从上下左右、四面八方去思考问题的思维方式。

很多人拥有非黑即白的简单思维习惯，缺乏空间思维能力。越是在自媒体的碎片化信息中流连忘返的人，越缺乏空间思维能力，目光越短浅，而且这种短浅往往是难以改变的。因此，我需要强调的是，本书是写给"上士"的——"上士闻道，勤而行之；中士闻道，若存若亡；下士闻道，大笑之，不笑不足以为道"。

我以前做客《财经郎眼》节目的时候，举过一个例子来说明中美教育的不同。在中国，老师给孩子们出一道题：从大象、人、鱼、小鸟中，选择一个与其他不同的。中国的标准答案是"人"。而在美国等西方国家，这道题是没有标准答案的。如果一个孩子选择大象，并且讲出理由，比如说只有大象最重、最大，只有大象鼻子最长，那么，老师会表扬这个孩子。如果一个孩子选择鱼，他的理由是只有鱼是在水里游的，其他几种不能自由自在地在水里游，那么，老师也会表扬这个孩子。如果孩子选择小鸟，给出的理由是只有小鸟能在天上飞，那么，老师也会表扬这个孩子。如果孩子选择人，给出理由，比如说，只有人在学校上学，老师也会表扬。

这种教育方式不会损害孩子的空间思维能力。而我们的孩子，从小接受的教育便是以所谓的标准答案扼杀孩子的空间思维能力，要求孩子整齐划一和趋同。这种基础教育的差异成为中西方孩子创造力不同的根源。

你如果想让孩子有良好的思维方式，那么尽可能不要给他所谓的标准答案，而要给他保留一颗空间思维的"种子"，让孩子保持思维的"灵气"。

在研究方面，空间思维能力强的人更容易有新发现，也不容易被简单的物欲迷惑，至少抗风险能力要强很多。因为，在空间思维之下，你会看到系统的各个方面，看到更多你所需要的东西。

很多人的思维停留在点和线上，如同一个个撕裂的碎片。他们缺乏空间思维能力，既看不到接踵而至的风险，也看不到近在咫尺的好机会。

还有些人，只有非黑即白的两点思维，甚至连线性思维、平面思维都算不上。他们整天在网络上"喊打喊杀"，"毁"这个"灭"那个，仇恨感和恶念让他们永远无法体会生活中值得感恩的点点滴滴，也让他们永远缺乏观察趋势演变的智慧。

一个心怀感恩的人，要比一个心中充满仇恨和暴戾之气的人，具有更敏锐的眼光和更聪明的大脑。作为一个趋势分析者，你要想有独到的眼光，看得更远、更透彻，就必须摆脱非黑即白的思维方式，培养自己的空间思维能力。作为一个投资者，你只有摆脱固有的种种局限，让思维彻底解放开来，才能获得洞悉世界、发现好机会所带来的巨大快感。

我们必须认识到，逻辑学在传统教育中的缺位，使人们习惯于用情绪填补本应该由逻辑主导的过程。这带来了灾难性的后果：很多人是不讲逻辑的。这是趋势推导的大忌，因为每一步的推导都需要依靠数据和信息，找出内在联系。在趋势推导的过程中，逻辑思维是贯穿始终的。否则，任凭想象信马由缰，脱离基本事实，这就不再是趋势推导，而是臆想或者文学创作。

基本的逻辑思维能力可以帮助我们剔除无用的东西，留下最有价值的，让趋势的推导有依据、有章法，而且，逻辑本身就带有纠错的功能，让我们更容易确定趋势的方向。

分析趋势，寻找好的投资机会，是一项系统的工程。很多时候，我们需要最大限度地去除感情因素，站在利益相关方的角度去思考、去梳理，找出各个利益相关方最有可能做出的选择。比较这些选择对趋势可能产生的综合影响，我们才能精准判断趋势的方向。

要点总结

- 高盈利的源头是把握趋势，也就是资本、资源、人口的流动方向；以资本流动为例，资本流入之地的资产价格容易上涨，反之则容易下跌，这是规律使然。

- 消费、就业和人口是趋势判断的核心指标；消费反映经济热度，就业是最基本的民生，人口变化决定经济的长期走向，它们是最能直接反映经济现状和未来趋势的硬性指标。

- 投资的本质是交易未来，更确切地说，是基于对未来的判断在当下做交易；投资决策应顺应趋势，往前看，而不要被过去的经验束缚住。

- 稀缺性是获取高盈利的关键，投资中稀缺性的特点包括供给有限，需求稳定或增长，替代商品缺少或不足，通常是在某个时间段内。

- 稀缺性有3种：地域稀缺性、技术稀缺性和不可再生的稀缺性。

- 稀缺性往往是阶段性的，有些投资品种在某个时间段内有投资价值，而在另外一个时间段内没有投资价值。这是需要强调的地方。

- 投资是时间和空间的组合。时间是何时投资的问题，空间是资金放在哪些市场、哪些品种上的问题。

- 投资决策需要基于逻辑主导和数据驱动，让趋势的推导有依据、有章法。

- 分析趋势，寻找好的投资机会，是一项系统的工程；投资者需要跳出碎片化思维、线性思维的限制，具备多维的、整体的空间思维，这样才更有可能看到机会，意识到风险，看得更远、更透彻。

- 投资时要选择有生命力、有价值的领域和品种，它们增值空间大，可以随时变现；避开已经过时的品种（如邮票）以及高价炒作但没有真正价值的所谓"艺术品"等。

- 投资者需要摆脱的误区、思维定式有：非黑即白，以愿望、想象代替客观现实，被固有观念、情绪和过往经验束缚；不区分轻重缓急，缺乏耐心，不辨析信息源的质量、可靠度等。

第二章

趋势起源：币漫金山

确定性中的好机会

"黄金、白银的价格也将大幅度上涨。这种涨幅绝非此前人们记忆中的幅度所能衡量的——人们的习惯是用过去的走势来预估未来的趋势，但在2023年开启的这个周期内，过去的经验将变成想象力的枷锁。只有当枷锁打开，才能看清未来的趋势所至。"

上面这段对金银2023年以后走势的分析，是我在2014年出版的《时寒冰说：未来二十年，经济大趋势（未来篇）》第470页和471页中的原话。

我在10年前根据利益分析所做的趋势预测，如果对照今天黄金和白银的走势，会让人觉得有点儿妙不可言。是的，这就是趋势分析的魅力所在。

从2022年底到2023年，我在网络课程中讲得最多的专题就是黄金和白银。当黄金、白银走出强劲的牛市时，很多人还没有搞明白原因。在美联储将联邦基金利率目标区间维持在5.25%~5.5%的历史高位的情况下，黄金、白银价格怎么会涨得如此迅猛？未来，有没有比金银更好的投资机会呢？对此，本书会一一给出答案。

谈到这些很具体的投资问题，我想深入浅出，从头开始讲起——我尽可能回到源头上讲这些问题，这样，阅读这本书的朋友可以知道来龙去脉，并在未来举一反三。我希望大家通过这本书获得的不是简单的知识，而是一种可以生产知识的更高层级的思维能力的提升——这些看起来啰唆的原理或者道理，大家在以后会经常用到。

恨不能下一秒钟就直接看到结果而缺乏耐心的读者，可能会觉得这个过程有点儿枯燥和乏味，并且认为作者的啰唆是故弄玄虚，但真正读懂的人，会在这个过程中感受到思维跃升带来的欢悦。

在新冠疫情之后，全球各大央行都在拼命发行货币，救民生，救企业，搞宽松——这种集体性的行为，在带来货币贬值风险的同时，也带来巨大的投资机会。

这轮为救民生和企业而实施的刺激力度非常大。仅以美国为例，在新冠疫情暴发之后，美国先后推出多轮救助计划，我们通过两例即可大概知其全貌：2020年12月27日，时任美国总统特朗普签署了一项2.3万亿美元新冠纾困和政府支出法案，并计划将给美国民众的直接补助支票金额从每人600美元增加到2 000美元。

2021年3月11日，时任美国总统拜登签署了一项总额达1.9万亿美元的新冠纾困救助法案，年收入75 000美元以下的个人或者年收入15万美元以下的夫妻，每人最多可获得1 400美元的纾困金，而美国大约90%的家庭和个人将有资格获得。如家有符合条件的儿童，家庭税收抵免额将提高。联邦政府每周将为失业人员额外发放300美元失业救济金，拨款3 500亿美元作为州和地方援助金，以及拨款数十亿美元帮助受新冠疫情影响的小企业等。

在应对经济危机时，不同国家的思路有区别。有的是给民众发钱，刺激消费。有的是鼓励民众花钱，刺激消费，把重点放在搞宽松、搞基建上。

与此同时，包括美联储在内的各国央行一致"打开水龙头放水"。

2019年8月，美联储10年来首次降息。2020年3月3日，美联储突然宣布紧急降息0.5个百分点，以缓解新冠疫情对经济的冲击。3月15日，美联储再次宣布，将联邦基金利率目标区间下调1个百分点至0%~0.25%，并启动总额达7 000亿美元的量化宽松（QE）计划。美联储随后又宣布取消QE限额，按照"实际需要"购买资产，开启无限量 QE。

彭博经济研究数据显示，仅 2020 年一年，美联储、英国央行、日本央行和欧洲央行就在量化宽松政策上投入了 5.6 万亿美元。[1]

大宽松之后，各国央行的资产负债表迅猛扩张。图 2-1 为 2018 年 1 月 1 日—2024 年 6 月 26 日美联储资产负债表规模。

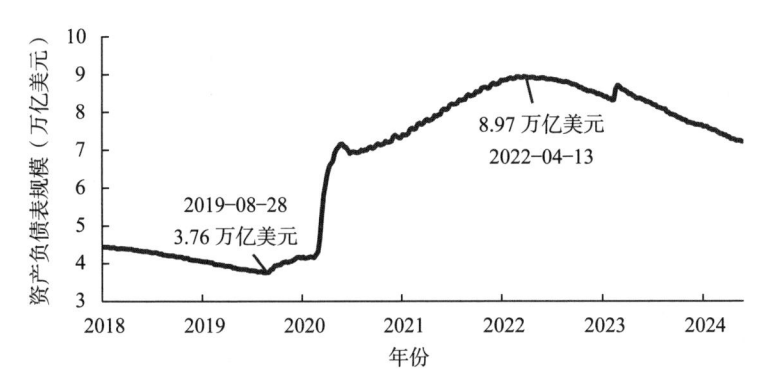

图 2-1　2018 年 1 月 1 日—2024 年 6 月 26 日美联储资产负债表规模

数据来源：美联储。

从图 2-1 中可以看出，2019 年 8 月 28 日，美联储的资产负债表规模还只有 3.76 万亿美元，新冠疫情暴发之后，美联储为了救市，开始实行量化宽松的货币政策，导致资产负债表规模在短时间内迅速扩张，到 2022 年 4 月 13 日，达到 8.97 万亿美元的历史高点。

这种情况是全球性的。

与各大经济体央行的量化宽松相比，美联储的做法还算是节制的——它毕竟还要顾及美元的全球性货币地位。

众所周知，近年来，一直走在宽松货币政策道路上的主要经济体，一个是日本，另一个是中国。日本央行一直实施货币宽松政策，哪怕是在全球发达经济体普遍加息的背景下。在 2024 年 6 月 5 日加拿大央行宣布降息，以及 2024 年 6 月 6 日欧洲央行宣布降息之后，日本央行继续通过购买日本国债保持宽松的状态。

我们通过对比中美广义货币供应量能看得更分明一些。

2019年8月末,中国广义货币（M2）余额193.55万亿元,以当时的汇率（1美元≈7.01人民币）计算,折合27.61万亿美元。2019年8月末,美国广义货币余额,未经季节调整的数据为14.896万亿美元,经过季节调整的数据为14.93万亿美元。取其大,即经过季节调整的数据14.93万亿美元,与中国的进行比较。中国的广义货币余额是美国的1.85倍。

我们知道,中国广义货币与美国广义货币最大的不同,是美国的商业银行大额存款不纳入广义货币,为了使两者更具可比性,我们把美国的数据加上美国所有商业银行的大额定期存款。

2019年8月,美国所有商业银行的大额定期存款为1.77万亿美元,加上广义货币余额14.93万亿美元,合计16.7万亿美元。中国的广义货币余额是美国广义货币余额与美国所有商业银行的大额定期存款之和的1.65倍。

时间来到2024年5月,中国的广义货币余额突破300万亿元,为301.85万亿元,以美元兑人民币汇率大约7.2计算,折合41.92万亿美元。与2019年8月相比,中国广义货币余额净增长51.8%。

2024年5月,美国广义货币余额经过季节调整的数据为20.96万亿美元,同月,美国所有商业银行的大额定期存款为2.395万亿美元,两者加在一起为23.355万亿美元,与2019年8月相比,净增长39.85%。

2024年5月,中国广义货币余额是美国广义货币余额与美国所有商业银行的大额定期存款之和的1.8倍。

美国的货币是全球性货币,在全世界流通,而中国的货币主要在中国流通。

中国国家外汇管理局2023年11月3日公布的统计数据显示,当年7—9月,中国国际收支口径的外商直接投资出现118亿美元的净流出。

这是自1998年有可比数据以来，外商对华直接投资首次呈现净流出态势。

投资减少会带来经济的下滑、就业机会的缩减等一系列问题，外资的撤离也会直接带走美元，给中国的货币稳定带来更大的挑战。

现在我们思考一个简单的问题：货币超发，谁最清楚？

当然是央行自己！

那么，在货币超发的情况下，央行为了确保自己的资产不缩水，在"脱钩断链"浪潮之下，会做出什么选择呢？

答案是购买黄金。

全球央行在疯抢

如果我们把世界黄金协会近年来发布的报告整理出来，就会发现，凡是货币存在超发问题的央行，都在积极地购买、囤积黄金。

2020年，全球央行净购买黄金量达到272.90吨。2020年全年黄金总供应量同比下降4%，为2013年以来的最大年度降幅。[2]

2021年，全球央行购买463.07吨黄金，将全球央行黄金储备提升至近30年来的最高水平——全球央行黄金储备被推高至近35 600吨，创1992年以来的最高纪录。[3]

2022年，全球央行黄金净购买量达到1 136吨，创历史新高。而2022年全年，全球的黄金总需求为4 741吨，几乎与投资需求极为旺盛的2011年相持平。全球央行购买的黄金量占黄金总需求的23.96%。值得注意的是，2022年的金矿产量只有3 624.80吨。[4]

2023年，全球央行继续大举购入黄金，全年净购金量为1 037.40吨，这使得全球官方黄金储备总量达到3.67万吨。而2023年的金矿产量只有3 644.40吨。[5]2023年全球黄金产量增速下降，一个重要原因是地区恐怖活动。比如，西非的布基纳法索在 2022 年是世界第 14 大黄金生产国，但是由于恐怖主义活动（袭击金矿，或者导致某些矿山难以获得燃料和其他材料），2022—2023 年，先后有 7 家矿业公司关闭。动荡没有波及的地区则发生了金矿罢工，导致生产停止。因此，2023 年，布基纳法索的黄金产量下降 1.5%，至 57.30 吨的低点。[6]

2020—2023 年，全球央行购买黄金数量是这样增长的（见图 2-2）。

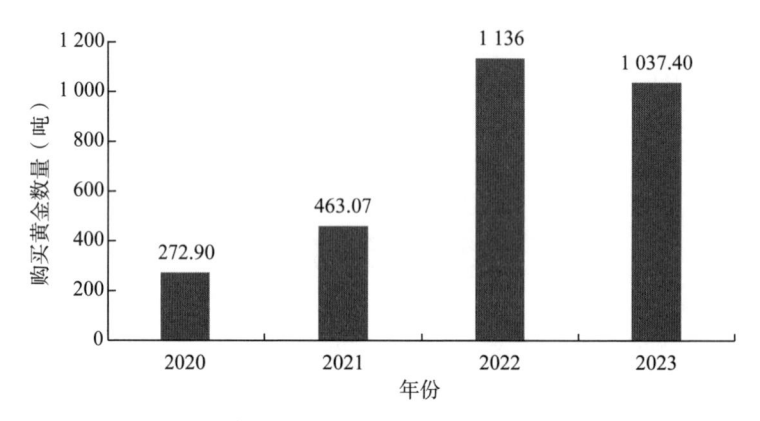

图 2-2　全球央行 2020—2023 年购买黄金数量

数据来源：世界黄金协会。

央行越超发货币，越对货币没有底气，对货币贬值的预期越强，越会积极购买黄金。

俄罗斯、土耳其、波兰、捷克等国的央行，莫不如此。

世界黄金协会的数据显示，2022 年全年，新兴市场国家购金最为积极。土耳其央行是 2022 年世界上购买黄金最多的央行，全年将黄金储备提升 148 吨，将土耳其的黄金储备推升至 542 吨，为有记录以来的最高水平。埃及在 2022 年购买了 47 吨黄金。

2024 年 5 月，高盛发布的研究报告指出，2022 年中以来，全球央行黄金购买量增加 3 倍，达到每季度约 1 000 万盎司[①]。其中，中国、波兰、

① 1 金衡盎司 ≈31.1 克。——编者注

土耳其、新加坡、印度和卡塔尔6个国家的央行是购金主力。值得注意的是，近年世界黄金协会发布的报告也显示，中国、波兰、土耳其、新加坡、印度和卡塔尔6个国家的央行多次跻身单季购金量最大的全球央行行列。2023年，中国增持约200吨黄金，新加坡、波兰、印度、卡塔尔等国的黄金储备也相应增加。[7]

图2-3为俄罗斯央行2014年1月—2024年5月的黄金储备走势图。

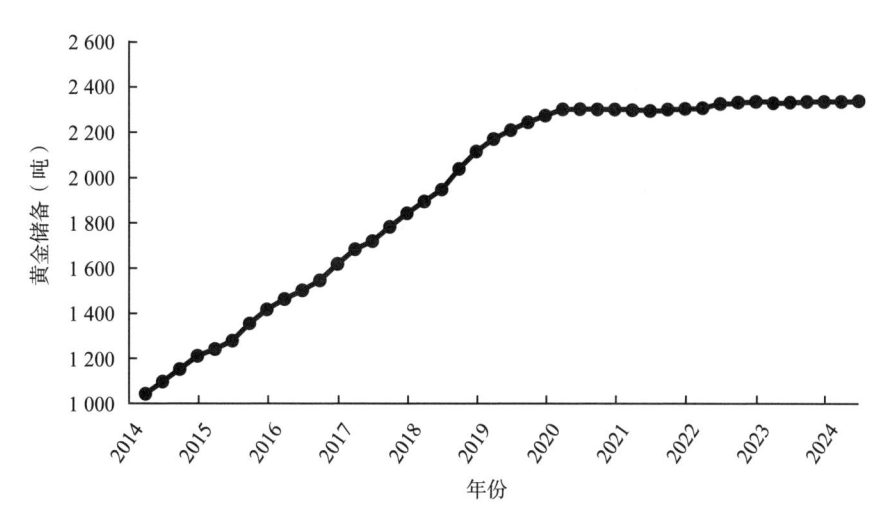

图2-3　2014年1月—2024年5月俄罗斯央行黄金储备

数据来源：世界黄金协会。

截至2023年底，俄罗斯黄金储备已经增至2 350吨。同期，卢布贬值成什么样了，大家都心知肚明。在2022年俄乌冲突之前，俄罗斯逐步将外汇储备中的美元清零，换成黄金储备。

从趋势研究的角度来看，我们也可以通过这种行为模式反过来推导趋势，其逻辑是这样的：当一个国家准备展开军事行动的时候，会提前大量囤积黄金；而当一个国家持续大量囤积黄金的时候，也可能是为了应对未来的突发冲突。

当然，央行购买黄金最主要的原因还是自己清楚要面临货币贬值的压力。所以，最近几年疯狂买黄金、囤积黄金的往往是发展中国家，而发达国家过去已经囤积了足够的黄金，现在很少加入购买黄金的队伍当中。但即便如此，也足以推升黄金价格了。

要知道，在央行没有加入的情况下，由于黄金开采难度的加大和开采成本的上升，供应与需求之间也基本上保持着平衡。一旦央行加入进来，这种平衡就容易被打破，从而推升黄金价格。

而货币贬值的压力并不是短期内就能解除的，叠加应对可能的战争的考量，央行囤积黄金的行为不会轻易停止。

如果把上述逻辑放在中国人民银行的身上，我们就会得出另一个结论：内盘黄金的走势将强于外盘。

至少有一点必须明确，那就是没有谁比央行自身更明白货币未来的走向。当央行默默无闻地囤积黄金的时候，它不仅在为黄金的走势指明方向，实际上，也已经为货币的未来画出了清晰的路线图。

千万不要以为央行购买黄金的行为很快就会结束，或者因为某一两个月央行购买黄金的行为有短暂的停顿就认为央行改主意了。

事实上，不断有国家加入购买黄金的队伍，比如匈牙利。在 2018 年 10 月之前，匈牙利的黄金储备只有微不足道的 3.1 吨。2018 年 10 月，匈牙利央行宣布 32 年来首次增加黄金储备，其一出手就是大手笔，直接把黄金储备增加到 31.5 吨。2021 年 4 月 7 日，匈牙利央行在其公布的一份声明中表示，其新购买了 63 吨黄金，把黄金储备从 31.5 吨一下子提升到了 94.5 吨。

再举一个小国的例子。2023 年 2 月 17 日，捷克央行行长阿莱斯·米希尔表示，他计划将捷克的黄金储备从 12 吨增加到 100 吨，作为未来几年银行投资组合变化的一部分。[8] 等到 2024 年 6 月的时候，最新的报道提到，捷克央行行长阿莱斯·米希尔表示，决定将捷克央行的黄金持有量从当前约 40 吨提高到 100 吨。捷克的行动还是非常快的。

捷克为什么要增持黄金呢？

原因还是货币贬值。媒体报道这一消息的时候，有这样一句表述："当阿莱斯·米希尔成为捷克央行行长时，该国正处于30年来最严重的生活成本危机之中，他承诺在两年内控制通胀。"[9]

尽管发展中国家的央行持续购买黄金，但在发展中国家的外汇储备中，黄金所占比例依然普遍比较低。就以中国为例，截至2024年4月，中国大陆黄金储备在外汇储备中的占比只有4.9%，这还是在持续大量购买黄金的情况下才达到的比例。如果发展中国家增持黄金，也达到发达国家那样的水平，那么全球的黄金供给根本无法满足需求——这实际上在强化黄金的稀缺性，而当越来越多的央行及其他主体意识到这种趋势时，它们就会更积极地购买黄金，从而强化黄金的支撑力量！

根据全球官方黄金储备数据，美国的黄金储备占外汇储备的比例是72.3%，德国是71.6%！

表2-1是世界黄金协会2024年6月发布的全球黄金储备前20名（数据截至2024年4月）。

表2-1 世界黄金协会发布的全球黄金储备前20名（数据截至2024年4月）

国家和地区或组织	黄金储备（吨）	黄金储备占比
美国	8 133.46	72.3%
德国	3 351.93	71.6%
国际货币基金组织	2 814.04	其资产负债表不计算该百分比
意大利	2 451.84	68.6%
法国	2 436.97	69.8%
俄罗斯	2 335.85	29.1%
中国大陆	2 264.32	4.9%
瑞士	1 040.00	8.7%
日本	845.97	4.9%
印度	827.69	9.5%

（续表）

国家和地区或组织	黄金储备（吨）	黄金储备占比
荷兰	612.45	61.7%
土耳其	578.18	39.4%
欧洲央行	506.52	36.9%
中国台湾	422.38	5.2%
葡萄牙	382.63	74.3%
波兰	363.36	13.1%
乌兹别克斯坦	356.44	75.5%
沙特阿拉伯	323.07	5.3%
哈萨克斯坦	316.54	59.0%
英国	310.29	13.5%

数据来源：世界黄金协会。

从表2-1可以看出来，像沙特阿拉伯这种"财大气粗"的国家，黄金储备占比才达到5.3%，还有非常大的提升空间。

世界黄金协会在2024年6月发布的《2024年央行黄金储备报告》中指出，以中国、土耳其和印度等国央行为首的各国央行的黄金储备在2022年和2023年均增加了1 000多吨，迄今为止，各国央行黄金储备的增幅并未放缓。世界黄金协会称，2024年第一季度全球官方黄金储备增加了290吨，这是自2000年以来第一季度的最大增幅，购金量比近5年季度平均值高出69%。

不仅如此，世界黄金协会在2024年6月18日发布的调查报告显示，超过八成（81%）的受访央行表示，其预计在未来12个月继续增加黄金储备。这一数据是自2019年年度调查以来的最高纪录。

2024年央行黄金储备调查收集了70家央行的数据，发现近30%的央行计划在2025年增加自己的黄金储备。尽管全球央行连续两年创下黄金购买量最高纪录，且金价在2024年创下历史新高，但储备管理者对黄金的乐观看法依然持续，他们仍然对黄金保持着热情。新兴市场和发展中经济体的央行对黄金在储备组合中的未来份额保持积极乐观的态度。值得注意的是，发达经济体央行也加入了它们的行列，现在对黄金的看法更为积极。超过一半（57%）的受访央行表示，5年后黄金储备在外汇储备中的比例将更高，与2023年相比有显著增长。[10]

所有的央行都知道货币超发的后果，它们更有紧迫感，希望通过黄金规避未来的风险——这是各国央行争相购买黄金的最大原动力。

正在走向枯竭

央行购买黄金还有一个原因，那就是，由于资源的枯竭和开采成本的大幅上升，黄金的稀缺性在提升。

美国地质调查局发布的《2024年矿产商品摘要》显示：全世界黄金现有储量只有大约59 000吨，以2023年的开采量3 000吨来计算的话，仅够开采19.7年。[11]

在很多人的印象中，南非是黄金生产大国。但世界黄金协会发布的报告显示，南非2022年的黄金产量只有92.6吨，连全球前十名都进不去了。这说明，随着有限的黄金资源枯竭，黄金的产量下降。

图2-4为南非2010—2023年的黄金产量。

近年来，需要巨额投资的黄金开采的成本显著增加。世界黄金协会发布的数据显示，2022年，采金业平均全维持成本（AISC）创下历史新高，同比增长18%，至1 276美元/盎司。这比2012年创下的纪录高出14%，或者说高出160美元/盎司。[12]

我们对照一下黄金的生产成本就知道黄金的价格为什么上涨了。

黄金开采成本高企的一个重要原因在于，资源型国家的通胀加剧，

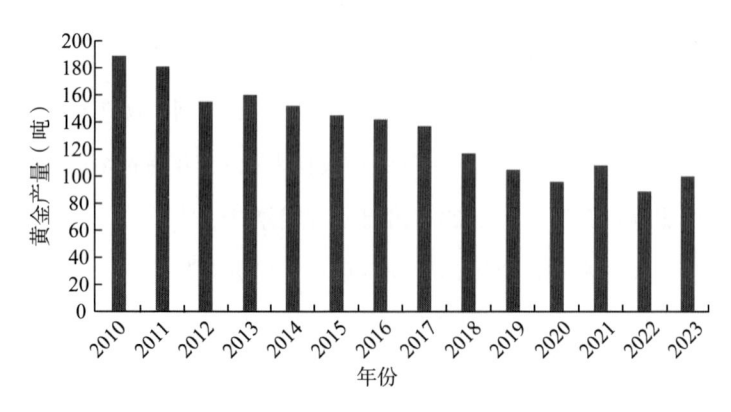

图 2-4　2010—2023 年南非黄金产量

数据来源：美国地质调查局。

人工费用和电费大幅上升，推高了开采、出货和勘探等成本。

而且现在，全球那些好开采的、成熟的金矿资源，也就是老矿山，资源枯竭，而一些没有被真正开发的金矿资源，主要集中在政局不稳的地区，比如西非。但新矿山并不意味着更多的黄金供给，因为新矿山有新的成本。要在非洲的丛林深处开采金矿，首先需要花费巨额资金建设电力及其他基础设施，而这些都意味着非常高昂的成本支出。

黄金开采的环保成本也越来越高。比如说澳大利亚，早在 20 世纪初，就对矿业环保高度重视。矿企采矿前需要通过层层审批，采完矿还得负责进行土地复垦。一套维护做完后，资源部门去检查复垦情况，复垦合格了才能把环保抵押金退给开矿许可证持有人，不合格就没收押金。

因此，西方国家的企业开采金矿的成本普遍很高。

正因为黄金开采的难度越来越大，成本越来越高，全球的央行才有那么强烈的紧迫感，去积极囤积黄金。

资源日渐枯竭、品位下降、开采成本上升，这让一些金矿公司走向衰败。比如，美国黄金矿业公司（Golden Minerals，美股代码：AUMN），是一家贵金属矿业勘探公司，2011 年 7 月 13 日，它的股价达到 19 美元，但随着金矿枯竭和开采成本上升，股价一路下跌，2023年6月6日，跌到最低0.101美元（见图2-5）。6月9日，其股票每25股合并成1股，股价涨到2.6美元以后又跌下来，在2024年3月20日，股价最低跌到0.26美元。在金价大幅上涨的背景下，这家公司却不能分享金价上涨的红利。

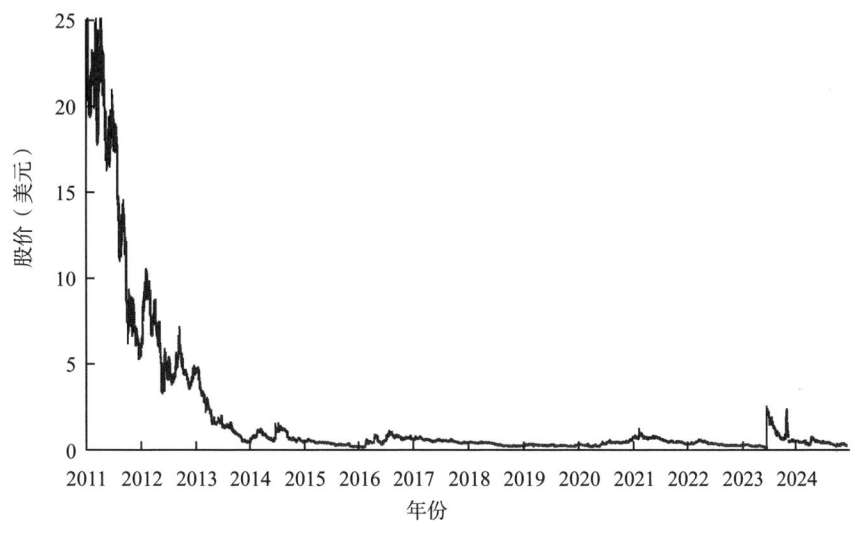

图 2-5　美国黄金矿业公司（AUMN）股价走势

数据来源：Choice 数据。

研究其财报，我们不难发现缘由。

美国黄金矿业公司在2022年第一季度加工了约47 400吨矿石，较2021年第四季度的约42 800吨大幅增加。然而，由于黄金品位下降30%以上（降至每吨3.1克黄金和每吨11.6克白银），加工量的增长被抵销，徒劳无功，这让公司陷入困境。

然后，公司寄希望于重启位于墨西哥杜兰戈州的一处金矿的采矿作业。根据该公司2023年的公告，其目标是在2024年上半年逐步提高该矿山的产量，直至实现正现金流。然而，该矿山和加工厂在最初几个月的生产过程中的表现没有达到公司预期。迫不得已，美国黄金矿业公司在2024年2月29日发布公告，决定停止这个矿区的采矿业务，并打算出售物业或清盘公司在墨西哥的一些业务[13]。

所以，在黄金价格上涨的情况下，黄金企业的股票价格并不一定会跟着上涨，它必须有足够的资源（尤其是优质资源）才行。这就需要投资者做功课，把相关上市公司所拥有的资源搞清楚，谁的资源储备最丰富、开采成本最低，谁的股价涨势就越好。

但总的来看，几乎所有黄金企业的开采成本都在上升，这影响了黄金类股票的表现。

巴里克黄金公司（美股代码：GOLD）是全球最大的黄金矿商之一，是名副其实的黄金开采龙头企业。从其2023年度财报来看，2023年，它的黄金产量约为550万盎司。巴里克黄金公司共有13个金矿，其中6个是一级金矿，是优质资产的集中地。然而，它依然面临着开采成本上升的挑战。

2024年4月16日，巴里克黄金公司发布了一个声明：公司2024年第一季度初步产量为94万盎司黄金和4万吨铜。由于美国内华达州金矿计划性维护及矿区排序调整，公司2024年第一季度产量较2023年第四季度产量有所下降。由于产量降低，与2023年第四季度相比，该公司2024年第一季度每盎司黄金销售成本预计将增加4%~6%，每盎司总现金成本预计将增加6%~8%，每盎司全维持成本预计将增加7%~9%。该公司同时说明，随着产量的增加，未来黄金开采成本将下降。

同时，巴里克黄金公司铜的开采成本也在上升。巴里克黄金公司2024年第一季度铜的初步产量低于2023年第四季度，主要原因是Lumwana铜矿按照开采计划开采的铜品位较低。与2023年第四季度相比，受产量降低的影响，2024年第一季度每磅[①]铜的销售成本预计将增加9%~11%，每磅现金成本预计将增加10%~12%，而每磅全维持成本预计将增加14%~16%。该公司说明，随着产量的增加，铜开采成本预计在

---

① 1磅≈0.45千克。——编者注

2024年第一季度之后的几个季度连续下降。[14]

巴里克黄金公司是黄金类上市公司中具有代表性的龙头企业，成本的上升也使得它在金价大幅上涨的背景下股价表现一般。当然，如果金价继续高歌猛进，足以抵销成本上升和品位下降所带来的负面影响，那么这类拥有较多金矿资源的公司的股价也会有好的表现。

投资黄金须知这些

黄金投资分为3种：实物投资、期货投资、股票投资。

期货投资是高风险、高收益的投资方式。在全球交易所中，普通商品交易非常多，而黄金交易非常少。全球重要的黄金交易中心包括伦敦OTC市场，它是历史最悠久的黄金交易市场之一，主要交易现货黄金；纽约商品交易所（COMEX），它是全球交易量最大和最活跃的黄金期货市场，黄金期货合约代码通常以"GC"开头。再接下来是上海期货交易所和上海黄金交易所，其中，上海期货交易所的黄金期货日交易量排名世界第三，黄金期货合约代码以"AU"开头。

一般来说，国际市场的投资者偏爱纽约商品交易所的黄金（GC）交易，而中国投资者偏爱上海期货交易所的黄金（AU）交易。

期货投资对投资者有更高的要求。投资者既要有趋势分析、判断能力，也要有资金管理能力和风险控制能力，因为期货的特点是以小博大，以少量的保证金博取高收益。假如期货交易合约的保证金是10%，这就意味着10倍的杠杆，若黄金期货合约价格上涨10%，投资者就能获得保证金基础上一倍的收益。2023年1月2日，上海期货交易所2512合约的价格是412.94，到2024年12月30日，收盘价是625.8，上涨了51.55%，期货投资的收益之高可想而知。

刚进入期货市场的新手，往往很容易被这种诱人的收益吸引，而对如影随形的高风险无动于衷——10倍杠杆之下，合约价格下跌10%，保证金的亏损就是100%。新投资者缺乏对资金风险的感知能力，往往一上手就是大仓位操作，哪怕投资的大方向是对的，一旦遇到小的波动，也可能遭受重大损失甚至爆仓。

因此，投资黄金期货必须有一个熟悉过程，投资者起码需要经过一年以上的模拟单训练、3年最小单量的实战训练，才能真正感受轻仓长线的魅力所在。当一个人在期货市场中开始把轻仓长线作为交易原则时，他才算真正领略到了这种投资的奥妙所在。2022年底和2023年初，我在给学生讲黄金投资的时候就再三强调，尽可能选择远期合约，以充分考虑风险后的小单量，买入远期合约并长线持有。这就是轻仓长线。轻仓长线可以让人忽略金价的短期波动，从而充分享受长线投资带来的丰厚收益。

股票投资，最重要的，是把资金放在正确的市场中。在单纯以融资为目的而缺乏回报的股市，投资者很难获得好的回报。

在正确的市场中，如果选择黄金类上市公司的股票，投资者首先要考虑这家公司所拥有的资源。缺乏资源，单纯以加工费为主营收入的企业，无法充分享受黄金价格上涨所带来的红利。

选择金矿开采类上市公司的时候，重点就是研究其金矿资源所在地：如果这家上市公司的金矿在美国、加拿大、澳大利亚这种发达国家，环保成本肯定很高；如果金矿在非洲、南美洲国家，开采成本往往会比较低，但安全隐患巨大。例如，非洲部分地区战乱不断、社会治安极差，还存在腐败问题，这些情况也会大幅增加成本，只有少数企业能够在这种情况下获取更高的利润。

在中国做实物黄金及类似产品的投资要非常非常谨慎。

由于黄金价格昂贵，造假非常猖獗。当下，有些人为了获取暴利不择手段，黄金掺假、造假的事件屡禁不止。而且，由于鉴定成本高、难度大，造假的主体也并不仅仅局限于个体。国内媒体发布的有关黄金生锈等问题的报道比比皆是。

2020年6月，一起涉案金额达200亿元的黄金造假案震动全国。造假者竟然是国内最大黄金首饰制造商之一武汉金凰珠宝公司。武汉金凰珠宝公司向多家金融机构质押大量黄金进行融资，而这些所谓的黄金都是表面镀金、内部成分为铜合金的假黄金，多达80吨。[15]

武汉金凰珠宝公司2010年在美国纳斯达克上市，成为中国黄金首饰业在美上市第一股。造假丑闻曝光后，其股价一路暴跌，最后跌到0.0001美元，市值接近于零。

值得注意的是，这个80吨黄金造假案中，被骗的都是专业的投资机构，它们尚且不能及时辨别真假，遑论普通人呢？

很多人喜欢通过购买黄金首饰来保值增值。这其实是一个误区。

假如你买了金银首饰，等到去变现的时候，你就会发现要实现保值增值很难，即使有人愿意买或者有商家愿意回收，给出的价格可能还是低于你当初买入的价格。

金银首饰变现的时候有一个很大的问题：其纯度也就是含金量的检测难度大，而且检测成本高，再加上市场上存在假黄金首饰，使得金银首饰保值增值的期望在现实中很难实现。

金银首饰所能起到的作用就是装饰，佩戴一些合适的饰品能让人更美，更有气质。如果从装饰的角度来看，24K金不是最佳选择。K金分为24个等级，1K=1/24。24K金为纯金，理论上纯度为100%，但在现实中不可能有100%的黄金，因为达不到这个标准。所以，中国规定：含量达到99.96%以上（含99.96%）的黄金才能被称为24K金，也叫千足金。24K金的质地较软，硬度低，用指甲都能划出痕迹，很容易变形，而且无法镶嵌珍珠、宝石等，因为太容易掉落。另外，24K金也容易变色。

大家都知道，女性喜欢用化妆品，而很多化妆品都含有汞，这就导致身上佩戴的 24K 金首饰更容易变色。所以，现在，在西方，很多名流佩戴的首饰不再是 24K 金，而是 14K 金，也就是含金量为 58.3% 的黄金。因为 14K 金质地硬、韧性高、弹性强、颜色金黄，不生锈，不易腐蚀，光泽保持性好，而且价格非常便宜。西方很多明星佩戴的金首饰非常漂亮，你仔细了解一下，就会发现相当一部分是 14K 金的。

当你拿着金银首饰去当铺的时候，你往往会惊讶人家给你的估值怎么会那么低。这很正常。金银首饰的价格中包含加工费用、设计费用等，要不然，你买首饰的时候怎么会挑选那么久呢？怎么会有那么多款式可以挑选呢？这是谁的功劳？是设计师和工匠们的功劳。而当铺一般只根据含金量跟你估价。这就是差异。如果你认识不到这一点，投资就容易出现偏差。

当然，金银首饰并不能一概而论，如果你有一条项链，是英国的戴安娜王妃戴过的，或者是中国古代的某个皇后戴过的，那就完全不一样了。这个时候，这种金银首饰就属于古董了，那是一种强大的稀缺性，性质当然就不一样了。

显然，想通过金银首饰来保值增值是一种错误的思维方式，也是一个错误的选择。那么，金条呢？金条分两种，一种是金条，另一种是国产金条。两者的区别是，前者往往能在海外自由流通，后者只能在中国某个发行主体内部不完全流通——这个银行发行的，别的银行就不认可，即使是同一家银行发行的，回购也会设置很多限制性条件。

实际上，很多类型的实物黄金及衍生出来的品种都不适合投资，因为变现太难。

如果你偏好于以实物来保值增值，金币、银币相对来说是比金条更好的选择，尤其是限量发行的纪念币，尤其是欧美等国限量发行的纪念币——注意这两个"尤其"。纪念币本身就是能保值增值的，它是央行发行的，由央行做信用背书。这样一来，就使得金币、银币有别于其他金银的品种。

更重要的是，金币具有一定的历史意义（尤其是历史上一些国家曾经把金币作为官方货币），即使是现在发行的金币一般也都有其背景，这些背景在未来看就是历史符号。世界上最著名的金银币包括美国的鹰扬金币、英国的大不列颠金银币、加拿大的枫叶金币、澳大利亚的鸿运金币、南非的克鲁格金币、墨西哥的金币、奥地利的克罗纳金币、中国的熊猫金币等。

中国的熊猫币中一些发行量较小的品种在国际市场是被高度认可的。金银币的声誉相对邮票而言，要好太多了，因为它毕竟由央行做信用背书。中国在 1979 年发行了第一套金银币，此后不断推出新品，1983 版熊猫金币还获得了国际最佳金币大奖。关键是那时中国刚开始发行金币，国际社会对此比较感兴趣。从 1997 年开始，中国发行彩色金银币（世界第一枚彩色币是太平洋岛国帕劳于 1992 年发行的"海洋动物保护"纪念币），2003 年开始发行"投资型熊猫金币"。

金币、银币的增值空间要远远大于金银首饰。一般在刚刚发行的时候买，相对最便宜，随着时间的推移，其价格也越来越高。

对普通人来说，金币、银币更具有长期投资、收藏价值，尤其是发行量较小的限量级的品种，其具有更高的稀缺性——前提仍然是买到真正的央行发行的金币或者银币。金币、银币投资的关键是发行量，也就是稀缺性。发行量越大的金币、银币，稀缺性越低，增值空间越小，增值越慢；发行量越小的，稀缺性越高，增值空间越大，增值越快。

我在这里举例来说明。

1991 年，中国人民银行发行了重达 5 千克的熊猫金币，面值 10 000 元，只铸造了 10 枚，是迄今为止铸造的最大、最重、价值最高的熊猫币。其中一枚拍卖价为 150 万美元。国外在介绍这枚熊猫币的时候加了一句话："对那些好奇的人来说，这枚硬币的熔化价值约为 20 万美元。"[16]

2021年6月8日，一枚于1933年发行的美国"双鹰"金币——被广泛称赞为有史以来最美丽的设计之一，以1 890万美元的惊人价格拍卖成交，成为世界上价值最高的硬币。2002年，韦茨曼以759万美元的价格购买了这枚20美元面额的金币。1933年，时任美国总统富兰克林·罗斯福决定使美国脱离金本位，希望能够提振遭受大萧条重创的经济。1934年，美国铸币局局长下令将所有已铸造但从未发行的1933年双鹰金币熔化。两枚样本被捐赠给史密森尼学会，目前它们被收藏在美国国家历史博物馆。[17]而这一枚私人收藏的双鹰金币，不知缘何而得，但其稀缺性是显而易见的。

像这样的极其稀缺的金银币，普通人是没法参与投资的，但有时候看看这样的"热闹"也可以激发出一些热情。

一般来说，金币和银币的价值都远远大于其中的金银的价值。现在，金币、银币的发行量也在猛增。比如，2023年版的熊猫银币为30克圆形普制银币，发行量达1 000万枚，这类发行量过大的银币就缺乏稀缺性基础。在国内做收藏，最怕的就是发行量无边无际，比如邮票收藏市场越来越衰弱就是因为无节制的发行。所以，对于金币、银币，必须看其发行量，发行量小的，哪怕价格高些，也远比那些便宜的、发行量超大的金银币有更大的增值空间。

未来的大趋势

关于黄金的需求，很多人停留在金银首饰、金条金币、央行储备等概念上，其实，黄金需求还有很多，比如，科技用金，黄金ETF（交易型开放式指数基金）及类似产品，场外交易和其他需求，等等。

2020年，全球黄金珠宝需求为1 411.6吨，金条和金币投资需求增长 3%，至 896.1 吨。科技行业 2020 年黄金使用量下降 7%，至 301.9 吨。全年黄金需求为 3 759.6 吨。[18]

一旦制造业复苏，科技用金需求就会增长。民间的需求一旦增长往往更为迅猛。2021 年，科技用金增长了 9%，至 330 吨，这也是近 3 年来的最高水平。金饰制造产量在 2021 年强劲回升，年增幅高达 67%，至 2 221 吨。金饰消费需求同比上升 52%，至 2 124 吨。高通胀是一个重要的驱动因素，美国和德国 2021 年的金条金币需求尤为强劲，均创历史新高。[19]

2022 年，科技用金需求量全年下滑了 7%，金饰消费稍显疲软，小幅下降 3%，至 2 086 吨。但是，全球央行创纪录地购买高达 1 136 吨黄金，让这一点儿下降变得可以忽略不计。值得注意的是，2022 年，黄金投资需求（不含场外交易）达到 1 107 吨，增幅 10%。[20]

2023 年，在金价高企的背景下，全球金饰消费仍稳定在约 2 093 吨的水平。第四季度电子产品用金需求出现回暖，然而全年科技用金需求低于 300 吨，为有该项数据记录以来的首次。但是，2023 年，不仅全球央行净购金量达到 1 037.4 吨，包括场外交易和库存流量（450.4 吨）在内的黄金总需求达到 4 898.8 吨，创下历史最高纪录。世界黄金协会在报告中特别提到，2023 年第四季度 ETF 持续流出，但金价仍然强势上扬，这在一定程度上证实了场外投资需求来源虽然不太清晰，但黄金需求非常旺盛。[21]

表 2-2 为 2023 年的黄金需求结构。

表 2-2　2023 年黄金需求结构

项目	需求量（吨）	说明
金饰制造	2 168.0	包括金饰消费 2 092.6 吨和金饰库存 75.4 吨
科技用金	297.9	包括电子用金 241.3 吨、其他行业 47.1 吨和牙科用金 9.5 吨
金条和金币总需求	1 189.5	包括实体金条需求 775.9 吨、官方金币 297.1 吨和奖章/仿制金币 116.5 吨

(续表)

项目	需求量（吨）	说明
黄金ETF及类似产品	-244.4	
各国央行和其他机构	1 037.4	
场外交易和库存流量	450.4	
合计	4 898.8	

数据来源：世界黄金协会。

从黄金的需求端来看，金饰需求等相对稳定，最大变量是央行购金和投资需求，这两点是判断未来金价走势的关键，其中，央行的购金行为更为重要。最典型的是2023年第四季度，黄金ETF持续较大规模流出，但由于央行的购金力量强大，化解了这种负面的影响。

央行成为影响金价走势的关键，这是近几年黄金市场最大的变化。

央行当然不会一成不变地保持购买的姿态，当它觉得金价太高，储备黄金的成本太高时，也会放慢购金的步伐，等到调整后以更好的价格买入。它有时候也需要休息一下，或者调整一下自己的姿态，不至于让"吃相"过于狰狞可畏，或者过于难看。

而央行一旦停止购金，就会对强劲上涨的金价形成负面的影响。但由于2008年金融危机之后，大规模超发货币一直是各大经济体央行在做的事情，它们对货币的未来走向比以往任何一个时期都要悲观得多，这也就意味着，央行不会轻易停下购金的步伐，更不会轻易抛售黄金，转身成为空头。

央行抛售黄金的前提是，各大经济体央行启动货币注销机制，让纸币走上升值之路。但问题是，在全球化撕裂，产业链体系重塑，经济复苏乏力的当下，目前积极购金的各央行当中，有敢这样做的吗？俄罗斯经济经过不计其数的制裁困难重重，俄罗斯央行抛售黄金了吗？没有！

俄罗斯央行首先用货币互换解决燃眉之急。其通过货币互换，获取其他货币，然后到国际市场上兑换成美元，再用美元兑换卢布，再用卢布兑换回之前互换的货币。通过这个过程，其不仅可将风险转嫁给做贸易的国家和搞货币互换的国家，还能通过汇率差获取丰厚的收益。

同时，俄罗斯央行还计划在其他国家发行债券。

据俄罗斯《生意人报》报道，2024年4月9日，俄罗斯天然气工业银行刊发10亿元人民币债券认购书。俄罗斯天然气工业银行是自2022年底以来首家涉足常规人民币债券市场的俄罗斯信贷机构。该行表示，认购期将持续至6月28日，"为个人提供了舒适的投资条件"。消息称，俄罗斯天然气工业银行2023年6月公布了进军常规人民币债券市场的计划，当时该银行簿记建档发行了5只常规人民币债券。[22]

总之，其会穷其能想到的一切措施，用尽能用到的一切手段，维持下去，至于黄金，一吨都不会卖出——我相信，这家银行宁肯抱着黄金光荣地死去，也不愿意被人骂成出卖黄金的蠢货。有一种非常分裂的不是逻辑的逻辑强悍地存在着：当央行因恐惧货币贬值而拼命囤积了很多黄金的时候，手里拿着即将大幅贬值的纸币的公众反而变得情绪更加稳定，因为他们觉得自己手中的货币是有别人手中的黄金做靠山的。

当然，公众拥有这种天真烂漫的幻觉并不是坏事。相反，如果他们意识到央行拼命囤积黄金是为了积攒更大的勇气和胆魄来发行货币，以稀释他们的购买力，这才是真正的风险所在。所以，在那些货币持续超发、持续大幅贬值的国家，央行必须由看起来非常自信、非常可信的人担任掌门。他们气质高贵、谈吐优雅，至少，无论他们说什么，他们让人看起来都是发自内心地相信他们说的都是真实的。他们的这种自信所传递出来的信息对公众来说是最大颗的定心丸。然后，公众激动万分地、虔诚地接过央行超发的货币，继续目睹他们的央行继续积极地购买和囤积黄金。

我们必须认识到，俄罗斯的态度并非个例，土耳其等货币超发严重的国家同样如此。

当读到这里的时候，一些读者可能会惊讶地发现，黄金的避险属性竟然没有被我过多地谈论。这种显得非常不专业的忽略，似乎透露出作者令人发指的浅薄和无知，乃至可能隐藏着某种不可告人的无耻的阴谋。

其实，我在自序中说了，越是尽人皆知的东西，我就尽可能一笔带过，把机会留给那些没有新的见识而一直吃老本的人，让他们去重复那些谁都知道的常识维持基本的生计。

第二次世界大战以后，人类通过贸易的融合，实现了长达80年的和平。国与国之间不再比谁拳头硬，而是比谁的科技更先进，谁的市场份额更大，谁给民众带来的福祉更多。

但是，2018年中美贸易战开启，2020年新冠疫情暴发，贸易保护主义兴起，全球化走向终结，各种产业链被重塑——这种由合到分的转变，是从一个时代向另一个时代的跨越，是一种蜕变，由此必将加剧国与国之间的仇恨与摩擦，而这样的状态是滋生战争的最肥沃的土壤。

这同时也意味着，在这样的时代，金银的避险功能更容易被激活，更容易被强化。我在讲课的时候，曾经有投资者问我一些很有代表性的问题，所以我在这里放几个，与大家分享（由于我是回答问题，因此这里都是非常口语化的表达）。

问：2024年4月13日，伊朗伊斯兰革命卫队与人民动员组织、黎巴嫩真主党游击队和胡塞武装协调行动，使用无人机、巡航导弹和弹道导弹对以色列和以色列占领的戈兰高地发动袭击，代号为"诚实承诺行动"。老师，伊朗对以色列展开报复了，利好金、银、原油、美元，但为何比特币价格会大幅下跌？加密货币不也有避险属性吗？是因为市场预期通胀上升导致美降息将延后甚至有加息可能,加之其避险属性不及传统金银,所以资金纷纷撤离?
【2024-04-14】

答:其一,是因为比特币的避险属性原本就不够稳定。其二,战争容易摧毁能源、电力、通信、网络等设施,而这些是比特币赖以生存的平台。比特币交易离不开这些平台,所以,当有大的战争升级风险的时候,尤其是互相摧毁对方电力、能源等基础设施的时候,比特币价格往往会下跌而不是上涨。等形势缓和以后呢,比特币价格往往还会涨回来,大致就是这个状态。比特币的火爆源于人们的反抗:一是对货币超发的反抗,二是对监管趋严的反抗。只要这种反抗能够继续下去,比特币的支撑力量就会一直非常强大。而且,比特币本身也在不断完善,它不断强化自己的"防御"能力。未来,对比特币等加密货币真正有威胁的是量子计算机,当量子计算机足够强大时,它或将成为加密货币的终结者。

问:老师,国内2 000多吨黄金的储备,算3 000吨吧,总数30亿克,按1 000元一克,就是3万亿元的资产。而广义货币规模是300万亿元,是不是将来国家运用某种杠杆类或是国家信用担保类工具,就能实现国内的金本位?【2024-05-13】

答:稍微有点儿常识就知道,金本位制已经被淘汰了,现在的经济体是什么体量啊?现在的贸易是什么规模啊?不会有任何大的经济体实行金本位制了,中国更加不可能,用那么有限的黄金去实行金本位制,也没有任何可行性。

根据世界黄金协会发布的数据,截至2023年底,人类有史以来已开采大约212 582吨黄金,其中,金饰96 487吨,约占45%,这点儿黄金总量根本无法匹配现在的经济和贸易规模。而且,如果实行金本位制,一定会造成严重的通缩。更重要的是,无论谁实行金本位制,都很容易被摧毁。比如,1971年,法国和其他欧洲国家提出结算要求，用美元兑换黄金运回法国，直接迫使美国总统尼克松在1971年8月迅速中断了美元和黄金之间的所有联系，金本位制就此被摧毁。[23] 1971年金本位制终结当年，全球GDP只有3.3万亿美元，到2023年，全球GDP已经达到105.4万亿美元，是1971年的约31.9倍。1971年，全球商品出口总额为0.34万亿美元，到了2023年，全球商品出口总额已经高达23.9万亿美元，是1971年的约70.3倍（见图2-6）。如果实行金本位制，全球贸易还能发展吗？无论所谓的专家说得多么天花乱坠，专业数据给出的答案一目了然。以现在的经济体量和货币发行量，绝无建立金本位制的可能性。无论哪个国家实行金本位制，被摧毁都是轻而易举的事情。

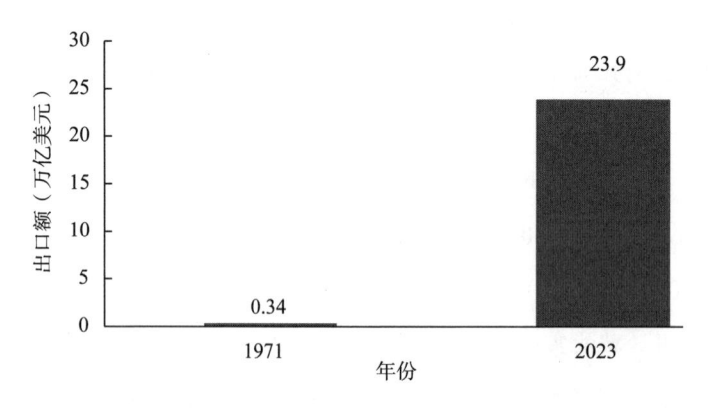

图2-6　1971年和2023年以现价美元计算的全球商品出口额对比
数据来源：世界银行。

问：时老师，美元和黄金的关系很微妙。其总体趋势是互逆的，尤其是到了关键节点；要维护美元霸权，打压黄金也是必选项。美国当前面临的问题是很多的，核心是金融霸权的维护。您如何看接下来美元和黄金的关系？【2024-04-14】

答：要维护美元的霸权，打压黄金为什么是必选项呢？这两者之间没有必然的逻辑。做趋势分析不是搞文学创作，必须依据客观数据和信息。现在的美元跟过去完全不一样了，美国引领全球人工智能浪潮以后，美元又变成了人工智能货币，又多了一个强大支撑，黄金走强与否，都不会伤害到美元的地位，美元的地位变得更稳固了。我们做分析，一定要基于事实，最起码要看最重要的两个数据，一个是美元在全球储备货币中的地位，另一个是美元在全球结算货币中的占比（本书第四章中有全面的分析），这两个数据可以说明一切。而截至目前，这两个数据表明美元依然在国际上占据绝对主导地位。欧元近几年地位明显下降，对美元的威胁减弱。至于美元和欧元之外的其他货币，基本上也比较边缘化，更无法撼动美国的强势地位。你可以盼着某个东西完蛋，但在它真的完蛋之前，还是要正视基本的事实。至于金银的强势周期，还会延续。

问：最近有个问题一直想不出逻辑，美联储因为承受不住债务的枷锁，将在2024年下半年被迫降息。美元为什么还在走强？美元走强会影响黄金的走势吗？毕竟，黄金是以美元计价的。

【2024-04-21】

答：我此前多次强调，这个货币周期会比以往的那些周期都要复杂一些，原因就是，其他一些大的经济体爆发危机推动美元阶段性地、被动地走强。所以，即便是美联储将来降息，美元贬值的空间也非常有限，这也是跟过去的降息周期区别最明显的一点。除了其他经济体爆发经济危机推动美元阶段性走强，还有其他一些因素，即美元的基础比过去更扎实了。比如说，现在全球出现人工智能热，而人工智能是从美国兴起的，是由美国企业主导的，我们所熟悉的这一领域的很多开创性的公司是美国的，美国是最大的受益者。因此，这也为美元提供了坚实的基础。当人们的印象还停留在石油美元概念时，人工智能美元时代已经到来。我们在做分析的时候必须基于客观事实，基于现实数据，而不能根据幻想和臆想去做分析。

很多人分不清哪些是臆想，哪些是想象，哪些是事实，如果连这些都分不清楚，怎么能准确把握趋势呢？你能够在第一次工业革命刚兴起的时候去做空英镑吗？显然不能。那么，在人工智能兴起的时候，去做空美元显然也不是好的选择。拥抱黄金与强势美元并不矛盾。黄金的强大支撑力量不会被美元的强势削弱。黄金的强大基础足以冲破强势美元所带来的束缚。别忘了，黄金处于"王者时代"。

要点总结

- 在全球货币超发、经济和地缘政治不确定性增加的背景下，黄金作为避险资产的价值凸显，推动其价格上涨。

- 黄金需求具有多样性，包括央行购金、投资需求、科技需求、珠宝首饰需求等。其中，央行购金和投资需求是最大的变量，是判断未来金价走势的关键，而这两者中央行的购金行为更为重要。

- 全球央行大量购买黄金，以应对货币超发后果，成为黄金价格上涨的主要驱动力，并对黄金价格形成长期支撑。

- 央行购金行为是一个长期趋势，购金的步伐有时会放慢，但不会轻易停止，更不会轻易抛售黄金。

- 黄金资源的稀缺性明显，供应紧张，开采难度增加，开采成本（包括通胀影响、人工费用、电费和环保成本等）上升，而新矿山主要集中在政局不稳的地区等，从供给端进一步推高了黄金价格。

- 黄金投资有多种形式，包括实物黄金、黄金股票、黄金期货等。

- 投资实物黄金时需注意实物造假风险，黄金首饰等难以保值增值、难以变现的问题，以及特定主体发行的金条回购限制多、变现难的问题。

- 如果偏好实物类，央行发行的限量级的金币、银币是更好的选择。这类投资的关键是央行背书和稀缺性，发行量越小，升值空间越大。

- 分析黄金股票时要做功课，搞清楚公司的资源储备和开采成本，谁的资源更丰富，谁的开采成本更低，那么谁的优势就更大。

- 黄金期货投资对投资者有更高的要求，不适合新手。投资者既要有趋势分析、判断能力，也要有资金管理能力和风险控制能力；投资黄金期货必须有一个熟悉过程，起码经过一年以上的模拟单训练、3年最小单量的实战训练，才有可能真正感受到轻仓长线的魅力。

- 黄金与美元的关系复杂；在新的周期当中，黄金的走强不会伤害美元的地位，美元的强势不会削弱黄金的支持力量。

第三章

白银时代

讲一点儿历史背景

在央行抢购黄金的助推之下,黄金价格获得强有力的支撑,那么,白银呢?要讲清楚这个问题,让大家看清未来白银的趋势,请允许我在这一节稍微啰唆一点儿,从头讲起。(急性子可以忽略本节,从第二节开始看。有耐心的读者,我强烈建议不要漏读本书的任何一个章节。)

我关于白银的最早记忆是小时候读金庸的小说《射雕英雄传》,郭靖请黄蓉吃饭,"一会结账,共是一十九两七钱四分。郭靖摸出一锭黄金,命店小二到银铺兑了银子付账"。

那个年代,很多人都有武侠梦。但我从小说中学到的人生经验充满了败家的风险:我认为男人最帅、最有魅力的时候,就是慷慨花钱的时候。男人没有金钱的概念,挥洒自如,才能像郭靖那样赢得美人归,成就完美人生。

后来读历史书,看到清政府对侵略者动辄赔偿数百万两、数千万两白银时,我心痛不已。这个时候我对白银的认识,几乎变成了民族情结中的创伤。

在越来越深入地了解历史后,我才发现,事情真的没有那么简单。

从历史上来看,迅速崛起的国家几乎都依靠贸易和科技这两大力量,比如英国。

英国境内没有贸易障碍、封建规费和关税等,这类障碍甚至不存在于英格兰与苏格兰之间。这使得英国成为当时"全欧洲最大的单一市场"[1]。18世纪60年代,英国人瓦特改良蒸汽机,第一次工业革命在英国兴起,而贸易的畅通无阻,使工业革命的成果迅速通过贸易转化为财富，再迅速通过财富转化为力量（包括军事力量）。

中国以历史上前所未有的速度崛起，靠的也是贸易和科技水平的快速提升。为什么2001年成为中国迅速崛起的起点？因为这一年中国加入了WTO，充分发挥自身的比较优势，成为国际贸易的最大受益者。中国引进技术和资本，使得科技飞速发展。中美贸易战之后，中美关系恶化。美国是从哪两方面针对中国的？一个是贸易，另一个是科技。因为，封堵住这两块，就能形成真正意义上的杀伤力。现在，很多人只是认识到了科技的重要性，而没有认识到贸易的重要性，否则，就会更加慎重地维持与贸易伙伴的良好关系。

中国原本有机会成为强大的帝国。

在明代，中国的造船业已经非常发达，在世界上遥遥领先。

从1405年开始，郑和七次奉旨率船队远赴西洋，航线从西太平洋穿越印度洋，直达西亚和非洲东岸，途经30多个国家和地区。他的航行比哥伦布发现美洲大陆早87年，比达·伽马早92年，比麦哲伦早114年。在世界航海史上，郑和船队开辟了贯通太平洋西部与印度洋等大洋的直达航线。据英国著名历史学家李约瑟博士估计，1420年明代拥有的全部船舶应不少于3 800艘，超过当时欧洲船只的总和。对当时的世界各国来说，郑和船队从规模到实力，都是无可比拟的。[2]

但遗憾的是，明代拥有那么强大的船队，主要目的却是带着扶贫和招摇的心态，展示帝国神威，不仅没有以优越的条件开展国际贸易，反而从明中叶开始实行极其严厉的海禁，"片板不得下海"，《郑和海图》也被焚毁。这种近乎"自宫"的做法，为其他帝国的崛起提供了契机。

中国错失了一个屹立于世界之巅的好机会。

在明代，由于中国人工艺精湛，商品制造能力强大，商品种类丰富，像生丝、丝织品、瓷器、茶叶、棉布、砂糖、粮食、药材等，在国际市场上都享有很高的声誉。因此，中国自明代中期起，逐渐成为世界经济中心，也建立起了银本位制。

但是，明代建立的银本位制，成为中国通过国际贸易走向发达的一大阻碍。在宋代之前，白银代表财富，但并不具备货币职能。在宋代，白银正式开始行使货币的职能。1023 年，宋代开始发行银票，银票可以兑换银两，这让宋代成为人类历史上最早使用纸币的国家。

但明代并没有很好地延续这种做法，而是更青睐银本位制。问题是，中国的白银资源较少。宋代白银开采达到高峰，白银存量高达约 1.5 亿两，但元代禁用白银，使得白银大量向外流失。宋以后，白银产量就明显走下坡路，到明清，银矿资源逐渐枯竭，白银产量进一步下降。

据学者研究，明代前中期（1368—1550 年），国内白银累计产量约为 5 000 万两，明代中叶（1550 年）的白银存量在 1.5 亿两左右。但到 16 世纪下半叶（1550 年以后），GDP 已经超过 3 亿两白银，货币需求自然随之增长。由于白银供求失衡，出现了严重的"银荒"问题。此后，海外的白银持续流入中国。日本在 1520—1540 年发现多处银矿。到 16 世纪末，日本白银产量占世界总产量的 1/4~1/3，高峰期白银年产量达约 200 吨。美洲发现大银矿后，更多的白银涌入中国。西班牙殖民者发现了波托西等银矿，1581—1600 年，仅波托西银矿每年就生产白银约 254 吨，约占世界总产量的 60%。18 世纪以后，南美银矿衰落，墨西哥又成为世界最大白银产地。1803 年，墨西哥白银产量占全美洲的 67%。[3]

外国人如果想购买中国的商品，就需要支付白银。中国白银产量不足，美洲的廉价白银就源源不断地流向中国，换取中国商品——这相当于货币的发行权掌握在其他国家手中！而在此之前，无论是铜钱还是纸币，都是由中国朝廷垄断发行。在银本位制之下，相当于其他国家掌握着中国白银货币的发行权，这在今天看来如此荒谬的事情，当时却鲜有人提出质疑。

16 世纪初，中国的金银比价是 1∶6，欧洲是 1∶12，也就是说，白银在中国更加昂贵，同样数量的白银，拿到中国就可以购买到更多的商品。这里面存在着巨大的套利机会。1550—1644年，明朝灭亡前的近百年间，从海外流入中国的白银大约有14 000吨，是同期中国自产白银总量的近10倍。[4]

随着越来越多的白银涌入中国，白银开始贬值。到1761—1770年，金银比价达到了1∶15。[5]银本位制之下的国际贸易，让中国遭受巨大的财富损失。

如果当时的明代有国际视野，鼓励航运业的发展，支持国际贸易，成为国际贸易的主导者，同时发行纸币，取代银本位制，那么不仅可以尽享掌控铸币权带来的好处，也可以通过国际贸易发挥中国的比较优势，迅速积累巨额的财富，让自己的货币成为世界货币，比英镑和美元更早地成为世界的主导者。明帝国所建立的全球霸权将变得难以撼动——当然，这只是梦想而已。

当时缺乏拥有全球视野的人。

问题是，当时西方从中国购买大量商品，中国却只是赚取银子，而很少购买西方的商品。这种单向流动导致欧洲的白银逐渐减少，以至于对欧洲经济形成了紧缩效应，因为白银当时也是欧洲的主要货币。

在中国没有热情购买欧洲商品的情况下，欧洲人怎么才能从中国赚取银两？

这是摆在欧洲人面前的一个大难题。

在18世纪60年代，英国率先发起的工业革命深刻改变了自身乃至整个欧洲的力量。蒸汽机迅速普及，生产效率大大提升。英国及其他欧洲列强，非常需要打通与中国的贸易通道，向中国这个广阔的市场出售各种工业品和机器，但闭关锁国的清政府对此非常排斥，错失了一次后来居上，通过发展工业经济提升自身国力的良机。

1792年9月26日，英国政府正式任命曾担任过印度马德拉斯总督的乔治·马戛尔尼为正使，让他率领一个规模庞大的使团，以"祝贺乾隆皇帝八十大寿"的名义出使中国。使团于第二年抵达。但是，面对英国使团向清政府赠送的国礼（钟表、望远镜、地球仪等天文学仪器，前膛枪等武器，英国最先进的110门炮舰模型等），从乾隆到清政府的大小官员，并没有太大兴趣，而扩大贸易的谈判则更令清廷不快，以至于逐客。[6]

由此，鸦片贸易的种子被种下。原本，英国从中国大量购买茶叶、生丝等商品，清政府保持着绝对的贸易顺差。为了改变这一局面，英国最终找到了一个办法——向中国销售鸦片。鸦片贸易改变了这一切。

东印度公司找到了一种中国人确实想消费的产品——鸦片。该公司控制了印度西孟加拉邦的鸦片市场，鼓励农民扩大罂粟种植面积，合理化生产，开发新的栽培技术。在清政府把鸦片贸易列为非法活动之后，东印度公司设法绕开禁令，通过拍卖把鸦片卖给小型交易商，由他们将鸦片走私到中国。[7]

18世纪60年代以前，英国每年向清朝销售的鸦片不过200箱，1786年达到2 000多箱，1800—1801年为4 570箱，1821—1822年为5 959箱，到1830—1831年达到21 849箱，至1838—1839年更是高达35 500箱。[8]伴随着鸦片的大量输入，中国白银大量外流，中国与英国等国的贸易从顺差变成逆差。1806—1809年约有700万两银块从中国流往印度。1830—1839年这10年间，平均每年有五六百万两白银流出中国。[9]中国人辛辛苦苦用精湛的手工艺赚的钱，没有转换成财富，更没有转换成力量，就被鸦片贸易骗走了。

清政府实行严厉的禁烟政策后，引发鸦片战争。在鸦片大肆输入中国后，清政府开始征收关税，其成为鸦片贸易的受益者或者说分赃者。除关税、厘捐之外，若干地区的洋药商还要缴营业税、土地税、熟药货物税、加捐等。鸦片税在1868—1886年约为300万两，1887年以后增至900万两甚至1 000万两，1895年以后才降为600万~700万两。鸦片

第三章 白银时代

税成为清廷重要的税收。[10] 鸦片给中国人的健康带来巨大的危害，却让清政府获得了苟延残喘的机会。

清政府并不满足于此。

既然销售鸦片可以获取暴利，那清朝为什么不自己种罂粟来生产鸦片呢？

早在1831年，河南巡抚杨国桢就在奏折中说："民间亦不知出浆熬土之法，是以向无种植。"清朝官员们显然是知道种植罂粟的经济效益的，只不过面临着一些加工等技术难题，一旦这些问题解决，罂粟就能广为种植了。

尽管大家都知道鸦片的危害，但真到了触及利益的时候，就还是利益为上。

清政府实行了容忍甚至鼓励农民种植罂粟的政策，以太常寺少卿许乃济为代表的官员主张以自产鸦片代替进口鸦片，这直接导致罂粟种植面积迅速增加。到1879年，国产鸦片自给率已经达到80.12%。[11]

鸦片摧残了中国人的身体，也摧毁了国本。

清末，朝廷腐败，列强通过不平等条约强迫中国赔偿白银，导致大量白银外流。

1841年，《广州和约》，中国向英军缴"赎城费"600万银圆。

1842年，《南京条约》，中国赔偿英国2 100万银圆。

1858年，《天津条约》，中国赔偿英国白银400万两，赔偿法国白银200万两。

1860年，《北京条约》将《天津条约》中对英国的赔偿从400万两白银增加至800万两白银，对法国的赔偿从200万两白银增加至800万两白银。

1895年，《马关条约》，中国赔偿日本2亿两白银，后又增加所谓赎辽费3 000万两白银和军队驻守费150万两白银。

1900年6月,慈禧一拍脑门下宣战诏书,向列强宣战,不久,北京沦陷,清政府被迫接受赔款要求,赔款共计4.5亿两白银(其中,仅向沙俄就赔偿1.3亿两白银)。清政府财力承受不了,于是分期赔偿,约定39年还清,年息四厘(4%),本息加起来超过9.8亿两白银。

所幸的是,第一次世界大战时,北洋政府做出了正确的决策,站在了胜利者的一边,成为战胜国,对德国、奥匈帝国未付的赔款全部取消。随后,1924年底,美国政府宣布将余下的所有对美赔款全数退还,英国、比利时、荷兰、意大利等国纷纷效仿,相继退还赔款。到1939年初,国民政府正式全面停止偿付庚子赔款为止,中国最终实际支付赔款约5.76亿海关两白银。[12]

白银,中国人数年间积累的财富,却没有转化成力量,也没有转化成民众的福祉,最终,成为中国屈辱历史的一部分。

内在属性巨变

时间回到当下,站在投资的角度来看,白银未来会怎么样呢?白银跟黄金比,谁更胜一筹呢?

我们沿着专业数据和基础,一点点找寻答案。

无论研究任何品种,我们都需要了解一些基本的数据。

世界上发现了多少白银?

美国地质调查局给出了一个比较有趣的答案:迄今为止发现174万吨白银,55%的白银分布在地球上的4个国家。迄今为止,世界上发现的所有白银都可以放在一个边长为55米的立方体中。[13]

地球上的白银储量是多少?还能开采多少年?

美国地质调查局在2024年3月5日发布的《2024年矿产商品摘要》

中指出，白银的储量是61万吨，以2023年的产量2.6万吨计算的话，仅够开采23.5年。[14]

人们习惯于说"金银"，把黄金和白银放在一起说，其实，两者的差异还是非常明显的。

白银与黄金都是贵金属，都具有金融属性，都具有保值功能和收藏价值。这是常识。金和银最大的一个区别是银具有非常明显的工业属性，尤其是在很多高科技行业，银的应用非常广泛。

世界白银协会对白银工业用途的总结如下。

从电气开关和太阳能电池板到化学催化剂，银是许多行业中必不可少的材料。其独特的性质使其几乎无法被替代，其用途广泛。

几乎每台计算机、手机、汽车和家电都含有银。由于具有高导电性和耐用性，银是涂覆电触点（如印刷电路板中的触点）的理想材料。在任何非金属材料表面涂上银墨都可以提供电通路，从而无须使用电线。例如，射频识别设备（RFID）芯片正在取代超市和供应链库存中许多商品上的条形码，芯片中薄如纸的天线就由喷银制成。

在新能源高速发展的今天，对白银的需求急剧增长。

比如，发展太阳能对白银的需求很大。白银的电导率、热效率和光反射率都很高，能够有效地捕获阳光并将其转化为电能。平均每块太阳能电池板含银0.643盎司（约20克），每平方米需要3.2~8克银。此前，研究者预计，到2030年，太阳能电池板生产将消耗1.85亿盎司（约5 754.15吨）白银。[15]

但由于太阳能发展得实在太快了，这个预测值很快就被抛在后面。

投资专家根据目前的趋势预测，到2030年，太阳能光伏板制造商对白银的需求将增长近170%，达到约2.73亿盎司（约8 491.26吨），约占白银总需求的1/5。[16]

白银的需求量正在猛增。2021年光伏发电白银采购量达到创纪录的

1.137亿盎司，2022年约为1.27亿盎司。[17]

除了太阳能发电，新能源汽车对白银的需求量也在快速增长。银的导电性和耐腐蚀性使其成为制作电极材料的必需品。电动汽车以白银作为车辆众多电子系统的电触点。这包括打开和关闭车辆电源及其附件的开关，控制电子电路的继电器、断路器和保险丝。每个电连接都由镀银触点激活。因此，每辆电动汽车使用25~50克银，用银量是燃油汽车用银量的1.5~2倍。汽车行业对白银的需求还包括有助于将钢和铝焊接在一起的银合金，以及为前窗玻璃除霜的银陶瓷线。

电动汽车中几乎每个电气连接都使用银，汽车行业每年总共使用5 500万盎司（约1 710吨）白银。[18]

2021年，世界白银协会发布的一份研究报告称，随着从传统汽车和卡车向电动汽车的转变加速，汽车行业对白银的需求将在5年内升至8 800万盎司（约2 737吨）。还有人估计，到2040年，电动汽车可能需要近一半的年度白银供应量。

工业需求的崛起，改变了白银的消费结构。为了更直观地看清工业对白银需求的变化，我们可以参考一下权威的白银研究机构——世界白银协会每年发布的《世界白银调查报告》。

提到白银，人们通常会想到银饰品，《2024年世界白银调查报告》可能会给很多人的这种固有观念带来冲击。

继白银的总需求在2022年创历史纪录之后，白银需求在2023年下降了7%，至11.95亿盎司（约37 169吨）。2023年，白银首饰的需求大幅下降。2023年银饰制造量下降了13%，降至2.031亿盎司（约6 318吨）。这主要是因为印度银饰制造量下降幅度比较大。金银进口税上调和货币贬值影响了印度消费者对银饰的购买。中国白银的需求受消费者情绪低迷和黄金珠宝竞争的影响，也出现明显下降。2023年银器需求的下降幅度远大于珠宝，达25%，需求量降至5 520万盎司（约1 717吨）。

在其他市场，如德国，白银饰品消费下降尤其严重，大幅下降73%，这主要是受到2023年德国上调增值税的影响。

工业需求方面情况如何？

一提到这一点，很多人就不由自主地想到摄影对白银需求的下降。的确，2023年，摄影对白银的需求继续呈结构性下降趋势，需求量仅为2 700万盎司（约840吨）。这主要是因为数字化对新兴市场医疗需求的影响。

尽管摄影需求下降，但总体上，2023年，工业部门对白银的需求量创下了历史新高，增长11%，达到6.544亿盎司（约20 353吨），相当于同年白银饰品制造量的3.2倍！与2022年一样，绿色经济应用领域（主要是光伏行业）的持续结构性增长支撑了白银需求的增长。光伏新增产能高于预期。[19]

我们再对比一下《2023年世界白银调查报告》中的数据。

继2021年强劲反弹之后，2022年白银总需求再次显著增长，总销量增长18%，至12.42亿盎司（约38 643吨），创下自2010年以来的最高水平。摄影和钎焊合金需求略有下降，但其他制造行业的白银需求都创下了历史新高。

工业部门对白银的需求在2022年创历史新高，达到5.565亿盎司（约17 309吨）。其中一些反映了绿色经济应用带来的结构性效益，尤其是光伏行业的显著增长。除此之外，汽车行业电气化以及其他发电和配电投资也支持了白银需求的增长。汽车产量增加、5G（第五代移动通信技术）网络投资增长和建筑业的发展也推动了这一细分市场的发展。同样，白银的其他工业需求也有所增长，主要是由于环氧乙烷生产过程中对银基催化剂需求的增长。[20]

图3-1为2012—2023年白银的珠宝需求与工业需求比较。我在这里必须说明一下：原始数据都以"百万盎司"为单位，但我们中国人对盎

司实在缺乏概念，我把数据全部转换成了"吨"。同样是盎司单位，一般物品跟金银等贵金属的换算也不一样。1常衡盎司=28.35克，即日常使用时，1盎司=28.35克。但1金衡盎司=31.103 476 8克，即用于黄金、白银等贵金属商品的交易时，1盎司≈31.1克。如果不了解这一专业知识，我们就容易换算错。

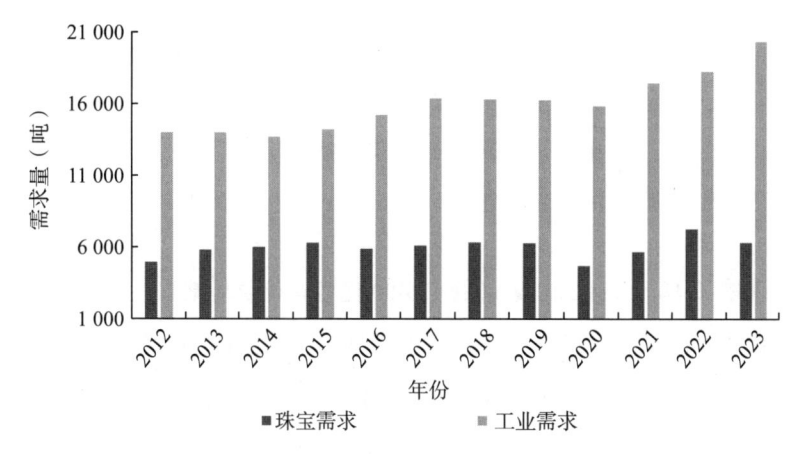

图 3-1 2012—2023 年白银的珠宝需求与工业需求比较

数据来源：世界白银协会。

我们可以看出，在2014年之前，白银的工业需求是比较稳定的，2015年以后开始增长——2015年成为白银工业属性大幅强化的转折点，2021年开始大幅增长。

我们再来看看白银矿山的产量（见图3-2）。

白银矿山的开采量，在2016年达到27 986.9吨的高位后，整体呈下降趋势。另外别忘了，现在的白银储量，理论上仅够开采23.5年。

白银的供给量当中，除了矿山产量，还包括回收量、净套期保值供应量和净官方部门销售量。近年来，由于工业需求猛增，白银的供应无法满足需求，供应缺口快速扩大。

2023年4月19日有报道指出，世界白银协会表示，2022年全球白

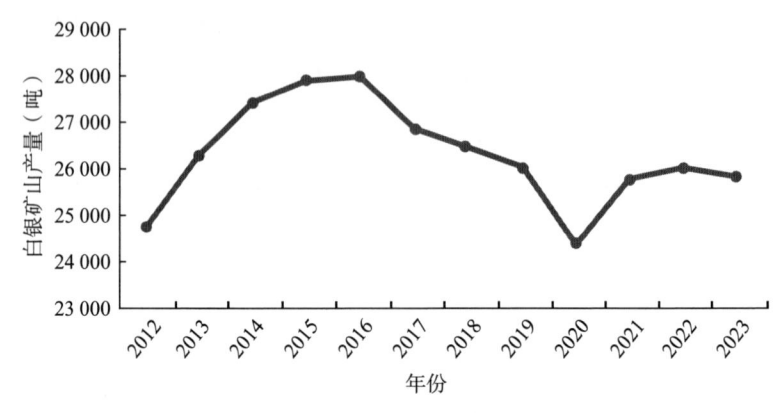

图 3-2　2012—2023 年白银矿山产量

数据来源：世界白银协会。

银需求增长 18%，达到创纪录的 12.400 亿盎司，供应缺口达 2.377 亿盎司，这"可能是有记录以来最严重的短缺"。2022 年白银的供应不足和 2021 年 5 110 万盎司的短缺抹去了前 10 年的累计盈余。其还预测 2023 年的供应将进一步造成 1.421 亿盎司的短缺。"我们正在进入一个不同的市场模式，即持续的供应赤字模式"。[21]

对于这类新闻，国内的媒体不管理解不理解，只管转载，读者也经常看得有点儿晕。白银到底短缺多少呢？其实，换算成吨就容易理解了。1.421 亿盎司就是 4 419.8 吨。因为白银的总供应包括矿山供应、回收银、净套期保值、净官方销售，把这些数据加在一起，与总需求进行比较，就是大致的短缺数据。

此前，世界白银协会估算，2021—2023 年，全球白银短缺总计约 14 743 吨。实际上，这个缺口在继续扩大。世界白银协会又预估 2024 年白银供应缺口将增长 17%，至 6 696.6 吨，工业需求将增长 9%，创下历史新高。[22]

从图 3-3 中我们不难看出，在 2012—2020 年及之前，白银的供应量大部分时候是高于需求量的，供应总体偏过剩，而从 2021 年开始，白银的需求结构发生了天翻地覆的变化。由于工业需求激增，而矿山产量下降，白银供应开始出现非常明显的缺口，而且，这种供应缺口很轻易地就把此前年份的过剩抹平、遮盖住了。

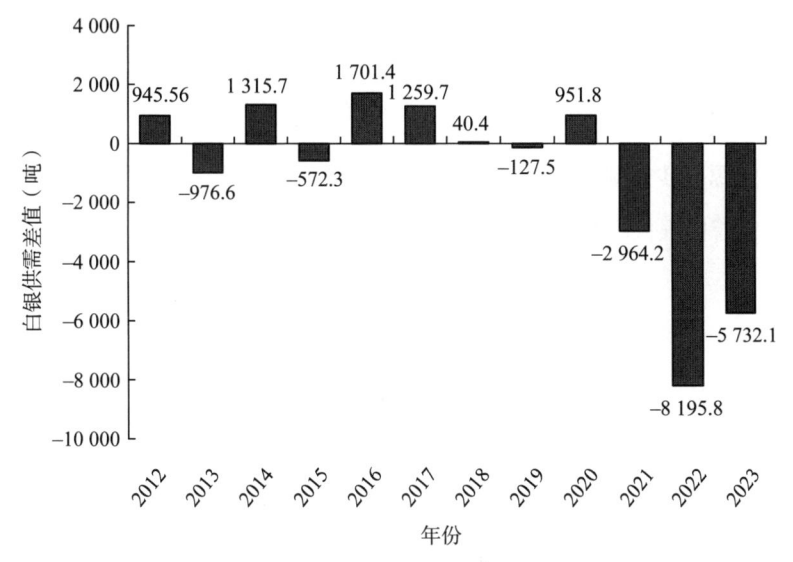

图 3-3　2012—2023 年白银供需差值

数据来源：世界白银协会。

白银矿山产量的逐渐下降是很难逆转的趋势。

2023 年全球白银矿山产量同比下降 1%，降至 8.305 亿盎司（约 25 830 吨）。由于纽蒙特公司位于墨西哥的佩纳斯基多矿场因罢工而暂停运营 4 个月，白银产量受到严重影响。由于一些矿山的矿石品位较低，阿根廷的白银产量也有所下降。此外，一些矿山的关闭也对阿根廷的白银产量造成了负面影响。[23]

白银并不全是直接从银矿中开采出来的。目前，32.1% 的白银其实都是锌矿和铅矿的副产品，22.8% 的白银是铜矿的副产品。这不仅意味着白银开采难度加大，也意味着产量的下降。比如，铜的产量下降，那么作为副产品的银，产量也会跟着下降。

2024年4月9日有报道指出，彭博行业研究分析称，智利国家铜业公司（Codelco）产铜量将从2023年的142万吨下降到2024年的141万吨。2023年，智利国家铜业公司的产量创下25年来最低，同比下降8.4%。必和必拓公司（BHP）的埃斯康迪达（Escondida）铜矿的产量如果继续提高，就将从智利国家铜业公司手中夺走全球最大铜生产商的桂冠。[24]

资源减少，矿石品位降低，开采难度加大，开采成本上升等因素，都意味着白银供应的减少乃是不可逆转的趋势。

藏着一个宝藏

当谈到黄金和白银的时候，很少有人把两者分开来谈。这几年我在讲课的时候，都是把黄金和白银分成两个专题来讲的。

这种做法可能会被有些人嘲讽为不专业。其实，总是把两者放在一起做分析，才是不专业的做法。过去，在白银的工业属性不明显的时候，黄金和白银都具有金融属性，都曾经作为货币或财富的载体而存在，都可以被制作成首饰并且很受欢迎。黄金和白银也都被称为贵金属，放在一起谈论并无太大不妥。

但是，当白银因为工业需求猛增，体现出越来越强的工业属性的时候，再把两者放在一起做分析，显然是缺乏对白银内在属性变化的敏感性。

在做趋势分析的时候，我发现黄金和白银的差异越来越大，共性越来越少。就如同一对夫妻，从热恋到新婚，如胶似漆，无时无刻不在牵挂彼此，一旦这个阶段过去，又开始彼此嫌弃甚至厌恶——差别就如此明显。当然，这个例子可能不太恰当。人属于生物，而黄金、白银属于矿物。

但我不得不再举一个例子来说明黄金和白银的差异到底有多大。

现在和未来，我们在分析黄金和白银的时候，必须把它们分开，甚至可以把它们当成两个毫不相干的东西。

在经济很差甚至发生经济危机，或者爆发战争的时候，黄金的表现将远强于白银。而在经济形势好的时候，白银的表现将远强于黄金。

为什么？

黄金具有纯粹的金融属性和避险功能，一旦爆发战争，黄金的避险功能会迅速被激活。而白银身上的金融属性被工业属性挤压、限制和削弱，避险功能受到压制，一旦爆发战争或者经济危机，经济下行，工业需求就会跟着下降，由此给白银带来的直接影响就是白银价格受到拖累。

黄金、白银的这种差异会随着白银工业属性的增强变得越来越分明。

早期，还在用胶卷摄影的时代，摄影业对白银的需求比较大。随着数码相机的普及，传统摄影业对白银的需求日益萎缩，很多人因此轻看白银，但他们没有注意到，太阳能光伏板、新能源汽车等已经成为白银的主要消耗者。

在过去很长一段时间，白银的表现往往不及黄金。这就引出了金银比（Gold Silver Ratio）的概念。所谓金银比，也就是1盎司黄金与1盎司白银的价格比率，简单来说，就是指1盎司的黄金可以买多少白银。金银比越大，说明黄金越昂贵、白银越便宜。金银比越小，说明黄金越便宜、白银越昂贵。

图3-4是1990年1月2日—2024年7月8日纽约商品交易所的金银比。

过去，很多人喜欢把60看作相对合理的金银比估值。从这十几年的金银比值来看，金银比值更多的时候是在60以上的，这说明，市场认为黄金应该比白银有更高的估值（价格）。

在纽约商品交易所 1990 年 1 月 2 日—2024 年 7 月 8 日的金银比数据中，最值得注意的是以下两个数据。

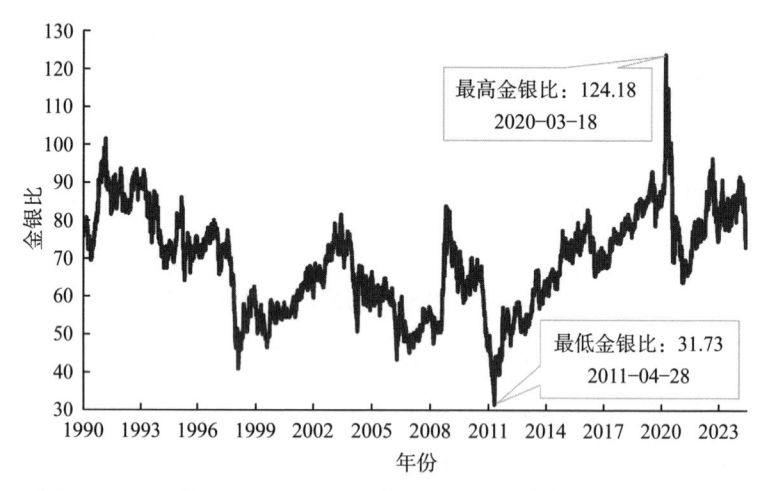

图 3-4　1990 年 1 月 2 日—2024 年 7 月 8 日纽约商品交易所金银比
数据来源：纽约商品交易所。

2011 年 4 月 28 日，金银比值达到 31.73 的低点——这是银价相对黄金强势的结果。

2020 年 3 月 18 日，金银比值达到 124.18 的高点——这是银价相对黄金弱势的结果。

通过比较这两个数据，我们可以更加清晰地感受到白银属性的变化。

2010 年初到 2011 年中期，正是欧债危机时期，各国纷纷采取宽松的政策以拯救、刺激经济。当时白银的金融属性在人们心目中还根深蒂固，在炒完黄金之后，大量资金开始炒作被低估的白银。由于白银市场容量有限，仅 2010 年 1—12 月，白银的价格就上涨了 78%。其中，最重要的一股力量就是全球白银投资需求量大幅增至 2.793 亿盎司（约 8 689 吨），大约相当于 56 亿美元净流入白银市场。2010 年对白银的净投资增长达到 47%，创下全球知名贵金属咨询公司 GFMS 所记录的长达 21 年的数据的历史新高。[25]

2020年3月18日，金银比值达到124.18的高点。这个时候是全球新冠大流行时期，很多店铺关门，尽管这也会对黄金的需求构成负面影响，但黄金毕竟有避险属性撑着，而白银就不同了。

为什么欧债危机时期的白银价格能大幅上涨，而新冠大流行时期其表现如此之弱呢？结合我前面讲的内容就容易理解了："在2014年之前，白银的工业需求是比较稳定的，2015年以后开始增长——2015年成为白银工业属性大幅强化的转折点，2021年开始大幅增长。"

在新冠疫情期间，全球很多地方都在搞封控，很多工厂停工，很多店铺关门，对白银的工业需求自然会大幅下降。因此，白银价格直接被工业需求的下降拖累，使得金银比值高达124.18。

白银的这种变化，其实也为我们分析黄金和白银的走势提供了全新的思路，那就是，分析趋势的时候，把黄金当成贵金属，而把白银当成工业品，当成工业原材料。用更通俗的语言来表达，白银的走势可能更会向铜这样的工业金属靠近，而不是像过去那样，简单地与黄金同涨同跌——我必须强调，这里仅限于两者的走势而不是两者的价值、功能等。不注明这一点会引发可怕的误解。

如果我们再截取一段时间的金银比来做比较，可能更为直观。

图3-5为2020年12月1日—2021年2月26日这3个月的金银比。

从图3-5中我们可以清晰看出，金银比在这3个月快速下降。为什么会这样呢？

2020年2月，美国的失业率降到3.5%，但在新冠疫情暴发后，3月失业率涨到4.4%，4月飙升到14.7%，一直到2020年7月，还在10.2%的高位。

2020年12月11日，美国食品药品监督管理局紧急批准了由美国制药公司辉瑞和德国BioNTech公司联合研发的新冠疫苗。这为工厂恢复正常生产带来了良好的预期。叠加此前美国政府不断推出大规模的拯救经济的措施，美国经济低迷的状况有所缓解，带来了乐观的预期。

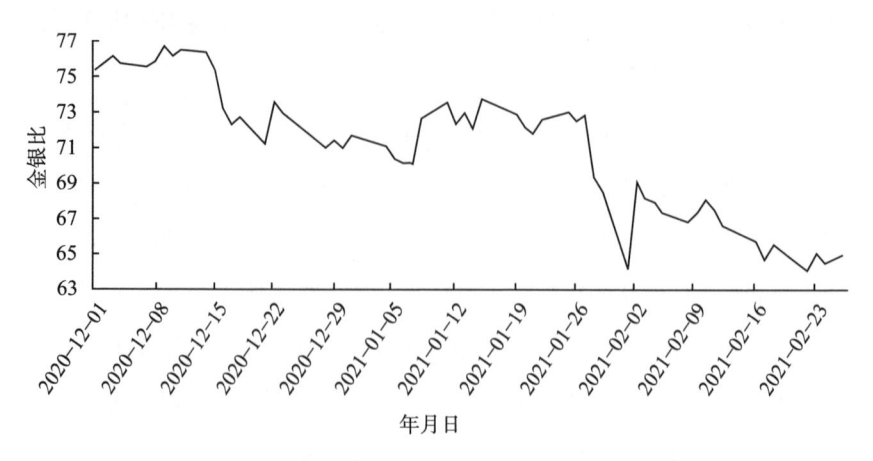

图 3-5 2020 年 12 月 1 日—2021 年 2 月 26 日金银比
数据来源：纽约商品交易所。

随后，白银的价格上涨，因为人们预期工业需求恢复。而在这个阶段，黄金价格却明显下跌。原因是疫苗的推出削弱了黄金的避险属性，而黄金缺乏白银那样强大的工业属性。由此，2021 年 2 月 22 日，金银比值回到了 64.03 这个接近正常的水平。

这就是趋势分析的微妙之处。

图 3-6 是 2020 年 12 月 1 日—2021 年 2 月 26 日这 3 个月的黄金、白银收盘价和金银比对比。三者放在一张图上，我们看得更直观一些。我们可以看出，随着疫苗和经济刺激措施发挥作用，白银走势逐渐强于黄金。

如果根据固有的分析习惯，把黄金和白银放在一起，不加区分地做分析，那么我们就会错误地得出疫苗的推出削弱了黄金和白银的避险属性，使黄金和白银价格都下跌的结论，错到离谱却不知错在何处。

如果过去犯这种错，还不至于引发特别严重的后果，但是，2021 年之后，在白银的工业属性飞速加强之后，再犯这样的错误，那就真的非常麻烦了。

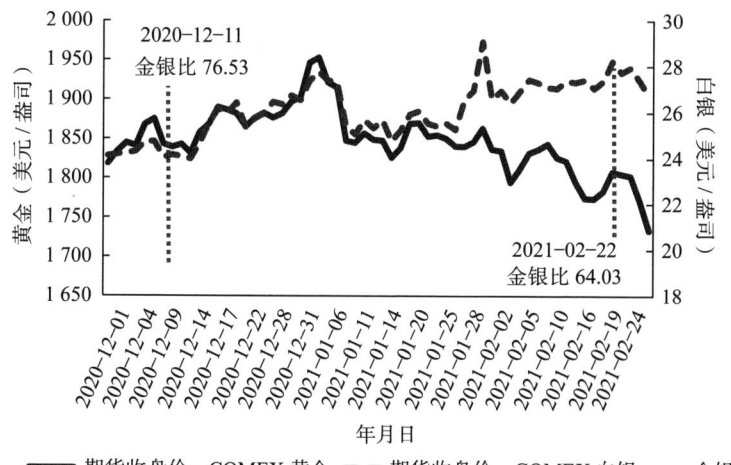

图 3-6　2020 年 12 月 1 日—2021 年 2 月 26 日黄金、白银收盘价和金银比对比
数据来源：纽约商品交易所。

黄金和白银，未来谁更强

在过去相当长的时间内，黄金走势很多时候都是强于白银的。

根据美国地质调查局发布的《2024 年矿产商品摘要》中的数据，白银的储量是 61 万吨，以 2023 年的产量 2.6 万吨计算的话，仅够开采 23.5 年。全世界黄金现有储量只有大约 59 000 吨，以 2023 年的开采量 3 000 吨来计算的话，仅够开采 19.7 年。

毫无疑问，两者都是稀缺的。

也许，有人心中早就憋着一个疑问：白银工业属性增强，价值不是应该提升吗？怎么白银在价格表现上长期被黄金压制呢？

这是因为，增加新的功能未必能提升价值。

我打个可能不那么恰当的比方，一个员工，能做很多工作——数据分析、内容创作、客户对接、知识管理，且都做得不错。可问题就在于，角色多了，这个员工的核心能力变得模糊不清，慢慢成了"哪里需要哪里搬"的"工具人"，他真正得到重视的概率反而降低了。而另一些人，只专注于特定的方向，却因为定位清晰、能力突出而且稀缺，更容易成为组织里的关键角色、核心成员。

当然，事情也不是绝对的。

就像那个多面手员工，一旦他有意识地调整角色定位，比如放下那些不能给自己带来长期复利的琐事，把更多精力投入自己最"能打"的方向，比如成为团队里最擅长用人工智能工具进行数据分析和内容创作的专家，那么他的角色和地位会发生改变，他也会成为大家眼中不可替代的专家型人才。这种稀缺性也会带来人们对其职场价值的重新审视和再评估。

白银也如此。能加持白银的，是工业需求急剧膨胀所带来的稀缺性的飞速加强。在白银工业属性增强的初期阶段，由于这种属性的拖累，白银走势弱于黄金。但随着白银的工业需求越来越大，供应跟不上，白银的供应缺口就越来越大，而这就是强化稀缺性的强大而持久的力量。

白银正飞快地走在身份逆转的路上。

人们有一种固有的思维：物以稀为贵。

白银需求量的快速增长，正在强化白银的稀缺性。世界银行最近的一份报告预测，到 2050 年，能源技术领域的白银消费量将大幅增长，达到目前白银总需求的 50% 以上。[26] 澳大利亚新南威尔士大学的一篇研究论文甚至预测：在现有 P 型技术主导的情况下，到 2050 年，光伏板将消耗掉 45 万～52 万吨白银，相当于目前全球 85%～98% 的白银储备。[27]这个预测令人震惊。

白银的供应缺口越大，越会强化其稀缺性，而稀缺性越强，囤积居奇的人就越多，囤积居奇的人越多，就越强化稀缺性……

当然，这里必须强调的是，这一切都在假设工业需求持续增长的基础之上。如果工业部门对白银的需求在某个阶段减少，比如，区域性经济危机爆发，或者国家政策不再支持新能源的发展导致白银需求减少等，那么在这样的阶段，白银的表现就会远弱于黄金。再比如，一旦区域性战争突然爆发，黄金的避险功能就会在极短时间内激活，但由于白银的金融属性弱于工业属性，而战争会使新能源行业（包括电动汽车产业）对白银的工业需求减少，这就会形成白银表现比黄金弱的局面。

还有一点值得注意——这种情况在未来可能会逐渐变得更为明显，白银比黄金便宜，即便金银比值是60，投资黄金所需要的本钱也远远高于白银。这意味着，参与投资白银的人会更多。

请允许我再举一个例子讲清楚这个问题。

由于白银比黄金价格低得多，投资白银相较于黄金，就有点儿类似于高价股拆股。我们知道，在同样级别的利好力量影响下，小盘股的表现往往好于大盘股，在某些极端的情况下，小盘股的走势甚至能数倍于大盘股。道理非常简单，买小盘股的人更多，更容易在短时间内汇集起来更大的炒作力量。

投资白银与投资黄金的区别，类似于炒作小盘股和炒作大盘股的区别。

炒股的朋友都知道，小盘股的波动性要比大盘股强，而对于白银与黄金，白银的波动性明显更强。参与期货等高杠杆投资的朋友必须注意这一点。有一些大的资本经常会操纵市场，比如著名的"史上最大金银操纵案"。

据美国商品期货交易委员会调查，2008—2016年，摩根大通交易员的欺诈行为超过5万次。贵金属业务为摩根大通带来丰厚的利润，2008—2018年其年度利润为1.09亿~2.34亿美元。摩根大通贵金属业务部门的员工也在交易中获得丰厚收益。

2022年9月，摩根大通承认存在不当行为并同意支付超过9.2亿美元，这笔金额为美国商品期货交易委员会史上最大规模的市场操纵指控罚款。[28]

摩根大通积累了历史上最大规模的实物白银储备。早在2018年，我就看到有研究者估算，摩根大通在纽约商品交易所的累计实物白银持有量已突破1.6亿盎司（4 976.6吨）。[29]

做投资的人都知道，自己拥有巨量现货的话，无论在期货市场做多还是做空，都容易占到先机，这也是摩根大通在白银这个品种上如鱼得水的重要原因。

别忘了，20世纪70年代初期，白银价格还只有2美元/盎司。1973年底，白银价格上涨，墨西哥政府将囤积的5 000万盎司白银以6.7美元/盎司的价格抛向市场，把银价打回4美元/盎司左右。此后的4年间，亨特兄弟大量买入白银，到1979年，亨特兄弟拥有和控制着数亿盎司的白银（包括纸白银）。等时机成熟后，他们就开始拉抬白银价格，到1980年1月17日，银价已涨至48.7美元/盎司。1月21日，银价涨至50.35美元/盎司的历史最高价，比一年前上涨了8倍多。由于白银价格在短时间内涨得太离谱，操纵市场的行为太恶劣，纽约商品交易所采取了包括提高保证金、实施持仓限制、只允许平仓交易等措施。亨特兄弟因持仓成本大幅提高无法追加巨额保证金，被迫抛售白银，引发白银价格大跌。

而如今，摩根大通囤积的白银比亨特兄弟更多。

摩根大通是在白银价格相对低廉的时候囤积的白银，不得不说，它是非常有战略眼光的。甚至有人说，摩根大通是一只隐形的白银股。随着白银的升值，这些白银也是巨额财富。

有一点必须强调一下，白银的金融属性相比工业属性虽然弱了，但并没有消失。随着白银稀缺性的加强，这种金融属性还会继续发挥作用——锦上添花的作用。

因此，站在升值空间的角度来看，随着工业需求继续大幅增长——假设这个前提成立，白银的供应缺口会扩大，白银的稀缺性得到强化，未来，白银可能比黄金具有更大的上升空间，至少，80多的金银比值是很难持续下去的。

简单来说，黄金往往比白银更早、更快地步入上涨轨道，而在未来，白银将出现补涨，表现出更强的上涨势头。换句话说，黄金先涨，白银后涨，随着岁月的流逝，越往后，白银的表现越值得期待。

再强调一下，在不同的时间段，黄金和白银的走势是不同的。在有些时间段，比如，区域性战争激活避险功能的时候，黄金走势一般强于白银；在经济形势向好，新能源行业（包括电动汽车）发展高歌猛进，而风险比较小的时候，白银往往比黄金有更好的表现。

只要掌握、运用这种细微的划分，我们就能把白银和黄金的未来趋势以及强弱表现看得更清楚。

要点总结

- 白银在中国历史中扮演了复杂的角色，是财富的象征，也是国家经济安全的重要组成部分；历史上的白银和贸易政策失误（如明代的贸易封锁，以及货币发行权不在自己手中的银本位制），以及鸦片贸易导致的白银外流，对中国社会和经济产生了深远的负面影响；清末政府对列强的赔款，也让白银成为民族创伤的一部分。

- 受影视剧、小说等文化作品的影响，白银在历史中的金融属性深入人心，成为我们观念中的重要部分。

- 站在现代看，白银具有非常明显的工业属性，在计算机、手机、光伏和电动汽车等高科技领域有着广泛应用，特别是新能源的高速发展推动了白银需求的快速增长；虽然作为珠宝饰品的生活需求有所下降，但白银需求的总体增长趋势是显著的。

- 全球白银的储量有限，矿山产量下降，开采难度增加，导致白银供应逐渐减少；白银的供应缺口不断扩大，并轻易地把此前年份的过剩抹平了；这种供需关系失衡强化了白银的稀缺性，推动其价格上升。

- 白银和黄金的属性差异在投资领域中越来越明显，"金银同涨同跌"的观念已经不适应现在。

- 分析趋势时需要把黄金和白银分开，甚至当成两个不相关的品种来独立分析：把黄金当成贵金属，而把白银首先当成工业品、工业原材料，其次才当成贵金属。

- 在不同经济环境下，白银和黄金的表现不同：在经济形势向好、风险较小的时期，白银的工业属性使其表现优于黄金；而在经济危机或战争时期，黄金的避险功能则更为突出，黄金表现优于白银。

- 相较黄金，白银的价格较低，投资所需的本钱远少于黄金，有点儿像小盘股之于大盘股，这让它成为更多人可以参与的投资标的；同时白银的金融属性也并没有消失，还可以起到锦上添花的作用。

- 白银市场的操纵行为（如摩根大通的白银囤积案）可能会影响其价格波动，投资者需谨慎对待，注意风险管理。

- 白银投资需要注意工业需求在某个阶段的减弱，比如地区性经济危机或冲突爆发、政策调整等，都可能导致需求减少。

- 站在升值空间的角度看，工业需求的持续增长会强化白银的稀缺性，使其可能比黄金具有更大的上升空间。

第四章

货币大比拼

货币是投资的命门

投资理财，最重要、最关键的是什么？不同的人会给出不同的答案。我要特别强调的是，货币的重要性无可比拟。如果这个趋势看错了，我们辛辛苦苦积攒的财富可能面临飞速蒸发的风险，而如果拿对了货币，我们能事半功倍，在某些阶段可以实现财富的倍增，最起码，能让自己的财富不缩水。

货币是我们做分析、投资时首先就要重视的问题，因为一切投资品种，一切品种的走势，都以货币来计价。货币最基本、最重要的职能之一就是价值尺度。价值尺度是指货币表现其他一切商品是否具有价值和衡量其价值量大小的职能。

如果这个"价值尺度"变了，它所衡量的价值大小也会跟着变。

最典型的案例就是，苏联解体之后，俄罗斯政府多次推行卢布贬值政策，卢布汇率不断下跌，导致居民财产严重缩水。[1]

在1989年11月1日之前，按照苏联的汇率，0.6~0.64卢布兑换1美元（这个汇率是按照1961年规定的0.9卢布兑换1美元的汇率调整而来的）。

1989年10月27日，苏联国家银行宣布，从1989年11月1日起，苏联卢布对美元的非贸易汇率，从0.6~0.64卢布兑换1美元，调整为6.27卢布兑换1美元。卢布贬值为原来的1/10左右。[2]

国际货币基金组织发表的一篇研究报告指出：1992年1月，俄罗斯规定，对于所有出口商品征收的10%的税的退税要求，采用俄罗斯央行制定的所谓准市场汇率，最初定为110卢布兑1美元，但会定期调整——这个时候，卢布价值为1989年的1/172左右。1992年9月中旬，名义汇率稳定在1 000卢布兑换1美元的水平。到9月下旬，汇率急剧降低，1 299卢布兑换1美元。但卢布贬值还在持续。1993年第三季度，月度通胀率远超20%，市场参与者对短期内几乎稳定的名义汇率的可持续性表示严重怀疑，期货市场的报价持续大幅下降。[3]

从1989年的0.6~0.64卢布兑换1美元，到1992年9月下旬的1 299卢布兑换1美元，卢布已经贬值为原来的1/2 165~1/2 030。即使不算后来的贬值，仅算截至1992年9月下旬的贬值，也意味着，1989年拥有2 000多万卢布的大富翁，在短短两三年后，财富缩水到只剩下1万多美元了，就这还是根据名义汇率算的，如果按照黑市的价格算，这点购买力实际上也没有了。比如说，在苏联国内，苏联卢布官方汇率还是0.6~0.64卢布兑换1美元的时候，"在黑市交易中，1美元经常可换20卢布甚至更多，超过官价汇率20多倍"。有人按照官方报价将卢布兑换成美元，"肥了个人坑了国家"。[4]

如果按照黑市价格换算，在1989年拥有2 000多万卢布的大富翁，到1992年9月下旬，财富已经缩水到只剩下500美元左右的购买力了。

这就是当时俄罗斯的一些富豪财富飞速蒸发，到最后甚至连面包都买不起的原因所在。

其实，卢布的贬值并没有就此结束。

1998年1月1日，俄罗斯发行新的卢布，其兑换率为1 000旧卢布兑换1新卢布。但新卢布继续贬值。仅2014年，卢布贬值幅度就接近50%，成为全球跌幅最大的货币。从表面上看，卢布暴跌是欧美制裁和油价下跌引起的，但深层次原因在于俄罗斯畸形的经济结构。[5]

2024年7月18日，汇率为88.5卢布兑换1美元，88.5卢布就是88 500旧卢布，跟1989年相比，旧卢布已经贬值到原来的1/147 500~1/138 281。如果不采取任何避险措施，手里继续拿着卢布，从1989年至今，即使曾经是亿万富翁，现在也一无所有了。

俄罗斯经济为什么上不去？最关键的一点是，民众财富因货币贬值蒸发掉了，购买力不足，这实际上也影响到了俄罗斯的制造业。在我们的日常生活中，国内的名牌产品比比皆是，日本品牌、德国品牌、美国品牌、韩国品牌的产品也很多，但有几个知名品牌是来自俄罗斯的？

这实际上引出了一个重要问题。影响货币稳定性的关键之一，是政局和经济的稳定性。俄罗斯的货币大幅贬值，基本上发生在政局动荡、经济下行的时期。这其实是一个最基本的规律，极少有政局动荡、经济下行时期货币还升值的情况，即使偶尔阶段性地出现，也往往属于"回光返照"。

这个规律对任何国家的货币都是适用的，哪怕最强势的美元亦不能例外。

2001年9月11日，以本·拉登为首的基地组织在美国本土发动了震惊世界的"9·11"恐怖袭击，这是人类历史上最严重的恐怖袭击事件。

这次恐怖袭击打破了人们对美国本土素来安全的印象——毕竟，在此之前没有谁敢轻易对美国本土发动攻击，由此造成的后果就是人们的信心被削弱。这也影响了美元的走势。美元从此开始步入一种疲弱的态势，这种态势一直持续到2011年5月1日，美国宣布击毙本·拉登，完成了对恐怖袭击的复仇，重塑了美国的安全，从而，为美元长达近10年的弱势走势画上句号，并开启新一轮的强势美元周期。

我们由此例可知，即便强大如美国者，也会在遭遇恐怖袭击、人心惶惶的时候，面临美元疲弱的局面，国力一般的国家就更不用说了。

阿根廷是一个非常典型的例子。

阿根廷曾经是一个经济迅速发展的国家。19世纪末，阿根廷的人均国民收入已位居世界第六位，当时，阿根廷的生活水平甚至高于其之前的宗主国西班牙。[6]阿根廷的经济发展受益于英国主导的国际分工，第二次鸦片战争后，英国实施了国际分工：工业品生产留在北欧，农产品的供给则留给了拥有肥沃的潘帕斯平原的阿根廷。英国在阿根廷投资港口、建造铁路，并将现代农业和畜牧业技术引入阿根廷。这促进了阿根廷经济的发展。在20世纪的前30年，阿根廷的人口、总收入和人均收入均超过加拿大和澳大利亚。

但是，1930年，阿根廷爆发了由阿根廷爱国组织支持的军事政变，结束了长达70年的相对稳定的文官宪政，阿根廷步入"臭名昭著的十年"，陷入动荡。

军人政治一点点摧毁阿根廷的根基，让文官执政的稳定时代成为历史。1916—1958年，阿根廷军政府7次颠覆政权，多数情况下反转已有社会政策，并调整经济政策。[7]1946年，胡安·庇隆将军当选阿根廷总统，他奉行民粹主义和孤立主义，引发严重通胀。1948年初至1950年初，阿根廷比索贬值70%。在1951年，通货膨胀率高达50%。

政局动荡使得经济发展的稳定性遭到破坏。阿根廷逐渐衰败。1982年和2001年，阿根廷又爆发两次债务危机，这个曾经创造过辉煌的国家就这样被摧毁，相对应地，它的货币也贬值得非常严重，动不动就是断崖式贬值。

图4-1为2019年7月19日—2024年7月18日美元对阿根廷比索汇率走势图，从1美元兑换42.3比索发展为1美元兑换924.7比索，美元对比索升值21.86倍，比索的美元价值缩水超过95%。

除了前面提到的俄罗斯、阿根廷，像委内瑞拉、土耳其等国，也都因为类似的原因，货币大幅贬值。尤其是委内瑞拉，由于政局持续动荡且缺乏纠错机制，其金融体系和货币支撑更为脆弱。

我们可以想一下，如果在货币大幅贬值的国家投资实业，是很难盈利的，因为你赚钱的速度跟不上货币贬值的速度，这也是为什么货币贬值速度快的国家无法吸引外资。

曾经有一位企业家给我留言，说他在阿根廷投资建厂，最后因为货

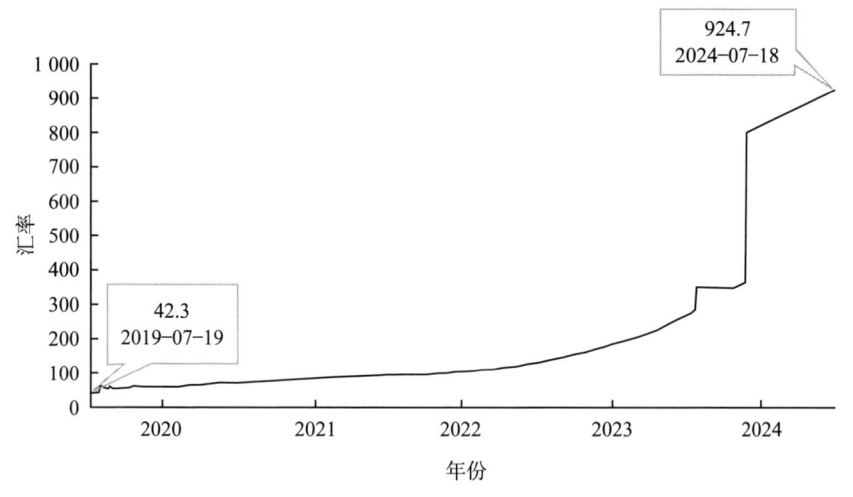

图 4-1　2019 年 7 月 19 日—2024 年 7 月 18 日美元对阿根廷比索汇率
（USD/ARS）

数据来源：阿根廷央行。

币贬值损失殆尽。他只看到了所谓的商机，而不看货币的走势。

外商直接投资同样是一个很好的参照物：当外商直接投资增长时，不仅意味着经济向好，就业机会增加，更重要的是，它也会为该国的货币带来重要支撑力量，而货币强势也会为外商直接投资带来更大的吸引力。道理非常简单，即既能通过直接投资获得商机，也能通过货币升值再赚一笔。这是真正意义上的赢两次。

而当外商直接投资持续下降时，这就意味着该国的货币面临着贬值的风险。如果外商直接投资断崖式下降，大量资金外流，就意味着该国货币存在断崖式或崩溃性贬值的风险。

要知道，每一笔外商直接投资背后都有一个做未来规划的团队，当他们不约而同地采取行动时，一定是有趋势指引意义的。当外商直接投资断崖式下跌的时候，如果你还无脑地扩大投资，就容易置身于高风险之中，甚至血本无归。

无论是做实业，还是做投资，我们都必须把货币的走势放在极为重要的位置上去做评估。如果我们忽视或无视这个因素，不仅有可能让投资变得毫无意义，而且有可能损失惨重。

写到这里，我需要补充一点儿关于阿根廷的最新消息。

2023年，奥地利学派经济学家哈维尔·米莱当选阿根廷总统。2023年12月10日，哈维尔·米莱在布宜诺斯艾利斯宣誓就任总统。

米莱在阿根廷大刀阔斧地改革，裁减公务员，卖掉总统专机，降低行政成本。2024年4月，阿根廷政府实现了自2008年以来的首次季度财政盈余。道理很简单，蹭吃财政饭的人大幅减少了，揩油水、搞腐败的人大幅减少了，成本下来了，效率提升了，民众的负担减轻了，那么，这个社会就会轻装前进。

2024年7月13日，阿根廷出了一个震撼世界的猛招：阿根廷经济部长路易斯·卡普托表示，阿根廷将停止扩大货币基础以降低该国通胀率。"从现在开始，货币数量保持不变或减少……比索的数量不会再增加，只会减少，因为目前有财政盈余"。这一举动无疑将改变阿根廷和比索的未来走势。[8]

所谓事在人为。一些极其重要的变革性人物的出现，往往会成为逆转趋势的决定性力量。

很多人说米莱是一个疯子，但米莱在创造奇迹：2024年12月16日，阿根廷公布第三季度GDP增速，环比增长3.9%，远高于外界预期。这是自2023年第四季度以来，阿根廷首次实现GDP季度环比正增长，反映出阿根廷经济近期已有摆脱衰退并重回增长的态势。

米莱在通胀遏制方面的表现也非常出色。2024年11月，阿根廷CPI（消费者价格指数）环比增长2.4%，创2020年7月以来最低环比增幅。很难想象，这竟然是通胀极其严重的阿根廷能做到的事。2024年10月，阿根廷财政盈余超过5 200亿比索，财政赤字缓解后，米莱可以更大胆地实施他的减税政策。2024年12月10日，米莱宣布2025年将进行一揽子财政、政治和安全改革，将国家税收减少 90%。[9] 这可以降低企业和居民负担，释放经济活力，有利于阿根廷未来对美出口，并吸引国际资本投资阿根廷。

在美国资本市场，阿根廷相关的股票和基金涨势也非常好。这是资本市场对阿根廷改革成效的确认。

2023 年 11 月 17 日，也就是哈维尔·米莱当选阿根廷新一任总统的前一个交易日，阿根廷 25/50 指数基金（ARGT）的最低点是 41.7，到 2024 年 12 月 16 日，最高已经涨到 89.82，涨了一倍多，表现非常优异（见图 4-2）。我们可以想象，随着阿根廷经济被注入越来越多的活力，未来，阿根廷经济的增长也将为其货币带来支撑力量。

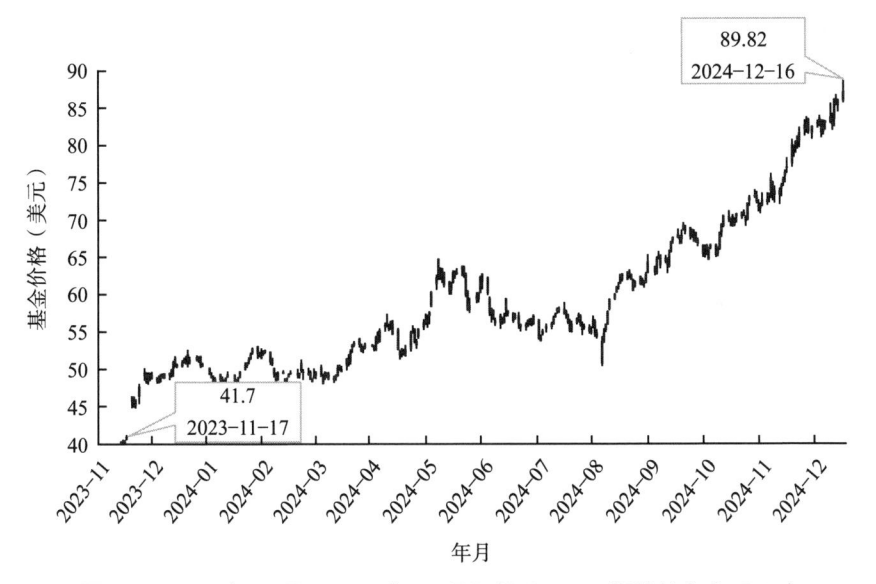

图 4-2　2023 年 11 月—2024 年 12 月阿根廷 25/50 指数基金（ARGT）

数据来源：Choice 数据。

这就是变革的力量。

变革改变趋势，也带来好机会。

货币在分化

自从欧元问世,欧元就成为美元的有力竞争者和挑战者。借助次贷危机率先在美国爆发的机会,2008年7月15日,欧元对美元汇率达到1.603 5,而后,欧元所能达到的高点一个比一个低,逐渐下移。

欧元有很多难以克服的缺陷。我在《时寒冰说:欧债真相警示中国》中进行了比较详细的阐述。

其实,抛开那些专业的角度,只根据上一节所讲的基本原理,我们也能看出欧元这种明显的颓势所在。

2022年2月24日,普京宣布将对乌克兰采取"特别军事行动"。俄乌冲突由于是在欧洲家门口爆发,对欧洲的安全威胁是显而易见的。而这种外部局势的动荡,以及战略威胁的加剧,对欧元来说,都是非常负面的影响。欧洲为了对抗俄罗斯,不断制裁俄罗斯,甚至在能源等方面制裁俄罗斯,这直接提升了欧洲的生产成本和生活成本。这一系列因素叠加,对欧元来说,是非常直接而且沉重的利空。

2022年7月13日,欧元对美元汇率跌破1∶1,这是自2002年12月以来的首次。2022年8月22日,欧元对美元汇率再次跌破1∶1,创下20年来的新低。

如果你阅读完本章第一节的内容,对这一结果就不会感到惊讶。作为近年来唯一能对美元发起有效竞争的货币,欧元的力量正在走弱,相应地,美元的影响和力量都在加强——这一点可能跟很多人想象的结果存在巨大的差异。

鉴于美元的国际货币地位,人们习惯于把货币分为美元和非美货币。其实,即便是非美货币,它们之间的差异也是非常大的。

关于这个问题,我需要从源头讲起。

近年来,尤其是新冠疫情暴发以后,全球央行开动印钞机,货币发行量猛增。

综合全球前四大经济体央行发布的数据，截至2024年5月（见图4-3）：美联储公布的美国的广义货币余额是20.96万亿美元。

日本央行公布的日本广义货币余额是1 259万亿日元，折合8.1万亿美元。

欧洲央行公布的欧元区的广义货币余额是15.2万亿欧元，折合16.4万亿美元。

中国人民银行公布的5月末中国广义货币余额是301.85万亿元，折合41.8万亿美元。

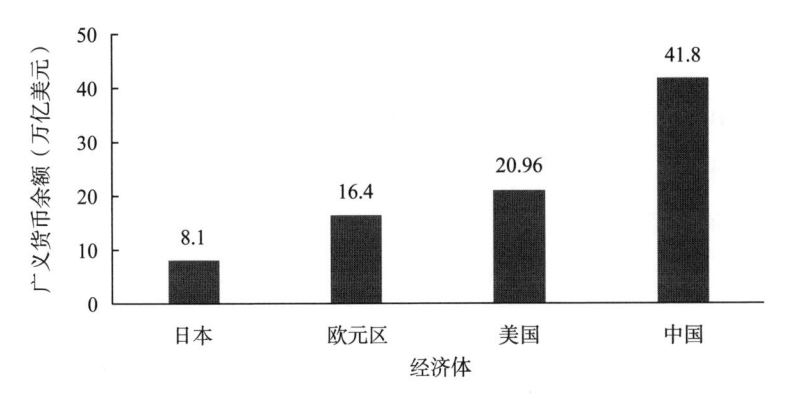

图4-3 全球前四大经济体广义货币余额

数据来源：美联储、日本央行、欧洲央行和中国人民银行（截至2024年5月）。

截至2024年5月，全球前四大经济体广义货币总额为87.26万亿美元。

而10年前的2004年5月，全球前四大经济体的广义货币总额为21.7万亿美元。换句话说，现在的广义货币总额是10年前的4倍。

根据世界银行发布的数据，2004年，全球GDP为44.12万亿美元。2024年的GDP数据要到2025年才能知道，但一般情况下其跟2023年相比不会差太多。2023年，全球GDP为105.44万亿美元，仅仅是2004

年的 2.39 倍。

也就是说，货币的增长远远快于 GDP 的增长。换句话说，通过超发货币推动的经济增长在放缓，在 GDP 数据中，有货币注水的因素在。

如果货币超发，货币的功能就会受到损害，比如货币的价值尺度，再用货币去衡量资源尤其是稀缺资源价值的时候，资源的价格就会呈现明显的上涨趋势。

因此，我在 2009 年出版的《中国怎么办：当次贷危机改变世界》中提出，继 2003 年这一重要时间点之后，在世界各国狂发货币以应对金融危机的情况下，从 2009 年开始，全球将再次进入"资源为王"的时代。此后，资源价格暴涨。书中提到的代表性的股票包钢稀土，涨幅最高达 20 倍。

在 10 年前写的《时寒冰说：未来二十年，经济大趋势（未来篇）》中，我根据周期转换规律推导出来"2023—2034 年，是资源为王且为超级之王的时代"（见该书第 452 页）。[10]

新冠疫情暴发以后，我向我的学生讲解未来的货币走势，判断日元将出现一轮时间较长的跌势。原因非常简单，有以下 3 点。

其一，为了拯救被新冠疫情伤害的经济，各国都在疯狂发行货币，由此带来的结果必然是资源价格的大幅上涨，而日本是一个资源较为匮乏的国家，货币在这一点上缺乏支撑力量。

其二，2020 年 12 月，美国食品药品监督管理局紧急批准了新冠疫苗，为复工复产提供了保障，而日本缺乏这种支持力量。

其三，俄乌冲突爆发后，日本非常高调地、跟欧美步调一致地对俄罗斯祭出前所未有的制裁，甚至还给乌克兰提供了非致命性的军事装备援助。

日本之所以这样做，一个很重要的原因就是，俄罗斯在军事行动中的表现，让日本看到了收回南千岛群岛的可能性。由于俄罗斯基本上把主要兵力投向了乌克兰，对日本来说，这就是一个难得的机会。

2021年12月，日本前首相安倍晋三还针对中国台湾发表不当言论[11]，这立即引发了中方的强烈谴责。

同时招惹俄罗斯和中国两个强大的邻国，对日本来说，意味着外部安全环境受到损害。这会让日元原本具有的避险功能被扼杀，而使日元变成承担风险的载体。对日元来说，这当然是重大利空影响。

图4-4为2020年1月2日—2024年7月19日美元对日元的日K线走势图，1美元兑换的日元越多，代表着日元贬值越严重。我们可以看出，在新冠疫情之后，日元持续大幅度贬值，尽管在某个阶段呈现出反弹的态势，但总的趋势仍是贬值的。

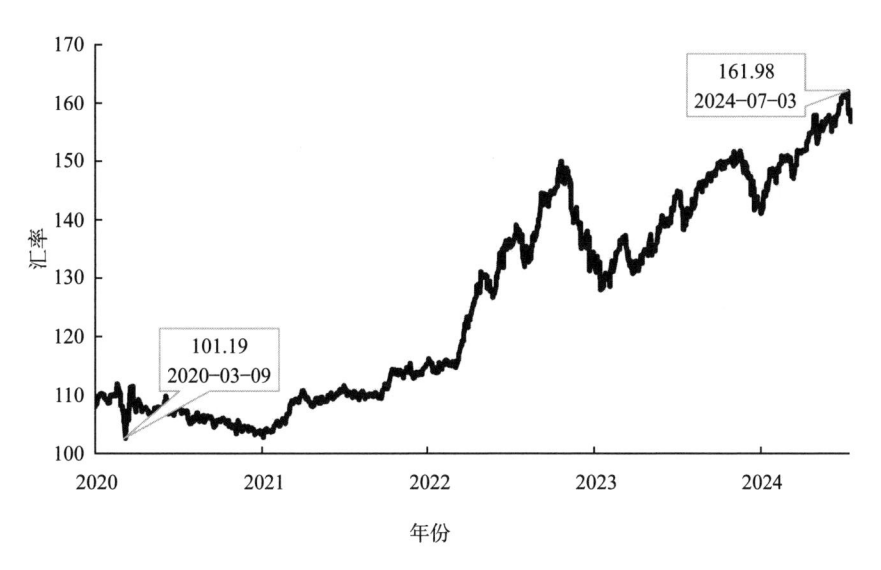

图4-4　2020年1月2日—2024年7月19日美元对日元汇率（USD/JPY）
数据来源：Choice数据。

在货币超发、资源为王的时代，缺乏资源是一个难以掩饰的缺陷。问题来了：资源匮乏的日本，其货币由于缺乏这种支撑而疲弱，那为什么资源丰富的俄罗斯的货币也那么疲弱？

我首先要澄清一个概念：这里的资源为王，其实包含着两层意思：一是拥有的资源尤其是稀缺资源的数量，二是将拥有的资源进行再加工后所带来的价值的提升。

俄罗斯拥有丰富的资源，经济却衰败到跟中国广东或江苏的经济总量相当的水平，使得卢布无法成为真正意义上的资源型货币。除了我在上一节提到的原因，还有以下两点。

其一，俄罗斯遭到制裁以后，它在国际贸易中被边缘化，无法通过国际贸易进行财富积累。从2022年2月到2024年2月，美国、英国、欧盟以及澳大利亚、加拿大和日本等国家和地区对俄罗斯实施了超过16 500项制裁。[12] 其中包括：美国和英国禁止从俄罗斯进口石油和天然气。欧盟禁止通过海运进口俄罗斯石油。由世界七大"发达"经济体组成的七国集团（G7）对俄罗斯原油实施了60美元/桶的最高限价，试图减少俄罗斯的石油收入。[13]

其二，俄罗斯在技术创新上逐渐落后，无法提升资源品的价值，与那些靠卖初级资源维持的第三世界国家没有太大的区别。举一个最简单的例子，我们经常使用的电子产品或家用电器，有俄罗斯生产的吗？如果一个国家的技术无法帮助它的产品在日常生活领域的竞争中脱颖而出，只在军事领域先进，那么这种先进真的可靠吗？真的能够长期维持技术上的优势吗？

答案是显而易见的。

对比中国的成功经验，我们更容易看清这一点。中国不断投入巨大的研发成本，加速技术发展，逐步完善产业体系和配套产业链等，使得中国制造业迅速崛起，为中国军力提升提供了保障，也促进了国家综合国力的提升。

如果一个国家，你在日常生活中几乎看不到它的产品，它在这个领域没有任何竞争力，一直处于被边缘化的状态，那么，可以肯定的是，它在走向衰落而不是在走向强大。

货币的支撑

一国的科技实力和创新速度的重要性，在21世纪的今天，怎么强调都不为过。

谈到美元，很多人仍然习惯于称美元为石油美元，说石油美元多么多么重要。也有很多自媒体总是在传播某个国家不再使用美元结算石油，美元将被废掉等观点。

其实，美元与石油的关系早就没那么紧密了。

石油美元体系的建立只是一个梯子，这个梯子的唯一作用就是把美元送上了国际金融霸权的路上，随后，这个梯子的作用就一直在消减。

货币最强大的支撑力量，乃是科技和贸易——如果认识不到这一点，我们就永远看不懂货币的趋势。

在布雷顿森林体系建立之前的漫长岁月里，英镑称霸世界。原因是，英国是科技创新的领头羊。18世纪60年代兴起的第一次工业革命，就是由英国主导的，因为英国最早创建了鼓励创新的机制——1623年，英国国王詹姆士一世同意设立专利权，以保护新发明，这是激发科技创新力量的原动力。叠加自由贸易，这一举措促使大规模市场形成，工商业蓬勃发展。第一次工业革命应运而生。1769年，英国人瓦特改良蒸汽机，开启技术革命的浪潮，实现了从手工劳动到动力机器生产的重大飞跃，人类进入崭新的"蒸汽时代"。这意味着生产效率的成倍提升。

工业革命让英国国力飞速提升，也把英镑送上了世界霸主地位——英镑成为第一种真正意义上的称霸世界的国际货币。

1866年，德国人西门子研制的发电机问世，到19世纪70年代，实际可用的发电机推出。因此，1870—1945 年，英国、德国、法国、美国、日本等国爆发了第二次工业革命，也被称为第二次科技革命。电器逐渐代替机器，以蒸汽机为动力的时代过去，人类进入了"电气时代"。

在第二次工业革命中，科技创新做得好的国家的国力都得到了提升，它们的货币也陆续跻身国际货币之列。除了英国的英镑，伴随着第二次工业革命崛起的德国马克、法国法郎、美国美元、日本日元等，都开始向世界宣告新生力量的诞生。其中，又以美国国力的提升最为强劲和持久，原因很简单，当其他国家陷入战乱，遭到战争破坏的时候，美国本土却保持着安全的可持续发展的态势，而且，战争也使得大量科技人才移民美国，成为推动美国科技进步的强劲力量——这是美国做得最有远见的一件事情。

第一次世界大战的时候，德国希特勒忙着抢领土，而美国抢人才，它敞开国门，吸引大批优秀科学家移民美国。

第二次世界大战的时候，苏联忙着抢德国的仪器、设备等，而美国动用飞机，将各国的科技精英送到美国。

美国斯坦福大学发表的一篇文章指出：在第二次世界大战期间，有一些著名的物理学家为了逃避反犹太主义而来到美国。这段时间来到美国的最著名的物理学家是阿尔伯特·爱因斯坦，德国的损失变成了美国的收获。另一位离开欧洲移民美国的物理学家是恩里科·费米，他于1938 年离开意大利，以避免犹太裔妻子劳拉受到新犹太法律的伤害。恩里科·费米参与了"曼哈顿计划"，担任开发世界上第一座核反应堆——芝加哥一号堆——的团队的负责人，是原子弹的设计师和缔造者之一。[14]

以上所举的例子，只是众多为逃避战争或者迫害而移民美国的科学家中的两位。大量科技人才移居美国，既提升了美国的科技水平，也为美国培养了大量顶尖人才。

截至2024 年7 月，诺贝尔奖获得者最多的10 个国家（此处并没有将人文类奖与自然科学类奖分开计算，因为一个宽松自由的人文环境同样也是自然科学发展所需要的，除非从非常功利化的角度来看，否则，两者其实并不能完全割裂）如下（见图4-5）。

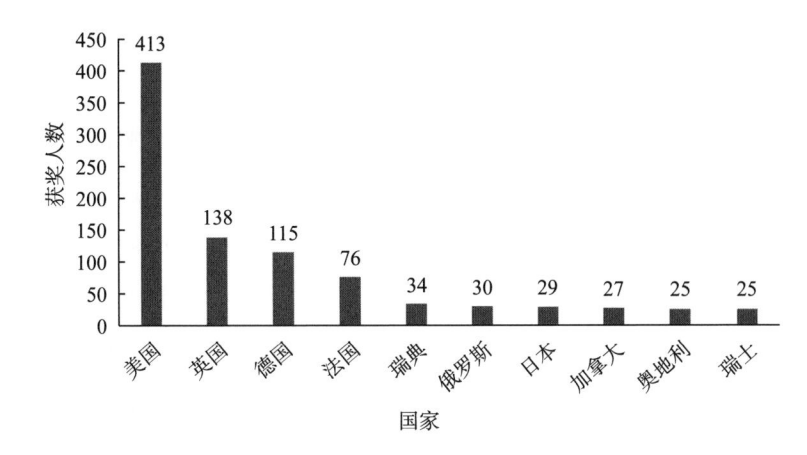

国家	获奖人数
美国	413
英国	138
德国	115
法国	76
瑞典	34
俄罗斯	30
日本	29
加拿大	27
奥地利	25
瑞士	25

图4-5　1901—2024年7月诺贝尔奖获得者最多的10个国家

数据来源：nobelprize.org。

人才越多，科技越发达。科技越发达，综合国力就提升得越快。

上面列出的10个国家，除了俄罗斯，都是经济非常发达的国家。如果把俄罗斯的诺贝尔奖获得者的获奖时间列出来，我们就会发现，俄罗斯的诺贝尔奖获得者绝大部分是在20世纪俄国和苏联时期获奖的。而且，有一部分是原苏联加盟共和国的人。比如，1909年被授予诺贝尔化学奖的弗里德里希·威廉·奥斯特瓦尔德，是出生于拉脱维亚的德国籍物理化学家。最近20年，俄罗斯的诺贝尔奖获得者寥寥无几，它之所以还在前10名，是因为还有老本可吃，但正在被日本、加拿大等国迅速追上。日本的29个诺贝尔奖获得者当中，绝大部分是近20年获奖的。

科技进步既能推动国家高速发展，也能带来巨大经济利益。

从全球范围来看，美国是全球知识产权贸易最发达的国家，知识产权贸易额长期位居全球第一，且相对其他国家的领先优势还在不断扩大。

从2001—2018年知识产权出口国际市场占有率来看，美国在全球知识产权出口市场中占有较高的市场份额，在2001年高达54.22%，远超其他经济体。尽管近年来随着其他经济体知识产权出口的快速增长，美国的市场份额逐步下降，但2018年这一份额仍高达35.05%，美国仍具有绝对优势。日本知识产权出口的国际市场占有率长期稳定在一成左右，日本也是全球知识产权出口大国。欧洲大国保持着相对稳定和较高的占有率。与之相比，中国在全球知识产权出口市场的份额显得微不足道，从2001年的0.12%缓慢增长至2018年的1.19%，甚至不及韩国2.08%的水平。[15]

世界知识产权组织在2024年6月28日发表的报告中指出：2022年，为使用知识产权进行的跨境支付飙升至1万亿美元以上，比2010年翻了一番。美国仍然是最大的知识产权出口国，其次是德国、日本和中国。瑞士的知识产权出口收入占其贸易总额的比例最高，其次是日本和荷兰。与2021年相比，越南、印度尼西亚、印度和巴西的知识产权出口大幅增长，其中，越南的增幅高达75%。

2022年，美国向国外出售知识产权的获利最多，收入接近1 300亿美元。德国是第二大知识产权出口国，其知识产权出口额与2021年相比略有下降，从2021年的近600亿美元降至2022年的近530亿美元。在排名前10的国家里，中国是唯一的中等收入经济体，排名第9位，比起2010年的第22位，有大幅提升。[16]

图4-6为2022年世界十大知识产权出口国。

前面讲的这些数据，似乎有点儿枯燥。

现在回归到主题上来。如果在英国开展第一次工业革命的时候，看空做空英国、看空做空英镑会是怎样的结局？如果在第二次工业革命的时候，看空做空相关国家以及它们的货币，又会是怎样的结局？

那么，回到现在，当美国人工智能浪潮兴起并引领世界的时候，当英伟达等科技巨头的产品供不应求，这些企业一个个富可敌国的时候，

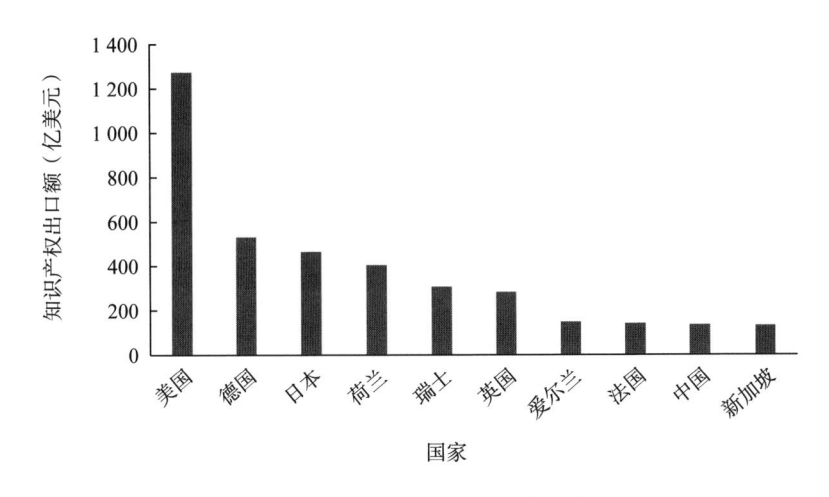

图 4-6　2022 年世界十大知识产权出口国

数据来源：世界知识产权组织。

去做空美国以及美元，又将面临什么？

也许，当把这些问题放在一起时，你就会顿悟，因为一切都已了然于胸。

也许，你还有一些问题，还需要进一步思考。

至少，思考这些问题有利于我们看清货币的未来走向。

去美元化浪潮的背后

我在 2014 年出版的《时寒冰说：未来二十年，经济大趋势（未来篇）》中，反复强调一点：美元在国际上的地位正变得更加稳固而不是相反，原话是"在 2016—2022 年这个周期内，美元的地位变得更加稳固"[17]。我的这个观点在该书出版后受到很多人的抨击，尽管已经被事实验证。

在现实中，人们更愿意接受那些不做任何研究就臆想出来的结果，而不愿意接受不一样的观点，甚至不愿意接受已经被证明了的事实。在观点上碰撞是一种交流，而在基本事实上碰撞，则是一种近乎自我愚弄式的固执。

所以，即便在互联网时代，有些人也只选择自己愿意看到的信息，坐井观天。

从这个角度来说，我要特别感谢购买并阅读这本书的人，你们一定是因为跟我有同样的感受才汇集到这里。

我在教学生趋势分析的时候，一开始做得最多的事情，就是让他们学会看数据和基本信息，养成尊重客观事实的习惯。任何缺乏数据和事实支撑的结论，跟瞎猜没有区别，都是缺乏指导意义和实用价值的。

对很多人来说，纠正固有习惯真的很难很难。

谈到美元，我们不能不看一波又一波的去美元化浪潮。

距离现在比较近的去美元化浪潮，兴起于2023年初。2023年3月29日，拉丁美洲最大经济体巴西表示，已经与中国达成本币结算的协议，不再使用美元作为中间货币，而以本币开展贸易。[18]4月1日，印度外交部宣布，印度和马来西亚已同意用印度卢比进行贸易结算。《环球时报》报道说："近一段时间以来，去美元化浪潮就像春潮一样悄悄而突然地席卷世界多个角落。无论是在被美国视为'后院'的拉美，还是被美国打压的俄罗斯和伊朗，或是中东能源大国以及希望打造区域合作发展典范的东盟各国，甚至欧洲国家的能源巨头公司，近来纷纷公布计划或采取行动，寻求用非美元货币进行贸易结算……去美元化进程一旦开始，就不可逆转。"[19]先后有多个国家以各种方式采取或计划采取"去美元化"的措施。

我们先来看看美元的走势。

2023年4月3日，美元指数的最低点为102.06（报道发表日期是4月2日，当天为周日，不交易）。当年的10月3日，美元指数涨到107.34的高点，到2024年6月26日，还在106.13的位置。美元指数非但没有一泻千里，反而比去美元化浪潮最猛烈的时候上升了。

这种结果跟我此前的分析完全一致。

为什么会出现这种情况？

如果我们回顾一下历史就会发现：去美元化浪潮，在过去已经发生过很多次，每一次都轰轰烈烈地展开，最后不声不响地结束，或者说无疾而终。通过比较相关数据我们不难发现，每一波去美元化浪潮，其实几乎都是在美元极度缺乏的状态下发生的。也就是说，去美元化浪潮都发生在美元变得非常稀缺的时期，确切地说，去美元化浪潮都是美元变得稀缺的结果。而且，每一次去美元化浪潮，都没有对美元在国际储备货币和结算货币中所占的份额产生明显的影响。

有些人获得金融知识往往是通过充斥着阴谋论的文学作品，而不是专业书籍，他们觉得货币之间就是通过战争、阴谋此长彼消，互相碾压、替代的。

这其实是知识匮乏导致的错觉。这些人总是用自己脑袋中仅有的存货去比对博大的世界。世界无穷尽，而他们的认知是有限且匮乏的。

在美元之前，曾经称霸世界的货币是英镑，它历史悠久，地位显赫。早在775年（也就是中国唐代宗执政时期），英国盎格鲁-撒克逊王朝就铸造了1磅重的银币，开启了英镑时代。后来，英格兰第一个国王埃塞斯坦在新成立的国家创建了一系列铸币制度，928年，将英镑定为英国的货币。

1694年，英格兰银行成立，这是历史上第一家股份制商业银行，标志着现代银行制度的开始。从此，英镑称霸全球的序幕正式拉开，第一次工业革命把英镑送上巅峰。

英国在全球金融和贸易中发挥着关键作用，综合国力迅速增强。

任何一种货币，要想成为国际性的货币，都要有相匹配的综合国力，综合国力是基础。后来美元能够取代英镑，成为主要的国际货币，首先靠的也是这一点。

但是，这个过程非常艰辛而且漫长。

早在1872年，美国经济总量按购买力平价计算就首次超过了英国，跃居世界第一，美国高歌猛进的时代正式开启。20世纪初的时候，美国GDP已经是英国的两倍了，直到现在美国GDP依然保持着第一的地位；美国的人均GDP是在1905年超过英国的，对应的是我们的清朝光绪三十一年。但到了这个时候，美元还没有真正站上国际货币体系的高点。

此时，美国无论是综合国力、军事实力、经济总量，还是消费能力，都已经超过了英国，而且，美国的金融人才也非常多，但是，美元取代英镑，成为国际性货币，却是在1944年7月著名的布雷顿森林会议召开之后的事，这一会议确立了以美元为主导的新的国际货币体系。

美国之所以能够构建新的货币体系，美元之所以能够成为新货币体系的中心，一个关键因素在于"双挂钩"政策：美元和黄金挂钩，也就是把美元和黄金的兑换比率固定下来，然后其他国家的货币与美元挂钩。布雷顿森林体系的本质是一种金汇兑本位制度，美元处在等同于黄金的特殊地位，具有固定汇率的特征。这个货币体系的规则一定下来，美元价值的实现和世界地位的巩固，就都嫁接到黄金身上了。美元也就稳稳地站在世界中心了。

很显然，即便美国各方面都做好了准备，实力也超过了英国，也还要将美元和黄金挂钩，因为只有踩着黄金这个梯子，才能树立起人们对美元的信心，从而确立美元的国际货币地位，把英镑从霸主地位上拉下来。

这是多么难的一件事！

对照货币的历史我们不难发现，即便是在美国GDP超过英国之后，美国还继续努力了70年，才让美元取代英镑，成为世界货币的新霸主。

按照美元取代英镑成为新霸主的逻辑，如果现在谁想让自己的货币取代美元，成为新霸主，首先要具有超越美国的实力，在科技创新能力、军事实力、农业基础、经济实力等诸多方面都要超越美国，只有这样才有可能摆脱美国的压制，去重建一个新的国际秩序。而这仅仅是一个基础，一个国家要想构建新的国际秩序，还要得到其他大多数的有实力的国家的认可。

这是一个非常艰难的过程。

当中国的GDP排名刚到第二，还没有超越美国时，很多专家就说中国的货币要取代美元了。一个人哪怕读过一本有关美元跟英镑博弈历史的书，都不会有如此轻率的认识。货币的博弈是一个非常艰难的过程，需要有长远的战略眼光，沉稳、刚毅并且坚持到底，而不是在妄想中丧失斗志，丧失长远的规划。后者不利于我们稳扎稳打、步步为营地推进人民币国际化。

其实，美元即使占据了霸主地位，也面临着各种挑战。

美元与黄金挂钩，使得这种货币体系很容易受到攻击。

1960年，美国耶鲁大学教授罗伯特·特里芬出版了《黄金与美元危机》[20]，阐述了他对布雷顿森林体系的研究成果。该书从理论上系统阐述了布雷顿森林体系的设计缺陷：各国为了发展国际贸易，必须以美元作为结算与储备货币，这会导致流出美国的货币在海外不断积淀，美国发生长期贸易逆差。但同时，美元作为国际货币体系核心的前提是必须保持币值坚挺，这又要求美国必须是一个长期贸易顺差国。两个要求互相矛盾。经济学界因而也将布雷顿森林体系的缺陷称为"特里芬悖论"。这一设计缺陷注定了布雷顿森林体系的"短命"结局。到1970年，美国资本外流100亿美元，1971年增至300亿美元。此时，国外积累的美元价值已是美国黄金储备的4倍，布雷顿森林体系危如累卵。

1967年，戴高乐责令法国央行将法国所持的美元全部兑换成黄金，一时间引发不少国家效仿。各国纷纷从美国兑换黄金运回国内，美国的黄金储备急剧减少。[21]

美国被逼出了一个猛招。1971年8月15日，时任美国总统尼克松宣布美元与黄金脱钩。

很多人预测，美元从此完了。实际上，正是这次与黄金的脱钩，让美元摆脱了束缚，坐稳了世界霸主的地位。因为，经济在高速发展，国际贸易额在飞速上升，与黄金挂钩的货币所具有的局限性使其无法担负起重任，从而无法与这种发展势头相匹配。在摆脱黄金的束缚之后，美元反而能够更好地适应国际贸易的快速发展。

美元与黄金脱钩，实际上拯救了世界贸易和世界经济。

稍微有点儿金融学常识的人都会明白一个简单的道理：以现在的经济体量，没有任何一种与黄金挂钩的货币可以与之相匹配，这种货币也不可能存在。

在国际贸易已经达到今天这种体量的情况下，去美元化在现实中也是非常难操作的。试想一下，如果没有一种权威的全球性货币，那么两个国家做贸易，对于到底用谁的货币来结算，可能谈几十年都没有结果，那还做什么贸易？这是一个非常简单的道理。

反过来，国际贸易的展开要靠什么？必须有一种国际通用的、足够权威的、背后有强大国力支撑的、足够稳定的货币。如果不使用这样的货币，国际贸易就几乎无法进行。

在第二次世界大战后，美元就扮演了这么一个关键角色。统计显示，第二次世界大战以后的50多年里，是世界贸易历史上增长最快的时期。1950—2000年的这50年中，全世界的商品出口总额从约610亿美元增加到61 328亿美元，增长了将近100倍；就算扣除通胀因素，实际商品出口额也增长了15倍多，增速远远超过工业革命后乃至历史上任何一个时期的国际贸易增速。[22]

中国加入WTO以后，国际贸易增长速度进一步加快。我在前面计算过：1971年，全球商品出口总额为0.34万亿美元，到了2023年，全球商品出口总额已经高达23.9万亿美元，约为1971年的70倍，如果跟1950年的约610亿美元相比，增长了约391倍！

如果没有国际货币的存在，这种增长是不可能发生的。

以中国和阿根廷的贸易为例。2022年，中国是阿根廷最大的进口来源地。假设，我们把机电产品出口给阿根廷的时候，使用阿根廷比索来结算，那我们当年的出口生意就会遭受巨额亏损，因为2022年阿根廷比索累计贬值幅度高达40%左右。如果是这样，那我们的企业可能宁愿不跟阿根廷企业做生意了。

再比如说，如果拿阿根廷比索去定价，也没法实现，因为它是一种非常不稳定的货币，对于商品的价值也是没法衡量的，它本身就是高风险的载体，本身就在不断贬值，前一天的汇率和第二天的汇率差异都非常大。如果拿阿根廷比索这种货币当储备货币，那就更不用说了。

像委内瑞拉、土耳其等国的货币，也面临着这类问题。

如果阿根廷、委内瑞拉这些国家与我们做贸易，用人民币结算行不行呢？我们当然非常欢迎这样做：一方面，可以扩大人民币的国际支付份额，提升人民币的影响力；另一方面，通过推进人民币国际化进程，我们也可以享受铸币税这样的红利。

但问题是，让对方接受人民币结算也是很难的。因为人民币是我们的主权货币，我们掌握着主动权，而谁愿意轻易放弃这种主动权呢？事实上，越是货币贬值快的国家，越容易掌握主动权，因为它们可以从本币贬值中获取巨大好处——我们的损失就是它们的利益，至少部分如此。而且，人民币在当前阶段还是不能自由兑换的货币，对方拿到人民币以后，手里的人民币并不能像美元那样在国际上自由流通。更何况，国际资金清算系统（SWIFT）是目前国际支付中使用范围最广、结算资金量最大的通信系统，要绕开这个系统也是很难的。

因此，两国之间的贸易，如果想去美元化，除非以物易物，否则在现实中并不容易实现。

美国康奈尔大学教授埃斯瓦尔·普拉萨德指出，尽管人们根据美国存在的一系列问题，不断预言美元危机将出现，但事实与此相反。自2008年以来，美元相对贸易加权一篮子货币的汇率几乎没怎么改变，美元作为价值储藏手段的绝对主导地位也没有改变。欧元作为储备货币的地位却下降了。当金融风暴降临到其他国家时，投资者会争相逃离；而当美国出现危机时，人们却选择买入美元资产——自2008年以来，他们买入了美国所有国债的60%。这种反常的现象，让经济学家都感叹不已。未来几十年，美元作为国际货币可能都没有竞争对手。[23]

这种说法虽然口气有点儿大，却是事实。

美元所依托的基础正变得越来越稳固。[24]

还有一些国家，比如沙特，经常喊出"去美元化"的口号，其实，它是最缺乏去美元化动力的国家之一。道理非常简单，沙特的国家财富和该国富豪的财富，基本上是以美元的形式存在的，去美元化反而会损害它的切身利益。它之所以做这种表态，主要是为了向美国施压，要求美国在武器出口和沙特安全等方面给予沙特更多的关切。

综上，去美元化浪潮仍然是非常有意义的，这会时时提醒美国，必须重视美元的稳定性和它的国际责任。

货币的未来走向

我在2014年出版的《时寒冰说：未来二十年，经济大趋势》中，将美元的未来走势划分为两个重要阶段：2011年5月—2022年的长周期，尤其是2016—2022年这个时间段，美元的地位变得更加稳固，美元的高点在这个阶段出现；2023—2034 年，美元步入弱势周期。[25]

事实上，2022 年 9 月 28 日，美元指数创下 114.78 的本轮最高点。

从 2023 年开始，美元步入弱势周期。但截至 2024 年 7 月，由于美联储依然将基准利率维持在 5.25%~5.50% 的高位，而且，由于人工智能浪潮在美国兴起，美国作为人工智能革命的引领者和主导者，对美元形成强有力的支撑，这使得美元在弱势周期开启以后，并没有立即展现出弱势美元的特征，反而延续强势美元的特征。

2010—2014 年初，我在写《时寒冰说：未来二十年，经济大趋势》这套书的时候，将美元的强势周期定为 2011 年 5 月—2022 年，已经是非常大胆的推断，因为延续长达 10 年的强势美元周期过去也非常罕见，更何况在有了欧元这个强大竞争对手之后。因此，当时很多人对我的这个预测嗤之以鼻。

事实上，美元走势更强。我的判断并不是高估了美元的强势，而是略微低估了美元的强势所持续的时间。当美元强势周期快结束的时候，人工智能革命的兴起又为美元提供了新的强大支撑力量。

在美联储于 2024 年 9 月降息之后，美元即使开始呈现弱势美元周期的特点，也无法像过去的弱势周期那样表现得那么疲弱了。也就是说，即便是在新一轮的弱势美元周期中，美元依然是王者。

我们可以通过数据看清美元的未来走势。

美元在国际上到底处于什么样的地位和状态？欧元的挑战为它带来了怎样的影响？我们通过数据来看会更加一目了然。

我们先来看看美元在全球官方外汇储备中的占比。图 4-7 为 2024 年第一季度全球官方外汇储备的世界货币构成占比。

我们可以很明显地看出，美元在国际交易和金融市场中仍然占据着主导地位，即便是欧元向它发起了猛烈的挑战，美元依然占据着高达 58.85% 的份额。

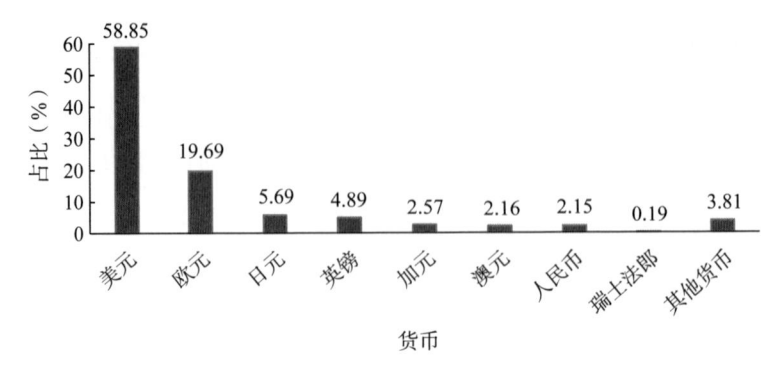

图4-7 2024年第一季度全球官方外汇储备的世界货币构成占比

数据来源：国际货币基金组织。

　　从结算货币来看，美元更为强势，几乎碾压欧元等非美货币。根据美联储的研究报告，美元是全球贸易中使用最频繁的货币。1999—2019年，美元在美洲贸易结算中占比为96%，在亚太地区占74%，在世界其他地区占79%。唯一的例外是欧洲，欧元在欧洲贸易结算中占主导地位，占比为66%。[26]

　　图4-8为外国持有的美元纸币份额。我们从中可以看出，尽管去美元化呼声一浪高过一浪，但截至2022年，外国持有的美元纸币份额无论跟2003年相比，还是跟2008年相比，都呈明显的上升态势且处于历史高位。

　　美元昂贵已不是什么秘密。2011—2022年，美元贸易加权汇率升值53%。这是自20世纪70年代初货币与黄金价格脱钩以来美元升值时间最长的一段时期。[27] 事实上，这种强势一直持续到2024年——美联储推迟降息对美元形成支撑力量。美元的强势使美元变得更抢手而不是相反。

　　表4-1为全球货币使用指数。这个指数是每种货币在全球披露的外汇储备（25%权重）、外汇交易量（25%权重）、外币债务发行量（25%权重）、外币和国际银行债权（12.5%权重）以及外币和国际银行负债（12.5%权重）的加权平均值。

图 4-8　2002—2022 年外国持有的美元纸币份额

数据来源：美联储。

表 4-1　2001—2022 年全球货币使用指数

年份	美元（%）	欧元（%）	英镑（%）	日元（%）	人民币（%）
2001	68.1	26.4	7.9	9.8	0.0
2002	66.0	28.6	7.9	9.6	0.0
2003	65.4	29.6	8.0	9.3	0.0
2004	65.0	29.4	8.9	8.4	0.0
2005	65.7	28.7	8.9	8.2	0.0
2006	65.5	29.1	9.9	7.4	0.0
2007	65.0	28.5	9.9	6.9	0.0
2008	66.7	28.3	8.2	7.3	0.1
2009	66.2	29.6	7.7	6.5	0.1
2010	68.6	27.4	6.3	7.4	0.3
2011	68.5	26.8	6.2	7.5	0.5
2012	68.4	25.9	6.8	7.6	0.5
2013	69.4	24.6	6.1	8.4	0.8
2014	70.3	24.0	6.0	8.1	0.9
2015	72.0	22.2	6.4	8.1	0.8
2016	72.5	21.9	6.3	7.9	1.5

第四章　货币大比拼

（续表）

年份	美元（%）	欧元（%）	英镑（%）	日元（%）	人民币（%）
2017	71.1	22.9	6.2	8.2	1.5
2018	70.3	22.9	6.9	8.3	1.7
2019	70.2	23.4	6.4	7.2	1.7
2020	69.4	23.7	6.5	7.3	1.8
2021	70.0	22.8	6.5	6.8	1.9
2022	69.0	23.1	6.4	7.3	3.0

数据来源：美联储。

从表 4-1 中我们不难看出，2001—2022 年，在全球货币使用指数中，美元的占比从 2001 年的 68.1% 上升到 2022 年的 69.0%，而欧元的占比从 2001 年的 26.4% 下降到 2022 年的 23.1%。由于 2022 年中国外贸出口表现好——全年进出口总值首次突破 40 万亿元，达到 42.07 万亿元，比 2021 年增长 7.7%[28]，人民币使用指数从 2021 年的 1.9% 大幅上升至 3.0%。

美元占比上升，欧元占比下降，为什么这种客观数据与普通人的感觉之间存在那么大的差异？

根源在于，有能力对美元发起挑战的几大货币背后的经济体，都有着这样或那样的问题，比如，对美元最具挑战性的欧元背后的欧盟。欧洲"向右转"，一些右翼政党提出退出欧盟、退出欧元，正在对欧元发起最严峻的挑战。我在 2014 年出版的《时寒冰说：未来二十年，经济大趋势（未来篇）》第 35 章《大动荡大变革：2023～2034（上）》的第一节《欧洲向右》中，初步分析了这个问题。

2013 年 4 月 14 日，一个以抛弃欧元为核心目标的政党"德国选择党"在德国柏林举行成立大会，该政党主张有序地解散欧元区，重新引入德国马克。这个新成立的政党在 2013 年 9 月的德国联邦议会选举中，竟然赢得 4.7% 的支持率。

而后，极右翼快速成长。在 2024 年 6 月举行的欧洲议会选举中，初步结果显示，极右翼政党德国选择党获得了 15.6% 的选票，德国联盟党和德国选择党的得票率超过了执政联盟的 3 个政党。在法国，极右翼政党国民联盟获得高达 31.7% 的选票，在法国政党中排名第一。除了德国和法国，意大利、西班牙、荷兰、比利时、奥地利的极右翼政党获得的选票都大幅上升。由意大利总理梅洛尼领导的极右翼党团在欧洲议会的席位增加了一倍多。[29]

极右翼政党的飞速崛起，与我当时的分析是一致的——"更清晰的趋势演进路线显示，欧元区的分裂甚至解体是很难避免的结果"[30]。

2022 年 2 月爆发的俄乌冲突，使欧洲的生产成本和生活成本增加，包括能源价格飙升等。这对极右翼政党来说是最大的支持力量。一旦欧元区走向解体，欧元被废除，美元的霸主地位将更加缺少挑战。

另外，在 2023 年开启的这个新周期，美国联邦基金利率会在相对较高的位置上继续维持一段时间，这对美元也是一种支持。

为什么呢？

2001 年，加入 WTO 对中国来说是国运之变。融入富国扎堆的市场，赚钱是容易的。融入穷国扎堆的市场，只有做慈善的份儿。融入国际市场后，中国取得了举世瞩目的成就。

中国加入 WTO 对世界的最大贡献，就是用廉价商品压低了发达国家的物价水平，使得发达国家能够长期维持低通胀的状态。但是，由于中美贸易战之后的逆全球化，发达国家与中国"脱钩"，产业更快地进行转移。在此期间，由于发达国家逐渐减少对中国廉价商品的进口，美国等发达国家会在较长时期内维持相对较高的通胀，对应着的就是相对较高的利率。为什么美国经济能够在较高利率的情况下维持增长？因为重建制造业体系会带来发展的机会。

其实，即使不懂专业知识的读者通过一个简单的道理也能想明白：在超过5%的高利率上持续这么久，经济依然稳固发展，薪资依然稳固增长，失业率依然维持低位，可见其韧性之强大。当今世界上，有几个国家能做到？

如果不被简单的情绪化的东西蒙蔽双眼，而是理性地看待一切，我们就能取长补短，更快、更好地成长。

能够带来强大力量的只能是理性的力量。情绪化的东西只能让人在虚幻中迷失。

我们要认识到，在逆全球化的大背景下，产业和资本回流，美国也在重塑自己的制造业，制造业提供的就业机会在快速增长，这将对延续了几十年的美国制造业空心化的问题进行纠正。

图4-9为2002—2023年的美国制造业建造支出。

通过图4-9中的数据我们可以明显看出，近年来，尤其是新冠疫情之后，美国的制造业建造支出在飞速增加。这个数据只是众多数据中的"一叶"，但一叶已可知秋。

美国一直在重塑产业链体系。2022年7月27日，美国参议院高票通过了规模高达约2 800亿美元的《芯片和科学法案》。其内容包括向半导体行业提供约527亿美元的资金支持，为企业提供价值240亿美元的投资税抵免，鼓励企业在美国研发和制造芯片，并在未来几年提供约2 000亿美元的科研经费支持等。2022年8月9日，美国《芯片和科学法案》正式生效，成为法律。

美国正在不遗余力地重塑自己的产业链体系，制造业的回归在提供大量新增就业的同时，也在为美元提供支撑力量。

很多人经常提到美国的债务多么可怕，认为债务将摧毁美国，但实际上，债务累加不是个问题，真正的问题是，经济增长是否停滞？技术是否向前发展？只要还在向前发展，债务就永远不是问题。事实上，债

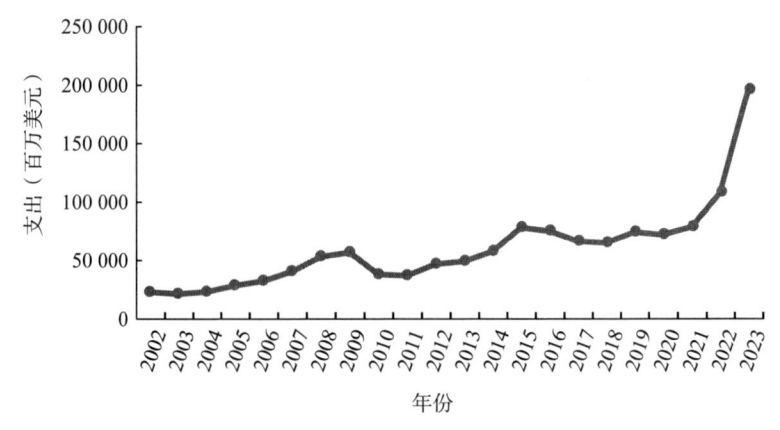

图 4-9　2002—2023 年美国制造业建造支出

数据来源：美国商务部。

务这一工具用好了，是可以促进经济增长的。很多企业在刚开始发展的时候，往往要举债甚至债务很重，但一旦步入发展轨道，债务问题就很快被人遗忘。事实上，适当的债务往往是推动经济增长的力量。

在美国的债务结构中，联邦政府债务占主体，而企业、个人债务比例相对较小，像苹果、伯克希尔-哈撒韦等公司，还经常拥有巨额现金。2024 年 8 月 3 日，伯克希尔-哈撒韦公司发布了 2024 年第二季度财报。财报数据显示，伯克希尔-哈撒韦公司第二季度现金储备再创纪录，达 2 769 亿美元。

美国的债务结构跟中国的债务结构相反。在中国的债务结构中，中央政府债务比例很小，地方政府债务比例较大，企业和居民负债非常高（居民负债主要是房贷）。

我们可以想一个简单的道理：企业和个人是创造财富的部门，其债务过重会制约投资和消费，制约财富的创造。而联邦政府是不创造财富的部门，由它承担债务，看起来债务很吓人，但并不会阻碍整个国家创造财富。这正是美国联邦政府拼命举债的原因。它甚至不惜举债，完善社会保障，在新冠疫情时以巨额资金补贴企业和居民。这实际上是在为创造财富的部门提供更多的发展机会，也可以理解为债务的转移——把原本由企业和居民承担的一部分债务转移到联邦政府身上，让创造财富的部门得以轻装前进。只要创造财富的部门蓬勃发展，联邦政府的债务就不会成为问题。

所以，我们看债务问题时，不能简单地看债务总额，更重要的是看债务结构！我们要看债务主体在债务累加的同时，其偿债能力是否也在提高。

这一点是可以通过美国国债的拍卖情况提前感知到的：只要美国国债的拍卖很顺利，就说明那些专业的投资机构认为美国经济在增长，国债是安全的投资品种。什么时候美国国债的拍卖面临困难了，就说明我们需要警惕了。但在可见的未来，这种情况发生的概率很低，尤其是在人工智能浪潮刚刚兴起的阶段。在这样的阶段做出悲观的预期而不是积极寻找机会，会影响自己的投资结果。

美联储于2024年9月开启降息周期以后，美元步入下跌周期，利多非美货币。必须强调的是，美元在此次下跌周期中的表现比在历史上其他几次下跌周期中的表现强一些，即使下跌，幅度也较为有限，且并不是那么流畅，还会时不时出现阶段性走强的情况。原因在于，这次美元的下跌周期与欧元区以及一些发展中国家可能爆发债务危机的风险重叠，而每当有经济体爆发危机尤其是大的危机时，就容易激活美元的避险功能，从而推动美元阶段性走强。更重要的是，这次美元的下跌周期正好与美国引领人工智能革命的浪潮重叠，这同样会为美元提供新的支撑力量。

美国正在努力构建稳定币的规则和体系。稳定币与美元现金、美国国债、银行存款等符合要求的资产绑定在一起。这种奇妙的体系可以将非美元流动性引向美元，实际上是在人为推升对美元、美债的需求，不仅能强化美国在加密货币领域的监管权，而且将压缩竞争对手货币的生存空间，进一步强化美元的霸权地位。美国的这个布局一旦完成，必将对世界产生巨大而深远的影响。

那么，其他几种货币表现如何呢？

从 2000 年至今，瑞士法郎一直是全世界表现最好的货币之一。支撑瑞士法郎的力量有其特殊性。

其一，瑞士是著名的中立国，有着安全、稳定的发展环境。瑞士的这种优势是其他很多国家都没有的。有报告显示，2022 年苏黎世、日内瓦和卢加诺等瑞士金融中心管理着约 2.4 万亿美元的境外资产，在全球离岸金融中心排首位。[31]

其二，瑞士不仅是金融强国，也是科技强国，是世界上最具创新力的经济体。2023 年 9 月 27 日，世界知识产权组织发布的《2023 年全球创新指数》显示，瑞士、瑞典、美国、英国和新加坡是 2023 年全球最具创新力的经济体。[32] 对照一下我在前面提到的科技创新对货币的支撑力量就不难理解这一点了，瑞士在全球最具创新力的经济体中已经持续 13 年排第一。值得一提的是，这个全球创新指数是在 2007 年才推出的，是依据来自国际公私部门的 80 个指标集合所做的排名，其权威性毋庸置疑。而瑞士能在第一名的位置上待这么久，可见其创新能力之强大。

透过瑞士的例子我们可以更清晰地看到，科技创新能力已经成为决定一国货币强弱的关键力量。日元在这么多年里保持着美元、欧元之后第三名的地位，与日本的科技创新能力也不无关系。只不过，日本有一个很大的弱点，那就是庞大的财阀垄断市场，使得占据强势地位的永远是那些知名企业，这影响了日本的科技创新。但由于日本经济基础坚固而且强大，用来保持日元第三的地位尚且足够。相比之下，美国的新生代科技公司不断涌现，OpenAI 的崛起就是非常典型的例子。新生力量的崛起不断为美元注入新的力量。

加元和澳元属于非常典型的资源型货币。加拿大的资源以油气资源为主，澳大利亚以铁矿石、锂等矿产品为主。如果矿产品价格上涨，就会对澳元形成支撑力量。加拿大的情况要复杂一些。如果美国共和党大力开采传统能源，加大原油、天然气的供应，那么这将对加拿大形成挑战，给加元带来一定的压力。

但需要注意的是，从2025年开始，随着逆全球化的不断深入，一旦某个大的经济体，尤其是像美国这样的主导者，在更大范围内发起更强硬的贸易战，就非常容易导致全球贸易坍塌，引发一场大的经济危机。危机一旦爆发，在短期内容易引发需求的大幅下降，从而对资源型货币造成非常负面的影响。这种危机对经济基础更为脆弱的国家的影响会更大，在企业大量倒闭，失业率飞速上升的情况下，甚至容易引发货币的崩溃性贬值。这是我们特别需要注意的。

随着美国社会的撕裂加剧，思想极端的政治家一旦上台，就容易由于短视开打贸易战。

别忘了，史无前例的1929—1933年的大萧条之所以爆发，起因就是美国发起的贸易战。1930年，美国通过了臭名昭著的《斯姆特-霍利关税法案》，导致贸易战全面爆发，并引发全球经济危机。

世界工业生产以1929年为100来计算，到1932年，美国的生产下降为54，德国下降为53，法国下降为69，英国下降为84。这引发大宗商品价格的大幅下跌。1933年1月，在农产品和初级产品中，以黄金计算的橡胶价格仅为1929年1月的13%，羊毛为22%，丝为28%，铜为29%，棉花为34%，大米和咖啡为41%，小麦为42%，食糖为50%；1929—1932年第三季度，国际贸易价值减少超过65%，欧洲以外的国际贸易更是下降到不足30%；1932年4月从欧洲开始蔓延扩散的金融危机导致战后重建的金本位崩溃和国际货币体系被摧毁。[33]

以史为鉴。一旦贸易战在大范围内展开，股市、大宗商品等都会在短期内持续大幅下跌，这反而会带来短暂的做空获利的机会，但同时，资源型货币也会受到巨大的负面影响。一旦贸易战出现转机，这种短暂的利空影响就会随之告一段落，但对货币来说，这种博弈或者说杀戮才刚刚开始。投资者千万不要被美元暂时的疲软欺骗了。

我为什么特别强调这一点呢？

因为1929—1933年的大萧条摧毁了战后的国际货币体系，为美元取代英镑、登上世界之巅创造了条件，而新一轮贸易大战引爆的经济危机，则能彻底摧毁包括欧元等在内的挑战者（欧元区的解体，将让美国消除掉这个隐忧），这种诱惑足以让美国那些极端的政治家铤而走险，这对世界来说将是一次巨大的改变。我将在第十章进一步讲述这一点。

要点总结

- 货币是投资的命门，作为价值尺度，其变化直接影响投资品种的价格。

- 货币的稳定性对经济发展和财富保值增值至关重要；做投资、做实业时都必须把货币的走势放在极为重要的位置上做评估，比如在货币贬值快的国家就很难做实业，投资者需要考虑货币价值波动对投资收益的影响。

- 货币价值与国家的综合国力紧密相关，包括经济、政局、科技创新实力等。

- 稳定的政局和经济是货币稳定的基础，政局动荡和经济不稳定是货币贬值的主要原因。比如，俄罗斯在经济领域缺乏竞争力，叠加政局不稳，卢布因此无法成为真正意义上的资源型货币。

- 科技实力和创新能力是货币长期稳定和国际地位的核心支撑；科技创新不但是经济发展、国家竞争力提升的驱动力，也是货币稳定的重要保障。

- 美元的国际货币地位体现为在全球外汇储备和国际结算中具有主导地位。

- 近年来尽管有一波又一波的去美元化浪潮，但几乎都发生在美元稀缺的时期；去美元化浪潮没有对美元在全球储备货币和结算货币中的份额产生明显影响。

- 在历史上，美元替代英镑成为世界货币的新霸主，发生在美国的经济总量（以购买力平价计算）超过英国的 70 年之后，这是一个漫长而艰难的过程。

- 去美元化浪潮面临诸多挑战，但这是有意义的，提醒美国必须重视美元的稳定性和它的国际责任。

- 全球主要货币的分化现象明显，货币的走势受到一国经济、资源、政治和科技实力的影响，也反映了不同国家和地区面临的经济和政治挑战。

- 美元在 2011—2022 年处于强势周期，从 2023 年开始进入弱势周期；在强势周期的末期，人工智能革命兴起，而美国是引领者和主导者，这对美元来说是新的支撑力量；2024 年虽进入弱势（下跌）周期，但美元不会像过去的弱势周期那样疲弱。

- 欧元是对美元最具挑战性的货币。因债务问题，叠加欧洲"向右转"、俄乌冲突的拖累等，欧元的力量正在走弱。

- 瑞士法郎是自 2000 年至今表现最好的货币之一，这得益于瑞士安全稳定的发展环境和强大的科技创新能力。

- 日本具有较强的科技创新能力，虽然财阀垄断现象严重，又影响了创

第四章　货币大比拼

新，但日元凭借较强基础，可以保持第三的位置。

- 逆全球化、贸易争端可能引发全球经济危机，导致资源价格大幅波动，对加元和澳元这样的资源型货币，以及新兴市场货币等，都会带来负面的影响。

第五章

核电的历史机遇

人工智能时代

人工智能是人类科技进步史上的一次里程碑式的重大突破，它通过利用算法和模型来实现人类智能的特征，包括认知、决策和反馈的过程。人工智能以计算机科学为基础，将多种学科交叉融合，研究、开发用于模拟、延伸和扩展人的智能的理论、方法、技术及应用系统，企图生产出能以与人类智能相似的方式做出反应的智能机器。

人工智能将是人类科技发展史上一次史无前例的技术飞跃。每隔一段时间，人工智能的发展就会走上一个新台阶，各种技术创新令人眼花缭乱。

随着技术的进步，人工智能将能够自我思考和思辨，能够理解、推理并与物理世界互动，甚至能实现自我进化。人工智能不仅会向人类智能靠近，甚至会在很多方面远远超过人类。

人工智能革命对人类的影响是全方位的。

人工智能将进一步向前推动之前的自动化，大量需要人工完成的工作将被人工智能取代。受到冲击的不只有低端制造、零售、物流运输、家政等行业的基础岗位，也包括很多具有一定技术难度的工作岗位。

对用工单位来说，既不需要给人工智能交社保、医保等，又不需要承担任何在侵犯劳动者权益时所面临的法律风险。人工智能可以不休息，连续24小时工作，也可以做到几乎不出错地完成很多工作。它的工作效率更高，完成的质量更高。

人工智能还能轻松突破人体的局限性，从事很多高危险的工作。

机器人百毒不侵，不怕病毒，不怕生化武器，不受生理局限。因此，人工智能不仅可以在未来战争中扮演更为重要的角色，而且能帮助人类推进科学研究，包括进行外太空探索等。

这使得无论是资本还是企业或者政府，都有更大的动力用人工智能取代人力。这个序幕一旦拉开，必将势不可当。

事实上，科技进步对就业的威胁自19世纪英国工业革命时就有讨论，那个时候社会就爆发过反对机械化、破坏机器的运动。只不过，工业革命在打击传统手工业的就业的同时，也创造了大量的新工作机会，这跟人工智能时代很多领域的工作岗位被机器取代截然不同。我个人认为，人工智能这种技术革命对就业等领域的冲击力度，将超过人类历史上包括工业革命在内的所有技术进步带来的冲击的总和。

社会保障机制不健全的国家，将不得不面对大量失业人员对社会稳定发起的巨大挑战。

作为人工智能应用之一的具身机器人可以更快地替代许多岗位。机器人的应用会直接带来效率的提升，改变很多行业和产业的全球格局，比如基础设施建设。由于欧美工人享有非常健全的劳工保护机制，工作时间短，基础设施建设推进速度极慢。但如果大量使用技术精湛、干活高效的机器人——它们不仅完全不受劳动保护法规的约束，还能轻松突破人在体力等方面的局限性，这将大幅提升欧美国家的基建效率，彻底改变发达国家在基础设施建设方面的劣势。

再比如，从全球产业格局的角度看，一旦廉价机器人得到广泛推广，尤其是在一些劳动密集型产业，像印度这样的如今具有劳动力优势的国家将不再享受人口红利，而那些科技发展水平更高、机器人普及率也更高的发达国家，有望彻底改变劳动力成本高昂的局面。这将彻底改变产业大转移的路径，甚至会改变一国之国运。

一个显而易见的趋势是，当发达国家大量使用机器人，使机器人成本显著低于劳动力的时候，一些劳动密集型产业就会离开发展中国家而流向发达国家，从而使得发展中国家面临前所未有的生存危机。发展中国家与发达国家之间的差距将急剧扩大。

简单一句话：科技强，则国强，且是前所未有的强，因为人工智能可以有效弥补劳动力成本高昂的短板，迅速完成一些产业链的构建。这意味着，科技强者恒强。在人工智能时代，国与国之间的竞争逻辑正发生颠覆性改变。

科技是第一生产力。在人工智能时代，这句话所包含的意义更为突出。

当人工智能发展到高级阶段时，其甚至可能对人类自身构成威胁。

包括谷歌前工程师杰弗里·辛顿和蒙特利尔大学计算机科学家约舒亚·本乔在内的技术专家和计算机科学专家警告，人工智能对人类生存构成的威胁与核战争和全球大流行病相比不相上下，"降低人工智能灭绝人类的风险以及降低流行病和核战争等其他影响全社会的风险，应该成为全球优先考虑的事项"[1]。

这种担忧实际上从一个侧面说明了人工智能发展速度之快，以及人工智能给人类带来的变化之巨大。

对投资者来说，拥抱人工智能，就是拥抱当前最大的一次投资机会。

与人工智能、机器人、3D打印等相关的板块，是未来的发展方向，在这个大方向之下，选择一些有发展前景的公司做大长线，有望获得非常好的收益。因为，未来人工智能将深入我们的生产和生活的方方面面，尤其是智能具身机器人，其甚至可能像电视机一样深入无数个家庭。这是总的发展趋势。

从2022年下半年算起，人工智能的发展日新月异，不少股票已经有几倍、十几倍甚至几十倍的涨幅，如人工智能发展的最直接受益者、美股当中的英伟达等。

有关这方面的投资，很多人已经熟知，相关股票依然有机会，因为受益于人工智能革命，这些具有代表性的公司将呈现波浪一样不断前行的走势。但随着相关股票涨幅越来越大，很多人认为，"追高"所面临的风险也越来越不能忽略。那么，除此之外，未来还有其他比较安全、比较稳定的投资机会？

人类迈入人工智能时代，这也意味着人类从石油经济时代迅速走向电力新时代。这是一次伟大的转变：从石油驱动经济发展，逐步变成电力驱动经济发展。石油对过去的经济发展有多么重要大家有目共睹，而电力对未来经济的发展有多么重要需要再过几年才能被人们充分认识到——而尽可能走在趋势前面，永远是获取高收益的前提。

人工智能热潮，不仅带火了英伟达等芯片制造商，也给电力行业带来了新的惊喜。原因很简单：人工智能的发展需要耗费惊人的电力。

2024年3月1日，马斯克在博世互联世界大会上说了这样几句话。

"上线的人工智能计算似乎每6个月增加10倍。显然，如此高的速度不可能永远持续下去……"

"一年前，短缺的是芯片，神经网络芯片。然后，很容易预测出下一个短缺的将是变压器——你必须给这些东西供电……"

"那么，下一个短缺的将是电力。他们将无法找到足够的电力来运行所有芯片。我想明年，你会发现他们找不到足够的电力来运行所有芯片……电动汽车和人工智能同时增长，两者都需要电力。"[2]

人工智能有多耗电呢？

答案可能超出很多人的想象。

据《纽约客》报道：如果谷歌将生成式人工智能融入每一次搜索，其用电量将上升到每年29太瓦时（1太瓦时=10亿千瓦时=10亿度）左右。这比肯尼亚、危地马拉和克罗地亚等国家的用电总量还要多。

人工智能需要大量电力。ChatGPT背后的机器学习依赖处理大量信息的模型，而每一次处理都需要消耗能量。据估计，ChatGPT每天要响应大约两亿个请求，因此消耗超过 50 万千瓦时的电力，而 1 个美国家庭平均每天消耗 29 千瓦时，ChatGPT 每天的耗电量相当于 17 241 个美国家庭的耗电量。[3]

美国新纪元能源（NextEra Energy）公司首席执行官约翰·凯彻姆表示，在未来 20 年里，美国的电力需求预计将增长 40%，而在过去 20 年里，美国的电力需求仅增长 9%。[4]

据官方估算，瑞典数据中心的电力需求可能会在今后 10 年内翻番，然后在 2040 年再翻番。在英国，人工智能的能源消耗预计将增加 500%。高盛表示，到 2030 年，美国数据中心的用电量预计将占到总用电量的 8%，大幅高于 2022 年的 3%。高盛将其描述为"一代人从未见过的电力增长"。考虑到整体电力需求多年来几乎保持平稳的状态——甚至在某些地区还出现过下降——任何一个百分点的增长都将是巨大的电力消耗。

国际能源署（IEA）2024 年初发布的年度电力报告称，目前全球有 8 000 多个数据中心，其中约 33% 在美国，16% 在欧洲，近 10% 在中国。如果全球的数据中心持续运行，它们每年总共将消耗 508 太瓦时的电力。这比意大利或澳大利亚的全年发电总量还要高。到 2034 年，全球数据中心的能源消耗预计将超过 1 580 太瓦时。[5]

全球数据中心在 2022 年消耗了 460 太瓦时的电力，在最坏的情况下，到 2026 年，这一数字可能会上升到 1 000 太瓦时以上。爱尔兰的情况更为严重，由于计划新建大量数据中心，到 2026 年，数据中心可能占所有电力消耗的 32%。相比之下，2022 年这一比例仅为 17%。报告称，美国拥有全球 33% 的数据中心，预计耗电量将从 2022 年的 200 太瓦时增至 2026 年的 260 太瓦时，约占全国总耗电量的 6%。

这份报告认为，如果完全采用人工智能，谷歌等搜索工具的电力需求可能会增加 10 倍。2023 年，英伟达销售了 10 万台人工智能服务器，这些服务器平均每年消耗 7.3 太瓦时的电力。到 2026 年，人工智能行业规模预计将呈指数级增长，电力消耗量至少是当前需求量的10倍。[6]

　　人工智能时代也是大数据时代，对电力的需求增长之快令人震惊。据全球商业房地产服务公司戴德梁行（Cushman & Wakefield）公布的数据：2023年，全球数据中心在开发中的容量7.1吉瓦（1吉瓦=10亿瓦=100万千瓦），相比2022年新开发的容量4.1吉瓦增加了约73%。[7]

　　这里的重点是，在开发中的容量增加了73%！

　　人类对电力的消耗从来没有像今天这样疯狂。

　　前面提及的电力数据，由于统计方法不同，数据会有一些出入，但它们共同的指向是确定的：人类过去对电力的消耗，从来没有像今天这样疯狂！

　　在查询大量研究报告后，我发现，所有对未来电力的消耗的预测有一个共同点，那就是不断调高，每隔一段时间，新的预测就会调高之前的预测。

　　有人提出，量子计算机相比超级计算机处理速度更快，同时消耗更少的能量，因此其消耗的电力会更少。但情况并非如此简单。超级计算机在21℃下就可以运行，而量子计算机需要冷却到接近绝对零度（−273℃）的温度才能运行，而冷却到如此低的温度且保持这一温度需要消耗大量的电力。实际上，数据中心的电力需求主要来自两个部分，一是计算，占数据中心电力需求的40%；二是实现稳定处理效率的冷却用电，同样占需求的40%左右。剩下的20%则来自其他相关的信息技术设备。[8]

　　总而言之，在人工智能时代，要想避开严重依赖电力这个事实，是非常困难的。

　　现在的问题是，加密货币和新能源汽车，也都需要耗费大量电力。国际能源署在《2024年电力》报告中指出：2022年，数据中心、加密货币和人工智能是耗电大户，它们在全球范围内消耗了约460太瓦时的电力，几乎占全球总用电量的 2%。国际能源署预计，2026 年，全球数据中心、加密货币和人工智能的电力消耗将达到 620~1 050 太瓦时，与 2022 年相比，电力需求增加 160~590 太瓦时，大致相当于增加至少一个瑞典或多至一个德国的电力总量。

根据美国白宫科技政策办公室的数据，美国的加密货币消耗的能源几乎相当于全美所有家用电脑消耗的能源总和。[9]

2022 年，加密货币消耗了约 110 太瓦时的电力，占全球电力需求的 0.4%，相当于荷兰的总电力消耗量。预计到 2026 年，加密货币的电力消耗将增加 40% 以上，达到 160 太瓦时左右。

根据估算，到 2028 年，全球数据中心电力市场规模可能超过 300 亿美元。[10]

除了数据中心和加密货币，新能源汽车也严重依赖电力。

随着电动汽车和热泵等电力驱动技术越来越受欢迎，电力的重要性与日俱增。

2024 年 7 月 10 日，美国电动汽车调查公司 Recurrent Auto 发布的数据显示，尽管最近人们对电动汽车销量增长放缓感到担忧，但是，到 2030 年，美国有望实现新车销售中 50% 为电动汽车的目标。多次修订后的电动汽车销售预测显示，50% 的目标是可以实现的。国际能源署预测，全球电动汽车数量将大幅增加，预计在当前政策下到 2030 年这一数量将增长近 10 倍。

2024 年第一季度，特斯拉销量同比下降 8.5%，引发市场对新能源汽车发展前景的质疑。但是，同期，现代、福特、宝马等品牌的电动汽车销量大幅增长，使得 2024 年第一季度美国市场电动汽车整体销量同比增长 2.7%——但很多人只看到了特斯拉销量的下滑，而没有注意到其他品牌销量的大幅增长。在 2024 年第一季度，现代电动汽车销量增长 100%，福特增长 77%，宝马增长 63%。这一强劲的增长趋势延续到了 2024 年第

第五章 核电的历史机遇

二季度，现代纯电动汽车销量在 5 月增长了 42%；起亚电动汽车销量在 5 月更是同比增长 127%，创下该品牌电动汽车有史以来在美国市场销量的最高纪录；福特电动汽车销量增长了 64.7%。特斯拉的销量也在 2024 年第二季度反弹。[11]

毫无疑问，从燃油车转换为电动汽车的步伐正在加快。

到 2026 年，欧盟预计将有 900 万辆新电动汽车和 1 100 万台新热泵投入使用。

中国的电动汽车发展更为迅猛。目前，电动汽车占中国电力需求的 8% 以上，电动汽车销量的增长明显削弱了汽油消费量的增长，电力消费自然也增加了。[12]

图 5-1 为 2004—2023 年中国电力消费量。

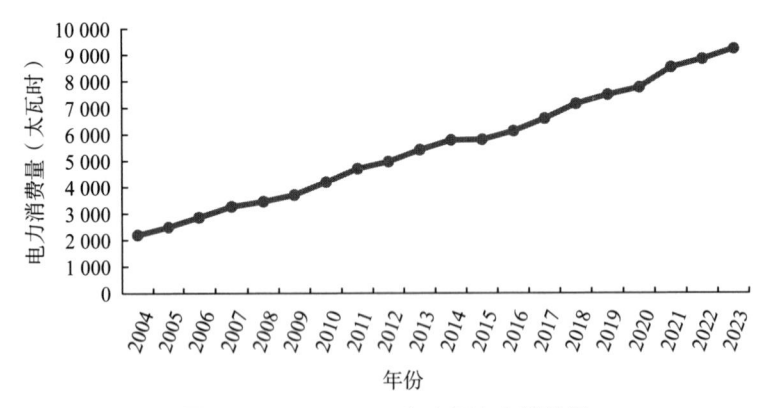

图 5-1　2004—2023 年中国电力消费量

数据来源：中国国家统计局。

2024 年 2 月 27 日，中国科学院院士欧阳明高表示，新能源汽车市场占有率 2024 年将接近 40%，2025 年接近 50%，2026 年超过 50%，新能源汽车将在市场上占据主导地位。预计到 2030 年，中国新能源汽车保有量会达到 1 亿辆，年销量会达到 2 000 万辆，市场占有率超过 70%。[13]

当越来越多的电动汽车开上道路时，毫无疑问，电力消耗也会大幅上升。

假设每辆电动汽车全年充电量为 3 000 度，那么，1 亿辆电动汽车一年就需要耗电 3 000 亿度。

在俄乌冲突期间，俄罗斯从 2022 年 10 月开始多次集中攻击乌克兰的能源设施，以削弱乌克兰的军事潜力。从 2024 年春季开始，乌克兰对此进行规模化反击，加大了用无人机袭击俄罗斯能源设施的力度。双方攻击的重点都包括对方的能源基础设施。

不知不觉中，数据中心、加密货币和人工智能正在推动人类从石油时代飞速过渡到新的电力时代，不仅我们的生活随之改变，连战争的形态都在发生巨变，相应地，我们的投资理念也要与时俱进。

新能源的短板

随着人工智能、数据中心、电动汽车时代的快速到来，电力的重要性显而易见。

过去的电力生产、供应体系，是为了满足基本的生活和工业生产等需求，而人工智能、数据中心、电动汽车的电力需求是新增的，因此必须有相应的大量的新增电力。

地球极端炎热的天气也使得人类对电力的消耗不断增加。2023 年已经是全球自 1850 年有记录以来最热的一年，人为造成的气候变化和厄尔尼诺现象使气温不断升高，而 2024 年的前 4 个月里，全球气温更是创下 175 年来同期新高。

截至 2024 年 6 月 3 日，印度全国因炎热而死亡的人数上升至 211。据《印度时报》报道，根据印度国家负荷调度中心的数据，高温导致电力需求激增，印度首都新德里的单日用电量首次超过 8.3 吉瓦，创下

8.302 吉瓦的新高。[14]

关键的问题是，电力从哪里来？这个问题，是投资者分析未来趋势时必须解决的问题。

在我们的记忆中，火力发电是传统的、主要的电力来源。

的确如此。火电尤其是煤电是中国最主要的发电方式。以2023年的数据为例，受2021年"电荒"的影响，中国加大了煤电核准力度。

2023年，中国火电全年发电量为6 231.8太瓦时，占中国当年发电总量的69.95%，排在第一位；水力发电量达1 140.8太瓦时，占当年发电总量的12.81%，排在第二位；风力发电量为809.1太瓦时，占当年发电总量的9.08%，排在第三位；核能发电量为433.3太瓦时，占当年发电总量的4.86%，排在第四位；光伏发电量为294太瓦时，占当年发电总量的3.30%，排在第五位。

图5-2为2023年中国电力供应结构图。

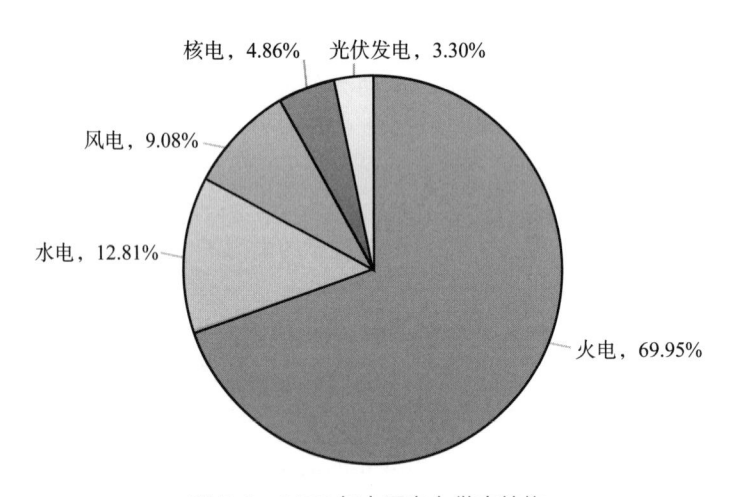

图5-2　2023年中国电力供应结构

数据来源：中国国家能源局。

近两年，在饱受"电荒"之苦后，中国不得已重新发展火力发电。2023年新增火电装机57.93吉瓦，比2022年同期增加了13.32吉瓦，同比增长 30%，远超 2022 年同期的 –16.53%。[15]

但是，火力发电由于高污染，在全球都是明确要被淘汰的。

以德国为例。2019 年 1 月 26 日，德国煤炭委员会正式宣布达成淘汰燃煤电厂时间表的共识，确定最晚将在 2038 年底前结束运营所有煤电。为了实现这一目标，德国在 2030 年应实现 200 吉瓦的光伏装机和 30 吉瓦的海上风电。[16] 尽管俄乌冲突爆发引发的能源危机迫使德国延长了个别燃煤发电厂的运营时间，但德国淘汰火电的方向是极为明确的。

美国也在逐步淘汰火力发电。美国能源信息署指出，2022 年和 2023 年，美国有 22.3 吉瓦煤电装机容量退役。2024 年，将有 6~8 座燃煤电站退役。2022 年，美国可再生能源（包括风力、太阳能、水力、生物质能和地热）发电总量首次超过燃煤发电。[17]

减少碳排放，对世界各国来说，是一个不容推卸的责任。

为应对气候变化，2015 年 12 月 12 日，196 个国家在巴黎通过了《巴黎协定》。2016 年 4 月 22 日，175 个国家在联合国总部签署了《巴黎协定》，创下单日最多国家签署协议的纪录。中国也签署了《巴黎协定》。[18]《巴黎协定》于 2016 年 11 月 4 日正式生效，是具有法律约束力的国际条约，旨在大幅减少全球温室气体排放，将 21 世纪全球气温升幅限制在 2℃以内，同时寻求将气温升幅进一步限制在 1.5℃以内的措施。

中国明确了二氧化碳排放 2030 年左右达到峰值并努力尽早达峰等一系列行动目标，并将行动目标纳入国家整体发展议程。中国"十三五"规划纲要确定，未来 5 年单位 GDP 二氧化碳排放量下降 18%。中国承诺，建立系统完整的生态文明制度体系，实行严格的生态环境保护责任制，加强环境督察，确保行动目标落到实处。[19]

2023 年全球燃煤发电量达 10 513 太瓦时，中国最多，为 5 753.9 太瓦时，占全球燃煤发电总量的 54.7%。[20] 很显然，中国实现减排目标时间紧迫。

高污染的燃煤发电，自然是最先被淘汰的对象。

那么，淘汰火力发电后用什么来替代呢？

目前，国际上都在努力用风力、太阳能、水力、生物质能和地热等发电来替代火力发电。

但是，实施的结果是低于预期的，以至于一些国家不得不对原来制定的目标进行修改。

目前，中国已成为全球可再生能源生产和利用第一大国，其中，风电、光伏总装机容量分别连续13年、8年稳居全球首位。根据国家能源局数据，截至2024年2月底，中国风电装机容量约450吉瓦，太阳能发电装机容量约650吉瓦。据专家预测，到2060年，中国风电、太阳能发电占比将超过50%，成为电量供应的主体。

随着风电和太阳能发电比例的快速上升，一些问题也随之而来。光伏发电完全依靠太阳光源，发电时间受到日出、日落的影响，导致其发电的高峰期主要集中在白天，夜晚几乎处于停滞状态，进而不能满足傍晚及夜间对能源的需求高峰。此外，阴雨天气下，光伏发电效率也将显著下降。风力发电情况则在一天中很不稳定。而无论是光伏还是风力发电，发电效率都会因季节的变化产生明显的差异。这些自然之力天然具有的波动性、间歇性使得电力输出变得不可控、不稳定，最终导致供需失衡，给电网的安全运行带来严峻考验。随着大基地集中式风电、光伏装机大幅增加，风光发电量迅速增长，消纳压力也进一步增大。[21]

而且，风电每年使数万只鸟类死亡。大型风电场拥有数以百计的风力涡轮机，而与风力涡轮机碰撞是风电场导致鸟类死亡的直接原因。[22] 根据美国渔业与野生动物服务机构（USFWS）公布的资料，在美国，每年因与风机相撞等而死去的鸟类总数可达32.8万只。[23]

当然，也有人指出，风电对鸟类的伤害远低于输电线、电网。在全球范围内，与输电线相撞每年可能导致超过10亿只鸟死亡。[24]

人类如何在发展的同时不危及环境，不伤害鸟类，的确是一个很棘手的问题。

对投资者来说，他们更加关心投资机会。

最近几年，对于风电、太阳能发电的投资，从炙热发展到坠入"冰窟"，许多企业倒闭，许多投资血本无归。炙热，是政策扶持推动的结果。坠入"冰窟"，则是政策扶持力度减弱的结果。

新能源发电的成本（尤其初期）是非常高的。虽然随着技术的进步成本可以逐渐降低，但与传统能源的投资相比，新能源发电的成本依然是非常高昂的。

依据来源估算的平准化能源成本，以2023年为例，如果没有联邦和州政府的补贴，美国屋顶太阳能光伏的成本将在117~282美元/兆瓦时，是所有发电类型中最高的。海上风电的成本是72~140美元/兆瓦时。相比之下，煤气联合循环发电的成本只有39~101美元/兆瓦时。

依据能源技术划分的资本成本，海上风电成本是最高的，平准化资本成本约为89美元/兆瓦时。[25]

风电、太阳能发电等项目投资巨大，成本高昂。这意味着，新能源发电的推广主要依靠政府的财政补贴。但政策补贴是不稳定的，一是因为政府的财力有限，二是因为不同的政府执政政策截然不同（比如，拜登所在的民主党强力支持新能源发电，而特朗普所在的共和党强烈反对），一旦这种扶持力度减弱，相关企业就很容易陷入困境。

这类新能源企业惨到什么程度呢？

以美国上市公司SunPower为例。光伏公司SunPower成立于1985年，2005年在纳斯达克上市，号称是世界上最强的太阳能公司。在美国大力鼓励新能源发展的政策支持下，光伏公司SunPower的股价在2021年1月底一度飙升到57.52美元。但由于新能源的进展不及预期，政策扶持力度减弱，电价补贴退坡，再加上美联储加息，该公司成千上万个安装项目陷入停滞，公司大幅亏损。2023 财年，SunPower 净亏损 2.47 亿美元，股价因此不断下跌，到 2024 年 7 月 22 日，跌到 0.502 美元/股，随后，更是接近于零。

罗仕证券表示，仅在 2023 年底，美国就有 100 多家住宅太阳能经销商和安装商宣布破产，是此前 3 年总和的 6 倍。该机构预计至少还会有 100 家相关公司倒闭。[26]

风电相关企业的日子也不好过。2023 年 8 月 7 日，西门子能源发布第二季度财报，其第二季度亏损 20.48 亿欧元，较 2022 年同期亏损额增加了约 8 倍。

从投资的角度来看，这类自身不能盈利，完全靠政府补贴维持的企业，只有在利好政策出台后的短期投机机会，而没有长期投资价值。这是选择股票、选择企业时需要重点区分的。很多人不懂得区分这一点，就特别容易亏损。对于只有投机机会的企业，投资者只能沿着政策支持的路径做阶段性的短线，而不能以长线投资的思路长期持有。

那么，电力板块的长期投资机会在哪里？

在争议中冒进

煤炭发电污染严重，是明确要被淘汰的。

水力发电具有成本低的优势，但近几年极端天气频发，有时因干旱水位过低，有时洪水滔天，这些都会影响水力发电的稳定性。

风电、光伏发电不稳定：没风的时候，风力发电难以进行。夜晚或阴雨天的时候，光伏发电基本停滞。在美国，恶劣天气导致的停电每年造成的损失已达到 180 亿~330 亿美元。[27]

储能技术可以解决这个问题，即在弃风、弃光时削峰填谷，提升电力系统的灵活性和可靠性，但这同样面临着成本非常高昂的难题。

据研究专家测算，目前储能系统成本在 1.7 元 / 瓦时左右。以电池寿命 10 年、循环次数 3 400 次为基础进行测算，平均度电成本约为 0.5 元。若光伏平均度电成本为 0.9 元，两者相加后每度电的成本就要 1.3 元，远高于目前的电价。[28]

虽然随着技术的进步，成本可以逐渐降低，但在成本真正降下来之前，储能是缺乏市场化条件的，以至于大量储能项目建成即闲置。

截至 2022 年底，中国已投运电力储能项目累计装机规模 59.8 吉瓦，占全球市场总规模的 25%，年增长率为 38%。新型储能继续高速发展，累计装机规模首次突破 10 吉瓦。全国已有 26 个省市制定了"十四五"时期新型储能的装机目标，总规模接近 67 吉瓦。

但是，2022 年 11 月，中国电力企业联合会发布的《新能源配储能运行情况调研报告》指出，新能源配储能利用率低，新能源配储能等效利用系数仅为 6.1%。这意味着大多数储能设施沦为摆设。[29]

有人提出通过共享储能来解决这个问题。2024 年 3 月 10 日，中国化学与物理电源行业协会储能应用分会发布的《2024 年度中国共享储能发展白皮书》显示：根据调研，不同地区共享储能电站的出租率受当地新能源场站体量的影响，市面的实际出租率约为 30%。原因还是成本太高了。

该白皮书指出，除新疆外，各地出台的容量租赁指导价范围在 150~337 元 /（千瓦时·年），平均值为 243.5 元 /（千瓦时·年），但通过招标市场形成的容量租赁价格平均值为 126 元 /（千瓦时·年），仅为前者的 51.8%。由此推算，项目实际收益能力并不乐观。[30]

那么，剩下的发电方式主要有两大类：天然气发电与核电。

天然气发电的一个非常重要的前提是，拥有稳定可靠的天然气来源。

从《世界能源统计评论 2024》来看，在 2023 年，天然气发电在许多国家尤其是发达国家和中东、美洲相关国家的电力结构中，占据着主导地位。

图 5-3 为美国 2023 年不同种类发电量比较。

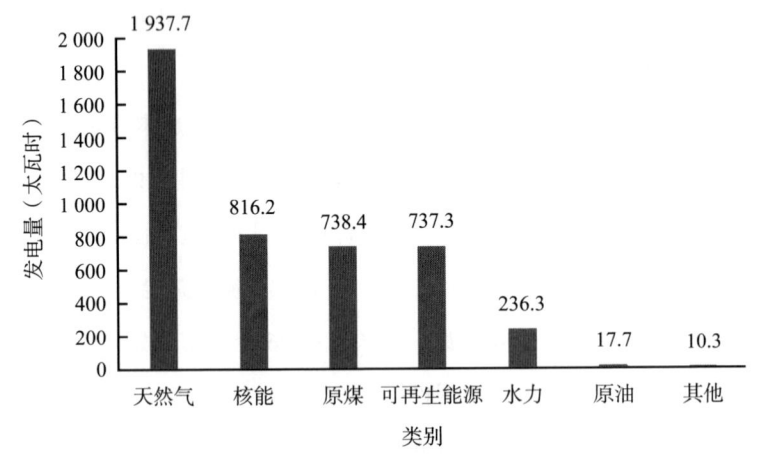

图 5-3　美国 2023 年不同种类发电量比较

数据来源：英国能源学会（Energy Institute）。

美国现在不仅是世界第一产油大国，也是世界最大的天然气生产国，天然气供应充足。2022 年，美国天然气产量达到 9 786 亿立方米，占当年全球天然气总产量的 24.2%。2023 年，美国天然气产量达到 1.035 万亿立方米，占当年全球天然气总产量的 25.5%。[31]

但是，在天然气依赖进口的国家，天然气的价格一旦大幅上涨，电力的生产成本就会增加。

以德国为例。德国的天然气过去主要是从俄罗斯进口，俄乌冲突爆发之后，欧洲国家制裁俄罗斯，从俄罗斯进口的天然气大幅减少，这导致天然气价格飙升，发电成本激增。

图 5-4 为德国 2023 年不同种类发电量比较。

尽管可再生能源发电在德国已经成为主导，但可再生能源的不稳定性决定了它必须通过更为可靠的电力来源确保满足正常生产生活用电

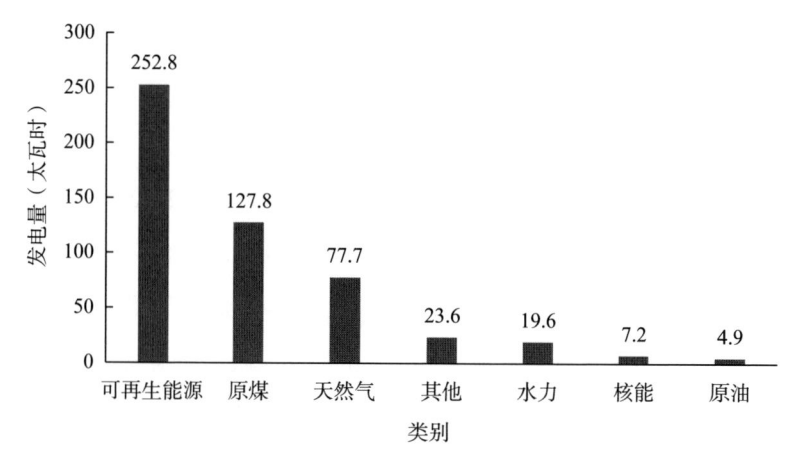

图 5-4　德国 2023 年不同种类发电量比较

数据来源：英国能源学会。

需求。

德国犯了一系列错误。2011 年，在日本福岛核事故发生后，德国立即放缓核能发电的步伐。时任德国总理默克尔宣布，德国将加快淘汰核能，立即关闭旧核电站。德国核能发电量逐年下降。2023 年 4 月 15 日，德国最后 3 座核电站停止运行，结束了 60 多年的商业核能使用。德国核电生产正式宣告结束。根据德国联邦统计局的数据，2023 年这 3 座核电站发电量占德国总发电量的 6% 左右（著名研究机构英国能源学会的统计数据是 7.2%）。[32]

出于环保考虑，德国又计划逐步关停原煤发电厂。2007 年，德国政府启动了硬煤矿关停计划。2018 年 12 月 21 日，德国最后一家硬煤矿关停，这标志着德国约 200 年的硬煤开采成为历史。2019 年 1 月，德国煤炭退出委员会宣布将在 2038 年前关闭所有煤炭火力发电厂。为了应对弃用煤炭发电带来的潜在影响，德国东部联邦州要求德国联邦政府在未来数十年内对该地区拨付高达 600 亿欧元的财政补贴。[33]

德国把全部希望寄托在可再生能源身上。问题是，可再生能源价格非常不稳定，这种激进的做法对德国这样一个工业强国来说是非常危险的。在俄乌冲突爆发后，德国就遭遇了能源危机。在不得已的情况下，德国重启了个别被关闭的火电厂，同时，还不得不依靠天然气发电。这种刚需不断推升天然气价格，使得天然气价格在俄乌冲突爆发的2022年达到惊人的高度：从2019年新冠疫情开始前的第三季度到2022年第三季度，欧洲天然气价格上涨了约14倍。相比之下，美国天然气价格仅上涨两倍。[34]

德国长期以来依赖俄罗斯天然气。由于供应瓶颈和制裁，能源价格暴涨，德国经济为此付出了沉重代价。德国经济研究所（IW）表示，由于新冠大流行和其他危机的叠加，自2020年以来，德国经济损失了约5 450亿欧元。2022年和2023年两个战争年份，受高能源成本影响，德国经济分别损失1 000亿欧元和1 400亿欧元，总计损失2 400亿欧元。[35]

而且，对于天然气到底是不是清洁能源，至今存在着很大争议。

联合国气候行动网页上对天然气是这样界定的："天然气是一种化石燃料，与石油和煤炭一样，由数百万年前的植物、动物和微生物的残骸形成，燃烧时会向大气中释放碳污染。"

2020年，天然气燃烧产生的碳排放量占全球燃料燃烧产生的碳排放量的22%（石油为32%，煤炭为45%）。此外，天然气开采和运输过程中通常会向大气中释放甲烷，这是一种威力很大的温室气体。2021年，天然气生产排放了4 000万吨甲烷，与石油工业排放的甲烷量相当。在20年的时间尺度上，甲烷的增温潜势约为二氧化碳的84倍。[36]

但是，我们可以肯定的是，在可预见的未来，在大力发展清洁能源的同时，天然气与核能仍将是发达国家电力供应的重要保障。

经过激烈的博弈，2022年7月6日，欧洲议会投票，否决了一项反对将天然气和核能列为绿色能源的提案，这同时意味着其正式确认"天然气、核能"为绿色能源。[37]

这也把未来的投资机会确定了下来。

真正的王者

欧洲议会确认"天然气、核能"为绿色能源的意义重大，这意味着，天然气、核能同可再生能源一样，有了进一步发展的空间，而不是像煤炭发电那样被淘汰。煤炭发电虽然带来了高污染，但具有发电成本低廉和稳定性高这两个优点，而且其稳定性是可再生能源无法相比的。

在某种程度上，欧洲这样做也是为了确保经济和生活的可持续性，毕竟电力已经是经济和生活中不可分割的一部分。

荷兰曾经是欧洲的天然气生产大国，但由于对天然气开采引发地震的担忧，2023年7月荷兰政府决定，自2023年10月1日起，荷兰停止开采其拥有的欧洲最大的天然气田——格罗宁根大气田。2024年4月19日，荷兰政府正式关闭了格罗宁根大气田，欧洲最大的天然气田彻底退出了历史舞台。[38]

欧洲失去了一个重要的天然气来源，而这个重担落在了挪威身上。

在欧洲，电力结构最低碳、最绿色的当数挪威。以2023年的数据为例，由于挪威水力资源极为丰富，水电站广泛分布，该国98.54%的电力来自低碳能源，其中，水力发电占88.62%，风力发电占9.75%。[39]

同时，挪威的天然气储量和产量都很高，2023年，挪威成为全球第九大天然气生产国以及第三大天然气出口国，在替代俄罗斯天然气供给方面可谓功不可没。

以德国为例。2023年，挪威是德国最大的天然气供应国，德国进口天然气的43%来自挪威，其次是荷兰（26%）和比利时（22%）。[40]荷兰格罗宁根天然气田正式关闭以后，挪威和比利时的天然气供应是无法弥补这个缺口的，德国还需从美国、卡塔尔、澳大利亚和阿尔及利亚等国进口天然气。而液化天然气的运输成本高昂，价格远远高于管道天然气。

实力雄厚的德国尚且如此，欧洲其他国家面临的窘境可想而知。天然气相对匮乏的亚洲相关国家就更不用说了。

这实际上把电力稳定供应驱赶到了一条路上，那就是发展核能。

庞大的电力需求，必须有核电的支撑。

可以说，在现实条件下，尤其是在人工智能、大数据、电动汽车飞速发展的当下，核能是解决能源困局的不二之选。

国际能源署发布的《核能与能源安全转型》报告披露，2020年，核能发电量约占全球发电量的10%，超过了风能和太阳能发电总量，是仅次于水电的第二大清洁电力来源。核电电价不受燃料价格波动影响，比较稳定。而且，核电具有单机容量大、占地规模小、发电稳定可靠、利用小时数高等特点。[41] 更重要的是，风能、太阳能等清洁能源在发电源头上具有波动性、间歇性等缺陷，而核能发电不受天气等外部因素的影响，更加稳定。

而且，核能发电不产生碳排放，因此，核能基本上属于零排放能源。以中国秦山核电站为例。秦山核电站拥有9台运行机组，总装机容量达到6.66吉瓦，年发电量约为52太瓦时，连续9年实现发电量增长，年度发电量、年度上网电量在全国核电基地中稳居榜首。截至2024年6月30日，秦山核电站已累计发电超830太瓦时，减排二氧化碳7.62亿吨，相当于植树造林的面积覆盖了520个西湖景区。[42]

现在很多国家似乎突然清醒过来，开始重视核能的发展。下面这些信息综合了国际能源署与国际原子能机构发表的相关研究报告中的内容，虽然看起来可能有点儿枯燥，但可以让我们看清未来的趋势和投资机会。

印度有23座可运行的核反应堆，总净容量为7.4吉瓦。2022年，核能发电量仅占该国电力的3.1%。印度在2022年宣布，计划到2032年将其核电容量增加近13吉瓦，其中6吉瓦目前正在建设中。

日本将重新发展核能产业，因为公众舆论开始支持自福岛核事故以来首次重启核反应堆。日本有33座可运行的核反应堆，总净容量为31.7吉瓦。截至2023年10月，自2011年福岛核事故发生以来，已有11座反应堆恢复运行，另有16座反应堆正在等待重启审批。过去，日本30%的电力来自核能，而到2022年，这一数字仅为6.1%。日本的计划为，2024—2026年核电运营能力将稳步增长，最终目标是到2030年核电占到日本能源结构的20%。

韩国拥有26座可运行的核反应堆，总净容量为25.8吉瓦。2022年，核能发电量占该国发电量的6.1%。韩国有3座新反应堆正在建设中。

巴基斯坦有6座可运行的核反应堆，总净容量为3.3吉瓦。2022年，核能发电量占该国发电量的16.2%。

土耳其于2018年4月开始建造其第一座核电站，预计将于2025年底开始运营。

法国有56座可运行的核反应堆，总净容量为61.4吉瓦。2022年，核能发电量占法国电力的62.5%。法国正在建造1座新反应堆，并努力延长现有机组的运行时间，这些机组的平均寿命为37年。

比利时有5座可运行的核反应堆，总净容量为5.9吉瓦。2022年，核能发电量占比利时电力的46.4%。比利时已达成协议，将两座最新反应堆的计划寿命延长10年。它们的总容量为2吉瓦，占比利时目前核电容量的35%。

荷兰撤销了早先的逐步淘汰核能的决定，宣布核能对其气候政策目标至关重要，并于2023年宣布已开始就2035年前建造两座新反应堆进行谈判，新反应堆旨在满足荷兰10%的电力需求。荷兰只有1座可运行的核反应堆，2022年，核能发电量仅占该国电力的3.3%。

瑞典有6座可运行的核反应堆，总净容量为6.9吉瓦。2022年，核能发电量占该国电力的29.4%。瑞典在2023年通过了一项新法规，允许建造更多的核电站。瑞典政府于2023年11月宣布计划在2035年前建造两座新的常规反应堆，在2045年前建造10座新反应堆。此外，瑞典议会还通过了一项附加立法，原则上允许建造比原计划的10座反应堆更多的反应堆。

瑞士有4座可运行的核反应堆，总净容量为3.0吉瓦。2022年，核能发电量占该国电力的36.4%。

芬兰有5座可运行的核反应堆，总净容量为4.4吉瓦。2022年，核能发电量占该国电力的35.0%。芬兰于2023年宣布延长洛维萨核电站的使用寿命，并启动其最大反应堆的商业运营。

斯洛伐克拥有4座可运行的核反应堆，总净容量为1.8吉瓦。2022年，核能发电量占该国电力的59.2%。另有两台机组正在建设中。

捷克拥有6座可运行的核反应堆，总净容量为3.9吉瓦。2022年，核能发电量占该国电力的36.7%。

斯洛文尼亚拥有1座可运行的核反应堆，净容量为0.7吉瓦。2022年，斯洛文尼亚42.6%的电力来自核能。2023年1月，斯洛文尼亚宣布，将现有核电站反应堆的运行时间延长20年，并重申将建造第二座反应堆。

匈牙利拥有4座可运行的核反应堆，总净容量为1.9吉瓦。2022年，核能发电量占该国电力的47.0%。

罗马尼亚拥有两座可运行的核反应堆，总净容量为1.3吉瓦。2022年，核能发电量占该国发电量的19.4%。

俄罗斯拥有36座可运行的核反应堆，总净容量为26.8吉瓦。2022年，核能发电量占该国发电量的19.6%。除了在建的核反应堆外，到2030年，俄罗斯还要建造11座核反应堆。截至2023年初，俄罗斯有 3 座反应堆正在建设中，总容量为 2.7 吉瓦。[43]

保加利亚正在实施其新的核战略，计划到 2053 年增加 4 座新反应堆。保加利亚拥有两座可运行的核反应堆，总净容量为 2.0 吉瓦。2022 年，核能发电量占该国电力的 32.6%。

波兰已进一步实施其核能计划，最终目标是到 2040 年实现 6~9 吉瓦的发电容量。波兰于 2023 年 7 月获得了在波美拉尼亚建造第一座核电站的许可，并将于 2026 年开始建设。第二座反应堆于 2023 年 11 月获得批准，预计从 2035 年起，两台机组每年将供应 22 太瓦时的电力。

乌克兰拥有 15 座可运行的核反应堆。乌克兰继续努力扩大其核电能力，不再依赖俄罗斯。2022 年 6 月，西屋电气计划在乌克兰建造的反应堆数量从 5 座增加到 9 座。此外，2023 年 1 月，乌克兰内阁批准了建造两座新反应堆的计划，预计分别于 2030 年和 2032 年接入电网。[44]

2023 年 2 月，欧盟 11 个成员国在法国的领导下成立了一个"核联盟"，到 2023 年 5 月第三次会议时，该联盟成员已增至 14 个。该联盟的目标是到 2050 年增加 50 吉瓦的核电容量，这意味着欧盟的核电装机容量将增加 50%（欧盟统计局 2022 年的数据显示，欧盟 13 个成员国运行着 103 座核电站，核能发电量约占欧盟总发电量的 25%）。

英国有 9 座可运行的核反应堆，总净容量为 5.9 吉瓦。2022 年，核能发电量占英国电力的 14.2%。2024 年初，英国政府宣布了"70 年来最大规模的核电发展"计划，内容包括调研建造一座新的大型发电站、投资 3 亿英镑（约合 3.82 亿美元）生产先进的铀燃料以及进行"更智能的监管"，这些措施将使英国核电装机容量在 2050 年之前翻两番，达到约 24 吉瓦，可以满足英国 1/4 的电力需求。英国新一代核电站的第一座核反应堆已经开始建设。[45]

在加拿大，达灵顿核电站计划到2036年投入使用1.2吉瓦的发电容量。此外，安大略省已宣布计划进行前期开发，以增加4.8吉瓦的发电容量。加拿大现在有19座可运行的核反应堆，2022年，核能发电量占加拿大电力的13.6%。

在美国，截至2024年，有94座可运行的核反应堆。美国核管理委员会（NRC）已经在批准将现在运行的部分反应堆的寿命从60年延长至80年。约6吉瓦装机容量的寿命延长已获批准，另有10吉瓦装机容量的寿命延长正在审查或即将申请。[46]

在非洲，埃及于2022年7月开始建造4台核电机组，截至2024年1月，4台机组已经全部开工。4台机组预计都将在2030年投入运行。

纵观全球，亚洲核电装机容量呈现持续增长态势，成为全球核能发电的生力军。根据国际原子能机构统计数据，2021年，亚洲核能发电量增长10%，达10年来最高水平。自2005年以来，亚洲总共有70座反应堆并入电网，运行容量达63.6吉瓦。[47]

中国核能的发展速度更快。截至2023年底，中国大陆在运核电机组55台（位居全球第三），总装机容量为57吉瓦，核准及在建核电机组36台（位居全球第一），总装机容量为44吉瓦；全年核电发电量440太瓦时，占全国累计发电量近5%，相当于节约标煤1.3亿吨，减排二氧化碳3.5亿吨。[48]并且，中国在核电领域也拥有先进的技术。中国正在大力支持第四代核电站的建设运行，全球首座第四代核电站——华能石岛湾核电站，于2023年12月在中国山东省投入商业运行。第四代核电技术的主要特点是更加安全，高温气冷反应堆利用氦气而非水源进行冷却，避免了堆芯熔毁和放射性物质因故障外泄。同时，这将有助于在远离海岸的地方建造更多核电站，突破核电站建立的区位限制，为增强核能发电供给能力提供更多可能。[49]

国际原子能机构发布的数据显示，截至2024年1月31日，全球运行中的核电反应堆为413座，核能发电占总发电量的比重约为10%，占全球清洁能源发电量的1/3左右。

根据国际能源署在2024年1月发布的报告，到2025年，全球核能发电量将创历史新高。

核电的发展，已经势不可当。

未来的投资机会（上）

人工智能革命意味着人类社会从严重依赖石油的时代向严重依赖电的时代过渡。人工智能、机器人、3D打印等正在快速替代很多人工，使得企业人工成本降低的同时，用电成本增加。人工智能甚至可以不休息，连续24个小时工作，但它必须用电。随着人工智能的普及，随着越来越多的大数据中心的建立，随着越来越多的燃油车被电动汽车取代，人类社会过去对石油的依赖有多深，将来对电的依赖就有多深。美国专业人士预计，仅仅在芝加哥地区，人工智能发展有望推动数据中心的电力需求增加900%。[50]

由此，电力个股强势的号角被吹响。

美国是人工智能革命的领导者、主导者，因此，人工智能革命对美国资本市场的影响更为直接，相关上市公司因此受益。具有代表性的电力企业如下。

美国电力公司（美股代码：AEP）：以发电量计，美国电力公司是美国发电量最大的电力供应商，覆盖11个州，其拥有的发电设施的发电容量近 38 吉瓦。美国电力公司同时拥有全美国最庞大的输电网络，覆盖美国东部和中部 38 个州，其输电线路近 39 000 英里[①]，在很长时间里超过美国其余输电线路长度的总和。

美国电力公司的股息非常稳定。我查看了它 1971 年至今的数据，稳定的股息一直延续至今，年度股息率最高的时候是 1981 年，股息率高达 14.06%。几十年来，季度股息最低的时候是 0.35 美元，最高的时候是 2024 年第三季度，为 0.93 美元（见图 5–5）。即使在 2008 年次贷危机和 2020 年新冠疫情严重的时候，它也保持着良好的收益，具有超强的稳定性。这种企业不是能在短期内给投资者带来暴利的企业，而是中规中矩，能带来稳定收益的企业。

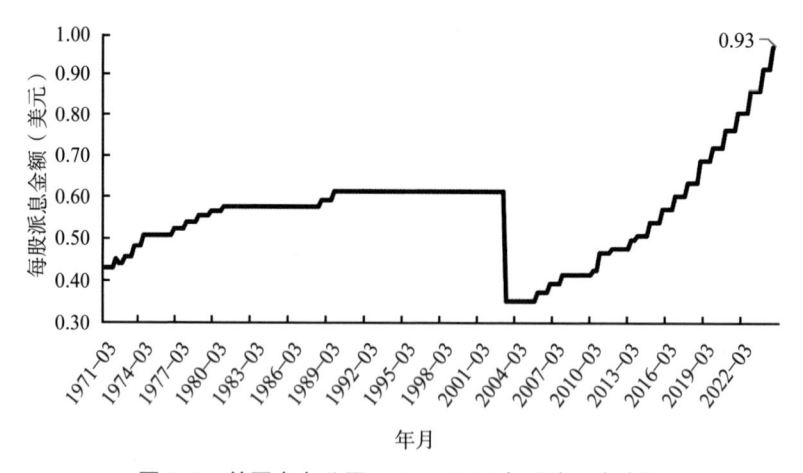

图 5-5　美国电力公司 1971—2024 年季度股息金额

数据来源：美国电力公司官网（aep.com）。

在这里，我也顺便讲一下，股息和分红略有不同。股息是上市公司每股股票支付给股东的现金金额，分红是指企业将其利润的一部分以现金或股票的形式返还给股票持有者。股息是现金，而分红，既可以是现

---

① 1 英里 ≈ 1.609 千米。——编者注

金分红，也可以是股票分红。能连续几十年派发股息的上市公司是非常不容易的。

道明尼能源公司（美股代码：D）：道明尼能源公司于1983年在弗吉尼亚州注册成立，是美国最大的能源生产商和分销商之一。该公司主要为美国东部和落基山脉地区的客户提供电力、天然气和相关服务。其资产组合包括约30.2吉瓦的发电能力、10 700英里的输电线路、78 000英里的配电线路和95 700英里的配气干线及相关服务设施，这些设施由6 000英里的输气、集气和储存管道支撑。该公司在美国大约13个州运营，在天然气领域具有强势地位。

从1983年至今，道明尼能源公司保持着良好的股息派发记录，只有2007—2011年，其每季度的股息是低于0.5美元的（从未低于0.4美元），其余年份季度股息都在0.5美元以上。股息最高的时候是2019年到2020年第一季度，每季度股息基本上都在0.92美元、0.94美元的水平。该公司是一家收益非常稳定的公司。

值得一提的是，道明尼能源公司有一些开发项目正在进行中，有的则即将完工，如浮动风力涡轮机（Charybdis）的建造将于2025年完成。未来，它的股息还可能进一步提升。在电力股当中，它的股价最近几年是被低估的。

读者朋友可能感受到了，我选择这类美股似乎有点儿剑走偏锋的意思。怎么就看一个指标啊？其实，这是大道至简，简单到不需要任何技巧。这种方法不能用于选择高科技潜力股，但当面对像电力这种传统行业的时候，这种方法还是很有效的。一家公司可以玩各种花里胡哨的东西，但股息是实打实地向股东、向投资者支付的现金红利，没有实力是根本做不到的，更不可能几十年始终如一。投资者用这一个指标，就可以排除很多风险。当然，我一般也是用几种关键数据比对着做分析的。

Vistra能源公司（美股代码：VST）：Vistra是美国领先的综合零售

电力和发电公司，拥有核能发电、火力发电、风力发电和太阳能发电等业务。它为大约 430 万的住宅、商业和工业零售客户提供电力和天然气服务。

Vistra 能源公司上市时间不算长，它于 2017 年 5 月 10 日在纽约证券交易所上市，上市之后，经历了一段时间的亏损。2020 年 3 月 18 日，它的股价最低跌到 11.3 美元。但是，Vistra 是一家不甘平庸的公司，动作不断。2023 年 3 月，Vistra 宣布 Energy Harbor 将与 Vistra 合并，成为 Vistra 新成立的子公司。在这次整合完成后，Vistra 拥有美国第二大核电站，以及不断增长的可再生能源组合。从此之后，它开始发力，盈利能力大幅提升，股价也一路飙升，从 2023 年 3 月 3 日的低点 19.71 美元，一路上涨到 2024 年 11 月 22 日的阶段高点 168.67 美元，成为美国电力股当中表现最优异的股票之一。

图 5-6 为 Vistra 能源公司的股价走势图。

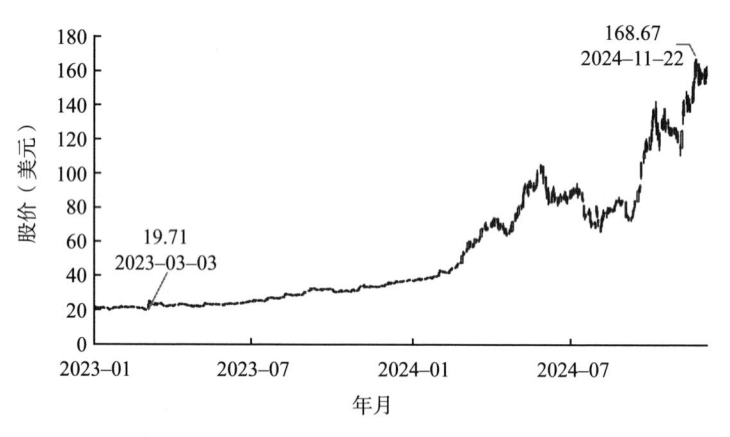

图 5-6　2023 年 1 月 3 日—2024 年 12 月 6 日 Vistra 能源公司股价走势
数据来源：Choice 数据。

从 2024 年的财报数据来看，Vistra 能源公司第一季度每股收益为 0.619 美元（明显高于 2023 年第四季度的每股收益 0.07 美元），第二季度每股收益为 0.86 美元，第三季度每股收益为 1.24 美元。这种良好势头，成为其股价上涨的重要推动力量。

顺便说一下，在美国电力股当中，我尤其看好有天然气资源和天然气管道的企业。美国的页岩气资源丰富，天然气发电可以更快地满足美国人工智能和大数据对电力的需求。天然气发电机组的安装速度也更快，且可以不过于依赖传统电网。对有建造大数据中心需求的企业来说，与有天然气的企业合作，可能是一个不得不做的选择。这也意味着，在天然气上具有优势的企业未来将拥有更广阔的发展前景。如果一家电力企业，既有天然气资源，又有核电资源，那就是锦上添花了，它无疑将获得更多的机会。因此，如果只从这一个角度来看的话，Vistra能源公司的优势大于道明尼能源公司，而道明尼能源公司的优势大于美国电力公司。这也是为什么选股时一定要从各个角度进行分析和比较。

星座能源公司（也有人翻译成"星牌能源公司"）（Constellation Energy Corporation，美股代码：CEG）是美国最大的核电站运营商。

星座能源公司原本是能源公司爱克斯龙（美股代码：EXC）旗下的公司，2022年2月分拆上市，是美国最大的清洁能源生产商，公司主要业务是通过旗下的核能发电、水电、风电、太阳能发电、燃气发电，为美国和加拿大的家庭用户、企业机构和公共部门提供电力。

很多人根据旧的资料，认为爱克斯龙是美国最大的核能发电企业。其实，2022年2月，爱克斯龙已经完成了将其能源发电业务（包括几乎全部的核能发电）拆分给星座能源公司的工作，星座能源公司是美国最大的核电站运营商，也是世界上最大的非政府核电站运营商。星座能源公司拥有14座核电站、23座核反应堆的全部或多数所有权。

因此，在2022年2月2日之后，近乎被掏空的爱克斯龙股价一路下跌，而星座能源公司的股价一路大幅上涨。

2024年9月20日突然传出一条新闻，即微软将与星座能源公司签订一份为期20年的协议，以无碳电力匹配其数据中心所消耗的能源。星座能源公司称，与微软签订的协议是该核电站运营商签署的最大电力购买协议。[51]

这条新闻很快得到证实，星座能源公司的股价迅速跳涨。

星座能源公司的股价从 2022 年 2 月 23 日的最低点 42.180 美元一路上涨到 2024 年 10 月 7 日的高点 288.753 美元。

图 5-7 为星座能源公司与爱克斯龙 2022 年 2 月 2 日—2024 年 12 月 13 日的股价走势图。

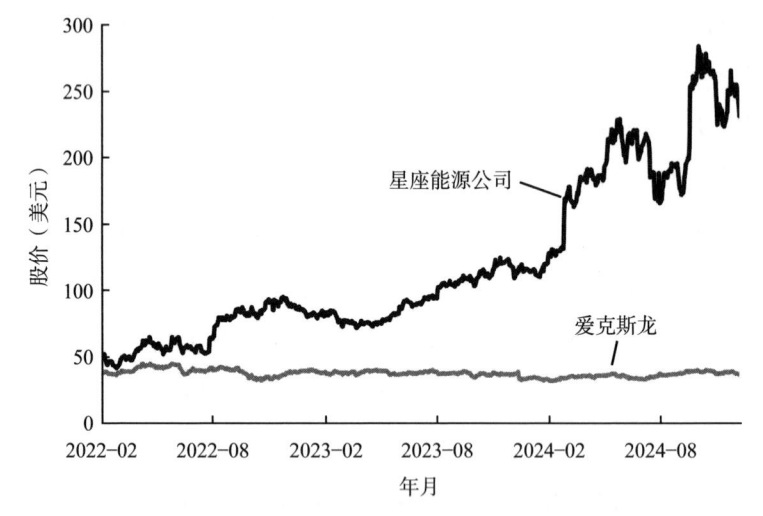

图 5-7　2022 年 2 月 2 日—2024 年 12 月 13 日星座能源公司与爱克斯龙股价走势

数据来源：Choice 数据。

核电在谁手里，我们从股价就能很直观地看出来。投资者依据旧资料做投资，是很可怕的事情。

功夫在诗外，投资者最起码把最基本的数据核对清楚，把财务数据等梳理一遍，才能开始选股。投资是很严肃的事情，是需要认真的态度来对待的。

从股息来看，从 2022 年至今，星座能源公司的股息保持稳步上涨。

除星座能源公司外，总部位于路易斯安那州新奥尔良的安特吉公司（美股代码：ETR）也值得关注。其拥有和运营的发电厂的发电量约为 30 吉瓦，其中包括 9 吉瓦的核电。

NRG 能源公司（美股代码：NRG）是美国最大的光伏发电商，也是美国最大的绿色电力公司。该公司在美国和加拿大从事能源及相关产品和服务的生产和销售，包括电力、天然气、电力服务等。该公司拥有的客户群包括约 600 万的家庭客户以及商业、工业和批发客户，依托约 18 吉瓦的发电容量来提供电力支撑。NRG 能源公司的投资组合包括天然气发电、煤炭发电、石油发电、核能发电、风力发电、公用事业规模发电和分布式太阳能发电等。

2023 年，NRG 能源公司的每股收益大都低于市场预期。2023 年第一季度每股收益为 –5.82 美元，大幅低于市场预期，但随后情况逐渐好转。到 2024 年，每个季度的每股收益都高于市场预期。其中，2024 年第一季度每股收益为 2.31 美元，高于预期的 0.88 美元。第二季度每股收益为 3.47 美元，高于预期的 1.55 美元。第三季度每股收益为 1.90 美元，高于预期的 1.83 美元。

可想而知，其股价也获得了强有力的支持。NRG 能源公司的股价从 2023 年 3 月 16 日的最低点 30.25 美元，一路上涨到 2024 年 11 月 29 日的阶段性高点 103.14 美元。

最近两年，光伏产业相关的制造业亏得惨不忍睹，但这对光伏发电企业来说是利好。道理非常简单，发电企业购买光伏设备的成本大幅降低了。

NRG 能源公司也有天然气业务。

2022 年 12 月 6 日，NRG 能源公司宣布将以每股 12 美元（总价 28 亿美元）全现金交易收购智能家居公司 Vivint，这是一笔比较划算的交易，因为 Vivint 拥有 200 万家庭服务客户。收购后，NRG 能源公司可以为客户提供更多服务，涵盖电力、天然气和基本家庭服务领域的产品和服务等，具有一定的区域垄断性。

从股息来看，NRG能源公司的股息也保持着增长的势头。

新纪元能源公司（美股代码：NEE）创立于1984年，是全球市值最高的电力公用事业控股公司，也是美国最大的风力发电公司。新纪元能源公司还拥有世界领先的太阳能可再生能源发电机。除了风力发电和太阳能发电，它还拥有并运营以天然气、核能和石油为动力的发电厂，拥有约33.276吉瓦的净发电能力，约90 000英里的输电和配电线路以及883个变电站，主要在佛罗里达州从事发电、输电、配电和销售电能业务。

新纪元能源公司具有区域垄断优势，其盈利稳定，近几年的股息也保持稳定增长态势。值得一提的是，早在人工智能浪潮兴起之前，其股价就有非常优秀的表现。2008年10月10日，它的股价最低点是33.81美元，而后一路上涨，虽然在新冠疫情期间有过短暂而急速的下跌，但很快就止跌上涨并创出历史新高，到2020年10月12日，涨到308.06美元的高点。而后不久，该公司进行了拆股，每1股拆分成4股，拆分之后，其股息继续上升，到2023年第四季度，股息上升到0.52美元/股（相当于拆分前的2.08美元/股）。

这就是具有垄断地位的公司的好处，哪怕是区域性的垄断，也能享受一定的红利。而且，这类具有区域垄断性的公司（包括新纪元能源公司），往往动用资金进行游说，反对建造新的输电线路项目，以屏蔽其他公司的威胁。这种利益割据的状态是美国电力供应区域性极其明显的重要原因。这些公司的唯利是图却给投资者带来了更好的回报。所以，在资本市场，有时道德的标尺与价值的标尺是会冲突的，只是更多的人不会也很少关注得如此细致。

杜克能源（Duke Energy，美股代码：DUK）是一家主营电力供应、天然气运输的企业，是美国最大的公用事业公司之一。它成立于2005年，总部位于北卡罗来纳州夏洛特。杜克能源下属的电力设施和基础设施板块拥有约54.8吉瓦的发电能力，为美国东南部和中西部地区6个州的约820万客户提供服务，服务范围约为91 000平方英里。杜克能源下属的天然气公用设施和基础设施板块向住宅、商业、工业和燃气发电客户分销天然气，该部门拥有大约160万客户。

杜克能源也有天然气业务，但是，它似乎比较排斥核电。早在2018年，杜克能源就决定其长期计划中不包括新建核电。

我查看了杜克能源从1971年至今的股息，其一直保持着非常好的派发记录。从1971年开始，其每季度保持着每股0.35美元的股息，而后不断增长，在2001—2012年有所降低。2012年7月3日，每1股拆分成0.33股，或者说，每3股合成1股。从2012年第二季度开始，每股股息为0.77美元，2014年第二季度开始，每股股息走到0.80美元及以上，2018年第二季度，每股股息走到0.90美元以上。这种增长在新冠疫情期间也没有丝毫的停顿。从2022年第二季度开始，每股股息走到1美元以上，一直保持到2024年第三季度。

但从2012年至今，杜克能源的股价表现非常平庸，比其他几个电力股的表现都要差些，这可能与它排斥核电有关。

美国电力类企业还有不少，包括一些规模相对小一些的电力企业。但选股的大致思路是，如果这家电力企业具有一定的区域垄断性，且有天然气资源和核电业务，那么它会有更好的发展前景。

2024年5月29日，美国白宫发布了支持国内核工业发展并推进清洁能源发展的情况说明书。其中提到：几十年来，核能一直是美国最大的清洁能源来源，占2023年总能源产量的19%。政府认识到现有美国核电站和继续建设大型核电站的重要性，为了推动反应堆部署，政府今天宣布成立核电项目管理和交付工作组，将吸收核电和大型项目建设行业的顶尖专家，帮助政府进一步实现高效、经济地部署清洁、可靠的核能的目标，并确保将经验转化为未来建设和部署的成本节约。

白宫宣布，美国能源部的先进核反应堆示范项目（ARDP）正在为一系列项目提供"大量资金"。时任总统拜登还签署了一项国会拨款计划，提供8亿美元资助最多两个第三代小型模块化反应堆（SMR）示范项目。[52]

与传统大型核电站相比，小型模块化反应堆占地面积小、建设周期短，可以更靠近电网进行建设。一般来说，小型模块化反应堆的电力输出能力在0.3吉瓦，是传统大型核反应堆的1/3左右。

白宫的新闻发出后，小型模块化反应堆相关的个股立即起飞，开始了暴涨模式。

代表性的企业为奥克洛（Oklo，美股代码：OKLO）。

奥克洛创立于2013年，是一家专注于开发小型模块化反应堆的初创公司，其目标是通过大规模开发负担得起的、可靠的清洁能源解决方案来彻底改变能源格局。很多人关注这家公司，是因为大名鼎鼎的OpenAI创始人兼首席执行官萨姆·奥尔特曼早在2015年就投资了这家公司。

2023年8月31日，美国国防后勤局能源部门代表美国空军发布了一份意向通知，指出其将向奥克洛授予一份合同，让奥克洛为艾尔森空军基地提供电力和热量，作为空军微型反应堆试点计划的一部分。很多人据此看好这家企业。其实，早在当年9月底，美国国防后勤局的能源部门就撤回了这一决定，理由是需要"进一步考虑"其在特定军事承包法规下的义务，正在开发的系统尚未经过商业验证：自核技术诞生以来，美国尚未建造过微型反应堆。[53]

有趣的是，很多人都忽略了这条重要的信息，更忽略了"自核技术诞生以来，美国尚未建造过微型反应堆"的现实。

这可能也从侧面说明，奥克洛的团队的确有着强大的运作能力，业务上有进展，人脉上能"忽悠"，商业合作上不含糊，经常成为新闻焦点，在这个领域是"戏精"一般的存在。

顶着 OpenAI 创始人兼首席执行官萨姆·奥尔特曼早期投资奥克洛的光环，奥克洛的股价也一度有着非常优异的表现，从 2024 年 9 月 9 日的 5.35 美元低点，一口气暴涨到 10 月 30 日的高点 28.12 美元，然后又下跌。在没有实质性业务支撑的情况下，这种暴力炒作还会不断上演。

市场交易的是未来，当几乎所有人都认为美国政府力推的小型模块化反应堆有着良好的发展前景时，这类企业的股票就会被大力度炒作。

美国政府的推动引发的是第一波炒作。

2024 年 10 月 16 日，亚马逊宣布将投资超过 5 亿美元开发小型模块化反应堆，以满足其云计算服务扩展到生成式人工智能时对清洁能源的巨大需求，并作为实现净零碳排放的一部分，引发了第二波炒作热潮。

除了奥克洛，其他小型模块化反应堆相关的企业还包括 NuScale（NuScale Power，美股代码：SMR）。它创立于 2007 年，总部位于美国俄勒冈州波特兰，全职雇员 556 人，是该行业领先的专有和创新的先进小型模块化反应堆的技术供应商。电力公司 NuScale 是美国第一家向核管理委员会提交小型反应堆计划的公司，也是第一家获得批准的公司。

应该说，在小型模块化反应堆领域，目前走得最远的就是电力公司 NuScale 了。2020 年 8 月，美国核管理委员会发布了 NuScale 小型模块化反应堆设计的最终安全评估报告，证明该设计符合核管理委员会的安全要求。2021 年 11 月 2 日，电力公司 NuScale 宣布它和罗马尼亚国家核电公司 Nuclearelectrica 计划于 2028 年前在罗马尼亚建造一座 NuScale 小型模块化反应堆工厂。罗马尼亚有可能在欧洲首次部署小型模块化反应堆。这个项目得到了美国政府的支持。为了促成这个项目，美国贸易和发展署向罗马尼亚国家核电公司 Nuclearelectrica 提供了 128 万美元的赠款，用于在罗马尼亚确定可能容纳小型模块化反应堆的地点。[54]

美国政府这么积极支持，显然也期待电力公司 NuScale 在罗马尼亚取得成功后，可以在美国更大范围地推广小型模块化反应堆。因此，从业务进展来看，电力公司 NuScale 有着更值得期待的发展前景。当然，它的股票也是这个板块涨得非常好的一个。2023 年 11 月 9 日，电力公司 NuScale 的股价最低是 1.81 美元，到 2024 年 11 月 29 日，已经涨到了 32.3 美元的高点。

美国小型核能及微反应器技术公司 Nano Nuclear Energy（美股代码：NNE），创立于 2022 年，总部位于美国纽约州纽约市，全职雇员只有 27 个人，是一家早期核能公司，利用专有的反应堆设计、知识产权和研究方法，开发规模更小、更便宜、更安全的先进便携式清洁能源解决方案。

这家公司的很多设想都非常美好，但这家公司基本处于概念成形或概念设计阶段，距离实质性的业务进展还很远，还有很长的路要走。这家公司只是运气特别好，刚上市不久就赶上美国政府力推小型模块化反应堆，在"一人得道，鸡犬升天"的大环境下，它也跟着"升天"。

未来的投资机会（下）

在 2023 年 12 月闭幕的第 28 届联合国气候变化大会上，20 多个国家签署了联合宣言并做了一个惊人的规划：到 2050 年将核电容量提高两倍！

英国核工业协会（NIA）表示，这份宣言标志着各国政府首次在联合国主要气候会议上联合起来支持核电。在全球十大经济体中，只有德国没有新建反应堆的计划。根据英国核工业协会对世界核协会和国际原子能机构数据的分析，总体而言，有新的核计划的国家经济总量占世界经济总量的 75% 以上。

英国核工业协会首席执行官汤姆·格雷特雷克斯认为，这份声明标志着一项新的国际共识，即我们必须大规模、高速度建设核电，以实现净零排放。[55]

发展核能，最重要的就是铀。

铀是地壳中较为常见的元素之一，但问题是，能用于生产核能的铀很少。铀有3种天然同位素：铀-234（U-234）、铀-235（U-235）和铀-238（U-238）。铀-238是最常见的同位素，占地球上天然铀的99%以上。而大多数核反应堆使用含铀-235的燃料。图5-8展示了全球已探明可用铀储量。

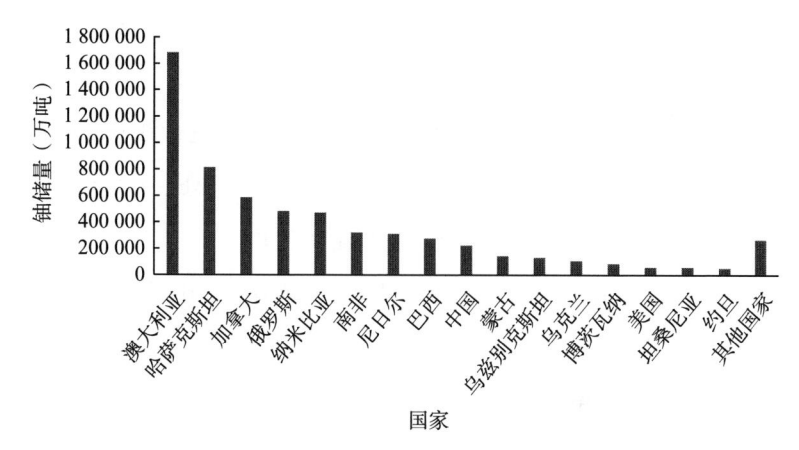

图5-8 全球已探明可用铀储量

数据来源：世界核协会（2024年5月16日更新数据）。

天然铀中通常仅含有0.72%的铀-235，而大多数反应堆的燃料需要更高浓度的铀-235。因此，要通过铀浓缩人为提高铀-235的浓度。所谓铀浓缩，就是将铀-235的同位素比例从0.72%提高到94%。

如果铀-235的同位素比例低于20%，就被视为低浓铀。大多数商业反应堆以浓度低于5%的低浓铀作为燃料，这种铀通常也被称为"反应堆级铀"。低浓铀不会变质，可以安全储存多年。铀浓度超过20%，就被视为高浓铀。铀-235同位素比例如此之高的铀主要用于舰艇动力推进反应堆（例如核潜艇）、核武器和一些研究反应堆。

20世纪，铀矿石大多从露天矿坑或地下挖掘场开采，这就需要对矿石进行粉碎和提炼，以便将铀与其他元素分离。21世纪以来，这种方法逐渐被"原地浸出"取代。到2020年，全球约有58%的铀是使用这种方法开采的。[56]

"原地浸出"技术不需要先开采矿石，只需将浸取液（包括酸法或碱法）直接通过钻孔注入适合地浸的铀矿（如砂岩型铀矿）中，将铀浸出，然后将含铀的浸出液引到地面上，再进行后续的分离工序。

位于哈萨克斯坦的Katco铀矿，是世界上最大的地浸开采型铀矿床之一，它通过"原地浸出"技术，向地面注入硫酸溶液，选择性地溶解沉积在矿床中的铀。含铀溶液被抽出后输送到处理厂进行铀萃取和浓缩。在铀被提取出来后，酸性溶液将被重新注入井内，形成一个闭环过程。这一技术帮助哈萨克斯坦成为世界领先的铀生产国。

铀的生产并不容易，因此，其产量也比较有限。2011年，在日本福岛核事故发生后，核电发展热情受挫，德国甚至走上了去核能之路。但是，随着核能产业的复苏，市场对铀的需求将快速增长。

天然铀是核工业发展的物质基础，是保障国家安全的重要战略资源和能源矿产。[57]以中国为例。一台运行60年全生命周期的1吉瓦级核电机组所需铀资源为1万吨，最新的全国铀矿资源潜力评价预测，中国铀资源潜力超过280万吨。按照中国2040年核电装机预计将达到200吉瓦来测算，中国需要约200万吨天然铀。

据《中国能源报》报道，中国的铀矿虽然丰富，但禀赋较差。"国外较为常见的一座矿可能就有20万吨以上的体量，而中国的铀矿资源不仅总体品位较低，且体量较小。"与此同时，矿床开发条件也不尽相同，中国探明铀资源量中约52%为砂岩型铀矿，70%以上的砂岩铀资源矿体多层叠置、低渗透弱承压，资源利用率一直较低。[58]

在"十四五"规划中，中国的目标是至 2025 年核能发电总装机容量达到 70 吉瓦。这需要大量的铀。中国国内的铀矿开采，产能只能满足每年约 15% 的铀需求。[59]

不仅中国，就整个世界来看，铀的供应都无法满足需求，供应缺口将越来越大。

2024 年 7 月 9 日，时任美国总统拜登签署了《加速部署多功能先进核能以实现清洁能源法案》（简称"先进核能法案"），使该法案正式生效，成为美国自 2019 年《核能创新和现代化法》颁布以来的又一部核能发展专项法律，对美国核能发展具有重要意义。

该法案将从巩固美国核能全球领导地位、推动先进反应堆开发和部署，保护现有核电厂，加强核燃料循环、供应链、基础设施建设和人才培养，以及提高核管会效率 5 方面推动美国核能发展。

人工智能前行的基础是电力。

美国人工智能所需电力几乎已经达到美国可供电力的两倍，未来将消耗更多电力。核能是最安全的能源之一，核能很可能是一个被低估的重要的发电方式。[60]

据报道，美国的科技行业希望将核电锁定，用于人工智能。大型科技公司希望直接从核电站购买核电，这可能会耗尽电网的关键资源——美国 1/3 的核电站正在与科技公司进行谈判[61]，这种需求模式的转变带动了相关股票涨势。

在强大的电力需求预期之下，核电企业的股价表现惊人。

核电的飞速发展也意味着巨大的铀需求。

美国铀能源公司预测，2024 年，铀需求量约为 1.97 亿磅，而铀的产量只有约 1.55 亿磅，满足不了需求，产量缺口约为 4 200 万磅。2025 年，累计供应缺口约为 6 600 万磅，到 2034 年约为 4.06 亿磅——这个累计缺口已经超过笔者 2024 年写下这段文字时的全部产量的两倍了。到 2040

年，在需求基准情景之下，铀累计供应缺口将达到11.40亿磅；在需求高增长情景之下，铀累计供应缺口将达到不可思议的12.80亿磅！[62]

图5-9为世界核协会在2024年5月16日公布的1945—2022年全球累计铀产量。

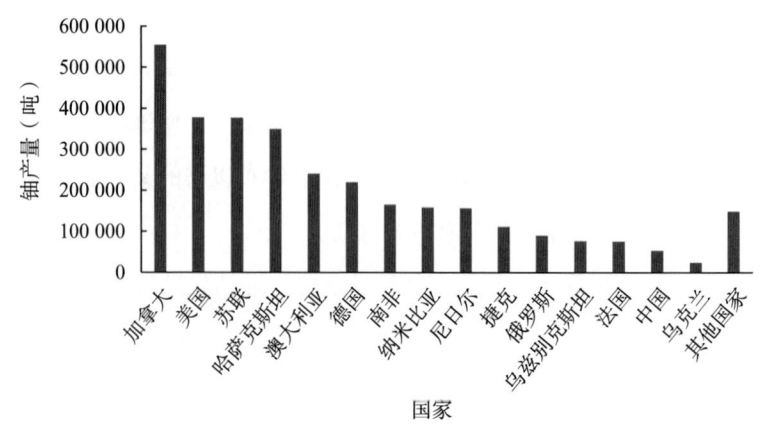

图 5-9　1945—2022年累计铀产量

数据来源：世界核协会（2024年5月16日更新数据）。
注：苏联统计年份为1945—1991年；俄罗斯统计年份为1992—2022年。

我们可以看出，加拿大和美国的累计铀产量位居前两名，这其实也就引出了相关的铀公司。

先看加拿大。

卡梅科公司（美股代码：CCJ）是我在课程中讲得最多的企业之一，它的全称是加拿大矿业能源资源公司。卡梅科公司拥有17个矿床，分布在美洲、亚洲、大洋洲。其拥有的矿床中铀矿储量达到509 168吨，位居世界第一。

卡梅科公司是世界上最大的铀矿物生产商，产能约占全球产能的16%。卡梅科公司主营业务为铀矿生产、核燃料加工及铀矿类相关产品贸易中介。也就是说，它不仅开采铀矿，还为核电站生产燃料组件，这有助于提高其收入水平。

图 5-10 为 2019 年 1 月—2024 年 8 月铀的价格变化。我们可以看到，2019 年 8 月—2024 年 8 月，铀的价格尽管有阶段性波动，但总体上呈现出明显的上升趋势。不过，需要指出的是，尽管 2019—2024 年铀的价格持续上涨，但仍然没有达到 2008 年 1 月创下的 138 美元 / 磅的历史高点。这为卡梅科这样的公司带来了更高的收益，其股价也表现强势。

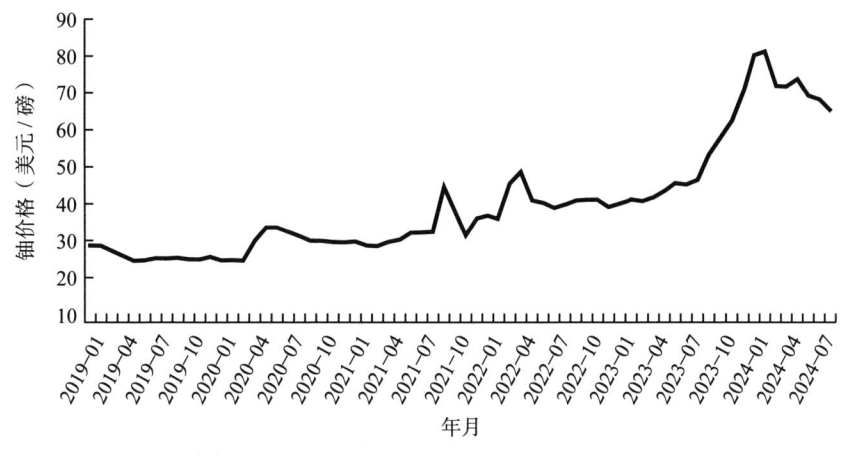

图 5-10　2019 年 1 月—2024 年 8 月铀的价格

数据来源：国际货币基金组织。

从图 5-11 中我们可以清晰看出，伴随着铀价的上涨，卡梅科公司的股价整体呈现上涨趋势。从 2020 年 3 月 18 日的最低点 5.223 美元，一路上涨到 2024 年 5 月 31 日的 56.240 美元，涨幅达到 1 077%。在铀价上涨遇阻几个月后，卡梅科公司的股价走到阶段性的顶部，出现了一波调整，而这波调整完成以后，其股价仍将步入上涨轨道。因为，核能的发展趋势是非常明确的，市场对铀的需求也是非常明确的，铀的支撑力量随着时间的推移将变得更加强大而不是相反。

一般来说，做投资时，最主要的工作就是选出好的企业，长期持有其股票。这其实也是巴菲特做投资时的一个很重要的习惯。铀相关的企业还有不少，但"擒贼擒王"，一般来说，我们还是选择龙头企业。卡梅

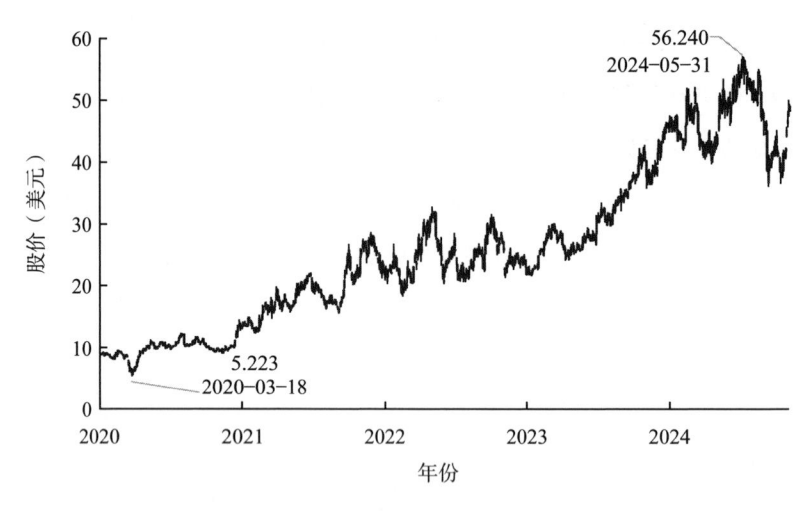

图 5-11　卡梅科公司股价走势

数据来源：Choice 数据。

科公司就是其中的一个龙头企业。

　　铀相关的企业还有美国铀能源公司（Uranium Energy，美股代码：UEC）。它是美国最大的铀矿开采企业，听起来很强大的样子，但即便在铀矿价格持续上涨的时候，它依旧很难盈利，因为它的定位是做"环境友好型"的采矿公司。由于在采矿过程中非常重视环保，这家公司的生产成本非常高，比卡梅科公司的生产成本（19.52 加元 / 磅，约合 14 美元 / 磅）高出一倍还多，业绩肯定好不到哪去。美国能源信息署在 2024 年 6 月 6 日发布的 2023 年铀市场年度报告显示，2023 年，美国民用核电反应堆所有者和运营商从美国供应商和外国供应商处采购的铀的加权平均价格为 43.80 美元 / 磅，与美国铀能源公司的全部生产成本接近。美国铀能源公司只有改变高成本的经营策略，或者通过大量收购外部低生产成本的铀矿来降低整体生产成本，才会有更好的盈利预期。[63]

　　近年来，美国有一股极左的风气，极端追求政治正确，严重影响了企业的效益和整体发展。追求政治正确没错，但不能过于极端，凡事一且极端，就容易出现偏差。其中代表是美国波音公司，其极端追求政治正确，大量引入跨性别者、有色人种等。2020 年 8 月，波音公司首席执行官戴维·卡尔霍恩在备忘录中表示，公司正计划将整个公司的黑人员工人数增加 20%，并规定雇用有色人种的基准。为了实现这一目标，波音公司将建立一个内部种族正义智囊团来指导其政策。[64]

如此知名的大公司，不以技术选拔人才，而以种族平衡选用员工，屡屡出现重大事故或许也就不足为奇了。

美国铀能源公司重视环保值得高度肯定，但由于过于重视，使得成本高出竞争对手一倍多，也是有点儿极端了。毕竟，其竞争对手卡梅科公司也重视环保，但成本控制得很好。

不过，值得注意的是，美国铀能源公司在 2024 年做出了一个重要决定：它将于 2024 年 8 月重启 100% 无对冲，完全现货市场敞口。这意味着，这家公司认为，铀价上涨的趋势是非常确定的，不需要做对冲了。不做对冲就意味着它的股价走势将与铀的价格走势保持一致。假如铀价持续上涨，不做对冲当然比做对冲更有利于公司收益的提升。

而且，这家公司还决定，从力拓等企业手中大量收购铀矿资源，创建最大的多元化北美重点投资组合。其目标非常明确：总资源增加 3 倍，生产能力提高 4 倍。截至 2024 年 4 月 30 日，美国铀能源公司累计铀库存 1 166 000 磅，其还将在 2025 年 12 月之前以平均 39 美元 / 磅的价格购买 1 000 000 磅铀。[65] 这家公司可谓野心勃勃。假如计划实现，伴随着铀价上涨，它的股价也将上涨。一般来说，当一家公司开始积极采取重大行动时，它要么因为错误决策坠入深渊，要么因为高瞻远瞩迎来爆发式增长。而美国铀能源公司的行动，似乎将在增长方面给市场带来更多美好的期待。

除了铀资源型企业，还有铀技术领先的公司，比如光桥公司（Lightbridge，美股代码：LTBR）。这是一家先进的核燃料技术公司，专注于金属燃料棒的开发和商业化,该燃料棒可替代用作核反应堆燃料的氧化铀陶瓷颗粒。

这家企业并不是专注于经营业务,把现有技术迅速转化成经济效益,而是潜心钻研技术,积累了大量先进技术。综合其财报来看,这家公司有几大领先优势。

其一,光桥公司核燃料的平均内部温度约为365℃,而其他燃料的平均内部温度约为1 250℃。这大大降低了因高温而导致严重熔毁和其他事故的可能性。

其二,光桥公司设计的反应堆燃料棒结构更加安全,该结构有助于降低氢气产生和裂变产物释放的可能性,因为即使在包壳失效(严重事故)的情况下,燃料棒也能完全保留。燃料棒的创新形状有望改善反应堆内部的冷却过程,燃料棒应保持其结构的完整性。这些特点将使反应堆运营商能够更安全地运行发电厂。

其三,效率提升,成本降低。核反应堆效率的微小提高和/或燃料成本(可变成本)的降低,都会使公司的净利润增加数百万美元。根据光桥公司发布的报告,一个普通的水冷反应堆将使每年的总收入增加6 000万美元,这主要来自发电量的增加。

其四,光桥公司几乎为生产这种先进燃料棒所需的所有工艺都申请了专利。从铸造路线的制造方法到燃料棒的实际设计,其他燃料供应商都无法在不侵犯光桥公司专利的情况下制造出这种燃料棒。这意味着,光桥公司实际上在核能发电相关技术上拥有一定的垄断地位。

我们可以想一个简单的道理,谁建造核电站不追求安全性和效率的提升,以及成本的下降呢?这意味着,从核能发电技术上来看,这家公司具有非常明显的领先优势,并在技术上具有一定的垄断地位。虽然此前股价一直很惨淡,但在核电时代,它将是非常值得关注的技术上的王者。

而且，这家公司的政治资源也非常丰富。2024年3月21日，光桥公司总裁兼首席执行官塞斯·格雷被任命为美国核学会（ANS）国际理事会主席。美国核学会致力于加强核专家之间的全球交流，就国际发展提供建议，与各种国际核和非核组织合作，并将自己确立为全球安全、可靠和经济地使用核科学和技术的主要倡导者，在国际上具有相当的影响力。与此同时，光桥公司项目管理副总裁詹姆斯·福尔诺夫已加入美国核工业委员会（USNIC）董事会。美国核工业委员会是美国核能发展和全球范围内促进美国核供应链发展的主要倡导者。美国核工业委员会代表约80家参与核创新和供应链发展各个方面的公司。这样的资源，显然对公司的发展也是非常有利的。[66]

总的来说，人工智能时代的发展必然需要核电，而核电的发展一定会带来好的投资机会，关键是选择好的时间节点和优秀的企业，在相关企业的股价处于低位的时候买入是比较稳妥的选择。

要点总结

- 人工智能的发展需要耗费惊人的电力，带来了前所未有的电力需求。人类正从石油经济时代转向电力经济时代，电能成为未来经济发展的核心驱动力。

- 加密货币和新能源汽车等也需要耗费大量电力，这些因素叠加，加剧了电力需求持续增长的大趋势。

- 火力（煤炭）发电是传统的主要电力来源，成本低，稳定性高，但污染严重，是明确要被淘汰的；水力发电有成本低的优势，但近些年极端天气频发，稳定性不足。

- 风力发电、太阳能发电等可再生能源是清洁能源，但由于间歇性和波动性，发电不稳定、不可控，难以满足人工智能时代对稳定的电力供应的需求；储能技术是解决间歇性问题的关键，但成本高昂，市场化条件欠缺，限制了大规模应用；而且风力发电、太阳能发电的推广依赖财政补贴，也增加了不稳定性。

- 天然气发电有一个重要前提，那就是拥有稳定可靠的天然气来源；对天然气相对匮乏、依赖进口的国家来说，会面临价格波动的风险。

- 人工智能的尽头是电力需求，而电力——环境友好的电力——稳定供应的责任被"驱赶"到了一条路上，那就是发展核能；庞大的电力需求必须有核电的支撑。

- 核电是人工智能时代最可靠的电力来源之一，具有稳定、高效、零碳排放等优势，是解决能源转型过程中稳定供电问题的关键，正逐步成为电力缺口的核心填补者。

- 尽管德国等国家曾因福岛核事故放弃核电，但越来越多的国家和地区开始重新重视核电的发展和投资，核电的装机容量和在建核反应堆数量等都在增长，美国等国家还出台了核能法案；核电发展已经势不可当。

- 第四代核电技术的主要特点是更加安全，中国在第四代核电技术方面拥有领先的地位。

- 在向电力时代转型的大趋势中，核电及相关产业链上有着相当大的投资机会，包括电力企业、核电企业、小型模块化反应堆、铀资源（核燃料）、核燃料技术领域等。

- 以美股为例，对于大型电力公司，尤其是那些布局核电的企业，投资者可以关注的维度如下。

    是否有核电：核电是可靠的清洁能源，是解决稳定供电问题的关键。

    是否有天然气资源：美国有丰富的页岩气资源，天然气发电机组安装速度更快，可以满足数据中心等的电力需求。

是否有区域垄断性：即使是区域垄断也可以享受到一定的红利，比如花费资金进行游说以屏蔽其他公司的竞争威胁。

股息派发的稳定性：长期稳定的股息派发说明公司收益稳定，在分析比较传统的企业时，这是一个关键指标。

是否受益于政策支持等：以小型模块化反应堆为例，它是核电技术的一个创新方向，具有建设周期短、成本低、灵活性高等优势，政府力推、大型公司投资或合作等会刺激估值，是阶段性驱动股价上涨的重要外部变量；同时也要注意概念设想和实质性业务的脱节。

- 铀是核电发展的物质基础，核电的飞速发展意味着巨大的铀需求。

- 从全球来说，铀的供应无法满足需求，供应缺口会越来越大。铀的支撑力量会随着时间的推移而变得更强，铀相关的龙头企业值得关注。

- 除了铀资源型企业，值得关注的还有铀技术领先的企业，比如拥有先进核燃料技术、相关专利从而具有技术垄断性的公司。

第六章

世界资本角逐美股

资本爱投美股

把资金放在正确的市场，是做好投资的第一步，也是至关重要的一步。

巴菲特能成为"股神"有一个重要的前提——他是被美国股市成就的。在全世界很多投资者的心中，美国股市是一个成就梦想之地。

美国股市是全球最大的股票市场。这是一个什么概念呢？21世纪初，欧洲股市和新兴市场的股市出现大牛市，2008年3月，当美国已进入经济衰退期时，金融危机正在发生。然而，美国股市的市值依旧占全球股市总市值的近40%。[1]

也就是说，即便在其他地区的股票市场一片红火，而美国遭受金融危机的时候，美国股市的市值占全球股市的总市值的比例依然接近40%，美国股市是当之无愧的全球第一大市场。

在美国度过金融危机，重新展现强势的发展劲头后，美股的市值在全球股市的总市值中的占比也随之上升。

2024年6月12日，路透社发表的一篇文章指出：2023年美国股票的市值约占全球股票市值的60%，现在（2024年6月）无疑更高。标普道琼斯指数高级指数分析师霍华德·西尔韦布拉特更是指出，美国排名前三的公司苹果、英伟达和微软的市值之和占全球总市值的10.6%。

这种表现是有强大的业绩作为支撑的。在2023年前的10年间，美国股市市值最高的10家公司的市值平均占美国股市总市值的19%，但其收益在美国股市的整体收益中所占的份额为47%。2023年，它们的市值占比和整体利润份额分别上升至27%和69%。[2]

做好投资的第二步，是把资金放在具有良好发展前景的公司身上，选择优秀的公司并长期持有。

以英伟达为例，有研究者专门做了计算：英伟达的股票在 2000 年、2001 年、2006 年、2007 年、2021 年和 2024 年进行了股票拆分。假如股票的投资者在 1999 年英伟达 IPO（首次公开募股）时购买了 100 股，其现在将拥有 48 000 股英伟达股票。

假如股票的投资者在 2004 年 7 月，拿出 1 万美元买入英伟达的股票，那么到 2024 年 7 月，这笔投资将增长到惊人的 1 005 万美元，相当于这笔投资实现了令人难以置信的 41.3% 的复合年增长率。[3]

与美债市场一样，美国股市也吸引着全世界的资本。

2024 年发表的研究报告《全球投资在美国的影响力》指出：过去几年，每年的外国直接投资流入使美国的外国直接投资总额在 2022 年底达到 5.3 万亿美元，以历史成本为基础计算。这比 2017 年增长了 33%。美国是世界上最大的投资目的地。[4]

资本流入美国，债市和股市往往是必然的目的地。举一个例子：挪威政府全球养老金是全球最大的主权财富基金，截至 2024 年上半年末，该基金的市值为 177 450 亿克朗（约合 1.67 万亿美元）。这个基金最牛的是：基金价值的一半以上是投资收益，收益总额达到 100 700 亿克朗（约合 9 481.8 亿美元）。

我们来看看它的资产配置。截至 2024 年上半年末，该基金投资分配情况为：股票约 72.0%（股票投资包括全球约 9 000 家公司的股权，主要是美股），固定收益约 26.1%（美债为主），非上市房地产约 1.7%，可再生能源基础设施约 0.1%。[5]

挪威政府全球养老金从开始运行到 2024 年上半年，只有在 2008 年由于金融危机遭遇一点儿亏损，在其余年份，它的投资收益都是增长的。哪怕在新冠疫情肆虐的 2020 年，它都在逆势重仓美股，这是它获得如此可观的收益的重要原因（见图 6-1）。

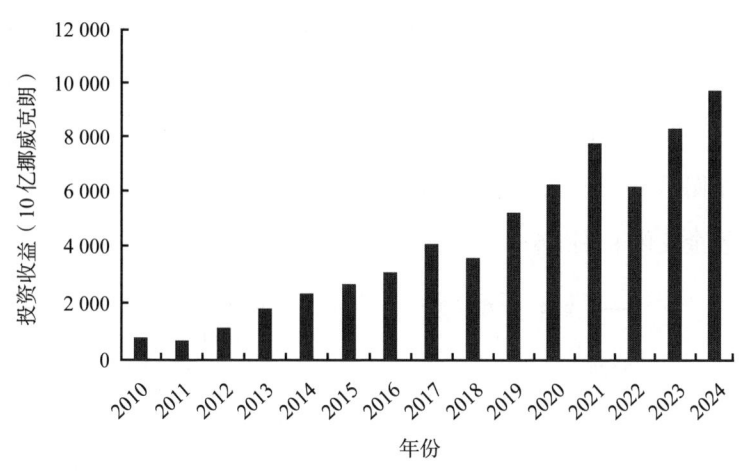

图 6-1 挪威政府全球养老金 2010—2024 年的投资收益
数据来源：挪威央行投资管理机构。

挪威政府全球养老金的成功与巴菲特的成功都有一个重要的前提，那就是其资金主要投入美国的股市和债市，尤其是股市。

这两者的成功都是因为把资金放在了正确的市场。

根据纽约大学斯特恩商学院金融学教授阿斯沃斯·达摩达兰所做的统计，假如投资者在 1928 年年初投资 100 美元在标准普尔 500 指数上，当年标准普尔 500 指数上涨 43.81%，那么其资金就变成了 143.81 美元。由于 1929 年到 1932 年的大萧条导致股市崩盘，因此到 1932 年，这笔资金变成了 50.66 美元。以此类推，到 1983 年，这笔资金突破了 1 万美元，达到 11 138.90 美元，与 1928 年的时候相比，资金数额涨了 100 多倍。

随着互联网在美国的兴起和普及，人们的生产和生活发生了革命性的改变，这推动了美国股市的上涨。1928 年年初投资的 100 美元，到 1999 年变成了 156 658.05 美元。尽管在不久之后，互联网泡沫破灭，但市场很快恢复过来。到 2006 年，这笔投资变成了 168 884.34 美元，创了新高。2007 年，这笔投资达到 178 147.20 美元。2008 年，美国金融危机爆发，股市下跌，资金跌到 113 030.22 美元。2009 年标普 500 上涨 25.94%，资金也开始增长，这种上涨一直持续到 2017 年，资金增长到了 399 768.64 美元。到 2023 年，这笔资金就变成了 787 018.53 美元，是 1928 年 100 美元初始投资资金的约 7 870.19 倍。[6]

下图是 1928 年初在标准普尔 500 指数投资的 100 美元在 1928—2023 年的资金变化（见图 6-2）。

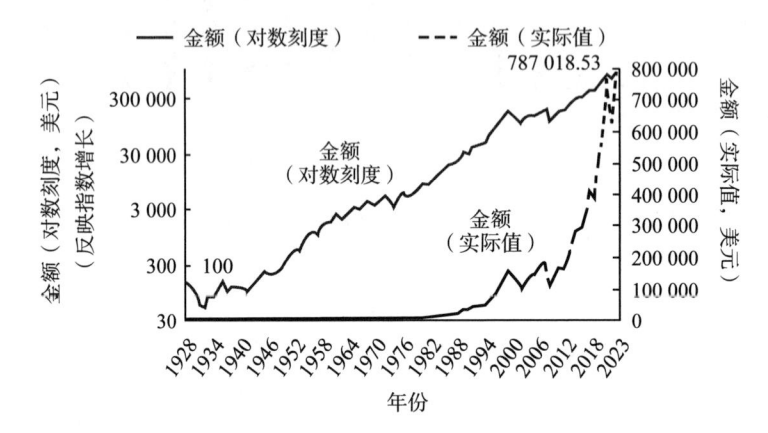

图 6-2　1928 年初在标准普尔 500 指数投资 100 美元的资金变化
（1928—2023 年）

数据来源：Damodaran Online。

从 2003 年到 2023 年，标准普尔 500 指数的收益率（包含股息），除了 2008 年（金融危机）大跌 37%，2018 年（中美贸易战）下跌 4.38%，2022 年（美联储持续加息）下跌 18.11%，其余 18 年都是上涨的（见表 6-1）。

表 6-1　标准普尔 500 指数 2003—2023 年的收益率（包含股息）

年份	涨跌
2003 年	28.68%
2004 年	10.88%
2005 年	4.91%

（续表）

年份	涨跌
2006 年	15.79%
2007 年	5.49%
2008 年	−37.00%
2009 年	26.46%
2010 年	15.06%
2011 年	2.11%
2012 年	16.00%
2013 年	32.39%
2014 年	13.69%
2015 年	1.38%
2016 年	11.96%
2017 年	21.83%
2018 年	−4.38%
2019 年	31.49%
2020 年	18.40%
2021 年	28.71%
2022 年	−18.11%
2023 年	26.29%

数据来源：标准普尔 500 指数。

这就是在美国股市长线投资的魅力所在。

在美股投资上，巴菲特是公认的"股神"。巴菲特不止一次公开表示感恩自己出生在美国，这让他得以在做投资时践行价值投资理念，进而成就了他的梦想。

巴菲特在 1997 年伯克希尔-哈撒韦公司的年度股东大会上解释了"卵巢彩票"的概念，这一概念的意思是你在生活中获得的很多优势，比如你的国籍或你的健康状况，都是由偶然因素决定的。

巴菲特提出了一个假设的场景。在你出生前的 24 小时，你能决定你将进入的社会和面临的经济规则。问题是，你对自己出生在哪里一无所知。你的性别、种族、健康状况、智力水平和所有其他定义特征都取决于这个机会。"你将从一个可能装有57亿个球的桶中抽出一个球，那就是你。"

"我的意思是，查理，当我们出生时，我们在美国出生的概率是2%，你知道吗？仅仅中了彩票的那部分，就已经是巨大的优势了。"巴菲特这样说。[7]

很多人很难理解巴菲特为何一次又一次地发出这种感慨，其实，道理非常简单，如果不是在美国市场，而是在委内瑞拉这样的市场，那么巴菲特将不是一次又一次地向人们传授成功的经验的人，而将是诉说沉痛的教训的人。2019年，委内瑞拉通胀率曾高达300 000%左右[8]，这种通胀几乎可以消灭一切投资高手，无论你拥有多少财富，它们都将被蒸发殆尽。更何况，还存在着另外一种风险：在私人财产不被保护的情况下，再多的投资收益也可能被没收，这会导致所有的投资前功尽弃。

因此，把资金放在正确的市场，永远是至关重要的一步。

开启宝藏的钥匙

把资金放在正确的市场和正确的企业，是投资最重要的两个基础。

那么，什么是正确的企业呢？

我曾经跟几个投资者交流，有人说，正确的企业就是股票能上涨的企业。

这话非常符合我们市场中投资者的思维，而且，听起来好像很有道理。但在现实中，我们看到的是，有些在短期内的确非常能涨的股票，不久就步入跌势，甚至跌入深渊，把人们投资的本金吞噬殆尽。

这种思维是很多人即便在美国股市投资，也亏损惨重的重要原因。

这类投资者，在 A 股市场特别喜欢 ST 类的股票[①]，他们追求"乌鸦变凤凰"的暴利机会。但在美国股市，"乌鸦"更大的概率是变成"死乌鸦"而不是"凤凰"。凤凰涅槃始终是一个传说——保护神毗湿奴点燃熊熊烈焰，将垂死的凤凰投入大火燃为灰烬，凤凰再从灰烬中重生，成为美丽、辉煌、永生的火凤凰。

一个基本的事实是，乌鸦被投入大火会变成灰烬，却几乎不可能从灰烬中重生。这对投资者来说，实在是一种很好的隐喻。

无论做什么投资，都应首先看到风险，在规避风险之后，留下的才是收获，才是实实在在的收益，否则，在没有剥离风险的情况下，你所看到的收益都可能是陷阱。

美股之所以成就梦想，是因为它优胜劣汰，而"优胜劣汰"这4个字包含的是"一将功成万骨枯"的悲壮。有的股票可能走到过 10 美元、100 美元甚至 1 000 美元，但也可能由于某种原因如研发失败，从巅峰快速跌落。股票价格从 1 000 美元跌到 100 美元，你觉得此时跌到位了，于是 100 美元买入，之后其可能又跌到了 10 美元。10 美元你觉得足够便宜了，买入以后，它可能跌到了 1 美元。1 美元你觉得真的足够便宜了，在买入以后，它可能又跌到了 0.1 美元。0.1 美元你觉得是"地板价"了，无论如何没有下跌空间了，在买入后，它可能又跌到了 0.01 美元，然后，这一股票被强行退市。如果人们把在 A 股市场的投资经验（姑且称之为经验）移植到美股市场做投资，那么结果往往是血本无归。

这种情况在美股医药板块中几乎是常态。

比如，代码为 DMTK 的股票，其背后的 DermTech 是一家分子诊断公司。该公司专注于开发和营销非侵入性基因组学测试，以帮助用户诊

[①] 财务状况或其他状况出现异常的上市公司的股票。——编者注

断和管理各种皮肤状况，包括皮肤癌、炎症性疾病和与衰老相关的状况。该公司提供的色素病变检测是一种基因表达测试，可以早期检测基因组异型性，并有助于排除黑色素瘤和对非典型色素病变进行手术活检。该公司提供的Nevome测试是色素病变检测的辅助反射测试，与组织病理学一起用于识别黑色素瘤的其他风险因素并确认诊断。

这家公司的业务听起来挺"高大上"的。2019年8月29日，这家公司的股价最低跌到2.80美元/股，随后，因为一些炒作因素，这家公司被资金吹捧起来，2021年2月21日，它的股票价格最高涨到84.49美元/股，而后，就一路下跌，其每跌一段时间也会出现价格反弹，但大趋势是下跌。2024年6月18日，这家公司和一名关联债务人根据美国破产法第11章自愿提出救济申请。2024年6月24日，DMTK股价跌到约0.09美元/股，已经快跌没了。2024年6月26日，DMTK在完成最后一天的交易后，黯然退市。美股退市以后，用户还可以进入OTCBB市场或者Pink sheet市场交易，我查询DMTK退市以后的价格，2024年9月6日的收盘价约是0.03美元/股。可想而知，这只股票的投资者有多悲惨。

这家公司的股票为什么这么惨呢？其实，这一点都不奇怪。该公司2019年8月29日在美国特拉华州完成合并，从2019年11月公布的财报开始，每季度公布的财报都是亏损，而且是严重亏损（见表6-2）。

表6-2　DermTech分子诊断公司2019—2024年的股票收益情况

财报发布日期	财报截止日期	每股收益（美元）
2019年11月27日	2019年9月	−0.80
2020年3月10日	2019年12月	−0.43
2020年5月13日	2020年3月	−0.53
2020年8月5日	2020年6月	−0.58
2020年11月10日	2020年9月	−0.50
2021年3月4日	2020年12月	−0.48
2021年5月13日	2021年3月	−0.41

（续表）

财报发布日期	财报截止日期	每股收益（美元）
2021 年 8 月 4 日	2021 年 6 月	−0.46
2021 年 11 月 9 日	2021 年 9 月	−0.68
2022 年 3 月 1 日	2021 年 12 月	−0.88
2022 年 5 月 3 日	2022 年 3 月	−1.01
2022 年 8 月 8 日	2022 年 6 月	−0.99
2022 年 11 月 3 日	2022 年 9 月	−0.96
2023 年 3 月 2 日	2022 年 12 月	−0.93
2023 年 5 月 4 日	2023 年 3 月	−1.02
2023 年 8 月 3 日	2023 年 6 月	−0.99
2023 年 11 月 2 日	2023 年 9 月	−0.57
2024 年 2 月 29 日	2023 年 12 月	−0.56
2024 年 5 月 14 日	2024 年 3 月	−0.58
2024 年 8 月 6 日	2024 年 6 月	−0.52

数据来源：DMTK 财报。

在美国股市中，类似这样的股票很多。

比如，代码为 BTTX 的股票其背后的 Better Therapeutics 是一家处方数字疗法 (PDT) 公司。该公司致力于开发一种新型认知行为疗法，以发现心脏代谢疾病的根本病因。该公司的营养认知行为疗法（营养 CBT）是一种针对 2 型糖尿病和心脏代谢疾病患者的新型行为疗法。该疗法针对特定文化饮食行为背后的认知结构、行为习惯、情绪模式和应对技巧。其临床开发管线包括 BT-001、BT-002、BT-003 和 BT-004。BT-001 是一个研究性 PDT 平台，旨在使用数字交付的营养 CBT 治疗 2 型糖尿病。该公司的平台由 3 个集成组件组成，即行为治疗、治疗计划和个性化医疗服务。该公司的行为疗法包括课程、技能培养模块和目标设定机制。

从介绍来看，这家公司似乎很有前途。BTTX 在 2021 年上市，2021 年 11 月 1 日，这只股票的价格曾经涨到 29.4 美元 / 股，随后就一路下跌，尽管中间有反弹，但总趋势是下跌的。到2024年3月，这只股票的价格基本上就归零了。如果投资者在2021年最高点的时候投资29.4万美元，那么到2024年3月，投资者的投资已经连个渣儿都不剩了。我们翻翻这家公司的财报，会发现在上市之后这家公司每季度的财报都是亏损的，无一例外。

像这种没有任何公司业绩支撑的股票，即便在短期内可以把价格炒作得很高，但总归是无源之水、无本之木。股票投资，说到底，就是选择企业，一家长年累月亏损且没有任何希望扭亏为盈的企业，是不可能给投资者带来好的回报的。

尤其是医药类的新公司，每一家这类公司在刚上市的时候，都把自己的优势说得头头是道，都给投资者展现出无比美好的前景。这类公司的股价往往在短期内都有比较好的表现，但绝大部分公司都是黯然退市，真正能存活下来的，少之又少。

因此，这类公司的股票巴菲特连碰都不碰一下。在他的投资组合中，你永远看不到这样的股票。

2017年多伦多大学的克雷格·多伊奇教授在《金融经济学杂志》上发表了他对美国股市退市制度的研究的文章，其研究数据显示，1975—2012年的38年间，在美股三大证券交易所（纽约证券交易所、纳斯达克证券交易所、美国证券交易所）IPO的公司总计15 922家，退市的总计17 303家（含并购及主动退市）。也就是说，38年间美股年均IPO公司数为419家，年均退市公司数约为455家，退市公司数量大于IPO公司数。[9]

一些投资者之所以在美国股市亏得惨不忍睹，是因为这些投资者没有选择那些在优胜劣汰制度下走出来的强者，而选择了那些可能被淘汰的弱者。

美国股市之所以能成就巴菲特这样的投资者，是因为它的优胜劣汰达到了一种极致，能存活下来的都是强者。

这正是美股投资的秘密所在。

投资者看到了这一点，就找到了打开宝藏的钥匙。

投资者必须改变一种错误的思维方式，买一只股票绝对不能是因为它大跌过，不能因为你觉得它已经非常便宜，而是要看它的成长性。

西方社会崇尚英雄，崇尚强者，这种理念放在资本市场也一样。弱者恒弱，强者恒强，例外的情况少之又少。虽然，例外的情况往往也能带来暴利，但因这种小概率事件而拿真金白银去冒险，这种做法可以说是无限接近于赌博，其实已经远离了投资。

我们如果仔细研究那些非常成功的投资者，就会发现，他们在投资组合中，一定配置美股、美债，其中的美股配置一定是以美国的行业龙头为主。这些行业龙头是经过千锤百炼才幸存下来的，是强者之中的强者。

这种优胜劣汰的机制，其实已经最大限度地帮你做了最好的选择，把最好的公司推到你的面前。

寻找市场占有率高且盈利能力强大、持久的公司，是投资者投资美股的捷径。

以股票代码为 ISRG 的直觉外科公司为例，这家公司的名气远不如英伟达，但它的盈利能力并不逊色。直觉外科公司成立于 1995 年 11 月 9 日，是一家全球领先的机器人辅助微创手术技术公司。该公司主要设计、制造和销售达芬奇外科手术系统及相关仪器配件。该公司的达芬奇外科手术系统是为外科医生手术操作中的直观的控制运动、精细组织操作和三维高清晰度视觉能力而设计的，其同时可以帮助外科医生进行微创手术。

2004 年 1 月 4 日，直觉外科的股价最低是 16.72 美元 / 股，2017 年 10 月 6 日，每 1 股拆分成 3 股，2021 年 10 月 5 日，每 1 股再次拆分成 3 股，也就是说，2004 年 1 月 4 日的 1 股，持有到 2021 年 10 月 5 日之后，就变成了 9 股。2024 年 8 月 30 日，它的收盘价是 492.63 美元 / 股。

即便是不考虑分红的因素，2004年1月4日用16 720美元买入1 000股，到2024年8月30日收盘，变成了4 433.67美元/股（492.63×3×3＝4 433.67），1 000股投资就变成了4 433 670美元，是原始资金16 720美元的约265.17倍。

我查询这家公司的财报的时候发现，最近10年来，它每个季度都是盈利的，每股盈利没有一次低于1美元。

这就好比做一个游戏：当商场打开大门让人往里面冲，选择的东西可以免费拿的时候，人们会选择爱马仕、LV（路易威登）这些品牌的奢侈品包，而不会去选择破麻袋。有些奢侈品包虽然很贵，但是它们（尤其是限量版的包）长期保值或者拥有升值的空间，甚至有的升值还比较多。所以，有的人认为女性追求奢侈品包是败家的行为，这其实可能是一种误解。

因此，在美股市场投资，投资者应该抛弃那些市场占有率低、盈利能力差的公司，选择那些市场占有率高、盈利能力强大且持久的公司，除非这家公司的市场占有率面临新崛起的企业的挑战，否则投资者就可以一直持有。

美股投资其实很简单，因为，市场强大的优胜劣汰机制已经把差的公司淘汰掉，而把好的公司留下来。

因此，投资者选择优秀的公司，在它股价足够低，或者在其经过充分调整以后长线持有，是最简单和有效的投资方式。当然，如果一家公司由盛而衰，市场占有率开始下降，那么投资者也需要及时地获利了结。

强者恒强，强中寻宝

我在前文中强调，很多中国人在欧美市场的投资容易发生亏损，一个极其重要的原因，就是这些投资者把在 A 股市场的投资经验和思维方式移植到欧美市场。他们喜欢低价股、亏损股，追求"乌鸦变凤凰"，一夜暴富的机会。这样的投资者往往亏损惨重，惨重到"死无葬身之地"，甚至把自己的血汗钱直接归零。

巴菲特的年化收益率并不算高，每年也就 20% 多一点，关键是稳定。

在美股市场，投资者必须首先抛弃追求短期暴利的幻想，要把细水长流，积沙成塔，作为永远坚守的理念。

巴菲特投资股票的特点，简单来说就是买生产人们日常生活中必需的产品的企业的股票，避开生产人们日常生活中不必需的产品的企业。因为，生产必需产品的企业更加稳定，基础更坚实，盈利最有保障。对于这类企业，投资者又要坚持几个原则：能买老的就不买新的，能买垄断性强的就不买在竞争中苦苦挣扎的，能买大的就不买小的。

所以，在巴菲特的投资组合中，消费类公司永远是首选，而这些公司往往是某个行业的龙头，或者说王者，其市场占有率非常高，有一定的垄断地位，可以享受垄断定价带来的红利。比如，可口可乐、卡夫食品、宝洁等。

可口可乐是饮料中的王者。

在汶川"5·12"大地震中，薛枭被困在废墟中 80 个小时。5 月 15 日，17 岁的他在被救出后的第一句话是："叔叔，我要喝可乐，冰冻的。"这句话逗乐了当时处在悲伤中的中国。[10]

可口可乐的影响力之大，由此可见一斑。

1988 年，巴菲特首次购买了 14 172 500 股可口可乐，并在接下来的几年中增持，1994 年，其持股量增加到 1 亿股。由于 2006 年和 2012 年两轮 2 比 1 的股票分割，巴菲特持有的可口可乐股份达到 4 亿股。

巴菲特说，他在 6 岁时就发现了这种标志性的软饮料。1936 年，巴菲特开始从他家的杂货店以 25 美分/包（每包中有 6 瓶）的价格购买可口可乐，然后以5美分/瓶的价格在附近卖。巴菲特表示，正是在那时，他意识到了"该产品具有非凡的消费者吸引力和商业潜力"。[11]

与金融股、科技股等相比，消费股有一个极其重要的特点，那就是稳定性。由于人人都离不开消费，因此在金融危机爆发的时候，消费股的抗风险的能力也更强。

2000年，美国互联网泡沫开始破裂，科技股惨烈下跌，带动整个市场下跌，但巴菲特受到的影响相对较小，因为巴菲特的持仓主要是生产人人都需要的产品的消费类企业的股票。等到互联网泡沫引发的崩溃基本结束，巴菲特迅速减持消费类股票，转而大幅增持金融股，金融股一度占其投资组合的90%以上，在享受金融股上涨带来的红利后，他再减持金融股，重新回到消费类股票为主的组合中。

2008年全球金融危机爆发的时候，巴菲特减持了强生、宝洁、安海斯·布希（啤酒）、特灵空调系统等，却大幅增持卡夫食品和沃尔玛等，这使得在巴菲特2008年的投资组合中，消费类股票的占比进一步提升。等到2009年，在美联储通过量化宽松拯救经济的时候，巴菲特又开始减持强生等股票，增持高盛等金融类股票。同时，他筹集资金收购伯灵顿北方圣太菲铁路公司——也是人们日常生活和生产离不开的。

这两次大危机的例子说明，即便是调仓，巴菲特也是顺应大环境的变化而做的，他的投资唯一不变的是围绕人们日常生活和生产离不开的产业展开。

巴菲特从来不做自己不熟悉的投资。比如，他长期不碰科技股，但他从2016年第一季度开始，买入了苹果公司的股票，持有3 920万股。而后一路增持，到2018年第三季度，伯克希尔-哈撒韦公司持有超过10亿股苹果公司股票。这种思路，依然是他投资消费类企业的延伸，因为，苹果公司的电子产品，在美国就是得到普遍使用的、非常流行的消费品。无论是在美国各大城镇的大街上，还是在电影、电视剧中，苹果公司的电子产品随处可见。毫无疑问，苹果公司是电子产品中的王者。

由此可见，做投资必须投资王者。

巴菲特自 2016 年开始重仓苹果公司股票，其在苹果公司股票上的总收益率接近 800%。

伴随着 2022 年 7 月 18 日欧盟最高决策机构欧洲理事会批准《数字市场法案》，苹果公司产品销量在中国市场下滑等一系列事件的发生，巴菲特开始逐步减持苹果公司的股票。2024 年初，巴菲特加快减持苹果公司股票的速度。2024 年第一季度，伯克希尔-哈撒韦公司大幅减持了 13% 的苹果公司股份。巴菲特在伯克希尔-哈撒韦公司奥马哈年度股东大会上回答股东问题时表示，此次出售是出于税收原因，此前该公司获得了可观的收益。他还暗示，此次出售可能与他希望避免未来税率上升以弥补不断膨胀的美国财政赤字有关。投资者担心，随着美国财政赤字的增加，资本利得税可能上升。[12]

美国 2024 年的资本利得税税率为 20%，美国民主党一直想大幅增加这一块的税收。美国总统候选人之一卡玛拉·哈里斯曾提出对年收入 100 万美元或以上的群体征收 28% 的资本利得税。[13] 更要命的是，卡玛拉·哈里斯提出对总收入（包括所谓的"未实现收益"或资产增长）超过 1 亿美元的部分征收 25% 的最低税，这被称为"亿万富翁最低税"。如果该条款得以实施，那么财富超过 1 亿美元的纳税人每年必须报告每种资产类别的未实现收益，包括基础或原始购买价格以及截至 12 月 31 日的市场价值。截至 2023 年 6 月，美国有 10 660 名亿万富翁，即资产至少 1 亿美元的人。投资者在出售持有一年以上的盈利资产后，需缴纳 0%、15% 或 20% 的资本利得税。此外，高收入者还需额外缴纳 3.8% 的净投资收入税。[14]

对未实现收益征税是非常大胆的举措，没有哪个大国敢轻易这样干。这非常容易引发股市崩盘。毕竟，富人比例虽小，但其持有的股票数量庞大，一旦他们为了规避风险提前抛售股票，就容易引发股市崩盘。

对冲基金亿万富翁约翰·保尔森表示，哈里斯税收计划将导致市场"崩溃"。"他们想把企业税率从21%提高到28%，他们想把资本利得税从20%提高到39%，①然后他们想对未实现资本收益征收25%的税……我认为，如果他们实施这些政策，那么我们将看到市场崩溃，这是毫无疑问的。"保尔森说。[15]

这至少是巴菲特大量减持股票，而现金持有量达到历史新高的原因之一。截至2024年6月30日，伯克希尔-哈撒韦公司持有的现金从1 890亿美元飙升至2 769亿美元。[16]

尽管伯克希尔-哈撒韦公司在2024年第二季度出售了大约一半的股票，但苹果公司仍然是其最大的单一公开交易头寸。美国运通以约370亿美元的价值位居第二。截至2024年8月，伯克希尔-哈撒韦公司持有4亿股苹果公司股票，价值约887亿美元。[17]

在美股市场，巴菲特是当之无愧的"股神"。尽管在某些阶段，总有一些优秀的投资者脱颖而出，超越"股神"巴菲特，但拉长时间线来看，这些人更像是昙花一现的幻影。比如，有"女版巴菲特"之称的美国著名基金经理"木头姐"凯茜·伍德，她因在疫情期间大胆押注特斯拉、Zoom等科技股而一战成名。但这种辉煌实在太短暂，她很快成为著名的反向指标，买什么，什么跌，卖什么，什么涨，旗下基金亏损惨重。凯茜·伍德旗下的方舟投资公司在2023年1月抛售了英伟达的股票，接下来英伟达的股价就开始疯狂上涨，短短一年多时间，英伟达的股价就涨了6倍以上。

诸如此类昙花一现的"股神"不断涌现。

长江后浪推前浪，后浪把前浪拍在沙滩上。最后，空有一摊水而已。

---

① 美国前总统拜登在2025财年预算中提出，对年收入超过100万美元的人征收39.6%的资本利得税。——编者注

但真正的"股神"永不褪色。

2024年8月28日,"股神"巴菲特旗下伯克希尔-哈撒韦公司的市值在盘中首次突破1万亿美元,成为首家实现这一里程碑的非科技行业的美国公司。巴菲特"炒股"把自己的公司"炒"成了万亿美元市值的公司。伯克希尔-哈撒韦与苹果、英伟达、微软、谷歌母公司字母表公司(Alphabet)、亚马逊、Meta等公司一起,成为美国股市市值超万亿美元的公司。

2009年3月初,一位刚移居海外的朋友咨询我美股的机会,我当时在上海证券报工作。我说:"如果你不想太费事,就买巴菲特的伯克希尔-哈撒韦的股票吧。"当时,伯克希尔-哈撒韦公司的股价是7万美元/股多一点儿。他一看股价,就叫了起来:"买1股要7万美元,我疯了,买这么贵的股票!"2024年6月3日,伯克希尔-哈撒韦股价最高点是741 971.4美元/股,是那时候价格的10倍多。等到若干年后,朋友说:"现在才知道,你的建议是真诚的。"

巴菲特的伯克希尔-哈撒韦公司的股票是世界上最贵的股票。它的总股本只有143.67万股,谁有一股它的股票,就意味着,此人非等闲之辈。

假如投资者在1965年向伯克希尔投资10 000美元,到2023年底,其将获得4.384 8亿美元。用同样的资金投资标准普尔500指数,投资者将获得313万美元。显然,巴菲特那么高的回报根本不可能靠运气产生。巴菲特的极端长期偏好是他成为优秀投资者的原因之一,这种常人少有的耐心是他区别于其他投资者的气质与优势。[18]

我估计有些朋友看到这一章会感到失望,因为我用了太多篇幅推崇巴菲特的经验。其实,我们学习巴菲特就足够了。巴菲特在美股市场投资的成就,无人能及。

很多人总想着,汲取百家之长,把自己修炼成无比强大的人。事实

第六章 世界资本角逐美股

并非如此，这样的人，往往什么也学不到，什么也学不好。那种三心二意的人，像没有根基的浮萍一样，随波逐流，身不由己，漂泊一生，徒耗光阴。

无论学什么，找到最厉害的人，跟随他用心学习，就足够了。别指望集百家之长，你把最厉害的一家学到位，就可以了。

同样的道理，要想做好美股投资，学习巴菲特就足够了。巴菲特的方法简单易学，但需要投资者有强大的耐心和恒心。学习这种投资方式，还能顺带着修身养性，把心性调整好。

其实，我们在研究巴菲特的投资生涯后会发现，他的财富真正得到高速增长是在他65岁以后，巴菲特99%的净资产都是在他65岁后积累的。对巴菲特投资生涯深有研究的摩根·豪泽尔在其畅销书《金钱心理学》中写道："他的确有高超的投资技巧，但是秘诀在于时间。"复利不仅在最初投资的金额上累积，而且在前几期的利息上累积。巴菲特把它比作从山上滚下来的雪球。当雪球滚到山脚下时，它要变得大得多。一位投资家据此得出的结论是："尽早开始，在你越年轻的时候越好，即使只是少量地投资，也要坚持下去。"如果说投资有秘诀，那么这就是巴菲特的成功秘诀。[19]

很多人在做投资的时候，看不上这种20%的收益，他们总幻想着一夜暴富。但他们并不具备实现暴富目标的基本条件——耐心。即使他们发现某种方法比较有效，也很难真正坚持下来。绝大多数人甚至只坚持了半年就半途而废了，在复盘的时候，他们又觉得没有坚持很可惜。但为什么不能坚持呢？因为再好的方法也有失灵的时候，哪怕是短暂的失灵，好的方法也会迅速被缺乏耐心的人放弃。而巴菲特即使在投资收益不尽如人意的情况下，即使在坚持多年以后并没有取得耀眼的成就，甚至不断被同时代涌现出来的优秀投资者超越的情况下，仍然一直坚持，一直坚持到在65岁以后修成正果，创造辉煌。巴菲特以此向世界证明，他才是真正的"股神"。这种默默无闻的坚持是何等珍贵的品质、何等强大的力量。

做好投资，很多时候需要的不是技巧，而是那种坚持的毅力和决心。

寻找王者

对很多人来说，发现能赚钱的股票，并不是很难的事情，难的是发现能够长久稳定赚钱的股票——这些股票往往是行业内的王者，找到它们，长久且稳定地持仓。

什么是股票中的王者？

其一，这家企业须有相当大的市场占有率，且有良好的成长性。有强大的市场占有率又有成长性就这意味着它不必通过一次次压低价格，压缩利润，甚至赔钱去参与残酷的竞争。

在残酷的竞争中，很多企业会被无情地淘汰。这是事实。

我们必须认识到，做投资不是做慈善活动，做慈善必须心怀悲悯地去帮助弱者。做投资必须选择强者，尤其是经过千锤百炼最终胜出的企业。这样的企业经历过痛苦和挣扎，它们在经营、管理等方面，犯大错导致企业覆亡的概率要低得多。

这也是巴菲特总会选择老企业而几乎不碰新企业的原因。尽管这的确会失去一些好的机会，但这样能够更有效地保持盈利的稳定性。

比如说，巴菲特的重仓股美国运通。截至 2024 年第二季度，巴菲特的伯克希尔-哈撒韦公司的最大持仓是苹果公司，第二大持仓就是美国运通，价值约 370 亿美元。

美国运通成立于 1850 年，是一家总部位于美国纽约市的金融服务公司，是国际上最大的旅游服务及综合性财务，金融投资及信息处理公司。该公司最著名的业务包括信用卡、签账卡以及旅行支票。美国运通是全球最大的独立信用卡公司，运通公司旗下的运通卡知名度最高。自1958年首次发行以来，运通卡以不预设消费限额及提供高水准服务而享有很高的声誉，为数千万美国运通卡会员及全球绝大多数跨国公司采用。早在1977年，运通就已具有一定规模，其在美国有630万持卡人和200亿美元的交易量。

运通公司的业务并不仅限于美国。运通卡在全球拥有数以千万计的会员，在200多个国家和地区为商户广泛接受。2024年6月，美国运通公司在2024年《财富》美国500强排行榜中位居第58位。

美国运通股票经过多次拆分：1983年2月，每1股拆成1.333股。1983年8月，每1股拆分成1.5股。1987年5月，每1股拆分成2股。2000年5月，每1股拆分成3股。

美国运通公司的分红非常稳定。

2019年前两个季度，每季度每股分红0.39美元，2019年后两个季度，每季度每股分红0.43美元。

2020年，每个季度平均每股分红0.43美元。

2021年，每个季度平均每股分红0.43美元。

2022年，每个季度平均每股分红0.52美元。

2023年，每个季度平均每股分红0.60美元。

2024年前两个季度，平均每季度每股分红0.70美元。

我查阅了从1996年到2024年前两个季度的数据，美国运通每个季度都分红，即使在新冠疫情严重的2020年，其分红都比上一年增长了。以年份来看，整体上，每年的分红呈现明显的上升趋势。

可想而知，其股价也必定有非常好的表现。

观察美国运通2008年9月到2024年11月的股价走势（见图6-3），我们可以发现：2009年3月5日，美国运通的股价最低点是9.71美元，2024年11月27日，美国运通的股价最高点是307.30美元，是2009年

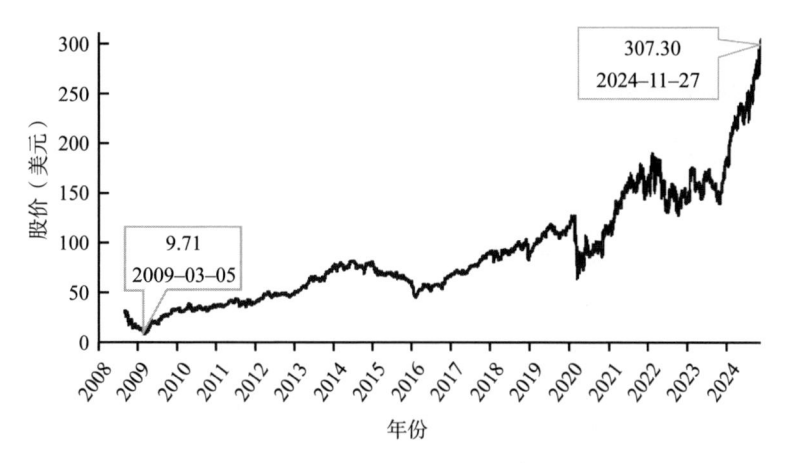

图 6-3　美国运通 2008 年 9 月到 2024 年 11 月的股价走势

数据来源：Choice 数据。

最低点的约 31.65 倍。

所以，巴菲特减持了苹果公司和美国银行的股票，但没有舍得减持美国运通。

这样的公司，当然就是王者。

其二，真正的王者是人们的高度依赖的产品，人们甚至对其产生信仰般的狂热追求。

当苹果公司刚推出新品的时候，甚至出现了消费者卖肾买苹果电子产品的新闻，在我的记忆中，这并不是孤例。显然，人们对苹果公司产品的狂热追求，已经如同注入了某种宗教信徒的情结。

巴菲特说自己不懂高科技，所以他不碰这一板块。但是，当他认识到越来越多的人高度依赖苹果公司的电子产品的时候，他不再墨守成规，而是大胆买入苹果公司的股票，仓位最高的时候苹果公司的股票甚至接近他投资组合的一半。对一个从不冒险的人来说，这种巨量调仓的行为也透露出其巨大的勇气。这种勇气，就是源于他对苹果公司作为电子产品中的王者的信任。当然，这种决策为他带来了巨额收益。

而当苹果公司的产品销量在中国这样的市场开始大幅下滑，苹果公司面临着欧洲越来越严厉的监管要求，美国资本市场税收政策可能变化的时候，巴菲特又迅速地减少苹果的持仓。对比巴菲特在2007年中国石油即将登陆A股的时候，抛售全部中国石油股票的做法，其操作风格就是在该果断的时候，绝不瞻前顾后，拖泥带水。尽管当时无数人嘲笑巴菲特，但后来事实证明他的做法是正确的。

在巴菲特旗下的伯克希尔-哈撒韦公司截至2024年6月30日的第二季度持仓报告中，出现了一只全新的股票：美妆零售连锁公司Ulta Beauty（美股代码：ULTA）。这家公司成立于1990年，是美国本土美妆零售连锁"霸主"。巴菲特投资大约2.66亿美元，买入69万股。

ULTA的股价在2009年3月5日的最低点是4.11美元/股，在2024年3月14日，涨到本轮的最高点574.76美元/股，是2009年最低点的约139.8倍，毫无疑问，这是一只真正意义上的牛股。

由于这家公司的股价已经经历了这样的大涨，很多人当然会觉得巴菲特买入的价位太高了，巴菲特买入的价格大约是385美元。2024年8月12日，该公司股价调整后的最低点是318.17美元。

这其实也是巴菲特的特点所在。他对稳定性的追求达到了极致。他相信市场是正确的。相信在大浪淘沙之后，经过千锤百炼的公司，才真正有投资价值。这虽然让他错过了最好的买入点，但也规避了无数的风险。

巴菲特只赚取剔除风险后的那部分钱，这是巴菲特的思维跟普通人的思维截然不同的地方。

Ulta Beauty是美妆行业中经历过残酷竞争洗礼的公司，虽然它还没有真正登上巅峰，但已经具有王者之气。

无论什么时候，寻找王者，拥抱王者，永远是巴菲特投资思路中最关键的一环。

其三，这家企业必须符合大的发展方向。在一个大趋势开启的时间节点，往往会涌现非常有前途、非常有投资价值的公司。

2022年11月30日，美国OpenAI公司发布了一款聊天机器人程序ChatGPT。

ChatGPT是人工智能技术驱动的自然语言处理工具，它能够基于在预训练阶段所见的模式和统计规律来生成回答，还能根据聊天的上下文进行互动，真正像人类一样来聊天、交流。它不仅能生成论文、邮件、脚本、文案、翻译、代码等，还能编写故事、诗歌、歌曲、散文等，甚至能生成视频。

这种人工智能可以提供新鲜的材料，进行翻译，与人问答，进行情感分析，生成摘要和电影。ChatGPT有可能推动我们生活的各个领域，包括医疗保健、交通和教育等。ChatGPT将影响知识工作者并改变未来的就业性质。[20]

ChatGPT为人类向人工智能时代的快速迈进拉开了序幕。

我在给我的学生讲课的时候做专题重点分析了两家公司，英伟达和微软。

ChatGPT爆火，最直接的受益者就是微软。

2014年，萨蒂亚·纳德拉接任微软首席执行官，他对微软进行了大刀阔斧的战略调整。比如，原本的核心业务Windows与硬件等被整合成一个事业部，"体验与设备"和"云计算与人工智能平台"等新事业部成立，并且从封闭，有点儿闭门造车到开放、开源。这意味着，用户过去只用微软的技术和平台开发，现在他们可以在微软的平台上用所有的技术进行开发。这种大胆的改革让微软重获新生。

2021年6月，随着在云计算和企业软件领域领先地位的稳固，微软的市值首次超过2万亿美元，成为继苹果之后美股第二家加入"2万亿美元俱乐部"的上市公司。微软又杀回来了。

微软是最早重视人工智能发展的企业之一。

微软从2019年开始对OpenAI投入大量资金，仅当年就有30亿美元左右，这凸显了纳德拉作为首席执行官的眼光和魄力。2023年1月，据媒体报道，微软公司正在洽谈向ChatGPT所有者OpenAI投资100亿美元，作为使该公司估值达到290亿美元的投资者之一，微软将获得OpenAI公司75%的利润，直到它拿回其最初的投资。[21]

微软对OpenAI的投资取得了巨大成功。

OpenAI在2022年11月下旬推出ChatGPT，迅速火遍世界。ChatGPT是互联网时代的一场革命。它可以帮助员工更有效地完成日常工作，提高工作效率。它还帮助公司为客户提供更高质量的服务。医疗保健公司可以使用ChatGPT提供明确的指导，促进患者和医疗保健专业人员之间更有效地沟通，这甚至可以让患者的疾病在恶化之前的早期阶段被检测出来。ChatGPT的实用性和多功能性使其成为最快获得1亿月活跃用户的平台。2024年2月的一项研究显示，ChatGPT从推出到达到这一数字仅用了大约两个月的时间。据数据分析公司SimilarWeb称，ChatGPT每月的访问量为25亿次。[22]

2024年2月，OpenAI推出可即时生成令人瞠目结舌的视频的人工智能Sora，它可以制作出看起来像是从好莱坞电影中截取的视频。Sora的演示包括几分钟内制作的短片，其中有猛犸象在雪地里奔跑，一只怪物凝视着融化的蜡烛，还有东京街景，短片中的画面似乎是被一架飞过城市的摄像机拍摄的。[23]

2024年9月，据报道，随着ChatGPT的成功，OpenAI的估值已从2021年的140亿美元飙升至正在讨论的新一轮可转换债务融资中的1 500亿美元，由于ChatGPT已成为历史上增长最快的应用程序之一，每周活跃用户超过2亿，这引发了全球对AI的投资竞赛。[24]

OpenAI接连不断地推出新产品或对产品进行升级，成为人工智能时代最活跃、最具有代表性的企业之一。由于OpenAI没有上市，很多人想投资却苦于无门，购买微软的股票就成为间接投资OpenAI的选择。OpenAI带来的每一次惊喜，都成为助推微软股价上行的力量。微软本身就是王者，它再借由新发现的王者让自己进一步壮大。

实际上，寻找各行各业中的王者，应该是每个投资者最应该做的事情，把王者挑选出来做投资组合，做成王者组合，借助王者，站在王者的肩膀上，让自己也成为王者。由于王者是一路拼杀出来的王，风险相对要小，收益更为稳定。

这是只有A股投资经历的人必须学习的投资心态。很多人喜欢在垃圾股中寻找暴利的机会，而全然不顾风险，一个接一个这样的投资者因此葬身于这种错误的投资理念。

在美股市场，只要不做"应景式"的行业，而是做生命力顽强、扎根于广泛需求的行业，就能做长线，保持相对稳定的状态。这其实就是巴菲特投资思路的精髓之一。

有巴菲特这样一个非常成功的例子，投资者只要认真学习他的经验，就能少走很多弯路。

这里必须强调的是，在美股市场，追随王者才能稳定获利，享受美股上涨的红利。比如，你买道琼斯指数当中的成分股，道琼斯指数上涨，你就能享受上涨的红利。而它们能被纳入道琼斯指数，这本身就是规则帮你做了筛选，选出的绝大部分是非常优秀的企业。因此，投资者可以避开很多"雷"。而且，其指数当中的成分股是随着时间而变动的，唯一不变的规律是，总是那些符合条件的优秀的公司替换衰弱的公司。

不要与垃圾为伍。以捡垃圾的心态投资，容易把自己也做成垃圾。

要与王者结伴而行，不离不弃，勇往直前，让自己也成为王者。只有把投资变成拥抱强者的游戏，才能真正享受投资带来的财富与快乐的增长。

要点总结

- 美国股市是全球最大的股票市场、最大的投资目的地，吸引着全世界的资本。

- 美股市场强大的优胜劣汰机制帮助投资者做了重要的筛选，存活下来的公司已经在"强者的竞技场"经过了考验，特别是占据了市场主导地位的行业龙头更是经过千锤百炼，一路拼杀出来，是强者中的强者。

- 巴菲特投资股票的特点，简单来说就是买生产人们日常生活中必需的产品的企业的股票，这类企业更加稳定，基础更坚实，盈利最有保障。对于这类企业，投资者又要坚持几个原则：能买老的就不买新的，能买垄断性强的就不买在竞争中苦苦挣扎的，能买大的就不小的。

- "股神"巴菲特是美股投资的典范，在他的投资组合中，消费类公司永远是首选，而这些公司往往是某个行业的龙头，其市场占有率非常高，有一定的垄断地位。

- 巴菲特的极端长期偏好是他成为优秀投资者的原因之一。巴菲特的方法简单易学，但需要投资者有强大的耐心和恒心。

- 在没有剥离风险的情况下，你所看到的收益都可能是陷阱。在投资美股时，投资者必须放弃不适合的经验和思维方式，放弃"乌鸦变凤凰"的短期暴利幻想，而要看到成长性、稳定性、可持续性。

- 投资者选择优秀的公司，在它股价足够低，或者在其经过充分调整以后长线持有，是最简单和有效的投资方式。

- 寻找王者，拥抱王者，永远是巴菲特投资思路中最关键的一环。

- 在一个大趋势开启的时间节点，往往会涌现非常有前途、非常有投资价值的公司。

第七章

把握美债的机会

投资大佬爱投美债

2024年8月，一则消息引起很多人的关注。

巴菲特的伯克希尔-哈撒韦公司在2024年8月3日公布的财报显示，它账面上持有2 346亿美元的短期国债（短期国库券），较2023年年底持有的1 300亿美元大幅增加，超过美联储资产负债表上持有的1 950亿美元短期国债（截至2024年7月31日）。巴菲特旗下的伯克希尔-哈撒韦公司现在持有的美国短期国债竟然比美联储还多。巴菲特抛售苹果公司的股票，将其持仓减至840亿美元，而大幅增持美国国债。

巴菲特是美国国债的长期投资者，他认为这是"最安全的投资"。[1]

在世界上著名的投资家中，很多人都曾参与对美债的投资，有的人甚至专门做美债投资，比如比尔·格罗斯，他曾经管理全世界规模最大的债券基金——太平洋资产总回报基金（PIMCO Total Return Fund）——20多年，由于其创造的投资回报远远超过了同期美国债券市场的年平均回报，因此获得了"债券之王"的美誉。时至今日，"债券之王"比尔·格罗斯也几乎是一个固定的称呼了。

一般来说，能同时做到两个方面才能成为优秀的投资者：一是，能获得高于市场平均收益水平的收益；二是，能持续稳定地获得较高的收益。

很多人都有能力（哪怕靠猜或靠运气）在短时间内获得很好的收益，甚至是翻倍的收益，但最难实现的是保持投资收益的稳定性和可持续性，不然他们在短期内获得的暴利很快又会还回去。

美债这一投资品种的特点就是其收益相对容易保持稳定与可持续。美债是一种既能获得高于银行储蓄存款收益率，又能保持安全和稳定的金融投资品种。而且，它可以提供持续、稳定的收入流。[2]因此，在很多优秀投资家的投资组合当中，美债是必配的品种。

投资美债是分阶段的，在某些阶段，买入美债能获得非常好的收益，而在某些阶段，买入美债收益不佳，甚至可能招致亏损。

比尔·格罗斯曾经因为出色的成绩获得"债券之王"的美誉，但后来，他由于没把握好时机，也陷入被动。2014年，格罗斯离开了他自己创立的太平洋投资管理公司。随后，格罗斯加入另一家投资公司，但由于公司表现不佳，客户大量撤资。2019年2月4日，格罗斯宣布计划退休，结束了他在金融界40多年的工作生涯。[3]

市场是无情的，顺之者昌，逆之者亡，即便是"债券之王"也摆脱不了这个规律。

那么，什么时候是投资美债的好机会呢？或者说，怎样把握投资美债的机会呢？

我们首先要了解一些基本的常识，把这些常识搞明白，纠正许多存在已久的错误认识（这种错误之多令人瞠目结舌），才能真正看懂债券市场并顺利看到机会。

债券的市场划分：债券的发行市场是一级市场，债券的交易市场就是二级市场。我们通常看到美国国债竞拍的消息，指的是一级市场。在一级市场买到国债的相关主体再进入市场交易，指的就是在二级市场交易。

不要小瞧这么一个简单的常识。

比如，我们经常听到个别专家关于"抛售美债可以打击美国财政部"的说法。这些专家其实是不懂基本常识的，他们错误地认为在一级市场购买的国债还可以在一级市场卖出并且可以卖给美国财政部。事实上，如果到市场上抛售我们拿到的美债，就不是卖给美国财政部了，而是在二级市场卖。这个时候如果集中抛售美债，导致价格暴跌，那么损失最大的其实是抛售者自己。美国财政部在拍卖国债的时候已经拿到钱了，二级市场的抛售并不能对它造成损失。

这跟股票是一个道理。上市公司在发行股票后，就已经完成融资了。你如果抛售股票，就是在二级市场抛售，而不是抛售给上市公司。

但就是这么简单的道理，屡屡被一些专家误读，实在是离谱得很。

很多普通人对国债利率、国债价格、国债收益率等概念的区别不太清楚。国债利率是国债发行人每年向国债投资者支付的利率，通常是固定的（浮动利率国债除外），并且在国债的整个存续期内保持不变。例如，发行面值1 000美元的国债，年利息为50美元，这种国债的年利率就是5%。

在国债利率确定的情况下，竞拍价格和在二级市场交易的价格却经常波动，有时候是折价，有时候是溢价。为什么会出现这种情况呢？

假如央行持续降息，钱存到银行就变得非常不划算，投资者不如去投资国债，因为国债的利率是固定的，投资者可以锁定收益，使得自己的资金不因为央行持续降息而受到损失。那么，在这种情况下，人们纷纷选择去购买国债，购买的人多了，国债的价格就会上涨。反之，如果央行持续加息，人们购买国债的动力大幅减弱，而抛售增加，国债的价格就会下跌。

下面讲讲国债的收益率。国债收益率分为3种：票面收益率、本期收益率、到期收益率。[4] 为了便于普通投资者尽快理解，我尽可能把复杂的问题简单化。

如果某一国债的面值是1 000美元，年利息为50美元，这种国债的年利率就是5%。

假设1：你以850美元买入该国债，年末以950美元的价格卖出，则该债券的收益率就是17.65%。

$[(950-850)+50] \div 850 \approx 17.65\%$

其中的950美元是卖出价格，850美元是买入价格，50美元是年利息。

假设2：你以750美元买入该国债，年末以950美元的价格卖出，则该债券的收益率就是33.33%。

很显然，投资国债最大的收益往往不仅限于那个固定的利率，而是源于价差！因此，你在国债价格低的时候买入就能赚取更大的收益。

我们反过来看：国债收益率持续飙升意味着什么？

以上面的假设为例，在850美元时买入该国债，对应的是17.65%的收益率，在750美元时买入该国债，对应的收益率是33.33%。国债从850美元跌到750美元，但对应的收益率在大幅上升。

这就意味着，投资国债会因价格的下跌而出现亏损。假如你在950美元的时候买入国债，国债跌到750美元，你就损失了200美元，即使加上50美元的利息所得，你也损失了150美元。

这个道理也可以简单地这样理解：当国债价格下跌的时候，这个国家只能给出更高的收益率，才能吸引人去购买。这样一来，国债价格越跌，收益率越高。收益率越高，国债价格越跌。

所以，当我们看见某个国家出现经济危机或债务危机的时候，国债收益率动辄达到百分之几百，我们就知道，投资国债的人已经损失得惨不忍睹了。当一个国家需要给出百分之几百的收益率来吸引人投资其国债的时候，这就意味着国家已经濒临破产边缘。这个时候投资国债就是赌这个国家的国运，如果这个国家发生信用危机，走向破产，那么债券投资就会打水漂。反之，如果这个国家经历苦难，走出了债务危机，那么这个时候投资国债就容易获取暴利。

现在再来看看，当国债收益率持续下跌的时候，这意味着什么？

这意味着，国债价格在持续上涨，你如果能在国债价格开始上涨的时候买入，就能获取更多的收益。有的人以750美元买入，有的人以850美元买入，有的人在1 000美元时买入，随着价格上涨，收益率自然

全球视野下的投资机会　　230

也就下降了。750 美元买入，年末收益率是 33.33%；850 美元买入，年末收益率是 17.65%；1 000 美元买入，年末收益率只有 5%，也就是只剩下票面收益率了。

显然，国债价格越涨，收益率越低。收益率越低，国债价格越涨。

这正是国债市场吸引人的地方，它并不是表面上看到的通过收益率赚一点儿利润那么简单。确切地说，对投资者来说，投资国债的魅力不在固定利息上，而是在波动的国债价格上。很多人不明白，为什么有些国家的国债在某些阶段的收益率为负数的时候（例如，德国、美国的国债收益率在某些阶段会是负数），投资者还追捧，原因就在于，越是这样的国债信用度越高，投资者越能安全地赚取价格差。投资者如果理解了国债投资的本质，就真正理解了国债投资的魅力所在。

国债收益率同时也是衡量各国经济可持续发展状况的一个极其重要的指标，道理非常简单，国债收益率是投资者用真金白银堆积出来的指标，代表了投资者对该经济体的信心。

投资美债的时机

对普通投资者来说，什么时候买入美债或做多与美债相关的衍生品是最好的时机呢？

我们可以追溯一下历史，找到其中的规律。

根据从 1929 年 9 月 30 日到 2019 年 7 月 31 日，美联储 22 次首次降息后的 12 个月内的实际回报来看，股票的表现优于债券，债券的表现优于现金。在 22 个降息周期的 16 个周期中，美国经济在开始降息时已经陷入衰退，或在 12 个月内进入衰退。

虽然，在降息周期中，美股的整体表现优于美债，并且在绝大部分时候，能给予投资者更高的回报。但是，由于降息周期往往伴随着经济衰退，因此在有些阶段，美股的风险也远高于美债。

比如，在1929年9月30日开启的降息周期中，首次降息后的12个月内，美股的收益率是–33%，而美债的收益率是15%。在1981年7月31日开启的降息周期中，首次降息后的12个月内，美股的收益率是–19%，而美债的收益率是14%。

再举一个时间离现在比较近的例子。在2019年7月31日开启的降息周期中，首次降息后的12个月内，美股的收益率是11%，而美债的收益率是24%。[5]

很显然，如果投资者既追求投资的安全性，又追求比较稳定的收益，那么投资美债显然是一个不可或缺的选择，也是投资组合的一项重要补充。尤其是在美国经济面临衰退风险的阶段，美股很可能下跌，美债则可能获得更多追求稳定收益和有避险需求的投资者的追捧。

因此，根据历史经验，我们可以得出两个最佳的投资组合。

其一，在美国降息周期开启，没有经济衰退隐忧，美股又处于相对低位的情况下，采取积极的投资策略，多配置美股，少量或不配置美债。

其二，在美国降息周期开启，有经济衰退隐忧，美股又处于相对高位的情况下，采取保守的投资策略，少量配置美股，多配置美债。等衰退隐忧过去，再迅速止盈美债，择机增配美股，实现精准抄底，获得更高的收益。

巴菲特就是这样做的高手。在2001年美国互联网泡沫破灭前，他大量增持美债，减持美股，甚至把美股的持仓降到低于美债的水平。这种配置让巴菲特避开了风险，获得了稳定的收益。直到2005年之后，巴菲特才开始大量增持美股。

以上两种组合既可以使得投资资金得到充分的利用，又能最大限度地规避不确定性风险。

专业投资家在对美联储过去的22次降息周期做综合研究的时候，往往都从首次降息开始算。实际上，这对美债并不公平。

因为，投资美债的最佳时间节点并不是从正式降息开始，而是往往在上一个加息周期结束的时候。在加息周期结束后，经过一段时间的酝酿，市场就会逐渐步入降息周期。也就是说，在加息周期结束并且降息信号还没有露出苗头的时候，资金就开始涌入美债，从而导致美债收益率下降，美债价格上涨。

这意味着，如果我们找对时间节点，那么投资美债的实际收益率要比前面梳理的数据高得多。

比如，2018年12月19日，美联储宣布年内第四次加息，将联邦基金目标利率区间提高至2.25%~2.50%。

当时，高盛资深投资策略师克里斯蒂安·穆勒-格里斯曼表示，"由于市场变得相当恐慌，因此我们预期美国经济（增速）明年年底将放缓至不到2%"。

这个时候，人们对美联储能否继续推进加息已经深表怀疑。有些激进的投资者可能开始布局买入美债，因为此时出手美债价格相对较低。

2019年1月30日，美联储在结束了当年的首次议息会议后，宣布暂不加息。美联储在声明中删除了"进一步逐步加息"和"经济前景面临的风险大体平衡"这两句重要措辞，承认"基于市场的通胀预期有所下降"，并且对美国经济的形容从"强劲"下调到"稳固"。当时，多数市场人士预测，美联储本轮加息周期已经接近尾声。[6]

美联储不加息的举动及措辞的改变，是对加息周期结束的再一次确认。同时，这也是对美债买入机会的确认。

在加息周期结束的时候买入美债和在降息开始以后买入美债，差异是非常明显的。

以美国国债20年以上指数基金TLT为例，2019年1月31日，它的收盘价是 121.97 美元。2019 年 7 月 31 日，开始降息当天，它的收盘价是 132.89 美元。2020 年 3 月 9 日，它的价格涨到本轮的最高点 179.70 美元。

对照前面我讲过的原理来看，这个时候正是新冠疫情肆虐且人们对经济衰退的恐慌正盛之时，因此大量资金涌入美国国债避险。2020 年 3 月，美国国债市场日均名义交易量达到 9 440 亿美元，由此引发美债收益率暴跌、价格暴涨。2020 年 3 月 9 日，美债价格涨到本轮的最高点。而此时，美国股市大幅下跌。2020 年 3 月 23 日，美国道琼斯指数跌到低点 18 213.65 点。

美国国债市场是全球最大、流动性最强的市场。由于收益相对稳定且风险非常低，美国国债对全球的投资者有极大的吸引力。全球的投资者和中央银行都喜欢持有美国国债。美国国债的收益率是全球资产定价的无风险利率标准。[7]

美国国债市场的流动性非常充足。截至 2024 年 7 月，美国国债市场的日均交易量为 8 824 亿美元。[8]

中国曾经连续很多年是美国国债的最大持有国。在中国减持美国国债后，2019 年 6 月，日本的美国国债持仓超越中国。2025 年 3 月，中国已成为美国国债的第三大持有国。

2024 年 8 月 15 日，美国财政部公布的国际资本流动报告显示，外国投资者持有的美国国债规模进一步创下历史新高。2024 年 6 月，外国居民增加了对美国长期债券的持有量，净购买量为 1 316 亿美元。2024 年 6 月，中国增持 119 亿美元美国国债，这是 2024 年最大的月度增幅。增持后，中国的美国国债总持仓为 7 802 亿美元。除中国以外，英国、加拿大、比利时、法国等国也都增持了美国国债。[9]中国这次增持美国国债的时机非常好，因为正好赶上了美债的这一波上涨。

在加息周期结束到降息预期开启的阶段，往往是买入美债最好的时机。

同时，投资者必须关注美联储资产负债表的变化，这一点极为重要。美联储是缩表还是扩表，比降息或加息的影响更大。因为，加息只是提高资金的使用成本，缩表则是直接缩减流动性，它的杀伤力是大于加息的。

比如，2024年9月18日，美联储宣布将联邦基金利率目标区间下调50个基点。但美联储在宣布降息的同时，不断抛售其持有的国债，一路缩表，导致利率不降反升。降息反而降出了加息的效果，说到底就是美联储缩表导致的。

同样的道理，美债价格从2019年到2020年3月大幅上涨，也是由于美联储当时既降息又扩表，两种力量合二为一，形成巨大的推动力，把美债价格送上巅峰。

总的来说，"美联储缩表+加息"是最强大的利空债券的组合，而"美联储扩表+降息"是推动美债价格上涨的最强大的组合。

趋势的节奏

央行购买美国国债和非美国居民的普通投资者购买美国国债的途径是不一样的。

美国国债市场分为一级市场和二级市场。美国国债一级市场为发行市场，主要针对的是机构和零售投资者（竞争性参与者和申购额度被限制的非竞争性参与者），像各国央行购买美国国债，基本上都是在一级市场参与美国国债的拍卖。

非美国居民的普通投资者购买美国国债，基本都是在二级市场。美国国债二级市场是交易市场，分为现货市场、回购市场和期货市场。

美国国债二级市场是普通投资者可以参与的市场。

央行在一级市场竞拍到美国国债以后，将来要在二级市场抛售。所以，美国国债二级市场是极其活跃的，流通性非常好。

那么，普通投资者怎么参与美债投资呢？一般来说，凡是能投资美股的账户，同时也能投资美债。普通投资者参与美债投资的方式有两种。

第一种，直接买卖美国国债。非美国居民投资者如果直接在二级市场买卖美国国债，一般就不需要缴纳利息税。缺点是，直接买卖国债比较麻烦，因为有价差，尤其是当单一债券品种遇到大资金做空时，比如某个央行集中卖出该国债导致价差拉大，投资者不得不选择降低价格卖出。从实践角度看，这并不是普通投资者经常做的选择，只有少数投资者有条件这样做。

第二种，买卖国债的ETF（交易型开放式指数基金）。这种方式的优点是操作方便、流动性好，这是最受全球投资者追捧和喜欢的投资选择之一。

美国国债ETF的种类非常多，包括长期国债ETF、中短期国债ETF、杠杆ETF等，常见的就有几十只之多。长期国债ETF，如EDV（美国超长期国债ETF）、TLH（美国10~20年国债指数ETF）等。中短期国债ETF，如SHY（美国国债1~3年期ETF）、IEI（美国国债3~7年期ETF）、IEF（美国国债7~10年期ETF）等。

以活跃度来看，全球投资者最喜欢投的品类当属TLT了，它是美国国债20年以上指数基金，每天的交易额都非常大。比如，2024年8月2日，TLT当天的交易额达到90亿美元以上，交投非常活跃。

投资者在美国国债上涨之前买入TLT，不仅能赚取差价，而且每个月有固定的分红。比如，2024年1月，每股红利为0.31美元，2月为0.295美元，3月为0.312美元，4月为0.308美元，5月为0.308美元，6月为0.291美元，7月为0.315美元。

假如投资者在2023年10月23日以低点82.42美元买入1手（100

股）TLT，到 2024 年 8 月 20 日，收盘价是 98.67 美元，那么投资者将赚 16.25 美元，再加上每个月得到的红利，盈利还是比较可观的。

投资者只要在一个加息周期结束后的低点买入，静待降息周期的到来，一般来说，就都能稳定获得不错的收益。

另外，投资者投资任何品种，一定要注意拉长时间线，找到非常安全的位置进入。

图 7-1 为 2002—2024 年美国国债 20 年以上指数基金 TLT 的价格实际走势图。

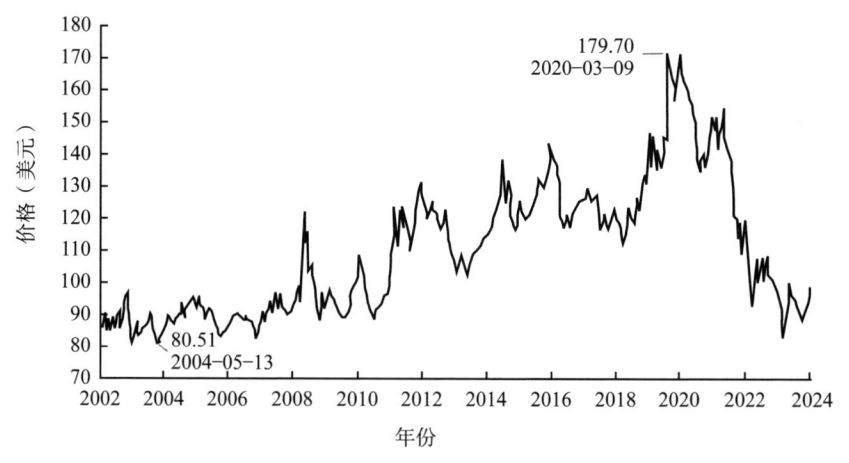

图 7-1　2002—2024 年美国国债 20 年以上指数基金 TLT 的价格实际走势图
数据来源：tradingview.com。

在图 7-1 中，TLT 价格的最低点是 2004 年 5 月 13 日的 80.51 美元，最高点为 2020 年 3 月 19 日的 179.70 美元。当 TLT 价格随着美联储加息一路下跌到近 80 美元时，美联储同时停止加息，TLT 价格已经走到 20 多年来的最低点附近。此时买入 TLT 显然相对安全，这是一个可以稳定获利的位置（必须说明的是，这张图中的数据没有考虑分红和除权的因素）。

TLT 价格之所以在 2020 年 3 月 19 日创造了 179.70 美元的历史高点，

主要是因为美国政府为了对抗新冠疫情实行了极为宽松的财政政策，美联储予以配合，连续大幅降息，实现超宽松的货币政策，大量买进国债。同时，市场中大量资金也涌入国债市场，TLT价格持续大幅上涨。投资者必须认识到，涨到179.70美元这种情况有一定的偶然性和极端性，也就是说，在投资的时候，并不能把这个偶然形成的高点作为止盈的参照。从近10年来的走势情况来看，当TLT价格来到120美元左右时，投资者就需要根据实际情况评估是否需要阶段性止盈了。投资这类稳健的品种时，操作策略也应该保守些。

TLT价格创造历史高点以后一路下跌，因为TLT价格来到130美元以上已经属于非安全范围，来到140美元以上已经比较极端。如果不是新冠疫情推动，TLT价格在通常情况下并不容易达到这么高。高处不胜寒，因此一旦新冠疫苗出现，人们对未来的预期不再那么悲观，资金就会集中止盈，TLT价格就会迅速下跌。2020年5月18日，美国生物技术企业莫德纳公司宣布，其在美国开展临床试验的第一款新冠疫苗mRNA-1273在早期临床试验中显示出积极效果。2020年12月11日，辉瑞疫苗获美国食品药品监督管理局紧急使用许可，成为美国首款获得批准的新冠疫苗，也成为美国抗疫进程中的重大里程碑。叠加此后的就业情况好转等因素，资金开始从美国国债市场流出，TLT价格也一路下跌。再往后，通胀率上升。2022年3月17日，美联储宣布加息25个基点，将联邦基金利率目标区间提高至0.25%~0.5%，这是2018年以来美联储首次加息。这种利空推动资金持续从美国国债市场流出，TLT价格也持续下跌，以至于在2023年10月23日跌到了82.42美元的低点，非常接近2004年5月13日的最低点，这也带来了一次非常难得的买入TLT的好机会。

有些投资者追求刺激，觉得TLT不够过瘾，于是他们开始投资加杠杆的ETF。以20年期美国国债为例，有两倍做多的基金UBT，三倍做多的基金 TMF。UBT 每天的成交量相对较小，但 TMF 的成交量相对较大，大约是 UBT 的 100 多倍甚至更多，每天几亿美元的成交额是很平常的事情。投资者如果在距离历史低位比较近的安全位置买入 TMF，就能获得更高的收益，但如果方向错了，那么亏损也是加倍的。因此，三倍做多的基金 TMF 并不适合长线持有，只适合阶段性介入。

在美国市场中，各种做多、做空的品种非常齐全。因此，投资者在投资美债时，无论其价格是涨还是跌，都有机会获利。比如，通过交易美国国债期权，投资者可以寻找盈利机会。投资者认为要涨的可以买入看涨期权，认为要跌的则可以买入看跌期权。投资者买入期权有机会获得比单纯买入国债、基金等高得多的收益，但这同时也意味着投资者要承受更高的风险。投资期权，风险与时间永远是相伴的。

在下跌阶段，除了期权，投资者买入做空美债的基金同样可以获利。比如，与美国国债 20 年以上指数基金 TLT 相对的是做空基金 TBF。当美国国债处于上涨阶段的时候，TLT 涨，TBF 跌。当美国国债处于下跌阶段的时候，TLT 跌，TBF 涨。

20 年期美国国债有两倍做多的基金 UBT，三倍做多的基金 TMF。相应地，也有两倍做空的基金 TBT，三倍做空的基金 TMV 和 TTT。

TLT 是全球最活跃的国债基金，成交量巨大。做空 20 年以上美国国债的基金 TBF、两倍做空的基金 TBT、三倍做空的基金 TMV 和 TTT，都不及做多的基金活跃，TTT 交易量更是非常少。从成交量来看，三倍做空的基金 TMV 比其他几个做空的基金明显更活跃一些。

但我必须强调，普通投资者不要轻易投资加杠杆的品种，因为加杠杆就意味着风险也加大，对投资者会有更高的要求。

投资者投资美债原本就是为了追求一种低风险的、相对稳定的收益，如果投资者加高杠杆操作，就失去投资美债这个品种的意义了。我在本章中没有专门介绍美国的企业债、市政债、综合债、垃圾债等，而只是单纯地介绍美国国债，也是出于稳定性、安全性和投资专业性等方面的考虑。

投资美债无法像投资英伟达这样的顶级公司的股票那样，投资者在低价买入后，就可以持仓10年甚至更长的时间。投资美债难以获得那样惊人的收益，不能复制投资美股的做法。投资美债的意义在于，在某些阶段，投资者将其作为一个可以安全获利的品种纳入自己的投资组合，以提升组合的安全性和盈利的稳定性。即使像巴菲特这样的"股神"，也经常在某些阶段大量配置美国国债，他的短期国债持有量有时甚至超过美联储，其追求的就是这种效果。

在某种程度上可以说，巴菲特把投资美债当成了现金的另一种存在形式。它不仅有与现金相同的高流动性，而且有比持有现金更高的稳定收益。

跟巴菲特相反，有些投资者特别喜欢做空美债。这些投资者之所以特别喜欢做空美国国债，是因为认为美国国债发行过多，对债市形成持久利空。

美国国债被认为是华尔街最安全、最容易交易的证券，但从2019年底新冠疫情暴发至2024年3月，美国国债市场增长60%以上，达到27万亿美元，与2008—2009年金融危机之前相比规模扩大了约6倍。当政府税收不足以应付开支时，财政部就会发行债券来填补缺口。一些人担心，如果美国不断攀升的债务问题得不到解决，投资者持有的债券收益率就将长期居高不下。战争、扩张性财政政策、去全球化和移民带来的通胀前景表明，利率将保持在比新冠疫情暴发前更高的水平。[10]

市场的这种担忧当然是有道理的，这也是投资者需要阶段性参与美债的原因。2023年秋天，不断增加的债券发行量引发了市场动荡，促使美国财政部转向发售更多短期债券（偿还期限为一年或更短的债券）。短期国债数额已上升到未偿债券的22.4%，高于为政府提供建议的美国财政部借款咨询委员会所设定的 20% 的上限。[11]

显然，短期国债的风险在上升，但我们依然看到，巴菲特疯狂买入短期国债，甚至有持仓超过美联储的情况发生。为什么？因为市场的担忧不会改变美债的安全性，也不会改变美债阶段性获利的稳定性。事实上，这种担忧或者更甚的担忧已经存在很多年了，但这并不影响真正的战略性投资者对美债投资价值的认识。更何况，美债本身就具有避险的功能。

当工业革命刚刚在英国兴起的时候，看空英国是离谱的错误。同样地，当美国企业引领 AI 浪潮，开启一场新时代科技革命时，过度看空美国也是很离谱的判断。在市值高达约 3 万亿美元的英伟达、苹果等公司"富可敌国"的情况下，对其债务问题，投资者是没有必要过度担忧的。很多人正是因为过度担忧而错过了投资美国资本市场以获取暴利的机会。当美国的企业衰败并且不再是世界的引领者的时候，美国的债务问题就真的成了问题了，投资者就该彻底抛弃美债和美股了。

了解了这一点，我们就容易理解巴菲特的投资逻辑了。

当美联储降息的预期日益强烈、美国大选的前景不甚明朗之时，巴菲特抛售一部分股票（如苹果公司的股票），而买入美国国债，是一种非常稳妥的选择。

机会往往出现在人们心存疑虑的时候。当美债市场真的涨起来（巴菲特盈利）的时候，买入的机会明显减少了，不过，如果真的到了那个时候，市场的疑虑反而就会快速减弱。那些跟随巴菲特在更高价位买入的投资者，却能保持着比低位时更好的心态等待盈利的到来，全然忘了在低位时他们由于担忧而错过的好机会。

在低位的时候，为什么普通投资者在忧虑，而巴菲特会果断行动？这就是普通人和"股神"最大的区别。美国国债依然是世界上最安全的证券，这种情况在短期内不会发生变化，因为美国的综合国力不会在短时间内发生变化。事实上，其他对美国有竞争威胁的经济体（如欧盟）面临的问题比美国更多、更大、更严重，所以市场对美国国债的需求一直十分旺盛和充足。

我的好友周洛华先生在他的著作《时间游戏》中说，时间是身边风险和远方机会的组合。我非常赞同。看到身边风险和远方机会的人，才能真正把握住好的机会。巴菲特就是做到了这一点，才成了"股神"。

巴菲特之所以被称为"股神"，不是因为他能在短期内获得暴利，事实上，他的整个投资生涯的年化收益率也就20%左右。据测算，从1965年至2021年，巴菲特的伯克希尔-哈撒韦公司的年化收益率为20.1%，但经过56年的累积，该公司获得高达约28 500倍的惊人回报。

巴菲特最厉害之处在于，他的投资即使放在40年、50年、60年这样的长周期中看，依然能保持收益的稳定性。也许，超过99%的投资者都把在短期内获取暴利当作目标，但很少有人把追求稳定性与可持续性这两点当成目标，而这两点才是获得高收益的根本。

普通人常常只看到诱人的、唾手可得的收益，却往往无视如影随形的风险，而所有的投资收益都是剥离风险之后的收益，或者是剥离风险之后得到的奖赏。每个人都能看到诱人的机会，但只有少数人能看到这些机会背后的风险，并想方设法地规避，因此也只有少数人能够获得远超平均水平的投资收益。

很多人都曾在短期内获得很高的收益，但最大的问题是，他们无法保证收益的稳定性，更无法长期延续这种稳定性。有的人在短期内实现翻倍的盈利后不久，可能就爆仓了。追其根源，就在于很多投资者都或多或少地有急于求成的心态，从来不像巴菲特那样，追求细水长流，追求收益的稳定性与可持续性，从而实现聚沙成塔的财富积累。

一个被无数次证明了的事实是：急于赚快钱的人往往不仅赚不到钱，还非常容易亏大钱。因为，把重心放在目的上的人极容易忽略过程中的种种风险和陷阱。真正能赚大钱的人，一定是把关注焦点放在趋势和过程上的人，做好这些，走好每一步，才能一步步靠近成功。急功近利可能是超过99%的人的通病，所以剩余那到1%的人一旦成功，往往就是大成功，因为人一旦从"急功近利"的心态中超脱出来，与他竞争的人就变少了。

当一个投资者着眼于长远规划，并开始追求投资的稳定性的时候，他才真正进入能稳定获取高收益的大门。要知道，一个投资者哪怕用1万美元起步，只要每年能够保持20.1%的平均收益，56年后，这1万美元也变成了约2.85亿美元。

这就是细水长流的威力所在，这也是巴菲特经常配置美债的秘密所在。由于美债本身还具有避险属性，可以增强收益的稳定性与可持续性，因此投资者选择最佳时间节点买入，并将其作为投资组合的一部分，是有必要的。

简单总结一下，美债投资的关键是选择一个好的时间节点进入。

一般来说，在美联储加息周期结束的时候，美债收益率达到高点，美债价格处于低位，这是阶段性做多的好机会。当美国开始重视债务问题，要缩减债务的时候，这往往对美国国债价格形成强有力且持久的支撑力量。如果这两个时间节点重叠在一起，那么毫无疑问，美债将迎来一波非常好的做多机会。

值得关注的一个现象是，从历史经验来看，在一般情况下，从美联储加息周期即将结束到美联储正式宣布降息，是做多美债的最佳时间段。而在美联储正式降息后，美债收益率反而容易反弹一下，而在美债收益率反弹动能释放后，新一波做多美债的机会又形成了。

对应地，在美联储降息周期结束的时候，美债收益率达到低点，美债价格处于高位，这是阶段性做空的好机会。当美国政府加大财政赤字，债务快速累积的时候，这往往对美国国债价格形成强有力且持久的压制力量。如果这两个时间节点重叠在一起，那么毫无疑问，美债将迎来一波非常好的做空机会。

有些影响因素比较直观，有些则比较隐晦。比如，美国总统特朗普威胁其他国家加征关税，大规模驱逐移民，对内则大规模减税，这3项政策全都包含利空美债因素。加征关税，容易推高物价；大规模驱逐移民，容易导致劳动力成本上升；大规模减税，使得财政缺口扩大，政府不得不多发美债来应对，进而导致债务规模扩大。这些都是利空美债的因素，因此特朗普当选美国总统对美债就是利空影响。在这种利空被充分释放后，一波新的做多美债的好机会又会形成。

总的来说，对于任何投资品种，过度偏爱和过度恐惧都不应是优秀投资者该有的状态。这两种状态既容易让投资者在好机会到来时因过度恐惧而放大风险、错失建仓机会，也容易让投资者在趋势接近尾声时因极度乐观而错失止盈的良机。

洞察趋势的走向，顺势而为，与趋势共舞，才是真正的王道。

要点总结

- 美国国债市场是全球最大、流动性最强的市场。

- 美债是一种相对稳定且安全的投资品种,投资美债的意义在于,在某些阶段,投资者可以将其纳入自己的投资组合,以提升组合的安全性和盈利的稳定性。

- 美债分为一级市场(发行市场)和二级市场(交易市场)。各国央行通过一级市场参与美国国债的竞拍,非美国居民的普通投资者能参与的是二级市场。

- 那种"抛售美债可以打击美国财政部"的说法是不懂基本常识的说法,因为在一级市场买到的国债,只能在二级市场卖出。美国财政部在拍卖国债的时候已经拿到钱了。

- 投资美债,需要区分国债利率和国债收益率。

- 国债利率是国债发行人每年向国债投资者支付的利率,通常是固定的(浮动利率国债除外),并且在国债的整个存续期内保持不变。

- 国债收益率 = [(国债卖出价格 – 国债买入价格)+ 固定利息] ÷ 国债买入价格。

- 美债投资的收益不只来自固定利息，还有价格波动带来的资本利得，而资本利得是收益的重要来源。

- 投资者应关注国债价格与收益率之间的反向关系。

- 当国债价格下跌时，只有给出更高的收益率，才能吸引人去购买。也就是国债价格越跌，收益率越高。收益率越高，国债价格越跌。

- 国债收益率持续下跌，意味着国债价格在持续上涨。国债价格越涨，收益率越低。收益率越低，国债价格越涨。

- 投资美债是需要分阶段的，投资的关键节点与美联储的货币政策周期密切相关，在加息周期即将结束和降息周期开启之间。

- 美债的最佳投资时间节点并不是从正式降息开始，而是往往出现在上一个加息周期接近结束时，因为此时价格处于低位，收益率处于高位，是比较好的阶段性做多的机会。

- 投资者还必须关注美联储资产负债表的变化，像缩表是直接缩减流动性，它的杀伤力比加息更大。

- 总的来说，"美联储扩表 + 降息"是推动美债价格上涨的最强大的组合，而"美联储缩表 + 加息"是最强大的利空债券的组合。

- 对于资产配置中有美债和美股的投资者，有两种投资组合策略。在没有经济衰退隐忧的降息周期，美股又处于相对低位时，可以采取积极的投资策略，多配置美股，少量或不配置美债。在有经济衰退隐忧的降息周期，美股又处于相对高位时，可以采取保守的投资策略，多配置美债，少量配置美股。等衰退隐忧过去，再迅速止盈美债，择机增配美股，实现精准抄底。

- 投资者参与美债投资有两种方式。第一种是直接买卖国债，但这不适合普通投资者；第二种是买卖国债的 ETF，优点是操作方便、流动性好，这也是全球普通投资者喜欢的选择。

- 普通投资者不要轻易投资加杠杆的品种，因为投资美债原本就是为了追求相对稳定且低风险的收益。

第八章

中药材

中药材火到海外

2019年和2020年，我多次给学生讲中药材的历史机遇，这并非昙花一现式的机遇，而是长期的机遇。在此后的几年中，人们看到中医药市场的蓬勃发展。中药材为什么会有这么好的发展机遇呢？

从国际上来看，近年来，人们对健康的追求越来越回归自然，传统针灸、中草药疗法越来越受人青睐。

我看到的比较早的有关外国人使用针灸的报道，是1971年《纽约时报》记者詹姆斯·雷斯顿撰写的一篇文章，他讲述了自己在中国使用针灸来治疗术后疼痛的亲身经历。这篇报道引起了公众（包括医疗专业人士）对针灸的浓厚兴趣。

这篇文章是这样说的："手术后的第二天晚上，我感到非常不舒服，甚至疼痛，医院的针灸医生李长元（音译）征得了我的同意，在我的右肘外侧和膝盖下方插入了3根细长的针，并对其进行手动操作，以刺激我的肠道并减轻胃部的胀痛。这让我的四肢感到一阵阵疼痛，但至少这分散了我对胃部不适的注意力。与此同时，李医生点燃了两片名为'艾'的草药，它们看起来像是破损的廉价雪茄的燃烧残端，李医生将它们靠近我的腹部，偶尔转动针头。这个过程大约20分钟，我记得当时我认为这是一种相当复杂的排出胃部气体的方法，但一小时后，压力和胀痛明显减轻。此后，问题没有复发……最近有关针灸治疗失明、瘫痪和精神障碍的报道和说法，显然在美国引发了人们对中医针灸和草药领域重大医学突破的大量猜测。"[1]

截至2018年1月1日，美国的47个州及华盛顿哥伦比亚特区已通过立法确保中医针灸的合法使用和发展。2018年10月，时任美国总统特朗普签署H.R.6法案，旨在减少美国人对阿片类药物的使用，其中提到要在一年内评估针灸、医疗按摩等镇痛方式的效果。这是针灸首次进入美国联邦法律文件。[2]

与针灸相比，中药材在国外的发展要缓慢一些，这主要是因为发达国家的监管机构对医药的审查标准非常严格，需要大量的临床数据证明其疗效和安全性等，而这些要求是传统中药比较难达到的。中医治病的方式经常因人而异，实现标准化面临不小的挑战，也经常受到有关安全性和效率的质疑。

但是，采用传统中药材的保健品发展迅猛，其火爆程度是很多人想不到的。

如果你在美国著名的电商平台亚马逊输入"astragalus"（黄芪），就能够找出几百种名字含有黄芪的保健品，其中多个品种的月销量达到上千瓶，且重复购买的数量更大，甚至超过9 000瓶（如一种品牌名为"Now"的黄芪胶囊）。此类商品的介绍一般都会注明"这是一种传统的免疫支持补充剂""增强免疫力""非转基因项目认证""不含麸质和乳制品"等。还有的商品注明"黄芪根（黄芪）在中国已被用作流行的草药补品数百年"，这显然是西方化的表述方式，因为黄芪在中国显然不是被当成"补品"来用的。

有的商品引用研究结论，以证明黄芪可以增强免疫力。例如，Double Wood品牌的一种黄芪胶囊的商品介绍中有这么一段话："研究表明，黄芪可以激活T细胞以保持免疫系统的健康。黄芪富含类黄酮和多糖，黄芪根提取物可能有助于保持心脏的健康。"

众所周知，黄芪在中国是一种非常常见的中药材，具有健脾补中、升阳举陷、益卫固表、利尿、托毒生肌的功效。

西方的很多公司通过将黄芪的提取物包装成膳食补充剂，并以胶囊或药片的形式出售，获取了丰厚的利润。其实，不仅黄芪，很多传统的中药材都被国外的保健品生产企业以提取物的形式在电商或实体商店中销售。

为什么西方人更容易接受这种形式？因为西方人在生活中追求简单、便利，太复杂的东西往往被他们排斥。举个简单的例子，很多在西方销售的中国商品，如果组装简单、使用方便，就很容易获得好评。哪怕这个商品本身很好，如果使用起来非常复杂，也可能收获一片差评，甚至很多人会选择直接退货。他们缺乏足够的耐心去阅读稍微复杂一点儿的说明书。

中药方剂是由多种中药材组成的，对西方人来说，理解每种药材的功效以及它们汇合在一起的功效是非常有难度的事情。而理解某种单一中药材的特性、功效，直接服用其提取物，对他们来说既便于接受，又的确能实现比西方保健品更好的效果，且价格往往更为低廉。这正是中药材提取物在西方国家获得巨大商业成功的关键。

西方保健品生产厂家利用人们追求传统中草药的需求，从中国传统中药材理论中，选择比较常用的药材生产成提取物胶囊或者药片，以膳食补充剂的形式销售。它们既节省了大量研究成本（中国古人留下来的相关文献可谓汗牛充栋），又不用支付专利等费用，可以说"拿来"就能赚得盆满钵满。

相对于西方人自己研究出来的保健品，这些根据中国中医典籍生产的药材提取物，配方简单但效果显著，大受市场欢迎。

这正是以中药材为基础的保健品（膳食补充剂）在美国等西方国家发展得如此迅猛的重要原因。

相关数据佐证了这一点。美国是中国中药类商品第一大出口市场，2024年中国中药类商品对美出口额为8.7亿美元，市场占比16.7%。主要出口商品为植物提取物，出口额为6.7亿美元，同比增长30.1%，占比达77%。美国是全球最大的膳食补充剂市场，而膳食补充剂的重要原料就是植物提取物，因此长期来看，美国市场对中国植物提取物的需求不会改变。需要重视的是，印度也是全球重要的植物提取物供应国之一，已成为中国不可忽视的竞争对手。[3]

在中国，每种知名的中药材的功效都经历了数百年甚至上千年的试验。直接从中药材中提取精华做成提取物，以膳食补充剂的形式销售，比以医药的形式通过美国食品药品监督管理局烦琐的层层审批和严格的监管程序相对要简单不少，也更容易走向市场，并被美国等西方发达国家的消费者接受。从中国中药类商品出口数据可以看出，2024年中药材提取物出口金额为30.1亿美元，占所有中药类商品出口金额的57%，超过其他中药类别的总和（见图8-1）。[4]

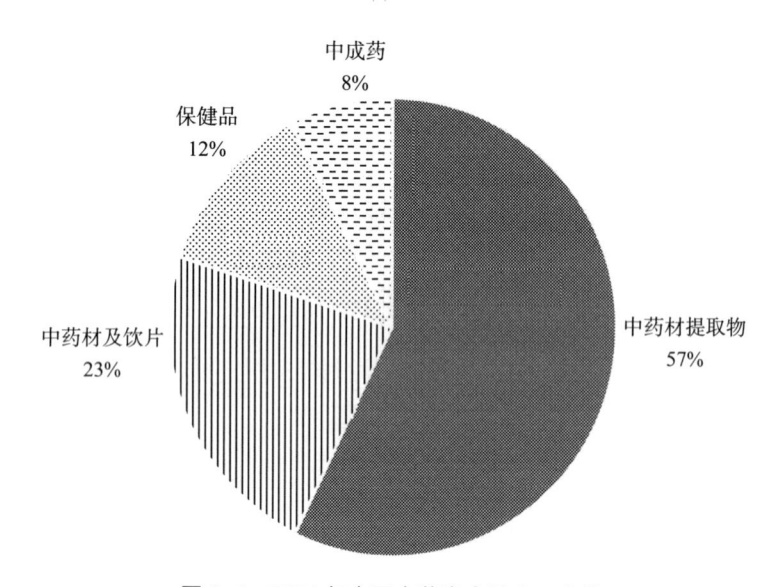

图8-1 2024年中国中药类商品出口占比

数据来源：中国海关总署。

这其实是中医药走向西方更便捷的一种形式。

由于中医是利用自然界中的药材治病，因此在西方很多人追求生活

"返璞归真"的当下，中医药有了更广阔的市场前景。

植物提取物的概念非常容易被西方接受。一些华裔在美国开的中药店也入乡随俗，他们不给美国人开药方、熬药（这当然是非常麻烦的），而是直接把药方中的药材放在一起，打成粉末，让患者直接用热水口服。如果理解了这种现象，我们就能明白，为什么中药材（植物）提取物在美国那么火了。

中国是中医的发源地，但近年来，在国际中药市场中，中国却落后了，这种差距早在10多年以前就已经比较明显，直到今天也没有改变。

《人民日报》（海外版）的一篇报道指出：日本研究数据显示，在海外中药市场上，中国拥有的专利权的占比仅为0.3%，日本和韩国的专利权所占比例则超过70%。海外中药市场规模达近300亿美元，中国的中药所占市场比例却不到5%。

在日本看来，如果日本给出国际上最合理和严格的标准，就不会与欧美标准产生矛盾。据此，日本厚生省对中成药制定了详尽的标准，以实现药效和化学成分的标准化。这样的努力不仅确保了质量、树立了自身良好形象，也是为使西方理解并接受中药而进行的宝贵探索。津村制药的六君子汤被西方医学界用来辅助抗癌治疗，就是一个成功的例子。[5]

日本以中医为基础大力发展汉方药，获取了巨大收益。1976年，日本厚生省正式把汉方药纳入健康保险，把从《伤寒论》《金匮要略》等中国传统医学书中选择出来的210个有效方剂列入医疗用药，并纳入医疗保险，这大大鼓励了汉方药的发展。

日本的汉方药分为"医疗用汉方药"和"一般用汉方药"两种，讲求"小少而精致，好用而有效"，其中"一般用汉方药"在日本随处可见的药妆店都可以购买，甚至有助于日本拓展旅游资源、发展康养产业。

瞭望智库的资料显示，截至2022年，日本已批准使用148个医疗用汉方制剂处方、294个一般用汉方制剂处方，并形成了完整的汉方药体系，创立了大量的本土汉方药品牌。据报道，截至2023年，日本汉方药企业已超过200家，在中成药国际市场每年160亿~200亿美元的市场份额中，日本占据了80%以上的份额。此外，日本汉方药药品制造商协会的数据显示，日本约80%的汉方药的中药材进口自中国。

相较之下，中国的中药产业发展稍显滞后。据业内人士介绍，中国历史上有文字记载的方剂有近10万个，但目前经典方剂在中国中成药销售市场中的占比仍然较低。此外，中国在中成药国际市场的占比仅为5%左右。[6]

以"救心丹"为例，很多人到日本旅游往往比较喜欢买些"救心丹"之类的药物。它是根据中国传统中药"六神丸"的配方改制而成的。这种药在全球的销售额非常惊人。我带领学生到日本游学的时候，看到很多国家的人在排队购买"救心丹"，足见其影响力之大。

其实，这款药源于中国的传统方剂，主要成分包括牛黄、蟾酥、人参、鹿茸末、羚羊角末、猪胆、珍珠和冰片等中药材。说简单点儿，日本人不过是把中国的"六神丸"改良加工一下拿去当"神药"卖了。日本强调汉方药而淡化中药，实际上是淡化中国元素，另起炉灶，打造自己的品牌。

当然，日本做到这一点也的确是下了功夫的。日本专门出台了药材种植规范，要求商家在生产过程中限制使用化肥和农药，营造出野生的环境以使药材更好地发挥药效，这使得日本制造出来的中药效果非常好且稳定，这些药因此畅销世界，商家获得了巨额利润。

对此种尴尬情形，中国学者曾大吐苦水："我们生产一些很便宜的中药材，出口到日本、欧洲，他们生产成一些很贵的、赚钱的产品。日本跟德国才是中药最赚钱的两个地方。"[7]

中国古人给我们留下了一个巨大的宝库。中医药以其在疾病预防、治疗、康复等方面的独特优势，为中华民族繁衍生息做出了巨大贡献，

全球视野下的投资机会　　256

也在保护全人类的健康和推动世界文明的进步方面发挥了重要作用。

随着海外对中药材需求的增长，中药材的供应日益重要。需求催生增长，但中药材产量的增长并不像粮食产量的增长那样简单、便利。很多中药材的生长周期长，生产恢复缓慢。

道地药材是传统优质中药材的代名词，指一定的药用生物品种在特定环境和气候等因素的综合作用下，所形成的品种优良、产量高、炮制考究、疗效突出、带有地域性特点的药材。

道地药材良种选育的周期漫长。以黄芪种子的提纯复壮为例，在选好适合培育的单株后，人们进入育苗、移栽、产种环节，3年一个周期，黄芪至少需要3个周期其性状才能稳定均一，从而具备通过新品种测试的条件。加上扩繁、推广等，即便一切顺利，良种选育也要10多年时间。[8]

大力发展中医药

在中医和中药材在海外越来越火的背景下，中国也在大力扶持中医药的发展，有效带动起需求的增长。

在经济下行的大背景下，人们很容易看到消费领域发生的巨大变化——消费降级。消费降级的特点是"卷"价格，价格便宜者胜出，这使得定位于消费降级的商家逆势成长，获得成功。

其实，当经济下行时，消费降级的变化体现在很多领域，只不过，有些领域的传导路径显得较为隐晦，比如医疗领域。

2019年10月，《中共中央 国务院关于促进中医药传承创新发展的意见》发布，其中提到："传承创新发展中医药是新时代中国特色社会主义事业的重要内容，是中华民族伟大复兴的大事，对于坚持中西医并重、打造中医药和西医药相互补充协调发展的中国特色卫生健康发展模式，发挥中医药原创优势、推动我国生命科学实现创新突破，弘扬中华优秀传统文化、增强民族自信和文化自信，促进文明互鉴和民心相通、推动构建人类命运共同体具有重要意义。"该文件对中医药给出了非常高的定位，综合此后出台的一系列政策来看，大力支持中医药的发展，绝非短暂的权宜之计，而是已经成为一个长期的、持续的思路。

为什么？

先看一组数据："十三五"期间，也就是2016—2020年，全国财政卫生健康支出从13 159亿元增长到17 545亿元，年均增长7.5%，比同期全国财政支出增幅高出0.4个百分点；占全国财政支出的比重由7%提高到了7.1%。2016—2019年，全国卫生总费用从4.6万亿元增长到6.5万亿元（2019年为预计数），年均增长12.2%。

截至2019年年底，基本医保参保人数超过13亿，参保率稳定在95%以上；职工医保和城乡居民医保政策范围内住院费用报销比例分别达到80%以上和70%左右，贫困人口住院费用实际报销比例接近80%，城乡居民高血压、糖尿病门诊用药报销比例超过55%，大病患者实际报销比例在基本医保之上再提高12个百分点。[9]

根据国家卫生健康委员会发布的《2020年我国卫生健康事业发展统计公报》，2020年全国卫生总费用预计达72 306.4亿元，人均卫生总费用为5 146.4元，同比增长近10%，增速比GDP增速还快。这导致中国卫生总费用占GDP的百分比从2017年的6.36%，逐年提升至2020年的7.12%。

中国城乡居民医保基金收入的75%以上来自财政补贴，城镇职工医保基金收入来自财政补贴的部分虽然不足1%，但越来越多城市的城镇职工医保面临资金平衡压力。

中国自2000年进入老龄化社会以来，老龄化的速度不断加快。65岁及以上的老年人占全国总人口的比重从2000年的7.0%增加到2010年的8.9%，提升1.9个百分点，而2018年更是攀升至11.9%，不到10年增加了3个百分点（见图8-2）。

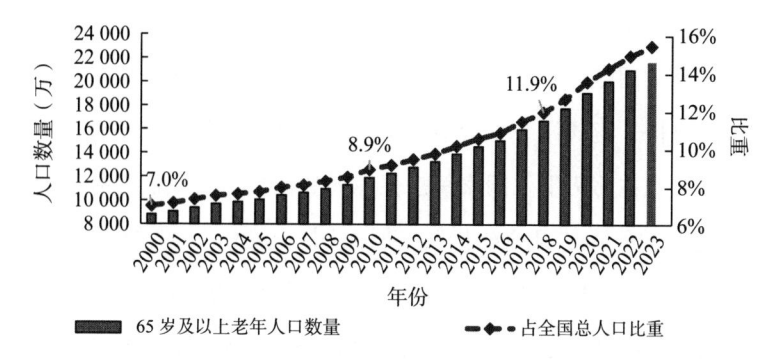

图8-2 2000—2023年中国65岁及以上老年人口数量与占全国总人口比重
数据来源：中国国家统计局。

中国的在职退休比已经由2012年的3下降到2020年的2.82，也就是说，2012年是3个在职员工养一个退休老人，2020年是不到3个人养一个人了。而且，在职退休比在剔除农民工后就更低了，已经由2012年的2.29下降到2020年的2.26。[10]

更不用说，人上了岁数之后，随着机体衰老，普遍比年轻的时候更容易得病，在看病上花的钱也就更多。清华大学的一项研究实验表明，60岁以上年龄组的人均医疗费用约为60岁以下年龄组的4.6倍。相关研究也证明，人口老龄化会引起医疗卫生费用的快速增长。[11]

老龄化、经济调整、卫生健康支出增加等因素，导致的直接结果就是医保缺口加大。假设就诊率和住院率保持2019年的水平不变，而次均就诊费用和次均住院费用的收入弹性采用一些学者研究的中位数，就诊和住院的报销比例维持在2019年的水平保持不变，那么到2050年，中国城镇职工医疗保险统筹账户一年的缺口将达到10 242.43亿元，占统筹账户收入的41.44%。[12]

如何妥善地解决这个问题呢？

第八章 中药材

有关部门的思路，主要是在两个方面。

其一，通过集体采购，降低药价。

2018年以前，药品和医疗服务价格主要由国家发展和改革委员会管理。2018年5月31日，国家医疗保障局正式挂牌成立，其作为代表财政利益的机构，正式站在了台前，花自己的钱，自然能省则省，它的每一分钱都要花在刀刃上。国家医疗保障局的砍价能力我们是有目共睹的，在互联网上被称为"灵魂砍价"，动辄就是"腰斩"。从2018—2021年的5轮集采中，共覆盖218种药品，中选药品平均降价54%，集采药品价格从国际最低价的2~3倍下降到与之相当的水平，节约药品费用已达1 500亿元。[13]

由于医保收支的压力越来越大，国家医疗保障局为了节约支出，需要让医药企业承担更多的责任，因此更大幅度的砍价就是一个必然的趋势。

这对于医药企业是一个巨大的挑战，企业如果中标失败，就会被淘汰出局，就会失去绝大部分市场。毕竟，企业转战到占据药品流通市场仅20%份额的院外市场，能分到的蛋糕实在太小了。而如果企业中标成功，集采带来的量就能明显增加企业的市场占有率，使企业得以通过薄利多销来降低成本，垄断市场。因此，药企不得不去"内卷"，参与残酷的竞争，力拼中标，这使得集采降价的幅度变得非常可观。当然，相关企业的利润也大幅下降。

其二，就是大力发展价格相对便宜的中医药。

2018年的中美贸易战爆发后，中国从各个方面着手，全方位地应对"脱钩"。

2019年10月，《中共中央 国务院关于促进中医药传承创新发展的意见》发布。

2021年2月，国务院出台了《关于加快中医药特色发展的若干政策措施》。

2021年6月底，国家卫生健康委员会、国家中医药管理局、中央军委后勤保障部卫生局联合发布了《关于进一步加强综合医院中医药工作推动中西医协同发展的意见》，其中提到，进一步加强综合医院中医药工作、促进综合医院中西医协同发展，既有利于提升综合医院整体服务能力和运行效率，也有利于提升中医药服务可及性和可得性，更有利于推动中医药传承创新发展、更好地满足广大人民群众日益增长的医疗健康需求。

其中还提到，有条件的综合医院可以探索开展中医治未病服务，在全院推广中医治未病理念和方法，发挥好中医药"未病先防，既病防变，瘥后防复"的优势和作用。

拓展来说，这其实就是鼓励养生之类的产业大力发展，尽可能地防止生病，以达到减少医保支出的终极目标。

2021年12月，国家医疗保障局和国家中医药管理局发布的《关于医保支持中医药传承创新发展的指导意见》提出从5个方面支持中医药的发展：一是将符合条件的中医医药机构纳入医保定点，二是加强中医药服务价格管理，三是将适宜的中药和中医医疗服务项目纳入医保支付范围，四是完善适合中医药特点的支付政策，五是强化医保基金管理。

当政策发生方向性调整的时候，其产生的影响往往是不可思议的。2017年，中国中医药行业市场规模还是7 901亿元左右，到了2023年已达25 636亿元。[14]

中医药的困局

中医药涵盖养生行业，原本是相对小众的。政策的大力加持，很容易吸引资金涌入这个领域。

我们知道，房地产和股市一直是吸引游资的两大"海绵"，在房地产步入调整周期，股市的机会又比较稀少的情况下，很多资金苦于找不到好的赚钱门路。对这些资金来说，政策对中医药的大力扶持是一个很好的机会。问题在于，中医药是一个小众的领域，容纳量有限，哪怕只有少量的资金涌入这个领域，也容易引发价格的剧烈波动。

很多人只顾炒作牟利，忽略了非常重要的一点：中药材不仅涉及民生，更涉及病人的健康甚至生命安危。

投资是否应该有道德原则？

当然应该有。

中药材的投资应该遵循起码的原则，那就是投资者应该去投资中药材的种植、研发、提炼等有贡献和有价值的环节，而不应该将投资用于实施囤积居奇这种单纯的危害社会的行为。这种行为绝不是投资行为，也绝不应该是被容忍的行为。

要长期做好投资，不仅要积累财富，还应该积攒功德。基于善和功德获得的财富，才能真正让自己和家庭长久受益。财富的累积与心灵的平静，应该达到一种高度的和谐与平衡。

但很遗憾，一些人单纯为了牟利，肆意操纵"小品种"中药材的价格。于是，我们看到中药材的价格被一波接一波地炒作推高。

从 2020 年下半年开始，中国中药材价格进入持续上涨通道，上涨幅度之大，上涨周期之长，在有数据记载的中药材商品史上罕见。特别是进入 2023 年 6 月，原来预计的淡季行情并未出现，市场呈现火爆态势，涨价品种明显增多，涨价幅度显著加大，中药材价格上涨呈现加速态势。最多时有上百个品种年涨幅超过一倍，当归、甘草、丹皮、党参等多个常用大宗药材涨幅超过 3 倍。北京某中医院的医生表示："酸枣仁、黄芪等中药材涨价比较厉害，像治疗失眠、焦虑的酸枣仁，都不敢给患者开。"[15]

中央电视台在 2023 年 9 月 2 日播出了这样一则报道。

2023年6月以来，全国中药材价格持续上涨引发各方关注。来自中药材专业网站的数据显示，2023年上半年，当归、党参、甘草等常见中药材均出现大幅度的价格上涨。甘肃岷县是中药材当归的主要产区，目前品质上乘的当归价格已经上涨到了200元/千克左右，而去年同期的价格是70元/千克。广州清平中药材市场是全国最大的中药材交易市场之一。2023年当归的批发价格同比上涨超过200%，而且价格变化很快。

根据往年行情，每年春节后一直到中秋节前都是传统的中药材销售淡季，市场价格也会有所回落。2023年中药材的市场价格却与往年大不相同，市场中的多种中药材都出现了涨价。

相关行业协会在2023年6月发布的报告显示，在安徽亳州、河北安国、四川成都、广西玉林等几大中药材批发交易市场，相比2022年同期，有200多个常规品种的价格涨幅高于50%，25个常用大宗药材的价格涨幅超200%，个别品种甚至涨价4~9倍。中国中药协会中药材信息中心官网监测数据显示，2023年6月28日，305个药材品规同比升价。[16]

2024年，中药材价格继续上涨。2024年4—6月，常用药材白术就被指"价格疯涨超黄金"。在安国、亳州、玉林、荷花池四大市场中，2024年6月份，几种规格的白术价格为140~180元/千克，年涨幅在133.33%~258.97%。其中，在河北安国市场，河北规格的白术的统个（指从产地直接收购的不分级的、未加工的整体药材）价格年涨幅最高，达到258.97%。该市场规格的白术在2023年1月时价格仅为27元/千克，至2023年10月波动上涨至85元/千克，而到2024年6月，价格飙升至180元/千克，随后，价格就稳定在这一高位（见图8-3）。除白术外，小众药材猫爪草在短短10个月内价格飙升也受到关注。亳州市场规格为河南家统（人工栽培条件下种植的中药材）猫爪草的价格在2023年1月

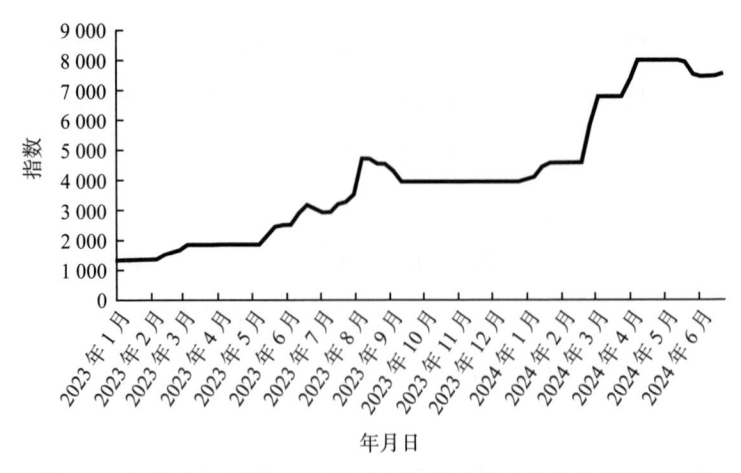

图 8-3 2023 年 1 月至 2024 年 6 月河北安国市场的白术价格指数
数据来源：康美中国中药材价格指数网。
注：指数基期为 2012 年 8—9 月份，基期值为 1 000 点。

份仅为 85 元 / 千克，到 2024 年 6 月份达到 520 元 / 千克，其间 2024 年 4 月曾一度涨至 800 元 / 千克。[17]

业内人士认为，中药材涨价的原因是药农越来越少、用工成本攀升等，其实，这些都不是真正的原因。真正的原因是，由于政策大力鼓励中医药的发展，哪怕是部分替代西药，也会引发中药需求的大幅上涨。更何况，在经历新冠疫情后，人们充分认识到免疫力提升对于抵抗病毒威胁的重要性，传统养生需求大幅增长。这两种需求叠加在一起，加大了对中药材的需求，而供应并没有同步增长，进而导致供应跟不上需求，而游资正好借机囤积居奇，加剧供应的紧缺，最终导致价格的上涨。

天然牛黄的价格自 2023 年以来一路上涨。以安国药市价格为例，2023 年 1 月，天然胆黄（天然牛黄的一种）的价格为 57 万元 / 千克，而截至 2024 年 6 月 28 日的最新价格为 140 万元 / 千克。行业外"热钱"涌入，对部分品种囤积居奇、大肆炒作，进一步放大了价格波动幅度。[18]

借助中药材涨价的东风，相关中成药价格也不断上涨。2023 年 5 月，中药企业漳州片仔癀药业股份有限公司发布涨价公告，片仔癀锭剂国内市场零售价格从 590 元 / 粒上调到 760 元 / 粒，创下片仔癀价格涨幅之最，供应价格相应上调约 170 元 / 粒；海外市场供应价格相应上调约 35 美元 / 粒。据不完全统计，2004—2020 年，片仔癀锭剂产品一共提价 19 次，零售价从 325 元 / 粒升至 590 元 / 粒。同期，东阿阿胶，广誉远、同仁堂的安宫牛黄丸都曾宣布涨价。原材料价格大涨直接导致产品终端价格跟涨。业内人士表示，除天气影响、成本提升、需求增加等原因导致价格上涨外，不少中药材此前也曾遭遇游资炒作。[19]

政策层面的大力鼓励、市场需求的大幅上升、资金层面的炒作等因素所带来的中药材的涨价，为中药材种植带来了一个非常好的发展机遇。中草药种植相关企业的注册热度大增。2014 年，中草药种植相关企业的注册量仅为 1.10 万家。伴随着政策层面的大力扶持，2020 年，中草药种植相关企业的注册量激增到 6.57 万家，2021 年激增到 16.20 万家，2022 年达到 25.60 万家，2023 年更是达到惊人的 31.06 万家（见图 8-4）。[20]

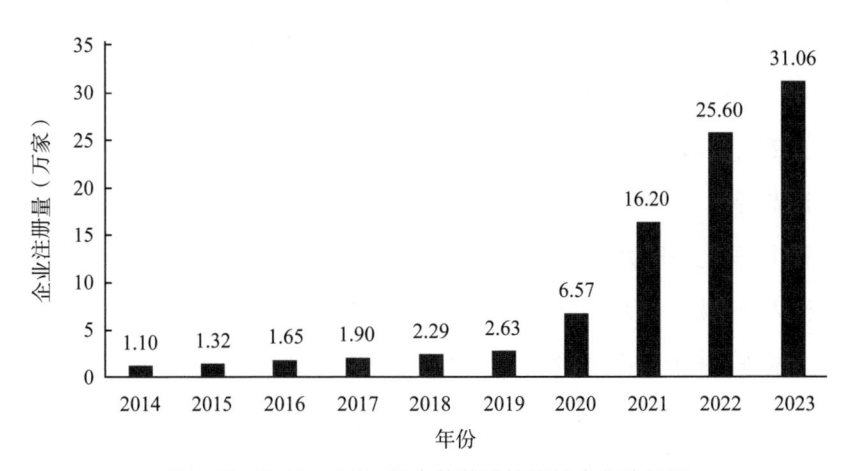

图 8-4　2014—2023 年中草药种植相关企业注册量

数据来源：企查查。

注：图中统计了企业名称、品牌、经营范围包含"中草药种植"的企业。

企业注册数量的激增从侧面反映出市场对中药材种植这个历史性机遇的肯定。

但是，大量急功近利的行为，甚至一些造假行为，也在伤害着中医药的信誉。哪种中药材卖得贵，卖得火，哪种造假就更为严重。

早在 2011 年 5 月，中央电视台就曾经报道了冬虫夏草掺假、造假事件。

人人都知道，冬虫夏草是好东西。8 世纪中叶，《月王药诊》首次记载冬虫夏草"治肺部疾病"。《藏本草》记载了冬虫夏草"润肺、补肾"的功能。清代药学名著《药性考》记载，冬虫夏草"味甘、性温，秘精益气，专补命门"。《本草纲目拾遗》记载，冬虫夏草"性温暖，补精益髓，此物保肺气，治腰膝间痛楚，有益肾之功"。《本草从新》记载，冬虫夏草"甘平保肺，益肾，补精髓，止血化痰，治膈症皆良"。

随着人们对健康的追求，冬虫夏草的稀缺性也不断被强化。由此，为了牟利而制假、售假的现象也逐渐多了起来。

中央电视台《消费主张》节目的记者调查发现，一些销售的冬虫夏草中混杂着明显被折断后又人为拼接起来的虫草……这种在整草中掺杂断草，让断草借机提价的现象在市场中随处可见。另一种手段是注水。1 千克冬虫夏草里有 200 克是水分，如果以 10 万元/千克的价格计算，那么消费者每买 1 千克冬虫夏草，相当于花费 2 万元购买了水，这样的手法是市场上公开的秘密。一些别有用心的人为了获取暴利，往冬虫夏草里注入金属粉，来增加每根冬虫夏草的重量。

最难发现的是假冒的冬虫夏草。全世界一共有 504 种虫草，而真正叫冬虫夏草的只有一种，它只生长在青藏高原。但是像生长在湖南的亚香棒草、四川的凉山虫草、云南的蝉蛹草以及吉林的蛹虫草，这些虫草与冬虫夏草长相相似，难以区分。很多卖家表示，如果把这些假冒的虫草掺在真的冬虫夏草里，那么连他们也很难发现。[21]

种类繁多的造假手段不但没有随着时间的流逝退场，反而在不断升级和进化。用淀粉、可塑剂，甚至胶泥等化学原料按冬虫夏草的模子加工成假虫草，用硫黄熏蒸来保存冬虫夏草，也一度成了业内公开的手段，这导致虫草中硫、汞的含量超标。[22]

中药材造假并不仅限于稀缺性强、价格昂贵的品种，甚至普通药材的造假也很普遍。

据报道，很多老中医反映，同样的方子，几十年前，他们一般一次开3服。如果方子对证，3服药就起效，有时甚至一服药喝下去，患者的病就好了。现在他们大多一次开7服，即使这样，对证效果也不甚明显。河南省中医药研究院附属医院中医内科屈冰主任医师曾发文痛斥中药材造假行为，市面上90%的枳实都是青皮；药店把杏仁当桃仁出售；枯木喷上沉香油冒充沉香；红薯切丁加工"化身"制首乌；用石灰和矿物粉制成骨头模型，煅烧成型后打碎充龙骨卖……中草药以假乱真，以次充好，以及大面积速生种植，很可能变成不值一文的茅草或杀人于无形的毒草，使得中草药彻底失去了本真和"元气"。随着道地药材越来越少，临床所用药材多为人工种植，药效也不如从前，特别是吉林人参、黄芪、三七等贵重的滋补药材。

广州某中医院一位从业30多年的老中医发现，按照古方，以往给成年患者开3～5克杏仁便能见效，现在用量至少为10克；还有用于化痰的半夏，古方推荐用量为3～6克，现在开到10克才行。这直接影响了患者的就医体验，一些因为慢阻肺需要长期吃中药治疗的老年患者，多次反映药量越来越大，效果却没以前好。[23]

药材造假比一般造假行为更为恶劣，因为假药材不仅不治病，还可能加重患者的病情，给本就处于痛苦中的患者带来更沉重的痛苦。

要想传扬中医，就必须从严格管控药材质量出发。

并不是每一样东西都经过创新才算好，有些已经被证明好的东西，更应该被循规蹈矩地传承。传承并不容易，匠人精神真的是需要用心才能体会的。我曾经多次带领学生去日本游学，日本有很多古老的工艺，有些甚至是在唐代从中国传过去的，但他们原封不动地借鉴了古代的方式和标准，无比虔诚，精益求精，传承了一代又一代人，使得古老的工艺延续至今。中国同样需要这种匠人精神，认真做好传承，而不是盲目改变，急于创新。

中药材的机会

无论是海外市场，还是中国市场，对于中药材需求的增长，都是肉眼可见的。

2024 年，中国中药类商品的贸易总额为 83.8 亿美元，同比增长 0.4%。其中，出口额为 52.7 亿美元，同比下降 3.2%；进口额为 31.1 亿美元，同比增长 7.3%。进口增速高于出口增速，国内的需求在增加。出口额下降不等于需求减少，而是由于 2024 年出口价格"内卷"尤其严重，作为出口主力军的植物提取物在出口量大幅增加 21.3% 的背景下，出口均价同比下降了 23.9%。[24]

2024 年，中国中药类商品出口的第一大市场是美国，对美国的出口额达到 8.7 亿美元，市场占比 16.7%。主要出口商品为植物提取物，出口额为 6.7 亿美元，同比增长 30.1%，占比达 77%。

中国中药类商品另一个大的出口市场是日本。2024 年，中国出口日本的中药材及饮片金额突破 3 亿美元（见图 8-5），市场占比由 2023 年的 20.7% 上升至 25.4%，日本继续稳居中国中药材及饮片第一大出口市场。韩国是中国中药材及饮片第二大出口市场，2024 年中国中药材及饮片对韩出口金额为近 1.44 亿美元，市场占比 12% 左右。[25]

在需求最大的美国市场，最受消费者欢迎的还是植物（药材）提取物。美国消费者喜欢保健品是在全世界都很出名的，而根据中国传统的

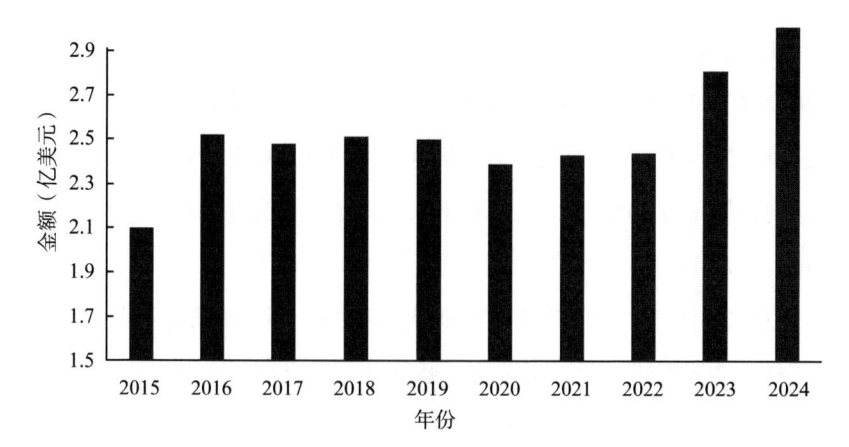

图 8-5　2015—2024 年中国出口日本的中药材及饮片金额

数据来源：中国海关总署。

中药材制造的提取物，价格便宜，效果比较明显，性价比更高，更容易受到消费者的欢迎。

这是一个巨大的市场。

中国有非常多中药制药厂，国内市场如果只专注于进行"内卷"，在经济调整期，只会面临越来越大的压力。调查并研究如何对接海外市场的需求，走出去，开拓欧美等发达国家的市场，或许是一条值得尝试的道路。无论是中成药，还是药材的提取物，作为中医发源地的中国，在中药材供应方面都有明显的优势。

无论是美国市场、日韩市场，还是东盟、欧洲市场，都需要质量可靠、稳定的道地中药材。这为中药材的种植提供了契机。

以天冬为例。天冬是一味常用的中药材，味甘苦，性寒，归肺、肾经。天冬具有滋阴、润燥、清肺、降火的功效。

四川内江的人们种植天冬，经济效益就非常喜人。按每亩①种天冬2 000株，每株产量2千克，鲜天冬价格12元/千克计算，每亩收入能

---

① 1 亩 = 666.67 平方米。——编者注

达到 4.8 万元。但天冬的种采周期是 3 年，合每年每亩的收入为 1.6 万元。如果套种玉米，按每亩种 2 000 株，每株产量 0.2 千克，价格 5 元 / 千克算，每亩的收入为 2 000 元，但一年可以种两季，算下来套种玉米的收入能达到每年每亩 4 000 元。综合算下来，天冬套种鲜食玉米一年的总产值为每亩 2 万元。[26]

但是，中药材不是随随便便就能种植的，哪个地方适合种植哪种中药材是非常有讲究的。川黄连、浙贝母、岷当归、淮山药等，这些药名中之所以包含地名，就是因为这些地方的这种药材最出名，效果最好。比如，河南温县是山药、地黄、菊花、牛膝"四大怀药"的原产地，有着"怀药之乡"的美誉。温县铁棍山药先后获得农业农村部地理标志农产品、国家市场监督管理总局、国家知识产权局地理标志保护产品，地理标志证明商标三大地理标志称号。再比如，内江种植天冬成功，是因为内江市东兴区天冬种植历史可追溯到唐代，距今已有 1 400 余年历史。

所谓"橘生淮南则为橘，生于淮北则为枳，叶徒相似，其实味不同"，中药材尤其如此。也就是说，首先需要考虑的是能种什么。其次，是在哪里种的问题。

无论做什么事情，都应该通过调查研究了解清楚。前期功课做得越扎实、越充足，此后犯大错或遭遇大损失的概率越小。机会永远属于有准备的人。

现在最大的问题之一就是人心非常浮躁。要做什么事情，很多人不做调查研究，不做充分论证，不做准备，一拍脑袋就决定干。这种行为方式本身就意味着意想不到的风险随时会降临。

要知道，种植中药材的成本是非常高的，如果前期的投资因为这种风险而颗粒无收，那么这是任何人都不能承受之重。

再次，是怎么种的问题。

中药材的人工种植是需要专业技术人员做指导的，这不是凭借个人经验能解决的问题。

种植中药材跟种植普通农作物是截然不同的概念，种粮的经验是不能直接移植到药材种植上的。更多时候，中药材需要一种更接近野生的生长环境，才能长得更好，保持更高的药用价值。

从投资的角度来看，无论什么时候，稀缺性永远是支撑价格的最强大的力量。同样是种植中药材，谁能突破技术瓶颈，种植稀缺性强的中药材，谁就会有更强的竞争力和更主动的定价权，而这些是保持高收益的有力保障。

人类追求更加自然的生活方式，用更加自然的方式调养和治疗乃是大势所趋。因此，对中药材需求的增长也是大势所趋，而这本身就包含着投资的机会。

药和药材，关乎健康，关乎生命。做这个领域的投资，绝不可为利益而牺牲药材的品质。人所有的投资，换取的所有财富，最终都不仅仅是为了维持肉体的存在，而是为了滋养自己的灵魂，让自己活出境界，活出舒展、自在的状态，打开一扇更大的门。人绝不能用出卖良心和灵魂的方式换取金钱。

必须强调的是，所有的投资行为都应该坚守基本的道德底线。如果你的投资行为，既能获得收益，又能造福于社会，不是更好吗？个人所能享受的财富其实是非常有限的，所谓能力越大，责任越大，我们应该把财富放在更有价值、更有意义的领域。

财富之花，必须建立在良知和责任之上，才能长久盛开。

其实，投资者只要用心，就能在传统中药市场中发现很多机会。中药材对普通人来说并非高不可攀的投资品种。投资中药材一定要结合本地实际，选择那些种植容易、用途广泛、市场需求大的品种。这样的品种还是比较多的，比如传统的艾草。

艾草是中国南方很常见的一种植物，是芳香类中药的代表，这种平平无奇的菊科草本植物是一味古老而神奇的良药。很多专家研究证明，艾草烟熏对预防呼吸道传染病的作用较大。艾叶味苦、辛，性温，归肝、脾、肾经，能理气血、温经脉、逐寒湿、止冷痛。

除入汤药外，艾草用处广泛。用放入艾草的温水外洗可以治疗湿疮疥癣，可以预防夏天长包、长疖、生痱子，还可以缓解皮肤瘙痒。常用艾叶水泡脚，还能防治儿童感冒……艾草还有一个最常见的用法，就是用于针灸术的"灸"。用艾草捣绒，制成艾条、艾柱，点燃之后去熏、烫穴道。穴道受热被刺激，气体则向下进入穴位，通过穴位到达经络，再通过经络到达体内，这能散寒止痛，温煦气血。相传，唐代药王孙思邈常用艾灸养生，其长寿或与此相关。[27]

艾草比较容易加工，河南南阳市就把艾草产业做到了世界水平。

目前，南阳已发展为中国最大的艾产业种植基地、生产基地和销售基地，艾草种植面积近30万亩，原料产量占全国的85%，拥有艾草相关企业近2 000家，其中，注册资本5 000万元以上的大型企业有4家，出口企业有18家。艾绒、艾条、艾柱、艾灸器具等300多个品种的艾制品占全国市场份额的70%以上。2023年，南阳艾产业综合产值超150亿元，出口达到3 300万美元，形成了艾草种植、研发、生产、加工、销售、设备制造及康养等全产业链发展格局。[28]

别小瞧了艾行业，艾草相关品种在海外正在被越来越多的人接受。从2021年到2023年，南阳艾草制品的出口额增长了近114倍（这显然是非常惊人的增长态势），出口国家和地区增至12个，远销东欧、北美和大洋洲。艾草成为"致富草"，带动南阳当地10万余人就业，惠及30多万农民。[29]

在过去10年中，中国艾产品市场需求以年均20%以上的速度增长。

同样是发展艾产业，湖北蕲春另辟蹊径，在技术和品牌上下功夫，也取得了成功。依托国家级非遗"蕲春艾灸疗法"和"蕲春艾灸师"劳务品牌，湖北全省艾灸培训机构达31家，培训蕲春艾灸师7.3万人，分布在全国3 000多家蕲春艾灸馆。目前蕲艾已形成集艾草种植、精深加工、艾灸养生、文旅康养于一体的全产业链。2024年，蕲艾品牌价值达130.3亿元。[30]

随着世界民众对自然疗法的追求日益强烈，源于自然的药材正在被越来越多的人接受和喜欢。南阳艾草制品的出口额在3年内实现百倍增长就是一个很好的证明。海外市场可以拓展的空间是超乎想象的，新市场的大力拓展和需求的快速增长可以人为"营造"出一些稀缺性。

健康行业永远是有着广泛需求基础和巨大想象力空间的行业。中医药的发展有上千年的历史经验积累，只要我们用心挖掘，就总能发现其中蕴含的好机会。

做中药材投资，切忌好高骛远，脱离实际。其实，如果用心，许多很普通的中药材同样能像艾草那样，被做成深入人们生活的产品，这既为人们带来健康，又为企业带来收益，还能提供就业岗位，造福当地民众，是真正的多赢之举。

要点总结

- 随着全球对健康和自然的追求，中药材在海外市场的需求不断增长，特别是以提取物形式出现的保健品（膳食补充剂），因其简单、方便、有效且价格低廉的特点而受到市场欢迎。然而，中国在国际中药市场中所占的份额较低，日本和韩国凭借标准化生产和品牌建设占据了更大的优势。

- 尽管面临诸多挑战，但中药材在海外市场可以拓展的空间仍然很大，特别是以植物（药材）提取物的形式。中药制药厂等生产企业可以调研海外市场消费者的偏好，对接这些市场的需求，这是值得尝试的道路，是中医药走向海外的一种更便捷的方式。

- 政府出台了一系列政策支持中医药的发展，包括中西医协同发展、推广中医治未病理念等，推动中医药在医疗体系中的应用，有效带动起需求的增长。

- 健康行业是有着广泛需求基础和巨大想象力空间的行业，比如从2021年到2023年，南阳艾草制品的出口额增长了近114倍。无论是美国市场、日韩市场，还是东盟、欧洲市场，都需要质量可靠、稳定的道地中药材，这为中药材的种植提供了契机。

- 对有条件的人、企业、地方政府来说，中药材的种植和投资机遇值得关注。种植和投资中药材不仅可以满足市场需求，也为自己和企业带来收益，还能提供就业岗位，造福于当地民众，是真正的多赢之举。

- 投资中药材，切忌好高骛远、脱离实际，而是一定要结合本地实际，考虑种植技术、地理环境、市场风险等多方面因素，选择那些种植容易、用途广泛、市场需求大的品种，力求可持续发展。

- 从稀缺性的角度来看，种植稀缺性强的中药材或开发新的种植技术，可能带来更强的竞争力和更高的收益。

- 投资中药材需要注重药材品质，确保投资行为不违背道德和社会责任，避免单纯逐利行为对行业和社会造成伤害。

第九章

小金属

越来越稀缺

现在，世界存在最明确的两大趋势。一是货币超发越来越严重，债务问题越来越严重。二是稀有资源的可开采量急剧下降，储量日渐减少，其应用范围却越来越广泛，需求量也越来越大，这使得稀有资源的稀缺性日益被强化。这两大趋势的相遇不仅推动了黄金、白银牛市的形成，也带动了小金属进入上涨周期。

称得上有稀缺性的小金属并不算少，比如钚、铼这样的品种。铼是地球大陆地壳中最稀有的元素之一，全球每年的铼矿产量约为50吨。几乎所有的原生铼（通过采矿而不是回收生产的铼）都是铜矿开采的副产品，斑岩铜矿床中的辉钼矿的铼含量通常为0.1~0.6克/吨。[1]

然而，铼的这种稀缺性实在是太强了，稀缺到与投资者离得很远，使投资者无法参与。因此，我只选择一些比较有代表性的跟投资相关的小金属品种来谈。

以锑为例。锑是所有资源中稀缺性最强的品种之一。中国是世界最大的锑生产国，锑产量占全球产量的48%，但中国的锑储量已经从2012年的95万吨下降至现在的64万吨。

对，你没有看错，64万吨！

仅看这个数据，其稀缺性就足以令人心惊肉跳了。

根据美国地质调查局发布的报告《2024年矿产商品摘要》，2023年，全球锑产量为8.3万吨，现在已经探明的锑资源储量仅能满足全球约24年（中国仅16年）的需求，比锂、稀土还要稀缺。中国现有锑储量居世界第一，为64万吨。俄罗斯锑储量居世界第二，为35万吨。玻利维亚居第三，锑储量为31万吨。吉尔吉斯斯坦居第四，锑储量为26万吨。澳大利亚和缅甸并列第五，锑储量均为14万吨。接下来是土耳其，锑储量为9.9万吨。美国拥有锑储量6万吨，以及7个锑矿资源，主要分布在阿拉斯加、爱达荷、蒙大拿和内华达这4个州。[2]

中国锑产量占全球产量的近一半，由于中国锑产量下降，全球锑矿供应减少，供应缺口逐渐加大。

中国国内锑矿资源主要分布在湖南省、广西壮族自治区、贵州省和云南省。但由于多年来的过度开发，中国锑矿资源已面临后备矿山不足的挑战。在中国累计查明具有经济价值的锑资源中，有63%已被消耗。在当前经济技术条件下，在已探明的166个锑矿中，已开发的锑矿为71个，难以被开发利用的锑矿有59个，可规划利用的锑矿只有36个。这36个可规划利用的锑矿多数是中小型规模的多金属矿床，其矿石成分较为复杂，伴生有白钨矿、方铅矿、金矿，因此在选冶上存在一定难度。

2023年，全球锑产量回落到8.3万吨，较历史高点下降57%。

2023年，从产量结构上看，中国、塔吉克斯坦、土耳其和缅甸是全球锑产量的主力贡献国，四国合计产量占全球产量的86.3%。[3]

全球锑产量逐渐下降，人类对锑矿的需求却在不断增长。

其一，阻燃剂需求。全球主要的锑消费领域为阻燃剂。阻燃剂领域的锑消费量占总消费量的比例长期保持在50%以上。锑-卤系阻燃剂的主要优点是阻燃效果好、成本低、添加量少、与材料兼容性好、性价比极高，主要缺点是发烟量大，产生的卤化氢及三氧化二锑粉尘对人体有害。但即使在欧美地区，在部分对阻燃效率要求较高的领域，卤系阻燃剂仍无法被替代，因而卤系阻燃剂短期内仍然难以完全退出市场。[4]也正因如此，一直到2023年，在锑的下游需求中，阻燃剂的占比仍在47%左右。

其二，铅酸电池、化学制品、玻璃陶瓷等传统需求。20世纪以来，中国铅酸蓄电池的产量飞速增长，其主要的消费市场为起动型电池市场（占50%），其次为动力型电池市场（占40%）及工业电池市场（占10%）。起动型铅酸蓄电池主要用于汽车、摩托车，动力型铅酸蓄电池主要用于电动自行车和低速电动汽车。锑主要以铅锑合金的形式用于制造铅酸蓄电池板栅材料。化学制品领域的锑消费主要来自锑系催化剂，这种锑系化学催化剂（如三氧化二锑）常用于聚酯缩聚反应。在玻璃陶瓷领域，三氧化二锑主要用于制作颜料和玻璃脱色剂，该领域的锑消费量在近20年占到中国锑消费总量的10%~15%。[5]

其三，光伏需求。光伏玻璃需求是当下的主要增长点。由于锑在光伏玻璃澄清剂中成本占比小、价格敏感度低，预计2021—2026年全球光伏行业用锑需求将由1.6万吨增至6.8万吨，占锑总需求的比例将由11%提升至39%。由于光伏行业对锑的需求增长非常快，预计2023—2026年全球锑资源供需缺口将由0.8万吨增加至2.1万吨，缺口比例由5%上升至12%。[6]

其四，是当下人们比较关注的日益增长的军事需求。根据美国地质调查局发布的报告，美国对锑的需求结构与全球总的需求结构存在着非常大的差异。在美国，锑的主要用途是金属产品。包括锑铅和弹药在内的金属产品占锑总消费量的43%，阻燃剂占35%，陶瓷、玻璃和橡胶制品等非金属产品合计占22%。[7]

美国国际战略研究中心发布的报告指出，自第二次世界大战以来，锑一直是国防技术的关键，在钨钢的制造和铅弹的硬化中起到关键作用。如今，锑也是穿甲弹、夜视镜、红外传感器和精密光学器件的关键材料。除了对弹药和国防技术需求的不断增加，乌克兰和中东地区持续不断的冲突也给锑供应链带来了额外的压力。2023年，美国对外国政府的军事装备销售额增长了16%，达到前所未有的2 380亿美元，而锑是美国国防工业基础的必要材料。

20世纪中叶，美国国内锑矿开采量占其总消费量的90%以上。然而，锑矿开采对环境的危害和挑战尤其大，因为这种金属有毒且具有致癌性。随着20世纪70年代环保法规的收紧，美国国内锑产量逐渐下降。美国最大的锑矿来源斯蒂布尼特（Stibnite）金锑矿项目于20世纪90年代停止运营，标志着美国锑自给自足时代的终结。[8]

当然，除了这个原因，还有战略储备的考虑。这跟美国关闭加州芒廷帕斯（Mountain Pass）稀土矿，转而全力从中国进口稀土是一个道理。美国本土的稀土矿资源足够美国用100年[9]，他们却把自己的矿关掉，从中国进口。

2024年8月14日，中国宣布对锑进行出口限制。从9月15日起，6种锑相关产品的出口限制将生效，包括锑矿、锑金属、氧化锑等。任何想出口这些材料的人都必须在中国商务部申请许可证。此外，新政策禁止未经商务部许可出口金锑冶炼和分离技术。[10]

美国股市立即做出反应。珀佩图阿资源公司提出计划重新开发斯蒂布尼特金锑矿项目，再次在美国国内生产用于导弹和弹药的三硫化锑。这样一来，该公司的辉锑矿将成为美国唯一的锑来源。据该公司称，在重新开发的前6年内，斯蒂布尼特金锑矿项目可以满足美国35%的需求。该项目引起了美国政府的关注，美国国防部通过《国防生产法》投资计划拨款2480万美元以完成环境研究，美国进出口银行向该公司发送了一份18亿美元贷款的意向书。然而，该项目预计要到2028年才开始生产，目前仍在等待最终许可。在中国宣布限制锑出口后，珀佩图阿资源公司的股价上涨19%，达到3年来的最高水平。[11]

图9-1为珀佩图阿资源公司2024年1月至2024年11月的股价走势。可以明显看到，随着锑供应的紧张和锑价格的大幅上涨，其股价从2024年2月28日的最低点2.69美元涨到了10月23日的阶段高点10.72美元，大约是2月最低点的3.9倍。

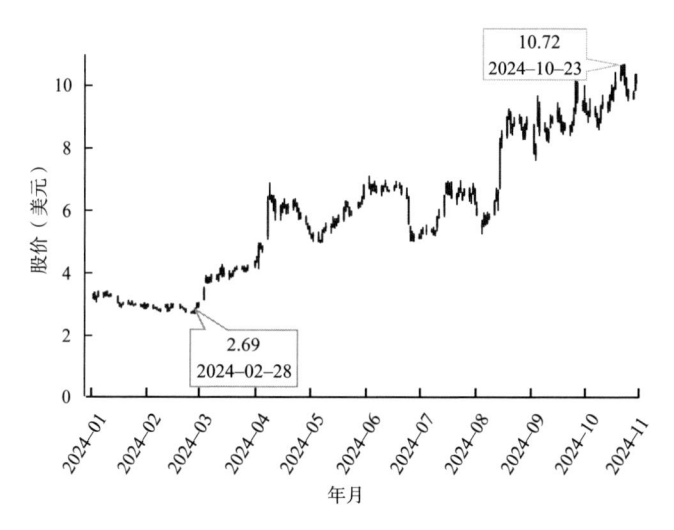

图 9-1　珀佩图阿资源公司股价走势图

数据来源：Choice 数据。

还有一家小公司，名字叫美国锑业公司，这家公司创立于 1968 年，总部位于美国蒙大拿州，是一家完全集成的采矿、运输、碾磨、冶炼和销售公司。这家公司的股价在 2024 年 3 月 11 日跌到只有 0.17 美元，在 2024 年 8 月中国开始限制锑出口以后，锑就被强化了稀缺性，美国锑业公司的股价像被"打鸡血"了，一路暴涨。到 2024 年 12 月 16 日，其股价最高点达到 2.25 美元，已经是当年最低点价格的约 13 倍（见图 9-2）。

由此可见，美国股市对一些重要的趋势性信息的反应是非常剧烈的，这也从侧面证明了中国限制出口的威力之大。

锑的供需缺口日益扩大，对锑价格形成了有力的支撑。Fastmarkets[①]的数据显示，欧洲锑锭价格也攀升至 21 000 美元 / 吨的创纪录水平。截至 2024 年 5 月底，锑锭价格不到半年上涨了 75%。中国 A 股中的湖南黄金

---

① Fastmarkets 是全球大宗商品市场的领先价格报道、分析和会议机构。——编者注

第九章　小金属

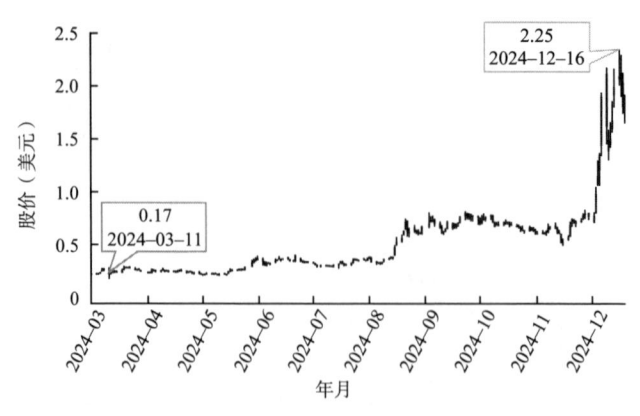

图 9-2 美国锑业公司股价走势图

数据来源：Choice 数据。

股份有限公司、西藏华钰矿业股份有限公司、广西华锡有色金属股份有限公司等都与锑资源相关[12]，只不过，中国个股的走势往往跟大盘整体趋势的关联更加紧密：涨的时候，往往是"鸡犬升天"；跌的时候，往往是"泥沙俱下"。因此，能体现出个股特点的机会往往比较少。

此外，期现货价格与股票价格并不一定一致。其一，影响期现货价格的关键是供需关系，而影响股价的关键是公司的盈利能力。其二，如果某种稀缺资源在上市公司的收益中占的比例过小，那么该公司的股价就无法与该稀缺资源期现货的价格保持一致。其三，上市公司的开采成本等因素也会影响其股价表现。

钨：最不怕火炼

钨是用途非常广泛的小金属。

钨属于稀有金属，也是一种重要的战略物资。人们常说"真金不怕火炼"，是由于金的熔点较高，约为 1 064 ℃，在高温条件下性质稳定，不会被空气中的氧气氧化而变质，因此一般情况下，金不会熔化。

但实际上，在所有金属中真正不怕火炼的是钨。钨的熔点为 3 422℃，是金属中熔点最高的，并且其沸点高达 5 555℃。钨具有一系列优异的性能。它的熔点最高，蒸气压很低，蒸发速度也较慢，极耐高温，只有加热到很高温度，才能对其进行压力加工。它的化学性质稳定，防腐性能非常好，在室温下与空气和水都不发生作用，在绝大部分盐酸、硫酸和硝酸中都不溶解。此外，它也是密度最高的非贵金属之一。[13]

钨由于具有高熔点、高沸点等优良特性，被称为"工业牙齿""烈火金钢"。钨是国防工业、航空航天、信息产业等基础工业及高科技产业不可或缺的基础原料。

"真金不怕火炼"现在往往用来比喻人的品质好、意志坚强，经得起任何考验。这当然没错，但是，如果仅仅从材料的熔点来看，就应该是"真钨不怕火炼"了，这是因为钨具有最高的熔点。

美国地质调查局是这样介绍钨的。钨（元素符号为 W）是一种用途广泛的金属，其最大的用途是用作硬质合金中的碳化钨。硬质合金（也称为钨钢）是金属加工、采矿和建筑行业使用的耐磨材料。钨金属丝、电极和触点常用于照明、电子、电气、加热和焊接等应用。钨还用于制造重金属合金，用于武器、散热器和高密度应用，例如重物和配重物、涡轮叶片的超级合金、工具钢，以及耐磨合金零件和涂层。钨复合材料可以作为铅的替代品用于制作高性能的弹药。钨化合物可用于制作催化剂、无机颜料和高温润滑剂。[14]

在美国消耗的钨当中，有 60% 用于生产切割和耐磨应用的硬质合金零件，主要应用于建筑、金属加工、采矿，以及石油和天然气钻探行业。其余的钨用于制造各种合金和特种钢等。

世界钨资源分布广泛，中国的钨资源储量居世界首位，是世界最大的钨矿床之一。除南极洲外，各大洲均发现了重要的钨资源。

在全球范围内，中国的钨矿储量位居世界第一，为 230 万吨。澳大利亚的钨矿储量排第二，为 57 万吨。俄罗斯的钨矿储量位居第三，为 40 万吨。越南的钨矿储量排第四，为 7.4 万吨。全球钨矿总储量为 440 万吨。2022 年，全球钨矿的产量约为 7.9 万吨，2023 年下降到 7.8 万吨。如果按照 2023 年的产量计算，全球钨矿还能开采约 56.4 年。[15] 可见，钨矿储量也是比较少的。有意思的是，美国地质调查局没有公布美国自己的钨矿储量。

中国是当前全球最大的钨资源储藏国，钨储量占全球钨资源的 58%。湖南、江西两省的钨资源最为丰富，储量占全国的约 50%。中国同时也是世界上最大的钨精矿供应国，2023 年的产量为 6.3 万吨，占 2023 年世界全部产量（7.8 万吨）的约 80.8%（见图 9–3）。2023 年，中国的钨矿储量为 230 万吨，这就意味着，中国的钨矿只能开采约 36.5 年，比全球钨矿可供开采的时间要短很多。这主要是由于中国此前过度、无序地开采钨矿，导致钨矿资源急剧减少。

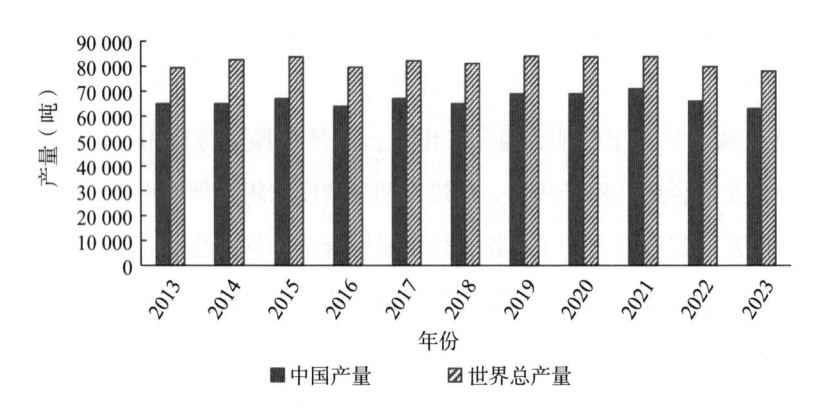

图 9-3　2013—2023 年中国钨精矿产量与世界钨精矿总产量
数据来源：美国地质调查局《矿产商品摘要》。

媒体很早以前对此就有很多报道。中国钨业协会调查发现，全国主要矿山普遍超产 20% 左右，越界盗采、乱采滥挖、哄抢资源的现象屡禁不止，矿区安全事故频发。在一些国有矿山附近，个体民采也频频圈地，偷盗哄抢不绝。湖南省柿竹园有色金属矿区是中国特大钨矿产地，在其35平方千米的采矿区内，乱采乱挖矿点最高峰时达到130多个，经过最近一轮整治，情况有所好转。记者调查发现，投资者为利益所驱，中下游冶炼加工企业生产规模盲目扩大以及需求旺盛等，成为导致钨矿生产秩序屡屡整治又屡屡反弹的主要原因。[16]

其实，早在1991年，国务院就下发了《国务院关于将钨、锡、锑、离子型稀土矿产列为国家实行保护性开采特定矿种的通知》（国发〔1991〕5号），将钨列为实行保护性开采的特定矿种，并控制钨开采总量。但各地方出于利益等考量，并没有严格遵守。

而且，在钨矿开采过程中，浪费现象非常严重。调研发现，有些白钨矿区的选矿回收率只有40%，采矿损失率总体维持在较高水平。

中国钨矿资源的主要特点是：富矿少、贫矿多、难选矿石多，以白钨、黑白钨共生、共伴生为主。2009年，中国查明钨资源（三氧化钨）储量为571万吨，其中黑钨矿约占23%，白钨矿约占67%，混合钨矿约占10%。80%以上的白钨矿床地质品位小于0.4%，低于国外品位，而且组分复杂，共伴生的白钨矿床占全部白钨矿床的70%。在已知的白钨矿山中，除少数外，大部分白钨矿在已有技术条件下选矿回收率低于60%，比黑钨矿选矿回收率低15~25个百分点。随着钨矿资源的逐年开采，钨矿山入选品位呈逐年降低的趋势。钨矿品位下降，导致采选成本提高，选矿难度增加，而选矿回收率难以提高。钨矿开采深度逐年向下延伸，采矿贫化率和损失率上升。[17]

为保护中国钨矿资源并加强有序开采，从2018年到2023年，有关部门发布了钨精矿开采总量指标。在此期间，总量指标从10万吨逐步增长到11.1万吨。

这种态势直到2024年才发生改变。2024年第一批钨矿（三氧化钨含量65%）开采总量控制指标为62 000吨，较2023年第一批的63 000吨减少约1.59%，为5年来首次下调指标。钨矿开采指标的下调反映出国家对钨行业供给侧整改的决心，有利于钨价格的提升。

从2024年的价格走势来看，截至8月27日，黑钨精矿（三氧化钨含量65%）价格为13.9万元/吨，较8月初每吨上涨0.9万元；白钨精矿（三氧化钨含量65%）价格为13.8万元/吨，较8月初每吨上涨1万元；仲钨酸铵（三氧化钨含量88.5%）价格收于20.6万元/吨，较8月初每吨上涨1.1万元。[18]

对相关的上市公司来说，钨价格上涨当然是个好消息。但在美股中，钨相关上市公司比较少，原因很简单，世界的钨供应主要是由中国承担的，它们没有发展的空间。只有一个沾点儿边的公司——加拿大钒铁钨钼矿业公司（Largo Inc.，美股代码：LGO），但它的主营业务是钒铁，其钨钼收入占比非常小。

钨相关的企业主要集中在中国，主要包括以下几家。

厦门钨业股份有限公司（简称厦门钨业）：中国最大的钨产品生产商。厦门钨业专注于钨钼、稀土、能源新材料三大核心领域。厦门钨业拥有完整的钨产业链，钨钼业务是其最主要的营收及利润来源。厦门钨业拥有3家在产钨矿企业（洛阳豫鹭矿业有限责任公司、宁化行洛坑钨矿有限公司、江西都昌金鼎钨钼矿业有限公司）和1家在建钨矿企业（博白县巨典矿业有限公司），具备钨冶炼及大规模生产粉末产品的能力，生产规模与产品品质都处于世界前列。

中钨高新材料股份有限公司（简称中钨高新）：世界500强企业中国五矿集团有限公司旗下专业发展钨产业的企业，管理运营着集矿山、冶炼、加工、贸易于一体的完整钨产业链。其管理范围内的钨矿山保有钨资源量为123万吨，占中国查明钨资源量的11%。该区域还拥有钼资源量10.9万吨，铋资源量20.9万吨，萤石资源量4 700万吨。中钨高新的钨冶炼年生产能力为 2 万吨，占全国仲钨酸铵产能的 10%。

崇义章源钨业股份有限公司（简称章源钨业）：集采矿、选矿、冶炼、制粉、硬质合金与钨材生产加工、贸易为一体的集团型民营企业。章源钨业拥有 6 座采矿权矿山，10 个探矿权矿区。

必须再次强调，中国股市同涨同跌的概率非常高，很多时候，某个企业的基本面并不能让股价脱离大盘整体趋势特立独行。

锂：鬼门关的领路者

锂是非常重要的战略性资源。说到锂，这几年人们对它的印象大致是：一个价格疯狂上涨又迅速从巅峰跌落的稀有小金属。

在标准条件下，锂是最轻的金属和最轻的固体元素。现在我们都知道，锂是锂电池制造中不可或缺的小金属，而它最早成名是在军事领域。第二次世界大战结束后不久，锂被用于制造飞机引擎的高温锂润滑油脂。后来，随着核融合武器的生产，冷战时期对锂的需求急剧增加。美国在 20 世纪 50 年代末到 20 世纪 80 年代中期成为锂的主要生产国。核军备竞赛结束后，对锂的需求下降，锂的价格自然也就降低了。20 世纪 90 年代中期，几家公司开始从盐水中提取锂，这比在地下或露天采矿的成本更低，从而导致大多数锂矿山关闭。

随着锂离子电池的发展，2007 年之后，制造锂离子电池便成为锂的最主要的用途。[19]

近年来，电池的锂消耗量大幅增加，因为可充电锂电池已广泛应用于电动汽车、便携式电子设备、电动工具和能源网存储等日益增长的市场。现在，全球对锂的最终用途结构如下：电池，87%；陶瓷和玻璃，4%；润滑脂，2%；空气处理，1%；连铸结晶器熔剂粉末，1%；医疗，

1%；其他用途，4%。[20]

近几年，锂的重要性可以说到了尽人皆知的地步。然而，锂是小金属当中最缺乏稀缺性的品种之一，因为它的储量相对其他小金属要丰富得多，分布也广泛得多。

美国地质调查局发布的研究报告显示，全球锂储量（金属锂）有2 800万吨（折合碳酸锂当量超1亿吨）。2023年，全球的锂产量（金属锂）为18万吨，这意味着全球锂储量可被开采约155.6年。其中，智利拥有的锂资源量居全球第一，储量高达930万吨；澳大利亚位居第二，储量为620万吨；阿根廷居第三，储量为360万吨；中国居第四，储量为300万吨；美国居第五，储量为110万吨；加拿大居第六，储量为93万吨；巴西居第七，储量为39万吨。

重点是，已探明和控制的锂资源量还在大幅增加。

美国地质调查局在报告注解中指出，由于持续勘探，全球已探明和控制的锂资源量大幅增加，总计约1.05亿吨。美国测量和指示的锂资源量（来自大陆盐水、黏土岩、地热盐水、锂蒙脱石、油田盐水和伟晶岩）为1 400万吨。其他国家测量和指示的锂资源量已修订为9 100万吨。具体资源分布情况如下。玻利维亚：2 300万吨；阿根廷：2 200万吨；智利：1 100万吨；澳大利亚：870万吨；中国：680万吨；德国：380万吨；加拿大：300万吨；刚果（金）：300万吨；墨西哥：170万吨；捷克：130万吨；塞尔维亚：120万吨；秘鲁：100万吨；俄罗斯：100万吨；巴西：80万吨；津巴布韦：69万吨；西班牙：32万吨；葡萄牙：27万吨；纳米比亚：23万吨；加纳：20万吨；芬兰：6.8万吨；奥地利：6万吨；哈萨克斯坦：5万吨。[21]

我极其啰唆地把这些枯燥的数据列出来是想告诉大家，无论做任何品种的投资，都不能想当然，都要先做好充分的研究，把相关数据搞清楚。

人们经常被所谓的经验或者原则误导，甚至会因此付出沉重的代价。比如，我们常听到一句话："不入虎穴，焉得虎子。"从投资的角度来看，这句话所讲的经验绝对是灾难性的。

得到"虎子"没有意义，你养不了它也用不了它的皮毛，只会落个残害小动物的恶名。更关键的是，"虎妈"会找你拼命，而人在不熟悉的"虎穴"绝对是死路一条。从目的到行动，这样做都是毫无意义的，结果当然也是很悲惨的。人们常说"不入虎穴，焉得虎子"，却鲜有从"虎穴"成功得到"虎子"且全身而退的案例，可是人们仍这样说，还把这当经验来谈，似乎谁不懂这个道理就没有跟上主流的步伐。其实，跟上这种步伐才真的庸俗且糟糕。

所以，投资不能"入虎穴"，必须尽可能地通过研究清除风险因素。

当有关锂资源的那些枯燥的数据清晰地呈现在我们眼前时，我们会立即明白，锂不是稀缺资源，反而分布广泛。实际上，锂是缺少稀缺性的，而稀缺性几乎是我们判断投资品种的价格能否长期保持上涨态势的首要条件。常言道，物以稀为贵，如果某种东西不"稀"，那么它一定不会持久"贵"。企业如果看到锂的价格涨得很凶，想在锂领域赚大钱，疯狂做投资，就有可能面临巨大的风险。因为，任何不能持久"贵"的品种，都可能让投资血本无归。

了解了这一点，我们就很容易理解为什么锂的价格会如此剧烈地波动了。

新冠疫情之后，为了拯救经济，包括美国在内的很多国家鼓励发展新能源汽车，使得对锂的需求急剧增长。

2021年8月5日，时任美国总统拜登签署了一项行政命令，设定了到2030年零排放汽车销量占到新车销量的50%的目标，并提出了直到2026年的新车辆排放规则，以减少污染。2021年12月8日，拜登又签署一项行政令，计划让美国联邦政府在2035年之前停止购置燃油车，以减少排放，并推广电动汽车。[22]

拜登政府强硬而明确的做法发出了清晰的信号，让汽车制造行业有了从发展燃油车向发展电动车转型的紧迫感。

中国更是把电动车当成弯道超车的关键。中国电动车的发展速度举世瞩目：2021年，中国新能源汽车销售达352.1万辆，同比增长1.6倍，连续7年位居全球第一。

当这些信号密集地出现时，锂价开始飞涨。

2022年10月18日，澳大利亚锂矿巨头皮尔巴拉矿业公司（Pilbara Minerals Ltd.）宣布，其在电子交易平台（BMX）举行年内第7次锂辉石精矿拍卖之前，已经接受了7 100美元/吨的拍卖前竞价，将锂含量为5.5%的5 000吨锂辉石精矿出售给竞拍者，并且买方将在近期支付10%的定金。与该公司在2021年7月首次进行的锂辉石精矿拍卖成交价格相比，2022年10月18日的预成交价格上涨了5 850美元/吨，涨幅高达468%。

受此次天价拍卖的影响，2022年10月18日，电池级碳酸锂现货均价上涨到53.2万元/吨。[23]

锂价飞涨，所有人都变得疯狂。然而，所有疯狂的人都忽略了至关重要的一点：锂资源并不稀缺。

飞涨的价格是人们疯狂找矿、采矿的最强大的动力。很快，锂的价格开始暴跌，因为人们突然醒悟：锂，有的是。

2022年11月，碳酸锂的价格最高达到57万元/吨，随后在2023年，又暴跌了80%，2024年短暂稳定以后继续下跌，一口气跌破8万元/吨的价格。而其他很多稀有小金属的价格基本呈上涨趋势，很少有像锂这样剧烈波动的。

图9-4为2010—2024年中国国产电池级99.5%碳酸锂的均价，可以明显看出，价格在2022年暴涨，到2023年开始下跌。

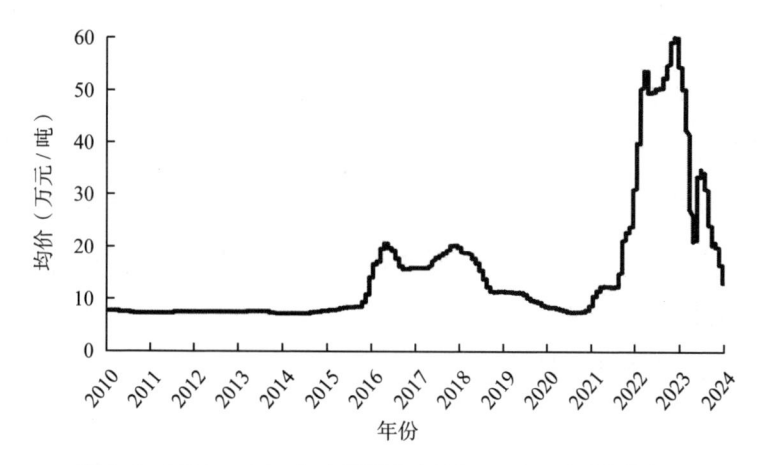

图 9-4 2010—2024 年中国国产电池级 99.5% 碳酸锂的均价

数据来源：Choice 数据。

当碳酸锂的价格在短短一年多的时间里，从 57 万元 / 吨跌到不到 8 万元 / 吨时，那些在高位疯狂抢矿的人结局如何，可想而知。

在碳酸锂价格"跌跌不休"的时候，一项技术的问世带来了进一步的噩耗。

目前全球主要的提锂方法是硬岩矿物提锂，但中国很少有高品位的锂精矿，因此就需要先从澳大利亚等国进口大量锂矿，然后再进行提炼。

中国的锂资源整体储量排名全球第四，但多达 70% 左右的锂资源是以盐湖卤水的形式存在的。一直以来，中国在这方面没有过硬的提取技术，导致提取成本很高，耗时很长，效率也比较低。

然而，2024 年 10 月 22 日，一项发表在《自然》杂志子刊《自然可持续发展》上的关于盐湖提锂技术的突破性成果引发了广泛关注。

直属于澳大利亚蒙纳士大学的蒙纳士苏州科学技术研究院的李之考博士，联合澳大利亚技术科学与工程院院士张西旺教授，成功开发出一种采用乙二胺四乙酸（EDTA）辅助的疏松纳滤膜工艺（EALNF）。相比传统的蒸发—沉淀工艺，该工艺省去了耗时的盐田晾晒步骤，将生产周期从1~2年大幅缩短至1~2个月。该工艺可以显著提高盐湖盐水的锂回收率，从目前的30%~50%提高到80%~90%。也就是说，与传统方法相比，新方法可以将等量的盐水的碳酸锂产量有效提高一倍。[24]

这项技术一旦推广应用，将以更低的成本、更高的效率提升中国的锂产量，这对中国确保锂供应安全来说是一大喜讯，但对国际锂价来说就是噩耗了，因为这会给锂价带来压力。

难道锂领域没有投资机会了吗？

当然不是。

我之所以在前面把锂价下跌的局面写得如此惨烈，绝不是想激起读者看笑话的心态——这种心态实在太可耻了。我是想说，当某件事惨烈到极致时，它往往也蕴藏着反转的机会。当然，这种反转需要经过在底部比较长时间的震荡、洗牌。只有在许多缺乏竞争力的或者规模不够大的企业被淘汰掉之后，供给减少了，最终活下来的企业才得以看到明天的灿烂阳光。因此，抄底需要的不是勇气，而是耐心，这种耐心需要投资者经历漫长的时间的考验，要一次次压制住自己的激情和冲动……耐心有多持久，等来的机会就有多好。这种等待当然不是消极、被动的等待，而是时刻观察着基本面的变化，包括产量、需求量、库存等数据的变化。这是一种寻找的等待，是一种有技术含量的等待，也是一种积极的等待。

锂价的暴跌并不意味着它不具有价值了，而是针对它此前被炒得太高的价格进行的痛苦而彻底的矫正。市场对锂的需求依然强劲。在气候驱动情景下，电动汽车和电池存储成为矿物需求增长的主要力量，预计到2040年矿物需求量至少增长30倍。其中锂的需求增长速度最快，到2040年，可持续发展情况中的锂的需求将增长超过40倍，其次是石墨、钴和镍（约20~25倍）。[25]

锂的投资品种有期货，如碳酸锂期货，也有股票，而且国内外都不少，因为锂资源储量丰富且分布广泛。这种自然格局注定了锂生产企业具有广泛分布的特点。

在美股中，与锂有关的企业包括以下几家。

雅保公司（Albemarle Corporation，美股代码：ALB）：全球领先的高度工程化的特种化学品开发商、制造商和营销商，也是全球最大的锂生产商。2022年8月，雅保公司宣布计划将锂和溴全球业务部门重组为新的公司结构，并开发和制造各种基本锂化合物，包括碳酸锂、氢氧化锂、氯化锂，以及增值锂特种产品和试剂，包括丁基锂和氢化铝锂等。它的锂生产工厂分布在美国、智利、澳大利亚和中国等地。

雅保公司拥有庞大的资源储量。截至2022年12月31日，雅保公司拥有格林布什矿（Greenbushes）49%的股权，指示矿产资源量为2 180万吨，推断的矿产资源量为2 830万吨。

2022年，雅保公司所有业务（主要是锂业务）的毛利率高达42%。[26]也因此，雅保公司的股价从2020年3月23日的低点48.89美元，一路上涨到2022年11月11日的高点334.55美元。但随后，随着锂价暴跌，雅保公司的股价也一路下跌，一直跌到2024年8月14日的71.97美元，抹去了此前的大部分涨幅。

智利矿业化工（美股代码：SQM）：全球第二大锂生产商，拥有非常丰富的锂资源，开采成本较低，盈利能力很强，但智利政府推动的锂资源国有化进程使得该公司面临着一些不确定性。

智利是仅次于澳大利亚的世界第二大锂生产国，并且智利政府一直想通过国有化控制锂资源。2024年5月31日，智利矿业化工与智利国家铜业公司达成了一项关键协议，将成立合资企业，让国家在开发关键电动汽车电池金属方面发挥前线作用，以重塑安第斯国家的锂行业。由于多数控制权归智利国家铜业公司所有，因此智利矿业化工在成为少数股东后[27]，其股价下跌。

回顾这几年，智利矿业化工的股价走得惊心动魄。2020年3月18日，其股价低点为15.20美元，随着锂价暴涨，其股价也涨到2022年5月27日的高点115.76美元，涨幅惊人。2022年底，随着锂价下跌，其股价也不断下跌，一直跌到2024年8月5日的低点32.24美元。智利矿业化工的股价下跌，既有锂价下跌的原因，也有智利推进锂资源国有化的原因。

美股当中还有一些规模较小的锂公司，比如，美洲锂业（Lithium Americas，美股代码：LAC），它致力于开发其全资拥有的位于内华达州北部洪堡县的萨克帕斯（Thacker Pass）锂矿项目，该项目拥有北美已知最大的测量和指示锂资源。该公司正在推进萨克帕斯锂矿项目第一阶段的生产，目标是每年生产4万吨电池级碳酸锂。2024年3月12日，该公司收到美国能源部一项有条件的承诺：根据先进技术汽车制造（ATVM）贷款计划，公司将获得一笔22.6亿美元的贷款，其中本金为19.7亿美元，用于资助萨克帕斯锂矿加工厂的合格建设，还有2.9亿美元为3年建设期间应计的利息。[28]

美洲锂业的股价这几年走得更加惊心动魄。2020年3月18日，其股价最低点是1.92美元。2021年11月30日，随着锂价的上涨，其股价涨到惊人的41.56美元。随后，随着锂价的下跌，其股价又一口气跌到2024年8月5日的低点2.02美元。这种"过山车"般的行情，不是心理素质一般的人能承受得了的。不幸的是，这几乎是所有锂相关企业的共同特征。

在锂开采和生产方面，中国有3家国际知名度非常高的企业：赣锋锂业集团股份有限公司（简称赣锋锂业）、天齐锂业股份有限公司（简称天齐锂业）和永兴特种材料科技股份有限公司。除此之外，中国国内锂相关企业还有盐湖股份、中矿资源，以及有资源又有技术、在国际上享有相当高知名度的宁德时代，等等。它们都是这个领域的佼佼者。如果不是赶上"脱钩"的国际形势，像宁德时代这样的企业在国际上将所向披靡。可惜的是，大环境之变使其海外市场开拓等大受影响。

需要注意的是，资源主要在国外的企业往往面临着比较多的风险和麻烦。赣锋锂业和天齐锂业由于此前不断在国际上大手笔购买锂资源而备受瞩目，其股价也曾表现得非常优异。也正是由于其资源在海外，因此对它们的投资存在着非常大的风险。

比如，2018 年，天齐锂业投入 40.66 亿美元的巨额资产，购买了智利矿业化工 23.77% 的股权，成为其第二大股东。随后，这笔投资开始为天齐锂业带来可观的收益，但好景不长，一场巨大的危机来临了。如前文所述，2024 年 5 月 31 日，智利矿业化工与智利国家铜业公司达成国有化关键协议，智利矿业化工成为少数股东，而这也意味着天齐锂业的权益会被严重损害。天齐锂业努力阻止这种不合规的交易，要求智利矿业化工，它如果想进行国有化，就必须召开特别股东大会审议，并获得股东大会上 2/3 的投票权方的批准。但是，智利金融市场委员会拒绝了天齐锂业的诉求。[29]

天齐锂业被智利方面做手脚"边缘化"，既无力阻止智利矿业化工的国有化进程，又无法享有应得的权益。

这是很多中国企业在欧美发达国家以外的市场投资时经常会面临的风险（由于当地法律对私有财产的保护不足，法制不健全或者司法容易受到权力干预等），而这也是在中国国内投资必须关注的。同时，投资者也要注意，中国国内股市的特点是同涨同跌的概率非常高，个股的表现也受制于大环境。投资者需要把个股放在 A 股的整体环境之下去做分析，而不是单纯地看某个企业的基本面。

稀土：不稀有却稀缺

稀土的大名可谓尽人皆知。

稀土不是土，严格来说，它应该叫稀土金属。稀土是一组包括17种元素的重要金属的合称，对于多种高科技应用至关重要。

地壳中有比较丰富的稀土元素，与常见的工业金属（如铬、镍、铜、锌、钼、锡、钨、铅等）相似，即使是两种最不丰富的稀土元素，铥和镥，也比黄金常见近200倍。然而，与普通贱金属和贵金属相比，稀土元素并不富集在可开采的矿床中，而是分布得相当分散。由于稀土的地球化学特性，可开采的稀土矿床数量受到严重的限制。[30] 也就是说，理论上看，全球稀土储量的绝对值并不小，但是高含量的稀土仅存在于特定的矿藏中，且分布极不均匀。

而且，稀土的组成元素彼此之间相似的化学性质导致它们倾向于两两伴生或多种伴生于矿物中，难以被单独分离出来，这导致稀土的开采和提取非常困难。因此，稀土虽然不稀有，但是很稀缺。

根据美国地质调查局在2024年发布的数据，全球稀土资源总量约为1.1亿吨。如图9-5所示，中国的稀土储量居全球第一，为4 400万吨；越南的稀土储量排名第二，为2 200万吨；巴西的稀土储量排名第三，为2 100万吨；南非的稀土储量排第四，为1 000万吨；印度的稀土

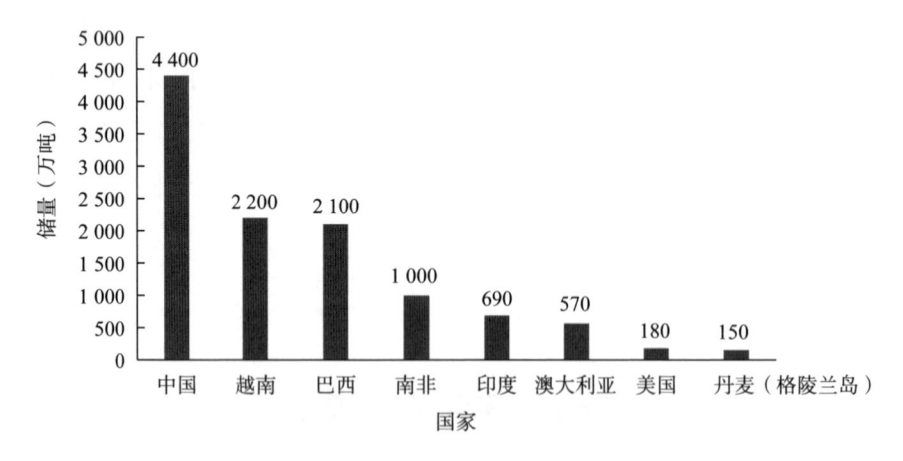

图9-5　全球主要国家稀土储量

数据来源：美国地质调查局。

储量排名第五，为690万吨；澳大利亚的稀土储量排名第六，为570万吨；美国的稀土储量排名第七，为180万吨；丹麦（格陵兰岛）的稀土储量排名第八，为150万吨。[31]

随着稀土的用途日益广泛，其重要性日益突出。

稀土可用于制造电子产品、军事设备、风力涡轮机、电动汽车等，它被大量用于信息技术、石油化工、冶金、机械、能源等多个领域，尤其是在功能材料应用中有着极为特殊的地位。稀土在工业上虽然总体用量少，但是在提高各领域产品和系统的功能上效果很明显，起着"四两拨千斤"的增效作用。

稀土之所以成为资源争夺的焦点，在很大程度上还是因为它能广泛地应用在导弹、喷气发动机、导航仪及其他相关现代军事高新技术上。可以说，稀土是现代国防和军事工业的重要基础材料。

在陆地的武器装备中，稀土元素可用于装甲用钢材料，如稀土碳钢可将装甲钢的抗击力提高70%左右，由包含稀土元素的可延展性球墨铸铁制造的迫击炮的杀伤力也可以被大大提高。

稀土元素还可以用在火控瞄准系统中，如美国引以为豪的M1A2坦克凭借自身先进的火控系统，能够在战场上做到先敌发现和先敌开火，主要是它装备了独特的激光测距仪，这就要用到稀土金属钇元素。同时，美军坦克还装备了含有稀土金属镧元素的夜视仪。因此，在沙尘漫天的战场上，无论白天还是黑夜，美军坦克都有无可比拟的技术优势。

在空中的武器装备中，稀土被应用的程度更深。17种稀土元素在航空维修领域都有用途，其中，镝、钕、铽、铕、钇是飞机上最重要的5种稀土金属元素，它们可用于飞机的热障涂层、有机荧光材料和电机永磁材料，并且稀土金属的高强度和高耐用性还大大减轻了飞机的自重。比如，在美军的F-22战机上，机体和发动机都大量采用了稀土钇元素，以提高机身的隐身性能和发动机的耐高温性能。在机载精确制导弹药中，含有稀土元素钕的永磁发动机在武器的操控中起着至关重要的作用。

根据美国国会研究服务局的报告，洛克希德-马丁公司生产一架F-35隐身战斗机的电子战系统、目标雷达和方向舵电机需消耗约920磅（约417千克）的稀土材料。

在水中的武器装备中，也有稀土金属大显身手之地。稀土元素可以极大地强化钛合金，从而用于制造具有极高航速和较大下潜深度的合金潜艇。苏联20世纪六七十年代制造的P级、"阿尔法"级、M级和S级潜艇都属于钛合金潜艇。这些潜艇的航速普遍达到40节以上，下潜深度可至400～600米，远比当时鱼雷25～40节的平均航速和400米的最大下潜深度优越得多。这种鱼雷追不上、够不着的潜艇，一度成为美国海军的心头大患。根据美国国会研究服务局的报告，每艘SSN-774弗吉尼亚级潜艇需要约9 200磅（约4 173千克）稀土材料，每艘DDG-51宙斯盾驱逐舰需要约5 200磅（约2 359千克）稀土材料。而作为美国海军"宙斯盾"系统核心部分的SPY-1雷达上也使用了由稀土元素制成的磁铁。

由此可以看出，在军事领域，稀土不仅应用范围广，而且起到了关键作用。这是其成为世界各国，尤其是军工大国关注焦点的主要原因。[32]

但可惜的是，中国早期未能给予稀土资源保护足够的重视，而是把稀土真的当成"土"卖掉了。中国的稀土产量长期占到全世界的90%以上，初期甚至高达97%，因而很多国家把稀土矿关停，只从中国进口。

1990—2007年，中国稀土出口量翻了9倍。中国国家信息中心的统计数据显示，2008年，世界稀土消费量约为13万吨，而中国稀土冶炼分离的实际能力已经超过20万吨。在出口量大增的同时，稀土的价格每况愈下。

根据《中国冶金报》的统计，1979—1986年，稀土出口均价为7～9美元/千克；1987—1991年，稀土出口均价为9.5～13.5美元/千克；

1992—2001年，稀土出口均价便回落到9~11美元/千克；2002—2005年，稀土出口平均价格跌至5.5美元/千克，达到历史性低点。专家估计，1995—2005年，中国因为稀土低价出口造成的外汇损失达数百亿美元。

在中国稀土企业激烈竞争，互相压价的同时，美国、澳大利亚等其他拥有稀土矿的国家则普遍实行限制或停止开发本国稀土矿的政策，而从中国进口稀土作为战略储备。美国封存了国内最大的稀土矿芒廷帕斯矿，并全面停止钼和稀土矿的开采。而资源匮乏的日本更是长期大量从中国进口稀土。

长期以来，中国缺乏对稀土资源开采、利用与保护的战略规划，企业间无序竞争的乱象久治不绝，乱采滥挖造成的生态恶果难除，过度出口导致国内储量急剧下降，最终中国失去了稀土的国际定价权。同时，与之相伴的一系列管理政策在实践中的效果始终不尽如人意：控制生产总量的努力面临失败，可持续开采、发展进展缓慢，调整产业结构的政策收效甚微，通过技术创新促进产业升级的愿景至今仍是希冀，中国具有自主知识产权的稀土高端产品研发技术寥若晨星。[33]

"中东有石油，中国有稀土。"这句话强调的是稀土的战略价值。

从2014年开始，中国正式启动稀土收储政策，稀土产品战略储备实行政府储备与企业储备相结合的储备机制。2014年12月31日，商务部、海关总署公布《2015年出口许可证管理货物目录》，包括稀土、钨、钨制品、钼等在内的8种货物，凭出口合同申领出口许可证，这意味着自1998年开始实施的中国稀土出口配额制度正式终结，稀土出口许可证管理制度开始实施。值得注意的是，2014年，工信部等八部委联合开展打击稀土违法违规专项行动，整治稀土乱象。这些措施既是应对WTO要求中国取消出口配额采取的相应行动，也是为了更全面、更严厉地管控稀土资源。

从此开始，严厉的措施逐渐遏制住了中国稀土滥采贱卖的势头。

2021年12月23日，中国稀土集团有限公司正式成立。

中国稀土集团有限公司是一家由中国铝业集团有限公司、中国五矿集团有限公司、赣州稀土集团有限公司所属稀土资产重组整合，并引入中国钢研科技集团有限公司、中国有研科技集团有限公司这两家稀土科技研发型企业，为实现稀土资源优势互补、稀土产业发展协同，按照市场化、法治化原则组建的大型稀土企业集团。

这意味着，对稀土资源的开采、提炼等产业链将由中央企业管理，稀土的供应将更加有序，稀土的稀缺性也将因此得以强化。

从2020年到2022年初，稀土的价格有一波强势的大幅上涨，然后又快速回落，整个走势有点儿像锂价的走势。

尽人皆知的是，新冠疫情之后，全球各国为了拯救经济，向市场注入了海量货币，而货币的贬值让稀缺资源的内在价值进一步凸显。

图9-6为2023年全球主要国家稀土产量。从图中数据来看，中国依然是全球最大的稀土生产国。

图9-7是美国地质调查局发布的美国2010—2023年稀土产量。值得注意的是，美国的稀土产量在慢慢增加。

很多人不喜欢看数据，其实，数据中包含的信息往往是非常宝贵的。从图9-7可以看出，2012年美国稀土企业试图重启稀土生产，但由于无法跟中国竞争，其稀土产量很快归零。

这给我们投资带来的信息是什么呢？

显而易见，这个时候，美股当中的稀土企业是不值得投资的，因为中国物美价廉的稀土可以轻易摧毁美国的稀土企业。美国企业被中国碾压，连生存都困难，又有什么投资价值呢？

从2018年开始，美国稀土产量开始快速上升。这个时候，相关稀土企业有没有投资价值，主要是看相关企业的产量增长是否得到了政府的财政资助。这一点非常关键。美国企业仅靠自身与中国强大的产业链竞争，绝无生存的可能性，它们也不可能在短时间内就脱胎换骨。那么，唯一的可能性是，美国政府开始大力扶持本国稀土企业。这可以让企业享受政策红利，相应地，相关企业的股票也就有了投资价值。

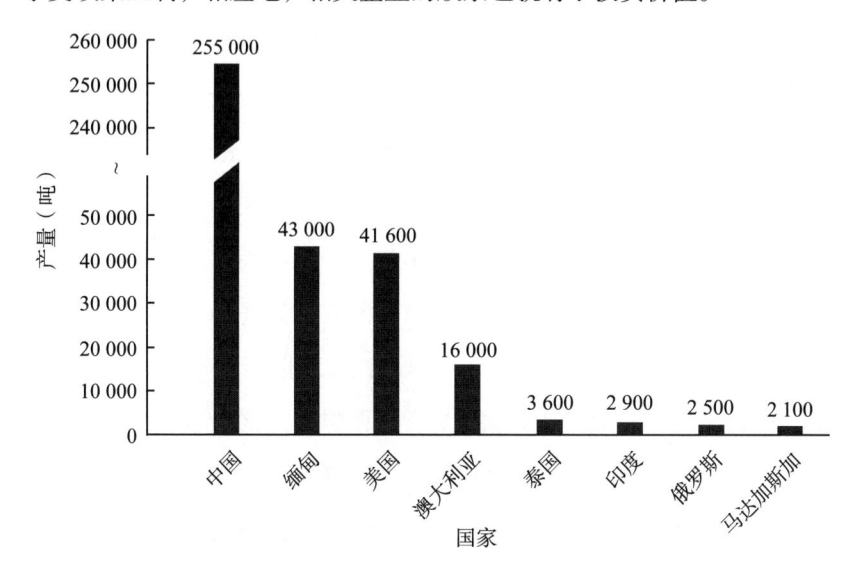

图 9-6　2023 年全球主要国家稀土产量

数据来源：美国地质调查局。

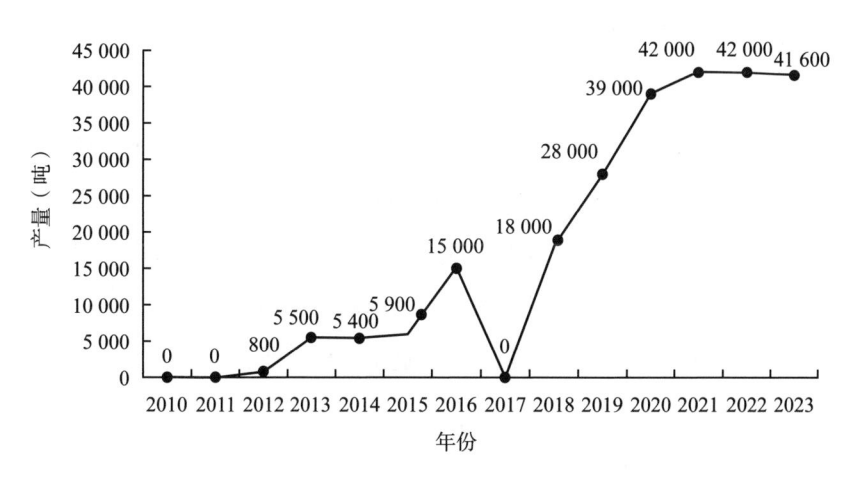

图 9-7　美国 2010—2023 年稀土产量

数据来源：美国地质调查局。

看了数据，做了推导，我们再进一步查找新闻。

2017年12月20日，美国总统特朗普签发了名为《确保关键矿产安全可靠供应的联邦战略》的行政命令，首次提出并清晰界定了关键矿产——攸关美国经济安全和国家安全、供应链脆弱、对于制造攸关经济和国家安全的产品必不可少的非燃料矿物。根据这项行政命令，美国内政部在2018年5月公布了关键矿产目录，明确把稀土与其他34种矿物列入其中。

2019年7月22日，特朗普连续颁布5个总统决定，认定在国内重建稀土分离、加工和生产能力对于美国国防至关重要，并随之宣布启用《美国国防生产法》第303条，为政府部门向稀土产业提供贷款、担保、补贴打开绿灯。依据上述决定，美国国防部在2020年向帕斯山材料公司等3家本土稀土生产商提供约1 300万美元资金支持，同时给莱纳斯公司提供3 040万美元资助，用于后者在得克萨斯州建立轻稀土加工厂。莱纳斯公司和美国蓝线公司还共同获得了美国国防部资助，计划在得克萨斯州联合建立重稀土加工厂。2022年2月，国防部又给帕斯山材料公司3 500万美元资助，用于在加州帕斯山进行重稀土分离加工。美国能源部则积极推动国内稀土研究与开发活动。根据《2021财年综合拨款法案》，美国能源部化石能源办公室设立"关键矿产研发项目"，计划在5年内每年投入2 300万~2 500万美元来开发新的分离技术，进而从煤炭中提取和回收稀土元素及其他关键材料。[34]

在股票投资中，选择值得投资的企业时，政府是否不惜代价给予大力支持是一个非常重要的参考因素。有政府真金白银的支持，企业自然不用担心成本问题和亏损问题，因为这个时候企业已经被赋予了实现国家大战略的价值。

美股当中获得政府支持的相关企业有以下几家。

MP材料公司：中国以外最大的稀土生产商，专注于生产高纯度分离的钕和镨氧化物、重稀土精矿、镧和铈的氧化物与碳酸盐。

该公司在收购了加州的芒廷帕斯矿后，于 2020 年中上市，成为美国唯一一家运营的稀土矿和加工厂。2023 年第三季度，MP 材料公司开始生产分离的 NdPr（由钕和镨两种稀土元素组成的化合物），这成为该公司一个里程碑式的事件。该公司计划在 4 年内将稀土氧化物的产量提高 50%。

2024 年 4 月，MP 材料公司获得了 5 850 万美元的资助，用于支持在美国建造第一个完全集成的稀土磁体制造工厂。这笔资金是"第 48C 节抵免"的一部分，由美国国税局和财政部在经过筛选程序后发放。该工厂位于得克萨斯州沃思堡，将生产对电动汽车、风力涡轮机和国防系统至关重要的钕铁硼磁铁。该公司的目标是在 2025 年底实现商业化生产。

2024 年第二季度，MP 材料公司发布的报告称，其 NdPr 产量环比增长一倍以上，达到 272 吨。该公司当时预计第三季度 NdPr 产量将进一步增长 50%。

美国铀钒矿业公司（Energy Fuels，美股代码：UUUU）：美国专注于开发铀和稀土的公司，过去主要生产铀，是美国重要的铀生产中心之一，拥有犹他州的怀特梅萨（White Mesa）工厂以及怀俄明州和得克萨斯州的尼科尔斯牧场（Nichols Ranch）和阿尔塔梅萨（Alta Mesa）项目。

2024 年初，该公司完成了怀特梅萨项目第一阶段稀土元素分离基础设施的建设，并在 2024 年 6 月宣布成功实现了分离的 NdPr 的商业化生产，符合稀土基合金制造所需的规格。它相信自己是几十年来第一家成功从独居石中分离出有商业规模、符合规格的稀土元素的美国公司。其第一阶段稀土元素分离电路按预算建成投产，目前正满负荷运行。美国铀钒矿业公司预计每年将商业化生产 850～1 000 吨 NdPr，届时将成为中国以外最大的 NdPr 生产基地之一。此外，该公司将生产重稀土精矿，用于中试规模测试，为未来商业化分离镝和铽奠定基础。

美国铀钒矿业公司还采取措施确保其怀特梅萨工厂加工的独居石砂来源。2023年，该公司收购了巴西的巴伊亚（Bahia）项目，每年可能供应3 000~10 000吨含稀土的独居石砂。

2024年6月初，美国铀钒矿业公司与阿斯创公司（Astron）成立合资企业，在澳大利亚维多利亚州开发阿斯创公司的唐纳德（Donald）稀土和矿砂项目，而美国铀钒矿业公司可以选择获得49%的收益。在获得股东批准后，合资企业于2024年9月底成立。预计唐纳德项目最早将于2026年开始生产，并在第一阶段每年向怀特梅萨工厂供应7 000～8 000吨稀土精矿中的独居石砂，并计划在后续阶段扩大产量。

为了增加其稀土资产，美国铀钒矿业公司于2024年9月宣布计划收购澳大利亚的矿砂公司基础资源公司（Base Resources，澳股代码：BSE，现已退市）。就此，美国铀钒矿业公司首席执行官马克·查默斯强调了稀土投资组合的潜力："图利亚拉（Toliara）、巴伊亚和唐纳德项目预计将在未来几年成为大规模、世界级、低成本的生产钛、锆和稀土矿物的重矿砂项目。"[35]

除此之外，美国还有一家稀土公司，美国稀土有限责任公司。它拥有得克萨斯州哈德斯佩斯县圆顶（Round Top）项目中关于稀土、锂和其他关键矿物的矿床80%的权益，是一家正在构建垂直、整合的国内稀土元素磁体生产供应链（包括稀土、锂和其他关键矿物的开采和加工）的公司。2024年8月22日，美国稀土有限责任公司宣布，它与拐点收购公司（Inflection Point Acquisition Corp. II）已签署最终业务合并协议，这将使美国稀土有限责任公司成为一家上市公司。该公司计划，到2025年磁体年总产能达到1 200吨，到2028年提高到约4 800吨。业务合并于2025年初完成，须遵守惯例成交条件，包括监管和股票批准。合并后的上市公司被命名为"USA Rare Earth, Inc"，并在纳斯达克上市其普通股和认股权证。[36]

2025年3月，美国稀土有限责任公司（美股代码：USAR）上市。这家公司特别值得关注之处在于，它是美国为数极少的稀土磁铁供应商。该公司的官网上醒目地写着一行大字："我们正在把稀土磁铁供应链带回美国。"这凸显出该公司对于美国稀土磁铁供应链的重要性。虽然该公司规模尚小，但它正在迅速提升产能，并开始向客户交付成品磁体。在中国严厉管控关键矿物出口的大背景下，这家公司有着比较大的发展空间和想象空间，很容易引起资本市场的青睐。

美股市场虽有稀土的ETF，比如，稀土元素和战略金属ETF（代码为REMX），但这个基金规模很小，成交也不够活跃。

除了美国，澳大利亚也有一些比较大的稀土企业，比如莱纳斯稀土公司（Lynas Rare Earths，澳股代码：LYC）。它是领先的稀土分离生产商，其稀土产量在澳大利亚稀土企业当中首屈一指，其业务遍及澳大利亚、马来西亚和美国。在西澳大利亚州，莱纳斯稀土公司经营着韦尔德山矿和选矿厂，并正在加大其卡尔古利稀土加工厂的加工力度。莱纳斯稀土公司正努力在美国得克萨斯州建立一个轻稀土加工厂和一个重稀土分离工厂。这些举措不仅巩固了莱纳斯稀土公司的地位，也加强了澳大利亚和美国的稀土行业的合作。

伊鲁卡资源公司（Iluka Resources，澳股代码：ILU）：这家公司在澳大利亚政府的大力支持下，正在推进其位于西澳大利亚州的恩纳巴（Eneabba）稀土精炼厂，旨在通过利用其丰富的储量来加强该国在全球稀土市场的影响力。该公司还在澳大利亚拥有锆石业务，包括世界上最大的锆石矿嘉森斯-阿姆博萨矿（Jacinth-Ambrosia）。澳大利亚出口融资局管理的20亿澳元关键矿产融资计划，为恩纳巴稀土精炼厂带来了12.5亿澳元的无追索权贷款。这笔资金将支持其开发一个完全一体化、能够生产轻质和重质分离稀土氧化物的精炼厂。

除此之外，澳大利亚也有值得关注的小型稀土公司，如阿弗拉资源公司（Arafura Resources，澳股代码：ARU）。它已获得政府资金，以推进其在北领地的诺兰斯（Nolans）稀土项目。诺兰斯稀土项目被设计为一个垂直整合的运营模式，配备现场加工设施。根据2022年的矿山报告，诺兰斯稀土项目的预期寿命为38年，目标是年产4 440吨NdPr精矿。阿弗拉资源公司已与现代汽车集团、起亚和西门子歌美飒可再生能源公司签署了具有约束力的承购协议。[37]

中国的稀土产量和储量都是世界第一，毫无疑问，中国也是稀土企业云集之地。著名的企业包括：北方稀土（集团）高科技股份有限责任公司、中国稀土集团有限公司、盛和资源控股股份有限公司、广晟有色金属股份有限公司、中国有色金属建设股份有限公司等。

钴：这个小"恶魔"

小金属钴伴随着"恶魔"之名而来。

1733年，在德国萨克森州的一座银铜矿开采过程中，矿工们发现了一种外表类似于银的矿石，他们便拿来冶炼，没想到在此过程中有很多工人因此而丧命，当时人们认为这是"恶魔"在作祟。由于这个历史缘故，钴被赋予了"恶魔"之名。钴的英文名为"Cobalt"，来源于德文的"Kobold"，意为"恶魔、坏精灵"。后来科学家研究发现，这种银白色矿石的主要成分是辉砷钴矿（CoAsS），该矿物在高温下会释放出含有砷的有毒气体，这才是造成工人死亡的元凶。自此，钴才逐渐摆脱了"恶魔"的罪名，但"恶魔"的叫法沿用至今。

钴在人类生活中的应用至少有3 000多年的历史。古罗马人和古希腊人曾用钴的化合物来制作深蓝色玻璃，在中国唐朝的唐三彩器物上的蓝色釉彩就是以含钴矿物作为着色颜料烧制而成的，此外，在古埃及图坦卡蒙法老的坟墓中也发现了一块用钴的化合物染成深蓝色的玻璃器物。

青花瓷是中国古代瓷器的经典代表，成熟的青花瓷出现在元代的景德镇，到明代青花瓷成为瓷器的主流。青花瓷上的"青花"就是以钴料（含氧化钴）为原料，在瓷坯上描绘图案，再罩上透明釉经高温烧制而成的。[38]

钴有很多特性，其在高温下能够保持较高的强度，并且具有较低的导热性、导电性以及较强的铁磁性。

在当下，钴在商业、工业和军事上被广泛应用，其中许多应用具有关键的战略意义。在全球范围内，钴的一个主要用途是用于可充电电池电极。钴的另一个主要用途是用于制造燃气涡轮发动机零件的超级合金。钴还用于制造汽车安全气囊，石油和化学工业的催化剂，硬质合金和金刚石工具，耐腐蚀和耐磨合金，油漆、清漆和油墨的干燥剂，染料和颜料，瓷釉底漆、高速钢、磁记录介质、磁铁、钢带子午线轮胎，等等。[39]

电动汽车的兴起使市场对钴的需求激增。国际钴业协会发布的《钴市场报告》认为，电动汽车行业2021年共消耗5.9万吨钴，约占全球钴消耗总量的34%，首次超过智能手机和其他高科技设备，成为全球钴需求的主要推动力。预测显示，到2026年，电动汽车的钴需求量将占钴需求总量的一半。

2021年钴的总需求量为17.5万吨，而已开采的钴供应量为16万吨。2024年到2026年，钴的供应量每年将平均增长8%，而由于锂电池和电动汽车的产量快速增长，钴需求量的年平均增长率将超过12%。钴的供应缺口将进一步扩大。[40]

国际能源署预计，到2030年钴供应将出现短缺。[41]

总部位于英国伦敦的全球知名电池材料咨询公司基准矿业情报机构受国际钴协会委托，在2024年5月1日发布的《2023年钴市场报告》中指出，电池应用占钴需求的73%，是市场增长的主要驱动力，仅电动汽车的需求就占了2023年钴需求增长的96%。钴是电动汽车、便携式电子产品和储能系统等新兴需求中的锂离子电池的阴极化学品的重要组成元素。尽管无钴磷酸铁锂（LFP）表现强劲，但含钴化学品在 2023 年仍占电池总需求的 55%，预计这一份额在中长期内将保持稳定，为不断增长的钴需求提供支持。

钴的需求量在 2023 年首次接近 20 万吨，整体市场规模自 2016 年以来翻了一倍多，需求量同比增长 10%，增速与 2022 年（9%）相似。2023 年，电池需求占钴市场的 73%，高于 2022 年的 71%。电池需求同比增长 13%，非电池应用需求同比增长 2%。电动汽车支撑了 45% 的市场需求。2023 年，电池应用需求增长强劲，占钴需求增长的 93%。另一大行业需求是便携式电子产品，主要需求来源是钴酸锂（LCO）阴极化学品。

近年来，镍强度较高的低钴电池逐渐成为一种趋势。然而，这种趋势近期又在持续放缓，因为钴是电池安全和稳定的关键。这显然将进一步支持对钴的需求。

与此同时，近年来无人机对钴的需求激增。2023 年，全球军费开支创下新高，达到 2.2 万亿美元，同比增长 9%，预计国防应用领域的钴需求也将攀升。预计到 2030 年，无人机（使用锂离子电池）的销量将增长近 50%。国防应用无人机比个人和商用无人机的形制大得多，并配备更大的电池，因此需要大量的电池原材料，如钴。[42]

全球钴的来源比较单一。目前，刚果（金）依然是世界最大的钴生产国，其产量占全球矿山供应量的 74%。中国是全球精炼钴的最大生产国，年产量占全球精炼钴产量的 70% 以上。

2020 年洛阳钼业从美国矿业巨头自由港麦克莫兰公司手中买下了刚果（金）东部基桑富铜钴矿，而基桑富铜钴矿是目前已知的世界上最大、纯度最高的未开发钴矿项目之一。而早在 2016 年，洛阳钼业就出资 26.5 亿美元收购了美国人拥有的腾科丰谷鲁美矿，该矿的钴产量远超世界上许多国家的总钴产量。洛阳钼业的这种战略布局具有超前的眼光。

截至2020年，刚果（金）的19座钴矿中有15座由中国企业拥有或提供资金。

福特、通用汽车和特斯拉等美国汽车制造商从供应商那里购买钴电池组件，这些供应商部分依赖中国在刚果（金）的矿山。一辆特斯拉长续航汽车需要大约4.5千克的钴，是一部手机所需的400多倍。

中国企业在刚果（金）的布局让美国企业和美国政府如鲠在喉，因此它们可能通过向刚果（金）政府施压来制造障碍。比如，据报道："2021年8月，刚果（金）总统费利克斯·齐塞克迪下令成立了一个委员会，其负责调查针对收购自由港麦克莫兰公司两处资产的洛阳钼业可能诈取了刚果（金）政府数十亿美元特许权使用费的指控。该公司面临着被驱逐出刚果（金）的风险。"[43]

非洲与南美洲在资源开发和经济合作方面有着不同特点。中国企业与非洲国家有着长期投资和广泛合作的基础。中国企业在这里的开采、运营虽然具有一定的保障，但也存在几个风险。

其一，是刚果（金）政局不稳定的风险。非洲局势不稳定，尤其是经常发生的局部冲突甚至战争，会影响到开采和运输等活动。

其二，矿产开采的安全性。根据报道，刚果（金）当地的员工和承包商曾经报告中国企业在开采过程中隐瞒了相关事故。洛阳钼业发言人严厉否认了这种说法。但"欲加之罪，何患无辞"，中国企业也需要警惕大国博弈之下隐藏的暗箭，毕竟，明枪易躲，暗箭难防。

其三，与地方居民的冲突。比如，在腾科丰谷鲁美矿，长期存在着来自附近村庄的闯入者前来捡钴矿石的问题。在洛阳钼业呼吁政府提供帮助后，刚果（金）出动军队维护矿区治安，才在一定程度上保证了矿区的生产安全。[44]

如果上述风险能被排除，安全性得到保障，那么洛阳钼业无疑是世界钴矿开采领域中的王者。

2024年6月底，洛阳钼业在刚果（金）的两大世界级项目均已建成，并全面进入生产运营阶段。基桑富铜钴矿作为世界罕有的高铜高钴矿，是世界第一大钴矿山，2024年以来持续保持高产，拥有超过年产15万吨铜、5万吨钴的能力。腾科丰谷鲁美矿在5条生产线建成后，具备了年产45万吨铜与3.7万吨钴的能力，成为世界第五大铜矿山和第二大钴矿山。随着腾科丰谷鲁美矿和基桑富铜钴矿的生产运营不断优化，两个项目全年铜产量大概率将突破57万吨指引上限。

2024年8月23日，洛阳钼业发布了2024年半年度报告，期内实现营业收入1 028.18亿元，同比增长18.56%；实现归母净利润54.17亿元，同比增长670.43%。其中，2024年上半年，刚果（金）板块实现营业收入243.68亿元，同比增长444.78%，毛利123.16亿元。在这个板块当中，铜的贡献最大，但钴的产量和销量增长非常惊人。2024年上半年，铜产量31.38万吨（同比增长100.74%），成为2024年全球重要矿产铜增量来源，销量31.18万吨（同比增长510.53%），实现营业收入200.26亿元（同比增长368.88%），毛利率52.36%。钴产量5.40万吨（同比增长178.22%），销量5.09万吨（同比增长3 441.73%），实现营业收入43.42亿元（同比增长1 541.59%），毛利率42.17%。[45]

这说明，洛阳钼业在刚果（金）的布局开始逐渐收获成果，这种高增长的收入如果不受到矿所在国相关政策变数的干扰，对股价是非常有力的支撑。但缺点是，股票盘子非常大，总股本216亿股，所以原本看起来很好的收入平均到每一股上也就不那么亮眼了。

由于中国企业是全球钴业的王者，因此在美股中，纯粹的钴企业是非常少的。有一家正在筹划上市的企业，叫密苏里钴业有限责任公司（Missouri Cobalt, LLC），这家公司在2018年从安舒茨矿业公司手中收购了位于密苏里州弗雷德里克敦郊外的麦迪逊矿场。该矿场占地1 800

英亩①，拥有数百万磅钴和其他金属，"被认为拥有北美最大的钴储量"[46]。该公司宣传得很投入，用上了"北美最大的钴储量"的说法。实际上，这只是一个很小的矿场，只能提供18年的矿石供应，毕竟，全世界的钴主要集中在刚果（金），全美国钴的储量和产量都是非常小的。

2024年2月9日，密苏里钴业有限责任公司宣布，已将其母公司更名为美国战略金属有限责任公司，以更好地反映公司作为清洁能源转型必不可少的新兴国内战略金属供应商的定位。美国战略金属产品是应对气候变化所需的电动汽车必不可少的锂离子电池的基础。该公司还宣布，已与嘉能可公司建立战略性全球营销关系。该营销关系包括一份针对公司全部产品（包括钴和镍硫酸盐、锂产品和铜阴极）的长期承购协议，并包含大量预付款。此外，该公司和嘉能可公司正在探索其他商业安排，包括一项回收和原材料采购协议，以支持该公司的湿法冶金加工厂的扩张。[47]

一般来说，谋划上市的公司都会这样紧锣密鼓地造势，但未来前景如何，还得看它能否增加新的矿产资源以及产量，能否更好地控制成本，等等。

衡量一个地区的公司有没有投资价值，很多时候，看看数据就一目了然了。

美国地质调查局在2024年发布的报告指出，2023年全球钴矿和精炼厂的产量增至创纪录高位。矿山产量的增加主要发生在刚果（金），该国是世界最大的钴矿产地，占世界钴矿产量的74%。中国是世界最大的精炼钴生产国，其中大部分精炼钴依赖从刚果（金）进口的钴矿。

全球钴储量最大的国家是刚果（金），为600万吨。澳大利亚的钴储量排第二，为170万吨。古巴和印度尼西亚的钴储量都是50万吨，并列第三。菲律宾26万吨，排在第四位。俄罗斯25万吨，排在第五位。加

---

① 1英亩≈4 046.86平方米。——编者注

拿大 23 万吨，排在第六位。马达加斯加 10 万吨，排在第七位。土耳其 9.1 万吨，排在第八位。美国 6.9 万吨，排在第九位。[48] 可见，美国的钴储量是非常少的。

图 9-8 为 2023 年全球主要国家钴产量。

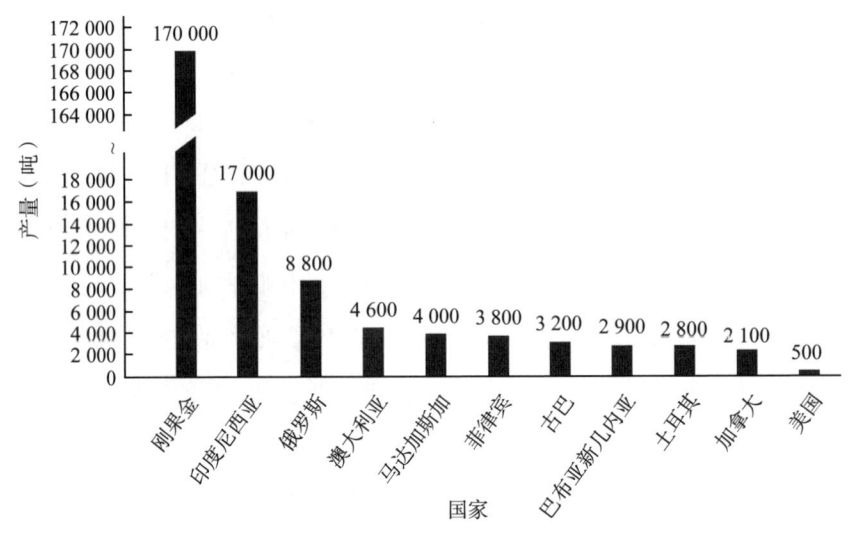

图 9-8 2023 年全球主要国家钴产量

数据来源：美国地质调查局。

2023 年，美国的钴相关企业总共生产了 500 吨钴。这意味着，在美国市场，钴相关企业缺乏投资价值。美国矿业巨头自由港麦克莫兰公司原本拥有非常好的钴资源，但它将富矿卖给中国企业以后，就失去了在钴领域的主导权和话语权。美国其他的小企业就更不用说了。

锆：核电不能缺它

在谈到核电的时候，我主要讲了金属铀，其实，发展核电还需要一种跟铀同等重要也同样稀缺的金属——锆。锆在地球上的丰度大于铜、镍等，看似并不稀缺，但由于锆的独立矿床很少，获取难度大，而且它具有不可再生、难以替代、不可重复利用等特点，因此锆成为越来越稀缺的小金属。

早在 2010 年 11 月，中国相关部门开展了对 10 种金属进行战略收储的研究工作，这 10 种金属全部为稀有金属，锆名列其中，其他 9 种分别是稀土、钨、锑、钼、锡、铟、锗、镓和钽。

锆主要从矿物锆石中提取，矿物锆石常见于沿海水域的沙子中，但不存在于富集的沉积物中，而是广泛分散在地下。1925 年，人类生产出未与其他元素混合或合成合金的纯金属锆。但直到 20 世纪 40 年代末，锆才被广泛应用于工业，成为核能生产的一种重要工程材料。

由于锆在热水中具有良好的耐腐蚀性和合理的机械性能，到 20 世纪 50 年代中期，它已成为保护核燃料和在使用水传输热量的反应堆中提供结构支撑的首选金属。[49]

锆在核能生产中不可或缺。燃料组件是核反应堆的核心，其安全性和可靠性在很大程度上取决于锆合金包壳。锆合金材料是核反应堆堆芯的关键结构材料，作为构成燃料组件的"骨骼"和"皮肤"，锆合金被称为核反应堆的"第一道安全屏障"，对于核电站的安全稳定运行起着重要作用，是评价燃料组件研发水平的重要指标之一。[50]

锆成为包覆铀芯块的最佳材料有几个原因：这种金属特别耐腐蚀、耐高温，却几乎不会吸收核裂变反应产生的中子。后一特性对于链式反应在反应堆堆芯内有效运行并持续产生能量至关重要。通过包覆铀燃料，锆还有助于保护冷却剂（通常是流经反应堆堆芯的水）免受污染。据国际原子能机构估计，全世界生产的锆中有多达 90% 用于核电，这清楚地表明了锆对核电发展的重要性。

虽然大部分锆被用在了核电领域，但锆的用途并非仅限于此。锆因对多种酸和碱具有超强耐腐蚀性而广泛用于化学工业。锆化合物还用于制造陶瓷、研磨剂、灯丝、喷气发动机和航天飞机部件。在医疗领域，二氧化锆（也称为氧化锆）因其生物相容性和耐久性而被用作牙科和外科植入物的材料。锆石的合成产品立方氧化锆也可以作为钻石和其他宝石的替代品。[51]

根据产品类型，锆市场被细分为锆矿石和精矿、锆化学品、金属锆等。根据应用类型，锆市场被细分为核反应堆组件、陶瓷和锆化合物、锆合金、氧化锆基牙科和医疗植入物、耐火材料等。根据最终用途行业，锆市场被细分为核工业、陶瓷工业、化学工业、铸造工业、电子工业等。

由于锆合金可以提高核反应堆组件的性能和安全性，因此核能发电的高速增长也在不断推动对锆需求的增长。

图9-9为美国地质调查局在2024年公布的2023年全球主要国家锆储量。

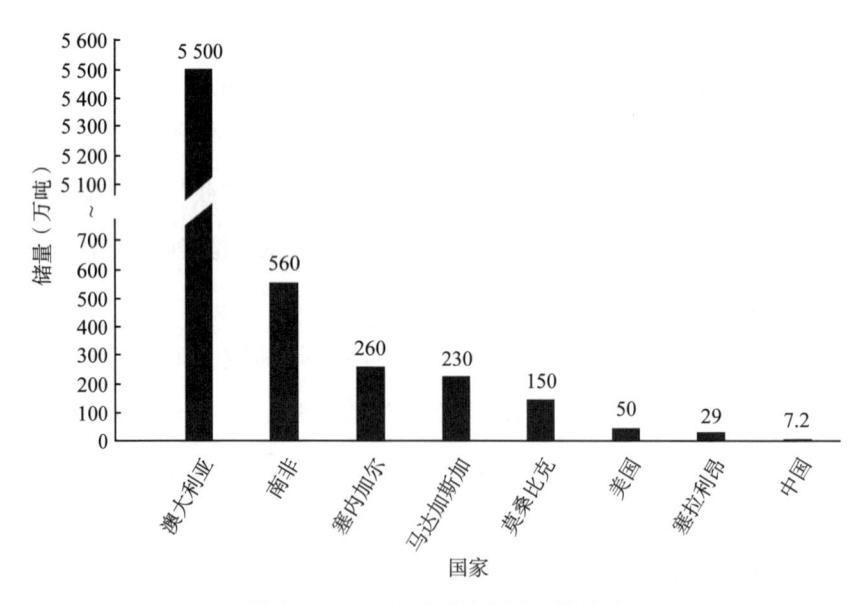

图9-9 2023年全球主要国家锆储量

数据来源：美国地质调查局。

可以看出，全球锆的储量主要集中在澳大利亚、南非、塞内加尔、马达加斯加、莫桑比克等少数几个国家，也因此，锆市场更容易受到地缘政治紧张、出口限制或不可预见事件导致的供应链中断的影响。这种对少数供应商的依赖可能会导致价格波动，供应可靠性降低和生产成本增加。[52]

图 9-10 为美国地质调查局在 2024 年公布的 2023 年全球主要国家锆产量。

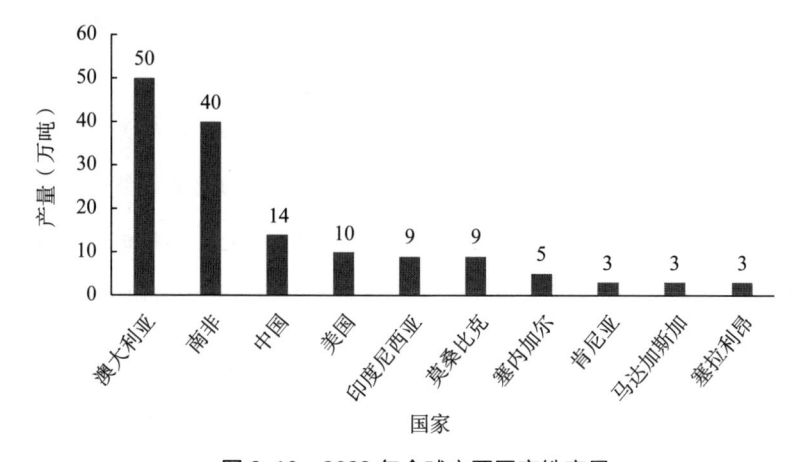

图 9-10 2023 年全球主要国家锆产量

数据来源：美国地质调查局。

中国目前 80% 以上的锆英砂依赖进口。2021 年 6 月 30 日，全球矿业巨头之一的力拓集团宣布，由于南非的安全局势升级，其子公司理查兹湾矿业公司（RBM）在南非的客户合同中出现不可抗力，因此决定在安全状况改善之前停止运营。理查兹湾矿业公司宣布暂停所有采矿和冶炼业务，直至另行通知。[53]

理查兹湾矿业公司负责开采、精炼和冶炼主要用于工业领域的重矿物，是非常重要的锆供应基地之一，其暂停运营引发了全球锆英砂和锆系列产品的价格飞涨，而 A 股的东方锆业股价也因此大幅上涨。

这种紧张的局面一直延续到2022年3月18日，力拓集团宣布已解除其南非理查兹湾矿业项目客户合同中宣布的"不可抗力"。[54]

通过这一实例我们可以感知到，锆的供应链是极为脆弱的。

在中国A股中，有专业的锆生产商——东方锆业，该公司的网站是这样介绍的。

> 广东东方锆业科技股份有限公司（简称：东方锆业）是一家专注于锆系列制品研发、生产和销售的国家火炬计划重点高新技术企业。公司拥有多个独立的规模化生产基地，形成下游锆制品的完整产业链。公司产品涵盖锆英砂、钛精矿、独居石、硅酸锆、氯氧化锆、电熔锆、二氧化锆、复合氧化锆、氧化锆陶瓷结构件九大系列共100多个品种规格，是我国锆行业中技术领先、具备核心竞争力和综合竞争力的企业之一，也是全球锆产品品种齐全的制造商之一。

但是，该公司缺乏矿储备。为了弥补这个短板，2010年10月22日，东方锆业出资2 200万澳元在澳大利亚设立全资子公司——澳大利亚东锆资源有限公司（简称澳洲东锆）——来参与收购及后续运营。

2011年6月29日，澳洲东锆与澳大利亚锆亚有限公司（AZC）成立了合资公司铭瑞锆业，分别持股65%、35%。澳大利亚锆亚有限公司将自身拥有的已获采矿权且已投产的明达里（Mindarie）锆矿项目、锆精矿产能可达3.5万吨/年的选矿厂注入了铭瑞锆业。但是由于明达里锆矿已于2009年10月进入保养和维护状态，因此铭瑞锆业的生产处于停滞状态。直至2012年5月2日，东方锆业发布公告——明达里锆矿开采获得澳大利亚政府批准，这意味着该矿体可以运营生产。2012年6月19日，东方锆业发布公告称向澳洲东锆增资4 500万美元，主要用于开展矿产资源开发和明达里矿区的后续开发与经营。2012年11月，澳洲东锆从澳大利亚 Austpac 公司手中收购了 WIM150 锆钛矿砂项目 20% 的权益（另外拥有该项目 50% 的产品包销权），其余 80% 的项目权益由香港百升公司拥有。

但由于随后锆英砂价格暴跌，公司决定 WIM150 项目进入停产维护状态。2021 年 6 月，东方锆业发布公告，披露了澳大利亚两个项目的进展：一是拟以自有资金投资 9 726 万元至 1.3 亿元来重启铭瑞锆业的明达里项目。二是同意全资子公司澳洲东锆与香港百升公司成立合资子公司，意在推动澳大利亚 WIM150 锆钛矿砂项目进展。澳洲东锆持有新设公司 20% 的股权，香港百升公司持有 80% 的股权。[55]

但是，东方锆业在澳大利亚的投资最终发生了巨大变化。2024 年 10 月，公司发布公告，宣布其全资子公司澳洲东锆计划将其持有的铭瑞锆业 79.28% 的股权转让给控股股东龙佰集团股份有限公司的全资子公司佰利联（香港）有限公司，交易对价为 1 亿元。此次股权转让预计将为东方锆业带来约 2.8 亿~3.2 亿元的投资收益（具体数据需以审计结果为准）。[56]

广大投资者质疑东方锆业在营业收入出现拐点时卖出股权，让大股东"摘桃子"，因此中证中小投资者服务中心向东方锆业发布了《股东质询建议函》，东方锆业对该函中的质询和建议一一做了说明。[57]由于股权转让使东方锆业获得了一定的投资收益，因此其股价出现了一波涨势。

锆的需求在飞速上升，锆资源未来的稀缺性也会日益加强，资源的升值是看得见的趋势。而且，不同于非洲和南美洲国家，澳大利亚属于法制健全的发达国家，中国企业在这里的投资和拥有的资源是有法律保障的。因此，在辛苦耕耘 10 多年后，东方锆业的这一次股权转让显得比较突兀。在失去资源的依托之后，公司将无法获得资源升值的红利。对投资者来说，这多少是一种遗憾。当然，未来控股股东也有可能把资产溢价转让给上市公司。

以稀土为主营业务的上市公司盛和资源也拥有锆英砂等业务，它是中国最大的锆英砂生产商。2023年12月26日，盛和资源（连云港）新材料科技有限公司在上合物流园（连云开发区）举行年产150万吨锆钛新材料项目正式投产仪式，该项目由盛和资源、中核资源发展有限公司共同投资建设，其产品主要用于新能源、新材料、节能环保、航空航天、军工和电子通信等领域。该项目是全国单体最大、自动化程度最高的锆钛新材料项目，总投资16.4亿元，占地面积405亩。其中，项目一期投资6.4亿元，占地275亩，于2021年7月开工建设，2022年7月试生产，12月正式投产。项目可年处理150万吨锆钛新材料，年产金红石3万吨、石榴石20万吨，可稳定实现年产值30亿元，税收超1.2亿元。[58]

就全球范围来看，锆及其他稀有金属的主要生产商基本上集中在澳大利亚，包括澳大利亚战略材料公司（Australian Strategic Materials Ltd.，澳股代码：ASM）。该公司主要从事高纯度金属、合金和粉末的提取、精炼和制造，直接向清洁能源、电动汽车、航空航天、电子和通信领域的全球领先企业供应产品。该公司在新南威尔士州中西部运营的达博项目包含全球重要的稀土元素、锆、铌、铪、钽和钇资源。

澳大利亚的基础资源公司是一家总部位于澳大利亚但专注于非洲的矿业公司，专注于生产和开发矿砂。该公司拥有一系列优质资产，在项目交付和运营绩效方面拥有卓越的业绩记录。该公司在肯尼亚运营有成熟的夸莱（Kwale）项目，生产一系列矿砂产品，包括钛铁矿、金红石和锆石。该公司于2024年被美国铀钒矿业公司收购。目前，其正在开发马达加斯加的图利亚拉项目，并在坦桑尼亚开展勘探计划。

岩谷澳大利亚有限公司（Iwatani Australia Pty Ltd.），由日本岩谷公司全资拥有，它在西澳大利亚州西南和皮尔地区的矿砂业务主要生产钛矿物和锆砂产品。同时，它也是一家综合性氧化锆生产商，致力于将锆砂转化为用于陶瓷、颜料和工业耐火材料的高价值氧化锆产品。

澳大利亚伊鲁卡资源有限公司（Iluka Resources Limited，澳股代码：ILU），是全球领先的锆石和高品位二氧化钛原料（包括金红石和合成金红石）生产商。该公司专门从事关键矿物的勘探、开发、开采、加工、营销和修复，并在稀土元素领域占据重要地位。其多样化的产品组合包括稀土、锆石、铁和碳以及钛产品。该公司提供全系列的锆石产品，包括不同品质和规格的锆石，以满足特定的中间和最终使用行业的需求。

我在这里只是把与锆相关的几个主要公司列出来，如果具体做选择，投资者还需要结合财报，选择资源储量丰富、稳定性较强、可开采时间长、盈利能力强、稀缺资源占主营业务比例高的公司。由于矿业类公司的投资周期比较长，且与经济活动景气度高度相关，其股价往往大起大落。而且，全球资本青睐美国资本市场，由于资本云集，其相关股票的成交量更大、活跃度更高。面对除此之外的市场，在选择和配置矿业类股票时，投资者最好选择波段性操作。一旦稀有资源的价格在长期低迷以后呈现明显的上涨势头，且成交量放大，投资者在这个时候介入往往有机会获得比较好的收益。

大趋势是非常确定的：货币越发越多而资源越来越稀缺，再加上需求的持续增长，对稀有资源的估值在某个临界点上会突然有一个大的飞跃。而这个临界点，当然也将是为投资者带来丰厚收益的临界点。

铟：此砖胜过金砖银砖

值得关注的小金属及代表性的上市公司还包括：钼（洛阳钼业）、镁（宝武镁业科技股份有限公司）、镓（中国铝业集团有限公司）、锗（云南临沧鑫圆锗业股份有限公司）、锡（云南锡业股份有限公司，简称锡业股份）、钽（宁夏东方钽业股份有限公司）、铟（株洲冶炼集团股份有限公司）等。我在这里重点讲一下铟，因为对它有一种比较好的投资方式。

铟在地壳中的含量稀少，且分布极为分散，没有发现专门的富矿，它只是在锌和其他一些金属矿中作为杂质存在。金属铟在工业上一般通过提纯废锌、废锡的方法获得。

全球铟的产量非常少。美国地质调查局公布的数据显示，全球2023年铟产量总共只有约990吨（见图9-11）。

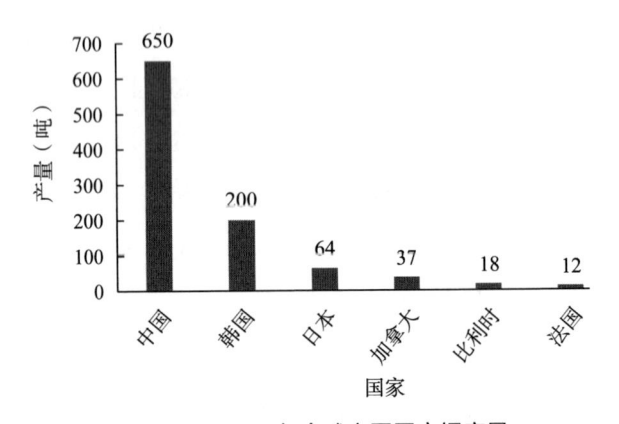

图9-11　2023年全球主要国家铟产量

数据来源：美国地质调查局。

2006年，中国媒体是这样报道的。

> 铟是非常稀少的金属，全世界铟的地质含量仅为1.6万吨（主要在中国），为黄金地质储量的1/6。铟是电子、电信、光电产业不可或缺的关键原材料之一，70%的铟用于制造液晶显示产品，在电子、电信、光电、国防、通信等领域具有广泛用途，极具战略地位。铟产业被称为"信息时代的朝阳产业"。
>
> 我国是全球最大的产铟国，也是最大的出口国，原生铟产量占全球原生铟总量的60%以上。铟最大的消费国是日本。日本每年铟

需求量占世界铟年产量的70%以上，而且绝大部分铟都是从中国进口，对我国的铟供应有很强的依赖性。铟成矿条件苛刻，资源量稀少，应用前景广泛。有专家预计，在不远的未来，全球铟市场将迈入严重供不应求阶段。广西河池市铟金属储量4 400多吨，占广西的99%以上，占世界的55%，居全球首位，是世界的"铟都"。[59]

中国是全球最大的铟生产国和出口国，根据国际贸易统计数据，2023年前8个月中国出口了381吨铟，与2022年同期的出口相比，下降了9%。中国的铟出口主要销往韩国（57%）和新加坡（11%）等。

5G的出现进一步增加了对铟的需求。基于InP（磷化铟）的基板用于5G光纤通信网络，其中InP激光器和接收器通过光纤线路发送数据，从而实现更低的延迟、更少的信号损耗和更快的速度。由于人们对AI的兴趣日益浓厚，因此对专用芯片材料（可用于更高级的计算）的需求预计将增加。一家总部位于美国的芯片制造商在2024年5月宣布，数据中心对AI芯片的需求是其第二季度收入的主要来源，并且该项收入比预期高出54%。麦肯锡咨询公司称，约2/3的AI硬件需求将来自数据中心，并主要用于服务器。铟以ITO（氧化铟锡）的形式用作数据中心光纤和电缆的涂层，以增加信号传输并减少损耗。铟以InP的形式用于光通信的高速光电探测器和激光二极管。此外，数据中心的一些电气元件也需要使用铟基焊料合金。[60]

锡业股份是中国铟产量最大的上市公司。截至2023年12月31日，锡业股份铟金属保有资源储量为4 945吨。2023年，锡业股份生产铟锭102吨，库存为122吨。从其2023年年报可以看出，锡业股份的主营业务是锡锭。2023年，其锡锭产量6.57万吨，收入109.79亿元，占总营业收入的25.92%，如果加上锡材、锡化工，那么锡相关产品占比超过30%；铜产品产量12.93万吨，收入78.45亿元，占总营业收入的18.52%。

由于铟的收入占比太小，年报没有单列，而是将其放在"其他产品"中，其他产品占总营业收入的 5.91%。[61] 因此，铟相关产品对公司业绩的贡献是很有限的。

株洲冶炼集团股份有限公司每年的铟产品产能约 60 吨。从《株洲冶炼集团股份有限公司 2023 年年度报告》中可以看出，该公司的主营业务是锌及锌合金，这一块的营业收入是 113.17 亿元，其次是有色金属贸易收入 28.23 亿元，然后是铅及铅合金营业收入 15.92 亿元，银锭营业收入 14.07 亿元，金锭营业收入 13.46 亿元。铟锭的营业收入仅为 7 594.26 万元，减去 3 603.67 万元的营业成本后，铟锭的毛利率高达 52.55%，但由于铟锭的营业收入在企业总营业收入中的占比很小，对企业总的业绩的影响不明显。[62]

对铟其实有一种简单粗暴的投资方式，那就是投资铟锭，只不过很多人可能没有渠道获得这种稀缺的金属产品。铟非常柔韧、可塑性很强，铟锭几乎能像塑料那样弯曲，用指甲也能在上面刻痕。铟同时也是易熔金属，在 156.61 ℃即可被熔化。但最关键的还是，作为纯金属形式的铟是无毒的、安全的金属。

与金锭、银锭相比，铟锭的价格显得非常便宜。根据美国地质调查局 2024 年发布的报告，2023 年，美国仓库铟的平均价格（离岸价）为 240 美元 / 千克，比 2022 年报告的平均价格低 4%。2023 年初，美国仓库铟的价格为 223 美元 / 千克，到年中一直保持在 220 美元 / 千克左右。到 2023 年 9 月底，原料供应紧张导致铟价上涨至 275 美元 / 千克。[63]

美国的铟几乎全靠进口，所以它的价格要远高于中国国内铟的价格。换句话说，中国国内铟的价格更便宜，收藏成本相对更低。而铟无论是储量还是产量，都比金银要少得多，且铟的用途更多。随着需求领域的不断拓展和储量的下降，铟锭未来的升值空间是不难想象的。

钛：机器人时代的灵魂

未来，随着人工智能革命的深入，机器人将以前所未有的速度蓬勃发展。制造机器人所需要的钛合金、镁合金等数量之大超乎想象，甚至出现供不应求的态势，钛、镁等小金属的稀缺性将得到空前强化，其价格将获得强大的支撑力量。

钛的比强度（材料的强度与其密度之比）很高。它是一种强度高但重量轻的金属，具有相当好的延展性，而且其化学性质稳定，耐高温，耐低温，抗强碱，抗强酸。钛由于其突出的耐腐蚀性与巨大的比强度等特征，常被用来制造火箭等航天器，素有"太空金属"的美誉。

钛还能与铁、铝、钒、钼等其他元素熔成合金，造出高强度的轻合金。我认为，钛是未来支撑力量最为强大、可想象空间最大的小金属（没有之一）。

另外，钛是制造机器人的理想材料，因为钛的这些特质在机器人制造中会变得更加无与伦比。

第一，作为一种轻质金属，钛使机器人能够更轻松、更准确地拾取和操纵物体。这对于工业环境中使用的机器人尤其有利，因为它们可以更快、更高效地运行。而且，钛的重量轻，可以减少机器人系统产生的热量，从而提高机器人的性能和使用寿命。

第二，钛的比强度高，使机器人在不牺牲耐用性的情况下保持轻便和高效。钛能够承受比其他材料高得多的切割速度，同时仍能保持其强度和完整性。这使得钛成为制造需要精确切割的快速移动机器人部件的理想选择。而且，钛较低的润滑要求意味着使用钛部件的机器人在运行时可以减少摩擦，并且需要更少的维护。这有助于降低成本，并确保机器人在更长的时间内保持最佳状态。钛的耐磨性使钛材料的设计具有极大的灵活性，因此钛可以用于制造具有复杂几何形状的复杂部件。

第三，钛的抗腐蚀能力强，这意味着随着时间的推移，它不会因接触水或其他液体而变质，这使其成为机器人系统的可靠组件，并且能适应各种环境。此外，钛的耐腐蚀性也意味着使用这种材料制成的机器人在需要更换零件或维修之前可以使用更长时间，这意味着维修成本的大幅降低。

第四，钛具有非磁性，在强磁场环境中不会被磁化，因此适用于需要避免磁场干扰的场景，比如医疗、航空航天等对磁敏感的场景。另外，钛也可以通过表面镀镍、钴等铁磁性材料或者嵌入独立磁铁来实现与磁性组件的交互。

第五，钛合金具有优异的高温强度和耐温性能，可在高温环境下长期保持力学性能稳定。通过在设计中使用钛合金，工程师能够制造出在高温环境下仍能保持性能和可靠性的机器人。例如，在汽车焊接机器人的点焊工位中（环境温度 200~300℃），典型钛合金（如 Ti-6Al-4V）臂杆的热膨胀系数仅为 $8.6×10^{-6}$/℃（显著低于钢的 $12×10^{-6}$/℃），其定位精度波动可控制在 0.2 毫米以内，以确保高温环境下的精准作业。

第六，钛合金可以有效地隔离电路和其他组件中的电流。利用钛合金的电绝缘性能有诸多好处，包括高介电强度、低介电损耗、优异的耐腐蚀性、良好的抗冲击和抗震性、轻质耐用等。这些特性的结合使钛成为需要电绝缘的机器人应用的理想材料。钛可提供可靠的防静电和电磁干扰保护，是先进机器人技术开发的重要组成部分。

第七，钛还具有出色的生物相容性。这一特性使钛特别适用于为生物医学目的而设计的机器人系统，例如假肢或手术机器人。

钛金属的卓越性能使得由钛部件制成的机器人既坚固又可靠，即使在不利条件下也能正常工作。钛的使用可以降低维护成本并提高机器人系统的效率。[64]

钛主要存在于锐钛矿、板钛矿、钛铁矿、白钛矿、钙钛矿、金红石和楣石等矿物中。在这些矿物中，只有钛铁矿、白钛矿和金红石具有重要的经济意义。钛有两条产业链,其一是钛白粉行业,在这个行业里,大约95%的钛以二氧化钛(油漆、纸张和塑料中的白色颜料)的形式被消耗。其二是钛材应用工业,包括航空航天、机器人制造等,这也是投资者需要重点关注的领域。

美国地质调查局在2024年发布的数据显示,钛铁矿约占世界钛消耗量的90%,世界锐钛矿、钛铁矿、金红石资源总量超过20亿吨。

2024年,全球钛铁矿资源储量约为5.13亿吨,钛铁矿资源主要分布在澳大利亚、中国、加拿大、挪威、马达加斯加、南非、印度、乌克兰、美国等国,其他国家钛铁矿储量合计约0.54亿吨。图9-12为2024年世界主要钛铁矿资源储备国储量。

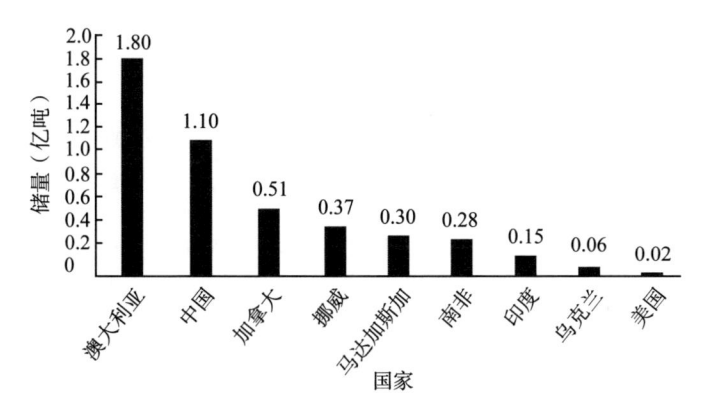

图9-12 2024年世界主要钛铁矿资源储备国储量

数据来源:美国地质调查局。

2024年,全球钛铁矿产量共计890万吨,产能主要集中在中国、莫桑比克、南非等国。

图9-13为2024年全球钛铁矿主要生产国产量。

中国90%的钛资源集中在攀西—云南钛资源带上,以钒钛磁铁矿为主,主要分布于攀西地区、河北承德、广东兴宁等。在目前的技术和经济条件下具有开采利用价值的钛资源主要为钛铁矿和金红石,其中约

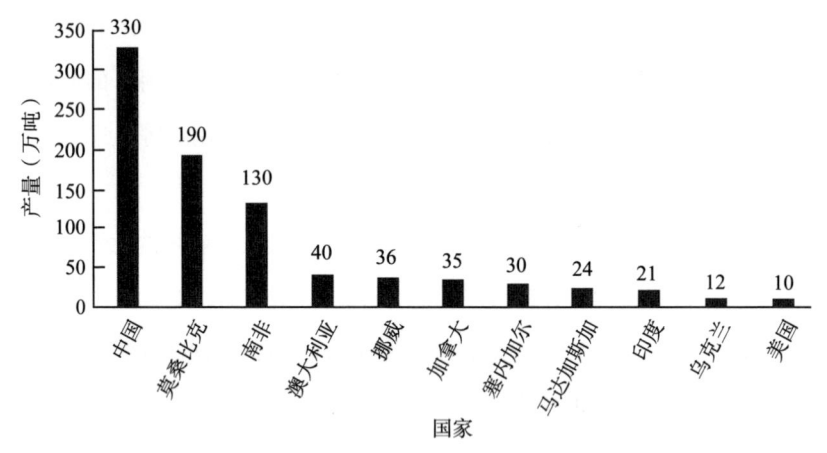

图 9-13　2024 年全球钛铁矿主要生产国产量

数据来源：美国地质调查局。

85%~90% 为钛铁矿。[65]

然而，中国高品位钛矿资源相对匮乏，贫矿多、富矿少的特点意味着中国的钛开采成本要更高一些。

中国钛金属产业起步于 20 世纪 50 年代，经过几十年的发展，现已成为全球第一大钛金属生产国和消费国，形成了"采选—冶金—加工—装备制造—工程应用"的完整产业链。

因此，在 A 股中，钛产业相关的上市公司是比较多的。比如：攀钢集团钒钛资源股份有限公司（钛资源储量 8.7 亿吨，占全国的 90.5%，占世界的 35.2%）、龙佰集团股份有限公司、宝鸡钛业股份有限公司、西部金属材料股份有限公司、西部超导材料科技股份有限公司、四川安宁铁钛股份有限公司、盛和资源等。

美国的钛铁矿储量和产量都比较低，因此美国相关生产企业也难有大的作为，但仍有一些公司值得关注。比如，阿勒格尼技术公司（ATI）是世界最大的特钢生产商之一，从事特殊材料和组件的制造，其业务涉及钛、钛合金等。美国钛金属和关键材料公司 IperionX Limited（IPX）

利用专利金属技术，以钛矿物或废钛为原料，以更低的能源消耗、更低的成本以及更低的碳排放生产高性能的钛合金。另外，还有力拓集团这样的跨国矿产及资源集团，它在钛资源储备和生产方面位居世界前列。

从2021年开始，全球钛铁矿产量增长乏力，下降之势越来越明显。

未来，机器人的发展将会非常迅猛，对钛金属的需求量也将猛涨。无论是从资源储量还是从产量上来看，钛铁矿的产量都不足以满足日益增长的庞大需求，这也意味着未来钛的供应缺口将是巨大的，钛金属的价格也将得到强大而持久的支撑。

除了钛，机器人制造还需要镁等金属。镁是用途第三（仅次于铁和铝）广泛的结构材料。镁比铝更轻，含5%~30%镁的镁铝合金质轻、有良好的机械性能，已被广泛应用在航空、航天工业上，未来在机器人领域也将得到广泛的应用。

我有必要再次强调：人类正在快速迈入机器人时代，制造机器人所需要的原材料（钛、镁等）数量将以现在人类无法想象的速度增长，而钛等小金属的供应量很难同步增长，这种缺口带来的巨大的稀缺性将推动钛、镁等小金属一步步走向巅峰。

要点总结

- 当前全球面临货币超发、债务问题严重的宏观背景，加上资源供给有限，需求持续增长，资源类资产的稀缺性日益被强化，成为支撑其价格的重要因素。

- 稀有资源中的小金属，如锑、钨、锂、稀土、钴、锆、铟、钛、镁等，因其性能、需求增长和供应瓶颈等，具有独特的投资价值，它们的投资机会非常值得关注。

- 在分析和评估具体品种的投资价值和投资机会时，投资者可以从以下的维度入手。

    特性、用途和重要性：小金属的特性决定了它们的用途、需求领域，比如稀土在功能材料应用上有着极为特殊的地位，常起着"四两拨千斤"的增效作用，特别是在军事上应用范围广，用途又关键，有很强的战略价值，成为资源争夺的焦点。

    资源分布与供应能力：小金属的储量和分布、开采（难度和成本等）和产量，决定了资源的供应能力。以锂为例，它的重要性可以说尽人皆知，但它是相对缺乏稀缺性的品种，因为它的储量相较其他小金属要丰富得多，分布也广泛得多。

    需求结构和发展趋势：小金属的需求领域、它在该领域的不可替代性以及需求领域的发展趋势等，都会影响小金属的需求增长和未来预期，比如钛、镁等小金属在机器人制造中的需求数量之大超乎想象，而机器人的发展是大势所趋。

供需关系和价格波动：小金属的价格波动主要受供需关系（稀缺性）的影响，稀缺性几乎是判断价格能否长期保持上涨态势的首要前提条件，比如机器人制造所需小金属增长迅猛，而供应量很难同步增长，这种因供需缺口形成的巨大的稀缺性将推动钛、镁等小金属一次次走向巅峰。投资者同时也要注意，供需关系是动态变化的，会受到政策调整、地缘政治、技术突破等的影响。

政策影响：政府在小金属资源的开采、出口管理等方面的政策调整和干预，会直接影响特定资源的供需格局。投资者需要关注资源政策背后的信号，比如中国稀土实施收储、开采总量控制、出口限制等政策后，稀土的稀缺性和价格支撑得到了强化。

地缘政治风险：部分小金属资源集中分布于少数国家或地区，当地的局势不稳定可能导致供应中断的风险，进而直接影响全球市场。例如，全球钴资源高度依赖刚果（金）的钴资源，刚果（金）的政局稳定性对全球钴的供应至关重要。

技术进步和突破：技术突破可能会改变小金属的供应成本、供应量、生产效率甚至可替代性。例如，盐湖提锂技术的突破有望提高锂的回收率和产量，大幅缩短生产周期。成本更低、效率更高，对锂的供应安全来说是大喜讯，但对锂价会产生压力。

- 小金属资源的稀缺性、价格走势是"大势"，但落到企业层面，具体到相关企业的投资价值判断，投资者还需要关注企业的基本面。

- 如果具体做选择，投资者需要结合财报，选择资源储量丰富、稳定性较强、可开采时间长、盈利能力强、稀缺资源占主营业务比例高的公司。

- 投资小金属，还有一个重要参考因素是政府政策支持，有些企业被赋予了实现国家大战略的价值，享受到了政策红利，并且有政府真金白银的大力支持。

- 如果是美股之外的市场，投资者在选择和配置矿业类股票时，最好选择波段性操作，因为一旦稀有资源的价格在长期低迷后呈现出明显的上涨势头，且成交量增加，投资者在这个时候介入就往往有机会获得较好的收益。

第十章

投资大趋势

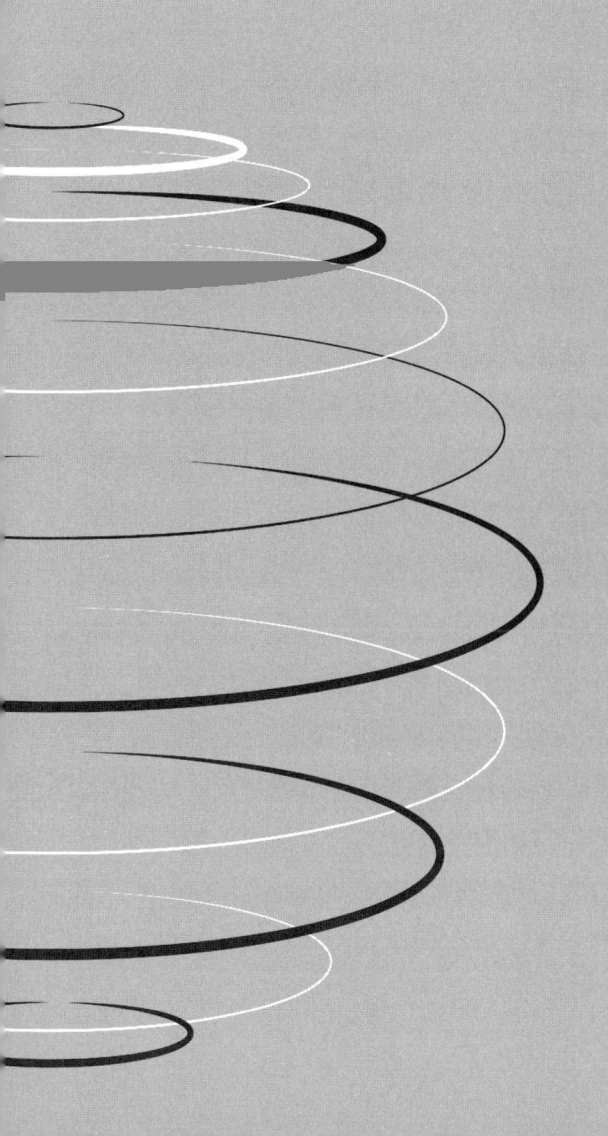

资本市场的力量

投资，其实是交易未来的游戏。

未来的重要性大于现在，现在的重要性大于过去。

很多人带着现货交易的思路去对待股票、外汇、期货、期权等，这是一个巨大的误区。投资是交易未来，过多地关注当下而不是未来非常容易被束缚。

如果一只股票现在亏损惨重，但它有一个光明的未来，那么股价照样可以几倍甚至几十倍地上涨。因为，资本市场的价格经常是投资者对未来的估值。投资者如果受困于现实，就会成为一个缺乏想象力、无法洞悉机会、平庸且短视的随波逐流者，每天忙忙碌碌、提心吊胆、忧心忡忡地空耗精力和青春，却一事无成。这样可悲的投资者永远是某些市场的主流。

理解了这一点，我们就容易理解趋势对于投资的重要性和意义了。

做投资，最重要的是要看清大趋势，顺应大趋势。如果大方向是对的，是顺应趋势的，那么偶尔犯错也无大碍；如果大方向是错的，是颠倒的，那么犯的错往往是致命的、难以挽回的。

我特别强调一点：投资其实是时间和空间的组合。时间是指何时投资的问题，空间是指资金放在哪些市场、哪些品种上的问题。

在正确的时间段，把资金放在正确的市场中正确的投资目标上，是投资能够取得丰厚收益最重要的前提。巴菲特之所以成为"股神"，首先是因为他的主要战场是在全球最大的市场——美国资本市场。巴菲特做的很多都是长线投资，这意味着他所投资的相关企业必须有强大的生命力，能够源源不断地创造财富，并为其带来回报。

试想一下，如果巴菲特投资的主战场是在津巴布韦、委内瑞拉这样的国家的股市，将会是怎样的结局？仅货币贬值、法制不健全就足以让他的财富化为乌有。

必须承认，很多时候，不是投资者不够聪明或者不够努力，而是因为其没有意识，没有能力或者没有机会去选择正确的地方。

回顾近百年的历史，美股也有过阶段性的惨烈下跌，但往往都是不久之后就走出泥潭，创出新高。

2020年3月23日，新冠疫情肆虐，美国道琼斯指数跌到18 213.65点，而在2024年12月4日，它已经涨到惊人的45 073.63的高点，其间一次又一次地创出历史新高。标准普尔500指数、纳斯达克指数同样如此，其中涨几倍、十几倍，甚至几十倍的股票比比皆是。

美股会像永动机一样，持续这样辉煌下去吗？

当然不可能。所有的趋势都会像波浪一样前行，无论多么强劲，都会有起伏和波折。

显而易见的是，随着一个高点超越另一个高点，回调的能量也在慢慢蓄积，只不过在酝酿阶段不容易被发觉而已。

最好的投资机会往往出现在危机爆发之后。危机往往在短期内就会引发深度市场调整，这种调整迅速将泡沫挤压出去。随着恐慌的加剧，绝望情绪蔓延，会继续出现过度调整，伴随着这种过度调整，经常会出现优质资产被"错杀"的情况，而这正是投资者要等待的好机会。

美股市场的特殊之处在于：金融是美国构建强权的基础与核心，是美国不惜一切代价也要拯救的领域。

比如，第一次世界大战爆发后，当时的美国财政部部长威廉·吉布斯·麦卡杜为了减轻这个重大利空的冲击，在1914年7月31日关闭了纽约证券交易所，一直关闭到1914年12月12日，关闭时间长达4个多月。[1]

经过这个漫长的休市过程，恐慌渐渐淡下去。1914年12月12日重新开市的时候，道琼斯指数上涨了4.40%。而且，随着战争范围的迅速扩大，很多人突然意识到美国才是避风港，于是资金开始涌入美国市场。1915年，道琼斯指数上涨了81.66%。[2]

这就是美国对待金融市场的态度。回顾美股100多年来的走势，每一次大萧条、大危机之后，都会出现巨大的机会。

1929年，大萧条爆发，全球经济大衰退。大萧条始于美国，并很快蔓延到欧洲。1931年，从奥地利开始，欧洲数家银行先后倒闭，随后德国爆发货币和银行危机，危机进而蔓延到英国、法国，演变成国际金融危机，最终导致全球经济螺旋式下降，跌入大萧条。大萧条的影响从1929年一直持续到1939年，是历史上最严重的经济衰退。在美国和西方世界深陷危机之际，美国总统罗斯福宣布实施"新政"，引入国家福利项目，包括联邦政府向失业者提供援助，为工人提供法律保护，实行严格的产业监管政策和社会保障计划等。美国工业因此迅速好转。[3]

从美股的走势来看，大萧条只从1929年延续到1932年，其间，美股持续下跌。1929年，道琼斯指数下跌17.17%，1930年继续下跌33.77%，1931年下跌52.67%，1932年又下跌23.07%。

但1933年以后，美股就开始恢复繁荣。1933年，道琼斯指数暴涨66.69%，1934年上涨4.14%，1935年上涨38.53%，1936年上涨24.82%……

大萧条是人类历史上持续时间最长、破坏力巨大的经济危机、金融危机，但即便是如此严重的危机，一旦度过恐慌阶段，股市马上就会迎来持续的繁荣。1932年，道琼斯指数的收盘价只有59.93点。2024年11月29日，道琼斯指数收报44 910.65点，创历史新高，较1932年上涨近750倍。这样的市场能够造就巴菲特这样的"股神"，也就不难理解了。

第十章　投资大趋势　　337

1929年的大萧条之后，美股再也没有出现过那么持久的大幅下跌。从1980年到2024年，道琼斯指数有34年都是上涨的，只有11年是下跌的，其中9次跌幅在10%以内，只有两次调整幅度大一些：一次是2002年，互联网泡沫破灭，道琼斯指数下跌16.76%。另一次是2008年金融危机爆发，道琼斯指数下跌了33.84%。但这次金融危机爆发之后，从2009年到2024年，道琼斯指数走出了一波长牛行情，而且保持两位数上涨的年份居多，其间，偶尔某个年份会出现调整，但大趋势并未改变。

　　新冠疫情最严重的2020年，由于美联储及时出手救市，道琼斯指数先跌后涨，总体上上涨了7.25%。

　　从历史数据来看，经济危机对实体经济是一场灾难，对投资者而言，却是"淘金"的好机会。

　　美国之所以能够构筑起金融强权，是因为无论是它自己爆发危机，还是别人爆发危机，它基本上都能率先实现经济复苏，成为全球资本云集之地。

　　美国的金融体系之所以被称为金融霸权，是因为它打击别的国家的时候毫不留情，而保护自己的时候又不遗余力。

　　这是确保美国资本市场繁荣的强有力的保障，正因为有了这样的保障，全球的资金才源源不断地流入美国，而源源不断流入的资金又持续推动美国的资本市场走向繁荣。这其实就是一种良性循环。

　　美国之所以成为全球创新的领导者，是因为它拥有无数创新型企业，资本市场的繁荣让这些企业可以获取廉价的资金。与银行贷款相比，资本市场融资的成本低、流动性强、灵活而且高效。创新是非常烧钱的，一个企业一旦失败，前期所有投资就都将打水漂，而资本市场的繁荣意味着企业创新失败的风险是由无数投资者分担的。美国企业为什么敢烧钱去实现一些看起来非常大胆的设想，就是因为繁荣的资本市场是其强大的后盾。

实际上，倒下去的企业比成功的企业要多得多，但人们能记住的不是那些无数倒下去的失败的企业，而是那些成功的企业。一家企业如果创新成功，在科研上取得突破，并在市场中开疆拓土，获得垄断地位，那么它将给投资者带来非常丰厚的回报。这种回报的诱惑力正是许多投资者把钱投向美国资本市场的根本原因。

相比之下，一些国家把资本市场仅仅当成鱼肉投资者工具的做法（如南美的一些国家的做法）是非常短视的。它们因为追逐一点儿蝇头小利而丧失了整个创新环境和激励机制形成的机会。这样的国家的市场更容易成为骗子们弹冠相庆的盛宴，而不会成为孕育伟大企业的土壤。

归根结底，国与国之间的竞争是企业与企业之间的竞争，而企业的成长是离不开资本市场这个力量之源的。这正是美国如此重视资本市场的原因。

资本市场孕育伟大的企业，伟大的企业也带领资本市场走向一个又一个辉煌，这是一种良性的互动。

从20世纪90年代起，与信息技术和互联网相关的企业飞速发展，吸引无数资本涌入这一领域炒作。在此背景下，纳斯达克100指数持续飙升，1995年上涨42.54%，1996年上涨42.54%，1997年上涨20.63%，1998年上涨85.31%，1999年上涨101.95%，1999年底收盘达到3 707.83点。

无数资金的疯狂涌入给互联网企业的成长提供了廉价而充足的资本，但这种过度的炒作在2000年遭遇了巨大风险：互联网泡沫破灭了。从2000年到2002年，纳斯达克100指数连续3年下跌，在2002年收盘时的点位是984.36点。

互联网泡沫的破灭是一次近乎疯狂的优胜劣汰。数以千计的互联网企业倒闭的同时，一些优秀的企业也脱颖而出，苹果公司、谷歌、微软、英特尔、亚马逊等企业迅速崛起。在美国资本市场，上演了"一将功成万骨枯"的神话，而这些成功的企业也为投资者带来了非常丰厚的回报。人们看不见"万骨枯"，只关注"一将功成"，这正是推动资本市场繁荣的最强大的动力。而互联网企业的崛起又成为推升美国综合国力的重要力量。

2022年11月30日，ChatGPT的发布意味着人类迈向人工智能的步伐开始加快。新崛起的公司OpenAI石破天惊的一个举动，吹响了人工智能高速发展的号角。全球各地的资本云集美国市场，并疯狂地涌入这个赛道。

英伟达、谷歌、微软、亚马逊、苹果、Meta、特斯拉、博通、高通等企业，成为通向人工智能时代的标志性企业。美国的企业引领并主导人工智能的发展也代表着美国国力的一次提升，这也是全球资本疯狂涌入美国市场的重要原因。这些投资者只是想跟随那些成功的企业分一杯羹，却同时成就了那些企业从一个辉煌走向另一个辉煌。

在良性的资本市场，人们预期会有好的回报，所以大胆地投入资金。企业预期有良好的发展前景，又有庞大的廉价资金予以支持，因此勇敢地去做研发，而研发一旦成功，企业和投资者将一起分享发展的红利，这又鼓励更多的投资者涌入资本市场。

而在差的资本市场，钱一旦投进去就可能打水漂，因此人们越来越谨慎，越来越不敢投入。企业对未来的预期悲观，因此越发不敢投入，创新能力越发衰弱，只能通过外观专利或通过"山寨"之类的方式来装点门面，再通过利益输送的方式"收割韭菜以自肥"。企业业绩越来越差，企业就通过财务造假的方式欺骗投资者。这样的市场就是恶性循环的市场，永远不能给投资者带来好的回报。

恶性循环的市场会越来越像一潭死水，而良性循环的市场会越来越活力四射。在现代化的路途上，任何一个国家的强大都离不开一个强大的资本市场的支持。美国成为全球最大的消费拉动型国家，与其股市的繁荣也是密不可分的。当把一个具有强大盈利能力的市场对民众消费能力的提升，与一个蒸发民众财富的市场对民众消费能力的损害放在一起对比的时候，其区别就更加一目了然。认识不到这一点，我们就无法理解美国借力资本市场实现自我发展的重要性。而如果理解了这一点，我们就能理解为什么美国不惜动用一切国家力量全力呵护资本市场了。也正因为这一点，每一次大危机引发的美股下跌，都意味着一次阶段性的入场的好机会。

又到关键节点

现在，全球经济又到了一个极为关键的节点：全球经济正面临着一场巨大而惨烈的调整。

新冠疫情暴发之后，全球各国通过超宽松的刺激政策试图把经济拉出泥潭，并为此投入了天量的货币。

美国广义货币余额在2012年6月首次突破10万亿美元。在疫情暴发时的2019年12月，其广义货币余额为15.33万亿美元。2021年4月，美国广义货币余额首次突破20万亿美元。截至2024年10月，美国广义货币余额为23.31万亿美元，折合人民币约165.50万亿元（见图10–1）。

再看看中国。1998年10月，中国广义货币余额首次突破10万亿元，为10.45万亿元。2013年3月，中国广义货币余额首次突破100万亿元，达到103.61万亿元。2020年1月，中国广义货币余额首次突破200万亿元，达到202.31万亿元。2024年3月，中国广义货币余额首次突破300万亿元，达到约304.80万亿元。

中美作为世界上两个最大的经济体，这种情况相当具有代表性。

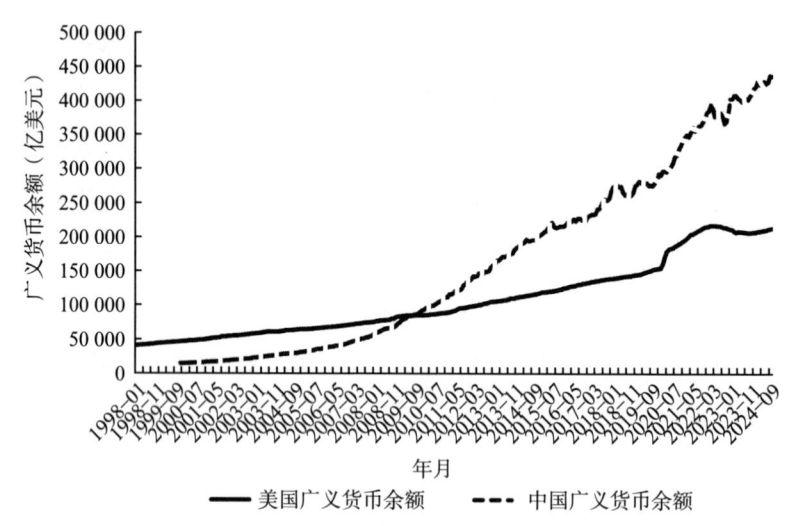

图 10-1　1998 年 1 月到 2024 年 11 月美国广义货币余额与中国广义货币余额走势
数据来源：美联储、中国人民银行。

　　问题在于，如何健康地消化短期内激增的货币：在既不影响经济增长，又不导致严重通胀隐患的情况下，怎样才能使货币总量与经济运行更好地匹配？

　　一种解决方式是靠生产力的提升来消化。另一种方式是通过某种具有破坏性的力量的爆发来被动化解。这就好比一个过于劳累的人，往往是在生病的时候才能被迫休息，进行调养。债务危机、经济危机、金融危机的爆发，其实也是一种调节。

　　中美高科技的比拼就是与时间赛跑，通过生产力的提升来消除隐患，以获得更大的主动权。

　　英国作为一个面积不大的岛国，却曾经一度称霸世界，成为日不落帝国，使英镑成为世界货币，原因就是英国开启的工业革命使其生产力得到空前提升。

　　在全球很多国家的经济面临严峻挑战的时候，美国资本市场则高潮迭起，不断创造历史新高，原因在于美国是目前全球人工智能的主导者，以英伟达为代表的美国企业是全球人工智能发展必须依靠的基础。

2024年11月7日，英伟达的市值达到3.65万亿美元，超过了苹果公司在2024年10月21日创下的3.57万亿美元的收盘市值纪录，英伟达也成为世界历史上第一家市值超过3.6万亿美元的公司。

说到底，国与国之间的竞争其实是企业与企业之间的竞争，谁拥有更多顶级的企业，谁就能获得更强大的支撑力量，同时，这也能帮助其化解债务、货币超发等问题。

美联储自己也在悄悄地进行缩表，悄无声息地消除隐患。

图10-2为2007—2024年美联储资产负债表规模的变化。

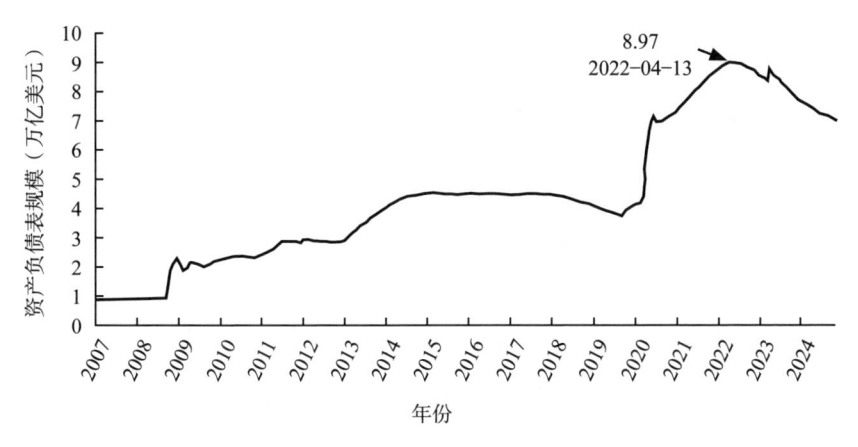

图10-2 2007—2024年美联储资产负债表规模

数据来源：美联储。

2020年1月，在新冠疫情刚暴发的时候，美联储的资产负债表规模为4.17万亿美元，而后，美联储实施量化宽松政策来拯救经济，使得资产负债表规模迅速扩张。2020年3月25日，美联储资产负债表规模突破5万亿美元关口，达到5.25万亿美元；2020年4月8日，美联储资产负债表规模突破6万亿美元关口，达到6.08万亿美元；2020年5月20日，美联储资产负债表规模突破7万亿美元，达到7.04万亿美元；2021

年 6 月 16 日，美联储资产负债表规模突破 8 万亿美元；到 2022 年 4 月 13 日，美联储资产负债表规模达到历史高点 8.97 万亿美元。

这种飞速的增长显然后患无穷，很快，美国通胀率开始上升。随后，美联储悄悄缩表，来逐渐化解隐患。2023 年 11 月 29 日，美联储资产负债表跌破 8 万亿美元；2024 年 11 月 6 日，资产负债表跌破 7 万亿美元；2024 年 11 月 20 日，已经跌到 6.92 万亿美元。

美联储缩表的速度非常快，因为世界上大的经济体都在与时间赛跑，谁消除了隐患，谁就拥有更顽强的生存能力，谁就能更早地摧毁对手。

很多人忽略的是，美联储缩表是一种杀伤力巨大的武器。缩表比加息的杀伤力更大，因为加息只是提高资金的使用成本，而缩表是缩减流动性，属于釜底抽薪。当流动性缩减到一定程度时，就容易引爆其他经济体的经济。美国可以借助其他经济体债务危机的爆发，一劳永逸地消除自己的隐患。

这正是美联储在降息以后，美债收益率却持续上升的原因之一（另外的原因包括人们对特朗普上台后发动贸易战，并导致通胀率上升的担忧等）。降息却降出了加息的效果，这是美联储所要达到的效果。

随着流动性的快速萎缩，人们突然发现，美元变得更稀缺了，这在促使美元被动走强的同时，也让其他经济体对美元的融资成本变得越来越高。目前，在全球引领人工智能发展的大部分还是美国的企业，全世界的资金都在涌入美国资本市场，争取分享一些红利。同时，美国的减税政策也具有强大的吸引力。因此，美联储不用担心在缩表的同时给自己造成太大的伤害。

相关数据非常清晰地证明了这一点。2024 年 11 月 18 日，美国财政部公布了 9 月的国际资本流动报告。报告显示，2024 年 9 月，所有外国净收购美国长期证券、短期证券和银行资金流入总额为 3 984 亿美元。其中，外国私人净流入 3 411 亿美元，外国官方净流入 573 亿美元。

2024年9月，外国居民增持了美国长期证券，净购买量为2 631亿美元。外国私人投资者的净购买量为2 528亿美元，而外国官方机构的净购买量为103亿美元。美国居民增持了外国长期证券，净购买量为471亿美元。

2024年9月，外国投资者持有的美债的规模较8月有所上升，创下了有记录以来的最高水平，这也是连续第五个月规模上升。这反映出，哪怕在美国债务激增的大背景下，外资依然非常看好美国市场和美债。

在美债的前十大海外持有地中，除中国和日本减持外，其余8个地区全部增持。具体来看，2024年9月，中国减持美债26亿美元，日本减持了59亿美元，中日两国合计减少85亿美元。其他8个国家和地区全部都增持美债，其中，英国增加208亿美元，比利时增加416亿美元。总的来看，外国持有的美债总额从2024年8月的8.503 4万亿美元上升到9月的8.672 9万亿美元，增加了1 695亿美元。[4]

这就是美联储迅速缩表，美国股市反而上涨的重要原因，这也是美联储强硬缩表的底气。美联储缩表，美元流动性减少，稀缺性增强，物以稀为贵，最终美元升值。

这个时候，其他经济体发现自己变得空前被动。

美元表现强势，其他很多货币对美元快速贬值，尤其是发展中国家的货币更是大幅贬值。这种情况极其容易诱发货币崩溃的危机。怎么办？相关经济体就可能通过卖出美元、买入本国货币的办法，来维持汇率的稳定。在美元短缺的情况下，这样做几乎等同于往自己身上添加大石头坠河，但不这样做汇率就会大崩溃。别忘了，此前超发天量货币留下的巨大隐患，此时正在因美联储的缩表而快速显露出来。这就好比把河水一点点抽干，河里的石头甚至垃圾都会露出来。

在对手左右为难、无助挣扎的时候落井下石，更容易击垮对手。这正是美联储当下飞速缩表的可怕之处。

现在，很多经济体都面临着经济下行压力加大的风险，美联储的釜底抽薪之举对这些经济体来说是雪上加霜。

以德国为例。2023 年，德国是表现最差的主要经济体，其 GDP 收缩了 0.3%，并在 2024 年初濒临衰退——受到周期性和结构性不利因素的双重打击。2024 年第二季度，德国再次落后于其他经济体，增长方面的差距进一步扩大：德国第二季度的 GDP 超预期收缩了 0.1%（预期是环比增长 0.1%）。而且，2024 年 7 月德国通胀率的上升进一步显示出欧元区最大经济体的持续挣扎。[5]

经济不好，失业率也会上升。德国联邦劳工局公布的数据显示，2024 年 10 月，德国失业人数增幅超过预期。经季节性调整后，失业人数增加了 2.7 万，达到 286 万。此前路透社分析师的调查预计失业人数增加 15 000，而实际失业人数增幅超过预期。德国联邦劳工局局长安德烈娅·纳勒斯表示："今年秋季劳动力市场的好转基本未能实现。"[6]

传统经济基础非常坚实的德国尚且如此，其他很多经济体的情况可想而知。

现在的情况与 2010 年欧债危机爆发时的情况截然不同。当时，"欧猪五国"（指葡萄牙、意大利、爱尔兰、希腊和西班牙这 5 个欧洲国家）的情况非常糟糕，而这次是欧元区的核心国出现问题。

欧元区的两大核心国，一个是德国，另一个是法国，而法国的情况比德国更为糟糕。

2024 年下半年以来，法国与德国十年期国债利差持续走高。2024 年 11 月 27 日，这一数据飙升至 90 个基点，达到了 2012 年以来的最大值。纽约银行的数据显示，法国债券遭遇了两年多来最大的单周流出。[7]

过去，由于德国财政状况表现相对稳健，市场比较喜欢用德国国债做基准，来衡量其他国家的财政健康状况。法德十年期国债利差持续走高，意味着越来越多的投资者在抛弃法国债券，这导致法国十年期国债的收益率甚至比西班牙同类债券的收益率还要高。这意味着，现在的法国国债已跌成"次等"欧洲主权债了。

欧洲爆发债务危机的风险正在快速上升。

纵观全球，除了美国有人工智能作为支撑，大部分经济体都面临着各种各样棘手的问题，而一旦有大的经济体爆发危机，美国也会被殃及，进而引发美国资本市场的一次调整。

全球化坍塌

全球化的过程是中低端产业链从发达国家向发展中国家转移的过程，是各国比较优势充分发挥，产生巨大红利的过程，也是发展中国家迅速崛起的过程。

全球化的蜜月期并没有维持多久，各种矛盾变得日趋尖锐。发达国家的工人感到不满，因为随着产业向外转移，他们中的很多人失去了工作。执政者为了选票，不得不重视工人的利益。新兴国家成为全球化的受益者，但它们同样不满，因为它们开始争取与其蒸蒸日上的国力相匹配的话语权。

2018年中美贸易战是全球化坍塌的标志性事件，逆全球化由此开启，而随后的新冠疫情加速了这一趋势。

全球化正在走向终结。全球化的终结意味着全球化红利的崩塌。

很多国家的不安全感陡然上升，纷纷重建自己的产业链体系。这个时候，各个国家不再追求发挥比较优势，而是确保自己的产业链体系的安全。

从全球化的大融合走向全球化的终结，这是一次痛苦的裂变，而这种裂变非常容易引爆经济危机。

中国是全球化的最大受益者之一。刚刚构建起自己完整而系统的产业链体系后不久，中国就面临着产业大回流带来的严峻挑战，包括经济下滑、失业率攀升等问题。

发达国家的日子也不好过。重塑产业链体系是一个漫长的过程，不仅需要巨额投入，而且高昂的人工成本也让发达国家产业链的回流面临诸多挑战。更重要的是，庞大的债务负担使高福利难以为继，甚至让经济的运行都变得日益艰难。实际上，纵览全球，债务负担不那么严重的国家又有几个呢？

在逆全球化的过程中，当发展中国家和发达国家各自面临艰难的挑战时，以邻为壑，向外转嫁矛盾就可能成为无奈的选择，这意味着大危机已经在来的路上。

在全球化时代，经济飞速发展，世界相对和平，但仍然有很多遗留的隐患。

其一，欧洲高福利体系处于崩塌的前夜。

根据欧盟统计局的数据，2022年，除了马耳他，欧盟各国的社会保障福利支出都有所增加，总支出占到了欧盟GDP的27.2%。其中，社会保障福利支出占GDP比重最高的是法国，比重高达32%。奥地利和意大利并列第二，比重均为30%。排在第四位的芬兰和排在第五位的德国，其社会保障支出也都占到了GDP的25%以上。[8]

在选民决定政府更迭的国家，社会保障福利支出是很难削减的。2003年，时任德国总理格哈德·施罗德推出了著名的"2010议程"，其中最具争议的《哈茨四号法案》于2005年1月1日正式生效。这条法案规定，取消失业者按照失业前收入水平确定的政府补助，所有具备劳动能力的失业者在长期失业情况下只能得到数额统一的基本救济金；职工一旦被解雇须立刻到职业介绍中心报到，并尽可能早地找到新工作而避免失业；失业者应接受职业介绍中心提供的工作，若拒绝次数超过规定将受到降低救济金的惩罚。

这种大胆的改革是对高福利制度的一次修正,然而,此举引发众怒,施罗德很快被选民抛弃。这一教训让欧洲的政治家再也不敢越雷池一步,不断承诺提升福利或创建新的福利。政治家赢得了选举,却让福利制度失去了被修正的机会。

其二,难民危机正逐渐演变成信仰冲突。

从2010年"阿拉伯之春"开始,来自中东、非洲的难民涌入欧洲。2015年,叙利亚内战引发大量的难民再次蜂拥进入欧洲。仅德国在2015年就接纳了超过110万难民。这些难民并不感恩欧洲对他们的接纳,很多人甚至不愿意工作。德国萨克森州瓦尔登堡市市长柏恩德·波勒称,当地有些难民拒绝接受政府提供的带薪义务工作,并表示"我们是默克尔的客人……客人是无需工作的"。[9]

2016年元旦前夕,德国科隆、汉堡、法兰克福和斯图加特等地,发生了大规模的抢劫和性侵事件,由于大部分嫌犯指向北非和中东难民,因此引发了德国社会对蜂拥而来的穆斯林难民的恐慌情绪,民众和极右翼势力对默克尔难民政策的反对之声愈来愈甚。[10]

这些难民到了欧洲国家,并不感到满足,他们希望接纳他们的国家也能接纳他们的文化,由此引发了愈演愈烈的矛盾和冲突。

早在2017年4月2日,门石研究所(Gatestone Institute)在其公布的一份报告中指出,过去数十年来,伦敦有近500座基督教教堂关门,但有423所清真寺新建成,伦敦已经变成"伦敦斯坦"。[11]

在英国大伦敦的自治市陶尔哈姆莱茨,穆斯林人口已经占到总人口的36.4%,在另一个自治市纽汉,超过24.3%的人自称是穆斯林。截至2023年,英国的穆斯林人口已达413万。[12]欧洲传统的宗教信仰是基督教,这种宗教的冲突在高福利制度之下可以暂时被掩盖,一旦经济下行,福利保障受到影响,矛盾就会被迅速点燃,而这种矛盾是最难化解的。

很显然，这种冲突在即将爆发的欧债危机中所造成的后果，将比 2010 年欧债危机时严重得多。

其三，空前的左右对立。谈到西方文明，人们常常会想到包容、平等、法治等字眼。然而，现实是社会的空前撕裂和对立。

伴随着左的思潮的泛滥，LGBTQ（性少数群体）崛起，黑人人权运动盛行，西方社会在迅速撕裂。性少数群体、黑人都应该有自己的生存空间，有自己的权利和尊严，但就怕事情走向极端。很多公司被要求在招聘的时候优先照顾 LGBTQ，连沃尔玛这样的公司也"成立了一个 LGBTQ +官员核心小组……专注于建设社区和促进工作场所的多样性、公平性和包容性"。[13]

多元、平等、包容（Diversity, Equity and Inclusion），简称 DEI，这是一个典型的"好词被玩坏"的例子。多元、平等、包容，每一个都是好词，但放在一起就不是那么回事了。因为它过度强调政治正确，过度强调所谓的"多元化团队""机会公平"，以及提倡大量引入少数族裔、跨性别员工等，而不是从工作岗位的能力要求出发，这种选拔策略有可能导致企业招收大量不合格的员工。

在此风气的影响下，高科技公司波音也搞起了 DEI。2020 年 8 月，波音公司首席执行官戴夫·卡尔霍恩表示，公司正努力使整个公司的黑人美国员工人数增加 20%，并规定雇用有色人种的基准。[14]波音公司负责全球多元化、平等、包容文化的副总裁萨拉·鲍恩在波音公司的《2023 年全球平等、多元与包容文化报告》中自豪地宣布，波音公司的少数族裔员工比例达到 35.3%，比 2020 年高出 4 个百分点，比行业平均水平高出 3 个百分点。波音公司还自豪地强调，员工公开自我性别认同和性取向的比例分别为 14% 和 12%。[15]

问题在于，飞机制造行业对员工本身的能力和素质要求极高，但波音公司不以技术、个人素质为标准来招聘、选拔人才，这埋下了严重的安全隐患。近年来，波音公司多次出现质量问题，引发信任危机。2024年1月，阿拉斯加航空的一架波音737 MAX飞机从俄勒冈州波特兰起飞后不久，一块被称为"门塞"的面板爆裂。一系列质量问题给波音公司带来了灾难性影响。2024年4月，波音公司的订单量暴跌，客户取消的订单数量超过了新接订单数量。具体来看，4月份，波音公司只收到了7架飞机的订单，数量异常少，而当月有33架飞机的订单被取消。这也是波音公司陷入危机的一个迹象。2024年前4个月，空客交付了203架商用飞机，而波音公司只交付了107架。[16]

左派重视环境等议题，有着积极的一面，但极左的胡作非为搞得社会乌烟瘴气，社会治安急剧恶化，这已经让普通民众忍无可忍。极左和保守派的空前对立在2024年的美国总统大选中体现得淋漓尽致，最终，特朗普毫无悬念地获胜。特朗普的获胜代表着保守主义的回归，美国社会开始回归正常。

美国大选天然的纠错功能，让美国社会重新回归正常状态，而欧洲极左与保守主义的博弈还在持续。如果说美国的极左路线造成的民怨成就了特朗普，那么极左在欧洲的盛行不断壮大了保守派的力量。

在2023年底荷兰议会众议院选举中，海尔特·维尔德斯领导的极右翼自由党获得众议院最多席位，首次成为众议院第一大政党。

在奥地利2024年9月的议会选举中，极右翼的奥地利自由党获得最多选票（约29%），成为该国最大政党。

在2024年6月法国议会选举的第一轮投票中，玛丽娜·勒庞领导的极右翼政党"国民联盟"获得了约33%的选票，赢得压倒性胜利。不过，在第二轮投票中，左翼政党和中间派联手，把国民联盟排挤到第三位。

在2024年欧洲议会选举中，2013年才成立的德国选择党获得近16%的得票率，位列第二名。

总的来看，近年来，欧洲政党政治的一个重大发展趋势是，右翼民粹政党的力量日益上升，在国内选举、地方选举和欧洲议会选举中均表现不俗，甚至多国右翼民粹政党进入政府。不少右翼民粹政党的政策主张逐渐去极端化，在对待欧洲一体化和欧盟的态度上也有所缓和，从明确的脱欧立场转向希望欧盟改革。右翼民粹政党日益向主流方向迈进，并朝"正常化"发展。[17]

欧洲的左右博弈还将继续，这种博弈在动荡的前夜会进一步延误解决问题的时机，让未来的大危机变得更加惨烈。

无论是欧洲还是美国，右翼保守势力的崛起都是极左催生的结果。几乎每一种右翼势力的崛起，都是由于极左埋下了种子，并辛苦地"施肥、浇灌"，才在保守派身上"开花结果"。像德国选择党，虽然2013年才成立，但是在短短十几年的时间里就已经成为一大势力。

尊重性少数群体是应该的，这是文明进步的必然，但是走向极端就扭曲了。

由于极左的纵容，美国边境形同虚设，涌入美国的非法移民获得了比本国国民更好的保障和待遇。由于同样的原因，黑人人权运动泛滥并演变成"打砸抢"，像旧金山这样的著名城市，其社会治安已经乱得不像文明世界的城市了。

因此，主张恢复秩序、重建边境、解决通胀问题的特朗普，率领共和党在2024年的美国大选中取得了压倒性胜利。而特朗普向保守回归的政策，最有可能成为导致全球化彻底崩塌的那根巨大的"稻草"。

大风险与大机会

2024年的美国总统大选，举世瞩目。很多人担心特朗普上台后会挥起关税大棒，导致全球化的迅速坍塌，重演20世纪30年代的那场全球性大萧条。特朗普的思维方式和行为方式与美国民主党左派政府是截然不同的。民主党左派会为了全球化牺牲自己的利益，而特朗普不会，他认为全球化伤害了美国的利益，因此不惜摧毁全球化来找回自己的利益。

这是特朗普青睐加关税，打贸易战的动力所在。

从历史上来看，每一次高级别的贸易战都造成了非常深远的影响。当特朗普挥起关税大棒的时候，很多专家会说，这样做损人不利己，并常以20世纪30年代的教训作为例子来佐证自己的观点。

问题在于，美国的精英和领导者为什么要再次这样做？

我们需要从1930年美国对全世界发动的全面贸易战来进行分析。20世纪30年代是现在资本主义不可回避的一个时代，那一次的"世界经济大萧条"深刻地影响了世界经济的走向和趋势。其中一个很有时代性的产物就是它催生的一次现代经济意义上的贸易战，而贸易战又进一步加剧了大萧条，进而在世界范围内引起了旷日持久的经济下滑。但是对于这场大萧条，至今仍很少有人从战略的高度去剖析它。

我的结论是：正是这场大萧条，摧毁了以英镑为核心的贸易体系，引爆了资本主义危机，激化了资本主义世界的矛盾，引发了第二次世界大战，把围绕英镑构筑起来的贸易体系彻底摧毁，最终构筑起了以美元为核心的新的贸易体系。这个新的贸易体系当然是由美国主导的。

这才是1930年美国发动全球贸易大战所获得的最大的战略收益。

而这一点，至今很少有人认识到。

当时的美国总统胡佛也是以提振美国经济为名发起贸易战的。1930年，美国通过了《斯姆特-霍利关税法案》，这份法案在世界经济史上可谓臭名昭著，因为它通篇都在强调"贸易保护主义"。

里德·斯姆特、威利斯·霍利等人提出该项法案的动机是保护困境中的本国劳动者的利益，减弱外国商品对美国相关产业的冲击，并缩小美国的外贸逆差。然而，由于许多国家都对美国采取报复性关税的反制措施，美国的出口贸易额也严重萎缩。美国商务部的统计数据指出，1929年至1934年，全球贸易萎缩了大约66%。[18]

问题在于，当时国际贸易的结算货币是英镑，全球贸易战直接减少了贸易量，于是直接动摇了英镑的根基。而只有彻底地摧毁英镑，美元才能取而代之，美国才能建立起新的国际体系，让自己成为国际游戏规则的制定者、主导者。

当时，英镑是影响最大的国际货币，并且各个国家的货币大都还在遵循金本位制。大萧条时期，各国没有施行金融救助和经济刺激，美国和法国还实施了紧缩货币政策，导致各个国家由于没有足够的黄金储备，出现了银行经营状况恶化的局面。

1931年8月，当时强大的金融霸权国家英国被迫放弃了金本位制。英国放弃金本位制以后，英镑就失去了一个很重要的基础。由此开始，英镑的地位快速下跌。

英镑贬值，导致持有英镑的其他国家的央行不得不承受巨额的资本损失。毕竟，在那个年代，英镑是非常普及的。

既然英国都放弃金本位制了，谁还坚守呢？这随即引发了其他国家相继脱离金本位制的结果，掀起了各国本币争相贬值的多米诺骨牌效应。所以，美国引发的贸易保护造成了全球的恶性竞争，贸易战、货币战齐发，导致全球经济进一步下滑。当然，杀敌一千，自损八百，美国在贸易战中也遭受了很大损失：美国的GDP从1929年的3 147亿美元，下降到1934年的2 394亿美元，5年时间内下降了24%；美国股市在1929年9月至1932年6月期间，暴跌了85%；美国的失业率大幅上升，从1929年到1933年，失业率从3%上升到25%。[19]

但是，贸易战对英国的杀伤力更大，因为英国才是当时的世界领导者。贸易战重创了英国的贸易、经济和英镑体系，可以说是全方位的打击。英国霸权体系的根基崩塌了，英镑赖以维持强势的基础被摧毁了。

欧洲其他国家同样非常悲惨，比如说德国。因为在第一次世界大战之后德国本来就承担了大量的战争外债，此后长期依靠美国的援助贷款来恢复经济。但是，1930年贸易战开始之后，美国对德国的援助贷款也大幅削减。1932年，德国的失业率逼近30%。后来德国走上纳粹道路也跟这有关。当然，后来的第二次世界大战爆发也与此有关。

胡佛之后的美国总统罗斯福非常清楚，要让美国取代英国，就必须让美元取代英镑，而要让美元取代英镑，就必须为美元绑定一个牢固的锚。他要通过这个锚，重塑美元的信心，当美元将来成为唯一的具有霸权地位的国际货币时，再抛弃这个锚。

这个"锚"就是黄金。

1933年，罗斯福命令复兴金融公司以高于市场的价格向民间购买黄金。金价从1933年10月的29.8美元涨到了1934年1月31日的35美元。涨幅还是比较大的。

即使在今天看来，美国这样做也是极为高明的一步棋。其一，它可以储备大量的黄金，为美元取代英镑做好准备；其二，那个时候的美元还没有摆脱金本位制，以高于市场的价格向民间购买黄金所造成的直接结果就是美元贬值，而在全球大萧条时期，美元贬值当然是有利于美国经济实现复苏的。

一举两得。

然而，至今很多人都没有看出美国这样做的诀窍在哪里，秘密在哪里，战略思路在哪里。

美国的货币贬值策略在短期内促进了美国经济的增长，增强了美国产品的竞争力，当然也让美国囤积了大量的黄金。但是美元贬值造成的物价飞涨，也让本来就处于失业状态的美国人濒临饥饿的境地，同时货币贬值也打击了小有产者。

而美国的货币贬值给世界其他国家造成了更加深远的影响，尤其那些反应比较慢的国家，很多国家当时还没有看明白美国要干什么。

比如，法国就稀里糊涂地被蒙在鼓里。一直到1933年，法国还保持着金本位制。美国为了让美元贬值而大量收购黄金，这样一来，法国的黄金就大量外流。到1937年，法国的黄金储备减少了50%以上；到1938年，法国的黄金储备下降了接近60%。虽然法国在随后的改革中及时地制止了黄金流失带来的经济动荡，但是法国也被迫在1936年使货币跟黄金脱钩。对比英国和美国，我们就很容易知道法国的反应有多慢了。

日本人虽然在金融上不是很擅长，但是知道盯着最聪明的人学习。日本看到英国取消了金本位制后，决定跟随英国。所以，日本在英国宣布取消金本位制的当年，也立即取消了金本位制。

经贸摩擦、货币大战让许多国家陷入了大萧条，而大萧条最容易催生出极端的民族主义。美国不用担心，因为美国的邻国少，且都比美国弱小，无论是南边的墨西哥，还是北边的加拿大，都对美国构不成威胁。

但欧洲就不一样了。欧洲国家众多，在大萧条期间，不同国家之间的矛盾更容易被激化。

在民族主义情绪高涨的时候，一些国家就利用民族主义迎合这股浪潮，反而取得了一定程度的经济增长，比如德国、意大利，还有亚洲的日本。这些国家大力发展了经济民族主义，而且全都走向了军工化促进经济的道路。

20世纪30年代的经济大萧条大致可以分为两个阶段，1929—1933年是大萧条阶段，1933—1939年是恢复期。美国通过罗斯福新政开始慢慢地缓解大萧条造成的危机，其他国家也有自己的方式。德国就如同美国的对立面一样，选择了一条完全不一样的道路来消解本国在大萧条时期受到的经济冲击，因为德国当时受到的冲击实在太大了。

德国依赖美国的援助，而大萧条时期，美国也不再援助德国了。因为，美国的核心战略是浑水摸鱼，动摇英国的金融霸权地位，然后再通过罗斯福新政促使经济迅速恢复。可以说，虽然美国在 1930 年之后的贸易战中也受到了剧烈的经济冲击，但是美国实现了两个重大战略目标：其一，美国摧毁了当时以英国为主导的金融霸权体系。其二，逼迫德国、意大利等国，在大萧条的威胁下，逐渐走向法西斯道路，引爆欧洲这个"火药桶"，更全面、更彻底地摧毁英国的金融霸权，为美国构筑新的金融霸权体系打下基础。当然美国未必是有意识地纵容法西斯主义，只是说它的战略计划客观上造成了这样的效果。

希特勒在 1933 年当选德国总理，和罗斯福当政的时间差不多，但两个人的经济政策有着天壤之别。德国为了摆脱经济困境实行的策略，用一句话就可以概括：扩充军备。德国对内经济采用配给制，将生产集中到军工部门。纸面的经济数据的确是恢复了，失业率也下降了。但是德国的轻工业水平完全滞后了，这有点儿像苏联解体以前的那个状态，军工业很发达，但是轻工业很落后。再加上德国对内剥削犹太人，对外掠夺捷克等国，于是它慢慢地从大萧条中复苏了。

希特勒利用民族主义情绪，把经济与军备竞赛完美地结合在一起，创造出了经济增长的奇迹。根据英国著名学者汤因比的研究，德国的制造业产量在 1938 年占世界的 14.3%，已经超过了英国和法国的总和。大家别忘了，当时世界的霸主可还是英国。

而美国是对德国支持力度最大的国家。美国的意图非常简单，借刀杀人。借助德国这部"超级战车"，来摧毁旧的霸权体系。美国引发的贸易战让德国获取原料的成本上升了，难度提高了。德国当然大为不满，这种不满在民族情绪的助燃之下，成为引爆战争的火焰。

当第二次世界大战爆发时，远离战场的美国通过卖军火牟取暴利，又通过向各国贷款来悄悄地蚕食英镑的地盘，以实现美元的扩张。

在第二次世界大战刚开始的时候，美国几乎是坐山观虎斗，对英国的支持非常有限。美国的意图非常简单，让各国互相消耗。最后，眼看英国就快撑不住了，美国才施以援手。美国当然不希望英国被德国就此灭掉，那样的话，美国将来可能要面对希特勒这样一个强敌。因此，美国看着战争持续，卖军火发财，但就是不动手。一直到1941年12月7日，日军偷袭了美国的珍珠港，第二天，也就是1941年12月8日，美国才正式参战。但美国参战也是从打击亚洲战场的日本开始的。

一直到1942年11月，美国才出兵非洲战场。注意，它是出兵北非战场，而不是出兵欧洲。这开启了对轴心国的外围包抄，但与真正的欧洲本土战事仍有一段距离。在美国出兵北非的17个月之前，1941年6月，希特勒的德国军队大规模进攻苏联，战线从北极地区延伸到黑海，长达2 000英里。美国尽量推迟和德国的冲突，让德国"专注"于东欧战场，与苏联相互消耗。

直到英国等国家实在撑不下去的时候，已经1944年了，美军才在西欧登陆。这个时候，欧洲连同苏联几乎已成废墟，而美国已经成为事实上的唯一保存完整实力的超级强国。

回顾一下这段历史，我们就会发现一个很清晰的路线图：美国在1930年开始打贸易战，摧毁英镑的金本位制，大量收购储备黄金。贸易战激化了欧洲各国的矛盾，第二次世界大战爆发。美国几乎成为唯一的世界强国，美元也慢慢地取代英镑，成为事实上的国际货币。这就是20世纪30年代美国发动贸易战的结果。

那么，现在特朗普为什么要再次发起贸易战？

近年来，金砖国家的官员一直在讨论去美元化的问题，在2024年的金砖国家峰会上更是深入讨论了这个问题。

去美元化是所有反对美国霸权的国家的愿望，但这也触碰了美国的核心利益，美国依然会强力出击，予以阻止。因此，在美国依然主导全球趋势的情况下，去美元化几乎没有实现的可能性。

2024年11月30日，当选总统特朗普公开表示："金砖国家试图摆脱美元，而我们袖手旁观，这种局面已经结束了。我们要求这些国家承诺，它们既不会创建新的金砖国家货币，也不会支持任何其他货币来取代强大的美元，否则，它们将面临 100% 的关税，并应该做好与美国停止贸易往来的准备。它们可以去找另一个'傻瓜'！金砖国家不可能在国际贸易中摆脱美元，任何试图这样做的国家都应该向美国挥手告别。"[20]

美国通过 1930 年的《斯姆特-霍利关税法案》开启贸易战，最终击垮了位居全球金融顶端多年的英镑。而近些年的贸易战，一是为了消除对美元的威胁，巩固美元的霸权地位；二是为了引爆其他经济体的危机，形成"风景这边独好"的景象，促使资本、产业等回流美国，重塑美国的产业链。简单来说，就是以牺牲其他国家为代价，促进美国产业链的重构，"让美国再次伟大"。

特朗普的这种思维，具有极强的攻击性。为了更好地贯彻落实自己的思路，2024 年 11 月 22 日，特朗普提名斯科特·贝森特出任美国财政部部长。

在贝森特被提名后，曾有媒体这样介绍他：在被任命为财政部部长的 30 年前，斯科特·贝森特曾被要求帮助破坏另一个国家的金融体系。当时 29 岁的贝森特为金融家乔治·索罗斯工作，通过对英镑的压倒性交易帮助"摧毁"了英格兰银行。他是索罗斯投资公司的一个小团队的成员，1992 年，该团队押注 100 亿美元，认为英镑被高估。尽管英国政府试图全力挽救英镑，但它无法承受压力，英镑价值暴跌。索罗斯的基金赚了 10 多亿美元，还因策划了华尔街最大胆的交易之一而获得了赞誉（和恶名）……在索罗斯基金管理公司（该公司的现名）中，贝森特先生于 2011—2015 年担任首席投资官。"[21]

特朗普有目标，但缺乏金融特长。而索罗斯的得力干将斯科特·贝森特正好可以与他互补，并且贝森特有实战经验，可以调集财政部拥有的庞大资源，帮助特朗普实现目标。

而且，当特朗普放出加征关税的大招时，其他国家可能首选促使货币贬值来应对，这将会引发非美货币的新一轮大幅度贬值。非美货币的崩溃性贬值所形成的信任危机，也将进一步巩固美元的强势地位。

与上一个任期相比，特朗普在这一任期的资源要多得多。参议院、众议院都在共和党手中，最高法院中的保守派法官占绝对多数，而且特朗普的群众基础更为稳定，这意味着他可以更好地去实施自己的计划。这同时也意味着，特朗普一旦开启贸易战，全球化将迅速坍塌，因为新冠疫情之后，很多国家的经济复苏依然非常缓慢，而且还面临着巨大的债务重担。在这个时候如果加上贸易战的冲击，全球化就将很快崩塌。

一旦特朗普采取极端措施导致全球化坍塌，一些经济体的债务危机、金融危机、经济危机、社会危机将被引爆，许多国家的资本市场也将出现惨烈的调整。世界上最棘手、最难解决的状态不是通胀也不是通缩，而是滞胀。这也是最容易引发战争的状态，因为全球各国都找不到出路。当找不到解决办法的时候，向外转嫁矛盾就会成为执政者的选择，而这又会引发货币更快的贬值……

因此，全球化的崩塌并非一个简单的过程，更有可能是一场灾难和浩劫，而这一切都可能由特朗普的贸易战引燃。

全球化的坍塌将是一个极为痛苦的过程，再大的经济体都难以独善其身。

当然，对投资者来说，如果抓住这个时机，就能更快地实现财富自由。随着全球化的崩塌，某些市场的做空机会和崩塌之后重生过程中某些市场的做多机会，都将是巨大且诱人的。

当然，我们祈祷灾难不会发生。善良的人总是祈求和平与安宁，总是希望在平和的状态中，靠自己的汗水获取财富，并合理使用财富。但同时，我们也要做好多方面的准备和周全的规划，静静地等待趋势赐予的好机会……

要点总结

- 投资的本质是交易未来。资本市场的价格是对未来的估值，投资者需要看清大趋势，顺应大趋势。

- 投资是时间和空间的组合。时间是指何时投资的问题，空间是指资金放在哪些市场、哪些品种上的问题。

- 最好的投资机会往往出现在危机爆发之后。危机在短期内引发深度市场调整，并推动出现过度调整，因此经常会出现优质资产被"错杀"的现象，而这正是投资者要等待的好机会。概括说来就是：危机阶段市场情绪恐慌，优质资产被"错杀"，价格失真；复苏阶段资金回流，优质资产估值修复。

- 美国有最大的资本市场，是创新的领导者，吸引着全球资金流入，推升了美国资本市场的繁荣。

- 资本市场和企业创新之间形成了良性循环。繁荣的资本市场是企业创新的强大后盾、力量之源，为企业提供了成本低、效率高、灵活性高的融资渠道，而创新成功的企业又会推升资本市场走出新高。

- 企业创新也是美国保持竞争力的关键。谁拥有更多的顶级企业、成功企业，谁就能获得更强大的支撑力量。

- 美国用金融霸权来保障资本市场和维持全球经济的主导地位，这与吸引全球资金不断流入美国也形成了一种循环。

- 当前全球经济正处于关键节点，面临着结构性调整。

- 新冠疫情暴发后，各国通过超宽松的政策刺激经济，投入天量货币，进行"大放水"，这种超发货币的消化，成为未来的大挑战。

- 美联储激进缩表，"猛抽水"，美元流动性骤降，给全球带来"美元稀缺"的冲击，美元被动走强，因此美元升值，其他货币被动贬值。

- 为维持汇率稳定，其他经济体可能需要卖出美元、买入本国货币。而在美元短缺的情况下这样做，货币超发的隐患就显露出来了。

- 像欧元区这样的高外债经济体，本身就面临着经济下行压力，外债利息上升，叠加本币贬值，导致偿债成本两头变高，财务承压变大，债务危机爆发的风险随之上升。

- 2018年中美贸易战是逆全球化的起点，随后的新冠疫情加剧了这个趋势，并加速了产业链的回流和重构。

- 逆全球化给发达国家和发展中国家都带来了诸多挑战，向外转嫁矛盾可能成为一些国家的选择。

- 新兴市场国家要面对全球化红利坍塌带来的挑战，包括产业链外迁、失业率上行、本币波动等。

- 欧洲等发达国家的债务负担庞大，有再次爆发债务危机的苗头。同时，在这些国家里，高福利难以为继，难民危机和信仰冲突加剧，左右对立导致社会的空前撕裂，隐患重重。

- 特朗普第二次当选美国总统是保守主义的回归，他对其他经济体的做法有可能成为压垮全球化的那根巨大的"稻草"。

- 特朗普挥舞关税大棒，目的是阻止"去美元化"，巩固美元霸权，引爆其他经济体的危机，迫使资本和产业流向美国。

- 新冠疫情之后，很多国家的经济复苏依然缓慢，又面临巨大的债务负担，叠加特朗普的"以邻为壑"、全球化崩塌，多重危机都可能会被引爆，资本市场也将出现大调整。同时，动荡也为投资者带来了阶段性做空和更好的做多的机会。

- 我们祈求和平与安宁，但也要做好多方面的准备，抓住趋势中的机会。

- 伴随着全球化的崩塌，某些市场的做空机会和崩塌之后重生过程中某些市场的做多机会，都将是巨大且诱人的。

注　释

第一章

1　STEMPEL J. Buffett Boosts Stakes in Japanese Trading Houses, May Invest More [EB/OL]. (2023-04-11). https://www.reuters.com/markets/asia/buffett-says-he-holds-74-stake-five-japanese-trading-houses-including-itochu-2023-04-11.

2　东京 23 区二手房价涨幅创 17 年来最大 [EB/OL].（2024-09-28）. https://cn.nikkei.com/industry/propertiesconstruction/56790-2024-09-28-05-00-00.html.

3　VILLANOVA P. Where High Earners Are Moving—2023 Study[R/OL]. (2023-07-26). https://smartasset.com/data-studies/where-high-earners-moving-2023.

4　PELCHEN L. Florida Moving Statistics That May Surprise You [EB/OL]. https://www.forbes.com/home-improvement/moving-services/florida-moving-statistics.

5　Detroit Family Homes Sell for Just \$10 [N]. The Telegraph, 2010-03-12.

6　石念军 . 酒师详解茅台特供之路：没有周恩来没有国酒今日 [N]. 齐鲁晚报，2012-03-19.

7　FITCH A. Stock Market News, June 5, 2024: Nasdaq Hits Another Record; Nvidia Joins the \$3 Trillion Club[N]. The Wall Street Journal, 2024-06-05.

8　倪雨晴 . 英特尔二季度营收 128 亿美元 亏损 16 亿美元 [N]. 21 世纪经济报道，2024-08-02.

9　METZ C. Quantum Computing Inches Closer to Reality After Another Google Breakthrough [N]. The New York Times, 2024-12-09.

10　全国机动车保有量达 4.53 亿辆 驾驶人达 5.42 亿人 [N]. 人民公安报，2025-01-18.

11　冯亚仁，青木，柳玉鹏，等 . 世界对 DeepSeek 的惊叹还在持续 [N]. 环球时报，2025-02-05.

12　MEREDITH S. Cocoa Prices Climb to New Record High, Prompting Fresh Warnings About Extreme Volatility [EB/OL]. (2024-12-17). https://www.cnbc.com/2024/12/17/cocoa-prices-rally-to-record-high-prompting-fresh-volatility-warnings.html.

13　The International Cocoa Organization (ICCO). Cocoa Market Report for November 2024 [R/OL]. (2024-12-12). https://www.icco.org/wp-content/uploads/Cocoa-Market-Report-November-2024.pdf.

14　季克良 . 国酒茅台万吨历程 [EB/OL]. http://lianghui.china.com.cn/chinese/zhuanti/xxsb/545398.htm.

15　肖夏 . 茅台年报出炉：拟分红近 388 亿创新高 [N]. 21 世纪经济报道，2024-04-02.

16　肖夏.白酒库存创新高！卖不动，还是存多了？[N].21世纪经济报道，2024-05-16.

17　陶凤.单日跌幅近百元，茅台走下"神坛"未必是坏事[N].北京商报，2024-06-25.

18　景凌.胖东来卫生巾遭哄抢？记者实探：卫生巾区货架半空，有人异地代购[EB/OL].（2024-11-27）.https://hqtime.huanqiu.com/article/4KQNvTUHQlB.

19　侯隽.实探胖东来[J].中国经济周刊，2024（13）：80-84.

20　张兴军，孙清清，刘振坤.胖东来爆火的朴素逻辑[N].新华每日电讯，2024-05-22.

21　IB Times Staff Reporter. China Fashion Week 2011: Modern and Traditional Styles on Display [N/OL]. International Business Times, 2011-10-27. https://www.ibtimes.com/corporate/about.

22　白雪.中国年轻人为何满世界追逐奢侈品[N].中国青年报，2011-03-07.

23　LANNES B, XING W W. The Luxury Market in China: 2021 A Year of Contrasts [EB/OL]. (2022-01-20). https://www.bain.com/about/media-center/press-releases/2022/2021-china-luxury-report/.

24　LANNES B, XING WW. China's Luxury Market Contracts for First Time in Five Years; Positive Conditions to Return by End of First Quarter [EB/OL]. (2023-02-07). https://www.bain.com/about/media-center/press-releases/2023/chinas-luxury-market-contracts-for-first-time-in-five-yearspositive-conditions-to-return-by-end-of-first-quarter/.

25　时寒冰.时寒冰说：未来二十年，经济大趋势（未来篇）[M].上海：上海财经大学出版社，2014.

26　梁建章，任泽平，黄文政，等.中国人口预测报告2023版[R].育娲人口研究，2023-02-17.

27　国家统计局.2024年1—9月份全国房地产市场基本情况[EB/OL].（2024-10-18）.https://www.stats.gov.cn/sj/zxfb/202410/t20241018_1957040.html.

28　孙雪霏.出口管制加码　半导体国产替代加速推进[N].中国城市报，2024-12-16.

29　刘少华.向着世界经济的大海，逐浪前行[N].人民日报海外版，2024-12-12.

第二章

1　LOOK C. Central Banks Step Up $5.6 Trillion Bond Binge Despite Doubts [EB/OL]. (2020-12-08). https://www.bloomberg.com/news/articles/2020-12-09/central-banks-step-up-5-6-trillion-bond-binge-despite-doubts.

2　World Gold Council. Gold Demand Trends Full Year and Q4 2020 [R/OL]. (2021-01-28). https://www.gold.org/goldhub/research/gold-demand-trends/gold-demand-trends-full-year-2020.

3　World Gold Council. Gold Demand Trends Full Year 2021 [R/OL]. (2022-01-28). https://www.gold.org/goldhub/research/gold-demand-trends/gold-demand-trends-full-year-2021.

4　World Gold Council. Gold Demand Trends Full Year 2022 [R/OL]. (2023-01-31). https://www.gold.org/goldhub/research/gold-demand-trends/gold-demand-trends-full-year-2022.

5 World Gold Council. Gold Demand Trends Full Year 2023 [R/OL]. (2024-01-31). https://www.gold.org/goldhub/research/gold-demand-trends/gold-demand-trends-full-year-2023.

6 Burkina Faso Gold Output Drops [EB/OL]. (2024-03-14). https://www.mining-technology.com/news/burkina-faso-gold-output-drops.

7 陈植. 全球央行购金"主力军"显现　这六国缘何大手笔增持？[N]. 21世纪经济报道，2024-05-09.

8 Czech Central Bank Chief Wants to Boost Gold Reserves-Paper [EB/OL]. (2023-02-17). https://www.reuters.com/article/markets/commodities/czech-central-bank-chief-wants-to-boost-gold-reserves-paper-idUSL1N34X0G4.

9 Peter Laca and Krystof Chamonikolas[EB/OL].(2024-06-19). https://www.cnb.cz/en/public/media-service/interviews-articles/Ales-Michl-No-Victory-Yet-in-Inflation-Fight.

10 World Gold Council. Central Banks Expect Official Sector Demand to Rise in the Next Year Despite High Gold Prices [R/OL]. (2024-06-18). https://www.gold.org/news-and-events/press-releases/central-banks-expect-official-sector-demand-rise-next-year.

11 USGU. Mineral Commodity Summaries 2024 [R/OL]. (2024-03-05). https://pubs.usgs.gov/periodicals/mcs2024/mcs2024.pdf.

12 Gold Demand Trends Q1 2023 [R/OL]. (2023-05-05). https://www.gold.org/goldhub/research/gold-demand-trends/gold-demand-trends-q1-2023/supply.

13 Golden Minerals Stops Mining Operations at Its Velardeña Properties [EB/OL]. (2024-02-29). https://www.goldenminerals.com/news/2024/golden-minerals-stops-mining-operations-at-its-velardea-properties.

14 Barrick On Track to Achieve 2024 Targets [EB/OL]. (2024-04-16). https://www.barrick.com/English/news/news-details/2024/barrick-on-track-to-achieve-2024-targets/default.aspx.

15 王军. 百亿"假黄金"诈骗案一审宣判 [N]. 证券时报，2024-05-28.

16 NGC. Gold Panda Coin Prices and Values [EB/OL]. https://www.ngccoin.com/price-guide/chinese-coin-prices-detail.aspx?chinesesetid=139.

17 MCGREEVY N. The world's most valuable coin sells at auction for $18.9 million [J]. Smithsonian, 2021-06-11.

18 World Gold Council. Gold Demand Trends Full Year and Q4 2020 [R/OL]. (2021-01-28). https://www.gold.org/goldhub/research/gold-demand-trends/gold-demand-trends-full-year-2020.

19 World Gold Council. Gold Demand Trends Full Year 2021 [R/OL]. (2022-01-28). https://www.gold.org/goldhub/research/gold-demand-trends/gold-demand-trends-full-year-2021.

20 World Gold Council. Gold Demand Trends Full Year 2022 [R/OL]. (2023-01-31). https://www.gold.org/goldhub/research/gold-demand-trends/gold-demand-trends-full-year-2022.

21 World Gold Council. Gold Demand Trends Full Year 2023 [R/OL]. (2024-01-31). https://www.gold.org/goldhub/research/gold-demand-trends/gold-demand-trends-full-year-2023.

22 俄气银行刊发10亿元人民币债券认购书 [EB/OL].（2024-04-11）. https://spu-

tniknews.cn/20240411/1058324019.html.

23 KATZ J, HOLMES F. The Goldwatcher: Demystifying Gold Investing [M]. Chichester: John Wiley & Sons, 2008.

第三章

1 LANDES D S. The Unbound Prometheus[M]. Cambridge: Press Syndicate of the University of Cambridge, 1969.

2 韩天琪. 海上丝绸路：郑和时代的造船与航海技术 [N]. 中国科学报，2015-01-16.

3 张翼，蒋晓宇 .1550—1830 年中国白银流入及其影响 [D]. 中国人民银行工作论文，2020 年第 11 号.

4 李隆生. 晚明海外贸易数量研究 [M]. 台北：秀威资讯科技股份有限公司，2005.

5 钱江. 十六—十八世纪国际间白银流动及其输入中国之考察 [J]. 南洋问题研究，1988（2）：81-91.

6 郭廷以. 近代中国史纲 [M]. 香港：香港中文大学出版社，1979.

7 贾斯汀·罗拉特. 记者来鸿：茶叶与鸦片——中英印三角关系 [EB/OL].(2016-07-25). https://www.bbc.com/zhongwen/simp/fooc/2016/07/160725_fooc_uk_indian_china_tea.

8 黄逸平，张复纪. 中外贸易冲突与鸦片战争 [J]. 学术月刊，1990（11）：36-42.

9 李伯祥，蔡永贵，鲍正廷. 关于十九世纪三十年代鸦片进口和白银外流的数量 [J]. 历史研究，1980（5）：9.

10 林满红. 晚清的鸦片税（1858~1906 年）[J]. 国家航海，2016（3）：31-81.

11 仲伟民. 19 世纪中国鸦片的生产替代及其影响 [J]. 文史哲，2009（5）：104-112.

12 宓汝成. 庚子赔款的债务化及其清偿、"退还"和总清算 [J]. 近代史研究，1997（5）：41-77.

13 USGS. How Much Silver Has Been Found in the World? [EB/OL]. (2025-03-25). https://www.usgs.gov/faqs/how-much-silver-has-been-found-world.

14 USGS. Silver-Mineral Commodity Summaries 2024 [R/OL]. (2024-03-05). https://pubs.usgs.gov/periodicals/mcs2024/mcs2024-silver.pdf.

15 How Solar Energy Is Powering Silver Demand [EB/OL]. (2023-06-19). https://boabmetals.com/blog/solar-energy-powering-silver-demand.

16 LAURSEN C M. The Global Solar Power Boom Is Driving a Surge in Silver Demand [N].The Wall Street Journal, 2024-05-07.

17 The Silver Institute. 2022 World Silver Survey[R]. https://www.silverinstitute.org/wp-content/uploads/2022/04/World-Silver-Survey-2022.pdf, 2022.

18 GALLAGHER T. Will Green Infrastructure Spur Silver Demand?[EB/OL].(2021-08-13). https://www.forbes.com/sites/forbesfinancecouncil/2021/08/13/will-green-infrastructure-spur-silver-demand/.

19 The Silver Institute. 2024 World Silver Survey[R]. https://www.silverinstitute.org/

wp-content/uploads/2024/04/World-Silver-Survey-2024.pdf，2024.

20　The Silver Institute. 2023 World Silver Survey[R]. https://www.silverinstitute.org/wp-content/uploads/2023/04/World-Silver-Survey-2023.pdf，2023.

21　Record Demand Pushes Silver Into New Era of Deficits, Silver Institute Says[EB/OL]. (2023-04-19). https://www.reuters.com/markets/commodities/record-demand-pushes-silver-into-new-era-deficits-silver-institute-says-2023-04-19/.

22　SAEFONG M P. Silver Has Outperformed Gold in 2024 And Is on Track for a 4th Straight Yearly Supply Deficit[EB/OL]. (2024-04-17). https://www.morningstar.com/news/marketwatch/20240417396/silver-has-outperformed-gold-in-2024-and-is-on-track-for-a-4th-straight-yearly-supply-deficit.

23　The Silver Institute. 2024 World Silver Survey[R]. https://www.silverinstitute.org/wp-content/uploads/2024/04/World-Silver-Survey-2024.pdf，2024.

24　ATTWOOD J. BHP Set to Dethrone Codelco as World's Biggest Copper Producer[EB/OL]. (2024-04-09). https://www.bloomberg.com/news/articles/2024-04-09/bhp-set-to-dethrone-codelco-as-world-s-biggest-copper-producer.

25　The Silver Institute. 2011 World Silver Survey[R]. https://www.silverinstitute.org/wp-content/uploads/2017/10/2011WorldSilverSurvey.pdf, 2017.

26　The World Bank. Minerals for Climate Action: The Mineral Intensity of the Clean Energy Transition[R/OL]. (2020-05-07). https://pubdocs.worldbank.org/en/961711588875536384/Minerals-for-Climate-Action-The-Mineral-Intensity-of-the-Clean-Energy-Transition.pdf.

27　HALLAM B, KIM M, ZHANG Y, et al. The silver learning curve for photovoltaics and projected silver demand for net-zero emissions by 2050[J]. Progress in Photovoltaics: Research and Applications, 2023, 31（6）：598-606.

28　MANIKANDAN A, PRICE M. JP Morgan to Pay $920 Million for Manipulating Precious Metals, Treasury Market[EB/OL].(2020-09-29). https://www.reuters.com/article/business/jpmorgan-to-pay-920-million-for-manipulating-precious-metals-treasury-market-idUSKBN26K321/.

29　Gold Core. JP Morgan Has Acquired a "Massive Quantity of Physical Silver" [EB/OL]. (2018-01-17). https://www.mintstategold.com/investor-education/cat/news/post/jp-morgan-has-acquired-massive-quantity-of-physical-silver/.

第四章

1　刘遵乐. 俄罗斯卢布大幅贬值及其影响分析 [J]. 欧亚经济，2015（2）：11.
2　王忠文. 试析苏联卢布国际化改革及借鉴意义 [J]. 经济科学，1991（2）：43-47.
3　KOEN V, MEYERMANS E. Exchange Rate Determinants in Russia: 1992—1993[R/OL]. (1994-06-01). https://www.elibrary.imf.org/view/journals/001/1994/066/article-A001-en.xml.

4　王忠文. 试析苏联卢布国际化改革及借鉴意义 [J]. 经济科学，1991（2）:43-47.

5　郭晓琼. 解析卢布暴跌的深层原因及其应对之策 [J]. 欧亚经济，2015（3）:11.

6　RAFAEL DI TELLA, INGRID VOGEL. The argentine paradox: Economic growth and the populist tradition[J]. Harvard Business School Cases, 2001:1-1.

7　高庆波，芦思姮. 阿根廷经济迷局：增长要素与制度之失 [J]. 拉丁美洲研究，2018（4）:17.

8　Argentina to Stop Expanding Monetary Base to Reduce Inflation[EB/OL]. (2024-07-14). https://english.news.cn/20240714/45b3d9b013924073b894be0b0dd5f114/c.html.

9　TOBIAS M. Milei Vows to Ax Capital Controls and Negotiate Trump Trade Deal[EB/OL]. (2024-12-11). https://www.bloomberg.com/news/articles/2024-12-11/milei-vows-to-ax-capital-controls-and-negotiate-trump-trade-deal.

10　时寒冰. 时寒冰说：未来二十年，经济大趋势（未来篇）[M]. 上海：上海财经大学出版社，2014.

11　康博浩. 加紧勾结！台媒：安倍晋三参加台智库活动，狂言"台湾有事"等同"日本有事"[EB/OL].（2021-12-01）. https://world.huanqiu.com/article/45o8DE1nRU2.

12　What Are the Sanctions on Russia and Have They Affected Its Economy?[EB/OL]. (2024-02-23). BBC.

13　NORMAN L, DUEHREN A. G-7 Sets Russian Oil Price Cap of $60 a Barrel[N]. The Wall Street Journal, 2022-12-02.

14　BECK B. WWII Brain Drain: How Foreign Physicists Impacted the War in America[EB/OL]. (2018-03-08). http://large.stanford.edu/courses/2018/ph241/beck2/.

15　陈健，陈志. 中美知识产权贸易竞争力差距有所扩大 [J]. 科技中国，2020（4）：5.

16　BONAGLIA D, WUNSCH-VINCENT S. Cross-border Payments for the Use of Intellectual Property (IP) Surpass 1 Trillion US Dollars in 2022, a Record High[EB/OL]. (2024-06-28). https://www.wipo.int/global_innovation_index/en/gii-insights-blog/2024/cross-border-payments-ip.html.

17　时寒冰. 时寒冰说：未来二十年，经济大趋势（未来篇）[M]. 上海：上海财经大学出版社，2014：453.

18　张晓翀. 中国与巴西直接以本币进行贸易结算 人民币国际化小步快跑再破局 [N]. 新京报，2023-03-30.

19　萧达，刘海生，陶短房，等. 多国挑战美元结算地位，全球"去美元化"令华盛顿担忧 [N]. 环球时报，2023-04-02.

20　TRIFFIN R. Gold and the Dollar Crisis:The Future of Convertibility[M]. New Haven: Yale University Press, 1961.

21　袁勇. 回望布雷顿森林体系 [N]. 经济日报，2024-06-30.

22　黄锡光，陈霜华，徐笑丁，等. 国际贸易理论与实务 [M]. 上海：上海财经大学出版社，2005.

23 PRASAD E S.The Dollar Trap: How the U.S.Dollar Tightened Its Grip on Global Finance[M]. New Jersey: Princeton University Press, 2014.

24 时寒冰.时寒冰说：未来二十年，经济大趋势（未来篇）[M]. 上海：上海财经大学出版社，2014.

25 时寒冰.时寒冰说：未来二十年，经济大趋势（未来篇）[M]. 上海：上海财经大学出版社，2014.

26 BERTAUT C, VON BESCHWITZ B, CURCURU S."The International Role of the U.S. Dollar" Post-COVID Edition [R/OL]. (2023-06-23). https://www.federalreserve.gov/econres/notes/feds-notes/the-international-role-of-the-us-dollar-post-covid-edition-20230623.html.

27 FIJALKOWSKI D. Global Currency Outlook—Summer 2023[R/OL]. (2023-06-15). https://www.rbcgam.com/en/ca/article/global-investment-outlook-summer-2023-global-currency-outlook/detail.

28 杜海涛.我国进出口规模首次突破40万亿元 [N]. 人民日报，2023-01-14.

29 艾立纷.欧洲议会选举结束，极右翼政党选票大幅上升 [N]. 环球时报，2024-06-10.

30 时寒冰.时寒冰说：未来二十年，经济大趋势（未来篇）[M]. 上海：上海财经大学出版社，2014.

31 青木.2027年，香港超越瑞士成为世界最大离岸金融中心？[N]. 环球时报，2023-06-28.

32 WIPO. Global Innovation Index 2023: Switzerland, Sweden and the U.S. Lead the Global Innovation Ranking; Innovation Robust but Startup Funding Increasingly Uncertain[EB/OL]. (2023-09-27). https://www.wipo.int/pressroom/en/articles/2023/article_0011.html.

33 金卫星.1929—1933年大萧条与伦敦世界经济会议 [J]. 史学集刊，2023（4）：8.

第五章

1 ZAHN M. AI Leaders Warn the Technology Poses "Risk of Extinction" Like Pandemics And Nuclear War[EB/OL]. (2024-05-30). https://abcnews.go.com/Technology/ai-leaders-warn-technology-poses-risk-extinction-pandemics/story?id=99690874.

2 BLAIN L. Elon Musk: AI Will Run Out of Electricity And Transformers in 2025 [EB/OL].(2024-03-01). https://newatlas.com/technology/elon-musk-ai/.

3 KOLBERT E. The Obscene Energy Demands of A.I. —How Can the World Reach Net Zero If It Keeps Inventing New Ways to Consume Energy?[EB/OL]. (2024-03-09). The New Yorker.

4 SAUL J,WADE W. Tech Firms Ask NextEra for Enough Electricity to Power Entire Cities[EB/OL]. (2024-06-12). https://www.bloomberg.com/news/articles/2024-06-12/tech-firms-are-asking-energy-giant-nextera-for-enough-electricity-to-power-miami.

5　SAUL J, NICOLETTI L. AI Is Already Wreaking Havoc on Global Power Systems[EB/OL]. http://www.bloomberg.com/graphics/2024-ai-data-centers-power-grids/.

6　IEA. Electricity 2024[R]. https://iea.blob.core.windows.net/assets/6b2fd954-2017-408e-bf08-952fdd62118a/Electricity2024-Analysisandforecastto2026.pdf, 2024.

7　Cushman & Wakefield. 2023 Global Data Center Market Comparison[R]. https://cushwake.cld.bz/2023-Global-Data-Center-Market-Comparison/26/, 2023.

8　IEA. Electricity 2024[R]. https://iea.blob.core.windows.net/assets/6b2fd954-2017-408e-bf08-952fdd62118a/Electricity2024-Analysisandforecastto2026.pdf, 2024.

9　KOLBERT E. The Obscene Energy Demands of A.I. —How Can the World Reach Net Zero If It Keeps Inventing New Ways to Consume Energy?[EB/OL]. (2024-03-09). The New Yorker.

10　Data Center Power: Fueling the Digital Revolution[EB/OL]. (2024-03-22). https://www.datacenterknowledge.com/energy-power-supply/data-center-power-fueling-the-digital-revolution.

11　EVs On Track To Comprise 50% of U.S. New-Car Sales By 2030[EB/OL]. (2024-07-16). https://www.autobodynews.com/news/evs-on-track-to-comprise-50-of-u-s-new-car-sales-by-2030.

12　IEA. Electricity 2024[R].https://iea.blob.core.windows.net/assets/6b2fd954-2017-408e-bf08-952fdd62118a/Electricity2024-Analysisandforecastto2026.pdf, 2024.

13　杨虞波罗.中科院院士欧阳明高：2030年新能源汽车保有量或达1亿辆 市场占有率超70%[EB/OL].（2024-02-28）. http://finance.people.com.cn/n1/2024/0228/c1004-40185301.html.

14　丁雅栀，丰成.全球高温天气警报再次响起！破纪录高温"炙烤"多个行业[N].环球时报，2024-06-03.

15　徐进.2023年我国能源电力发展综述[J].能源，2024（3）：29-35.

16　于琳娜.德国表示重启煤电不影响"退煤"进程[N].中国电力报，2023-10-08.

17　王林.美欧煤电淘汰速度和规模不及预期[N].中国能源报，2024-06-18.

18　李秉新，殷淼.张高丽出席《巴黎协定》高级别签署仪式[N].人民日报，2016-04-24.

19　李秉新，殷淼.张高丽出席《巴黎协定》高级别签署仪式[N].人民日报，2016-04-24.

20　Energy Institute. 2024 Statistical Review of World Energy[R]. https://assets.kpmg.com/content/dam/kpmg/az/pdf/2024/Statistical-Review-of-World-Energy.pdf, 2024.

21　于冠一，朱丽.风、光、氢绿色低碳新能源体系[N].光明日报，2024-04-18.

22　朱永可，李阳端，楼瑛强，等.风力发电对鸟类的影响以及应对措施[J].动物学，2016, 51（4）：10.

23　李丽旻.统计种群数量、追踪鸟类轨迹——人工智能让风电场不再是"鸟类杀手"[N]. 中国能源报，2022-06-27.

24　LOSS S R,TOM W, MARRA P P. Refining estimates of bird collision and electrocution mortality at power lines in the United States[J]. Plos One, 2014, 9(7): el01565.

25　FERNÁNDEZ L. Estimated Unsubsidized Levelized Costs of Energy Generation in the United States in 2023, by Technology[EB/OL].(2023-11-24). https://www.statista.com/statistics/493797/estimated-levelized-cost-of-energy-generation-in-the-us-by-technology/.

26　程程. 美股光伏巨头股价暴跌背后：美国光伏行业要变天？[EB/OL].（2024-07-24）. https://www.yicai.com/news/102204874.html.

27　COMETTO M, CONTRI P, GULERCE Z, et al. Climate Change and Nuclear Power 2022[R]. https://www.iaea.org/sites/default/files/iaea-ccnp2022-body-web.pdf, 2022.

28　董梓童. 光储一体化项目陷成本困境[N]. 中国能源报，2022-11-21.

29　卢奇秀. 叫停"新能源强制配储"呼声再起[N]. 中国能源报，2023-04-24.

30　吴涛. CIES2024 | 重磅发布《2024年度中国共享储能发展白皮书》[EB/OL].（2024-03-10）. https://www.escn.com.cn/20240310/ef4cea7b2d1a4504bc18a9ecf817efde/c.html.

31　Energy Institute. 2024 Statistical Review of World Energy[R]. https://assets.kpmg.com/content/dam/kpmg/az/pdf/2024/Statistical-Review-of-World-Energy.pdf, 2024.

32　昭东. 德国关闭最后三座核电站，正式告别"核电时代"[N]. 环球时报，2023-04-16.

33　谢飞. 境内最后一座硬煤矿正式关闭 德国能源转型并不轻松[N]. 经济日报，2019-01-09.

34　PESCATOR A, STUERMER M. The world has gone from plentiful cheap energy to scarcity, amid low investment and war[J]. IMF, Finance & Development,2022(12).

35　阮佳闻，余鹏."战争疲劳"在欧蔓延 谁为刀俎谁为鱼肉？[EB/OL].（2024-02-25）. 央视新闻客户端.

36　The United Nations Environment Programme. Is Natural Gas Really the Bridge Fuel the World Needs?[EB/OL]. https://www.unep.org/news-and-stories/story/natural-gas-really-bridge-fuel-world-needs.

37　HANCOCK A. EU Parliament Votes to Designate Gas and Nuclear as Sustainable[N]. Financial Times,2022-07-06.

38　ROBINSON T. Groningen Field to Permanently Close as the Netherlands Increases Pipeline and LNG Imports[EB/OL]. (2024-04-19). https://naturalgasintel.com/news/groningen-field-to-permanently-close-as-the-netherlands-increases-pipeline-and-lng-imports/.

39　Low Carbon Power. Electricity in Norway in 2023[EB/OL]. https://lowcarbonpower.org/region/Norway.

40　李君. 德国石油和天然气产量持续下降[N]. 中国石化报，2024-04-29.

41　白宇. 善用核能优势 为能源清洁低碳转型更好赋能[J]. 中国电业与能源，2022（8）：4.

42　李欣哲. 大国底气从"核"来[EB/OL].（2024-07-26）. https://tech.gmw.cn/2024-07/

26/cont-ent_37462749.htm.

43 World Nuclear Association. Nuclear Power in the World Today[EB/OL]. (2024-05-07). https://world-nuclear.org/information-library/current-and-future-generation/nuclear-power-in-the-world-today.

44 IEA. Electricity 2024[R]. https://iea.blob.core.windows.net/assets/6b2fd954-2017-408e-bf08-952fdd62118a/Electricity2024-Analysisandforecastto2026.pdf, 2024.

45 徐令缘，冯煜雯．与其他清洁能源互为补充、协同发展——全球核能发展迈出稳健步伐 [N]．人民日报海外版，2024-02-27．

46 IEA. Electricity 2024[R]. https://iea.blob.core.windows.net/assets/6b2fd954-2017-408e-bf08-952fdd62118a/Electricity2024-Analysisandforecastto2026.pdf, 2024.

47 徐令缘，冯煜雯．与其他清洁能源互为补充、协同发展——全球核能发展迈出稳健步伐 [N]．人民日报海外版，2024-02-27．

48 宋晨．2023年我国核电发电量44万吉瓦时 占全国累计发电量近5%[EB/OL].（2024-04-23）．https://www.gov.cn/lianbo/bumen/202404/content_6947111.htm.

49 徐令缘，冯煜雯．与其他清洁能源互为补充、协同发展——全球核能发展迈出稳健步伐 [N]．人民日报海外版，2024-02-27．

50 CHEDIAK M, SAUL J. AI-Driven Power Demand Is Set to Jump 900% in Chicago Area, Exelon CEO Says [EB/OL]. (2024-04-18). https://www.bloomberg.com/news/articles/2024-04-18/ai-driven-power-demand-is-set-to-jump-900-in-chicago-area-exelon-ceo-says.

51 KIMBALL S. Energy Constellation Energy to Restart Three Mile Island Nuclear Plant, Sell the Power to Microsoft for AI[EB/OL]. (2024-09-20). https://www.cnbc.com/2024/09/20/constellation-energy-to-restart-three-mile-island-and-sell-the-power-to-microsoft.html.

52 The White House. Fact Sheet: Biden-Harris Administration Announces New Steps to Bolster Domestic Nuclear Industry and Advance America's Clean Energy Future[EB/OL]. (2024-05-29). https://www.whitehouse.gov/briefing-room/statem-ents-releas-es/2024/05/29/fact-sheet-biden-harris-administration-announces-new-steps-to-bol-ster-domestic-nuclear-industry-and-advance-americas-clean-energy-future/.

53 HERZ N, Northern Journal. U.S. Military Quietly Revokes Planned Contract for Small Nuclear Plant at Alaska Air Force Base[EB/OL]. (2023-11-18). https://alaskabeacon.com/2023/11/18/u-s-military-quietly-revokes-planned-contract-for-small-nuclear-plant-at-alaska-air-force-base/.

54 World Nuclear News. NuScale SMR Planned for Romania[EB/OL]. (2021-11-03). https://www.world-nuclear-news.org/Articles/NuScale-SMR-planned-for-Romania.

55 NIA. "Triple Nuclear Energy" COP Declaration Marks New International Consensus[EB/OL]. (2023-12-02). https://www.niauk.org/triple-nuclear-energy-cop-declaration-marks-new-international-consensus/.

56 IAEA. What is Uranium?[EB/OL]. (2024-09-03). https://www.iaea.org/newscenter/

news/what-is-uranium.
57 喻思南，谷业凯. 最大天然铀产能项目开建[N]. 人民日报，2024-07-13.
58 杨晓冉. 从"开山挖矿"到"钻孔取铀"，我国铀矿冶技术不断创新突破[N]. 中国能源报，2023-08-14.
59 IEA. Electricity 2024[R]. https://iea.blob.core.windows.net/assets/6b2fd954-2017-408e-bf08-952fdd62118a/Electricity2024-Analysisandforecastto2026.pdf, 2024.
60 PLUMER B, ZHON R. 9 Things Musk and Trump Said About Climate Change[N]. The New York Times，2024-08-13.
61 HILLER J, HERRERA S. Tech Industry Wants to Lock Up Nuclear Power for AI[N]. The Wall Street Journal, 2024-07-01.
62 Uranium Energy Corporation. Largest & Diversified North American Focused Uranium Company Corporate Presentation[R]. 2024.
63 EIA. 2023 Uranium Marketing Annual Report[R]. https://www.eia.gov/uranium/marketing/pdf/2023%20UMAR.pdf, 2024.
64 JOHNSON E M. Boeing Aims to Increase Black Employees by 20%, CEO Says In Memo[EB/OL]. (2020-08-28). https://www.reuters.com/article/business/boeing-aims-to-increase-black-employees-by-20-ceo-says-in-memo-idUSKBN25O24A/.
65 Uranium Energy Corporation. Largest & Diversified North American Focused Uranium Company Corporate Presentation[R]. 2024.
66 Lightbridge. Lightbridge Senior Executives Assume Key Positions in Prestigious Nuclear Energy Industry Groups[EB/OL]. (2024-03-21). https://www.ltbridge.com/news-media/press-releases/detail/413/lightbridge-senior-executives-assume-key-positions-in.

第六章

1 American Stocks are Consuming Global Markets[J]. The Economist, 2024-06-29.
2 MCGEEVER J. US Stock Concentration-It's Not All Doom and Gloom[EB/OL]. (2024-06-12).https://www.reuters.com/markets/us/us-stock-concentration-its-not-all-doom-gloom-mcgeever-2024-06-12/.
3 BEZEK I. How Much Would $10,000 Invested in Nvidia Stock 20 Years Ago Be Worth Today?[N/OL]. U.S. News & World Report, 2024-07-26. https://money.usnews.com/investing/articles/nvidia-corp-nvda-stock-investment-worth-today.
4 Global Business Alliance. The Power of Global Investment in America[R]. Seattle, WA; Washington, DC: Global Business Alliance, 2024.
5 Norges Bank Investment Management. Market value[EB/OL]. [2025-06-25]. https://www.nbim.no/en/the-fund/Market-Value/.
6 DAMODARAN A. Historical Returns on Stocks, Bonds and Bills: 1928-2023[EB/OL]. (2024-01). https://pages.stern.nyu.edu/.

7 MARTIN E. Here's Why Warren Buffett Says that He and Charlie Munger are Successful [EB/OL].(2018-05-04). https://www.cnbc.com/2018/05/04/warren-buffett-says-the-key-to-his-success-is-luck.html.

8 外媒.委内瑞拉通胀率飙升至逾300%[N]. 参考消息, 2022-11-06.

9 董登新. 美股38年退市17000家[EB/OL].(2021-01-19). https://opinion.caixin.com/m/2021-01-19/101652525.html.

10 曹音. 汶川地震"可乐男孩"：享受可乐世界，珍惜当下生活[N/OL]. 中国日报, 2018-05-10. https://cn.chinadaily.com.cn/2018/05/10/content_36177139.htm.

11 LI Y. Warren Buffett Did Something Curious with His Apple Stock Holding[EB/OL]. (2024-08-15). https://www.cnbc.com/2024/08/15/warren-buffett-did-something-curious-with-his-apple-stock-holding.html.

12 LI Y. Berkshire Cuts Apple Investment by about 13%, Buffett Hints that It's for Tax Reasons[EB/OL].(2024-05-04). https://www.cnbc.com/2024/05/04/warren-buffetts-berkshire-hathaway-cut-apple-investment-by-about-13percent-in-the-first-quarter.html.

13 GAIDNER A, EPSTEIN J. Harris Pushes 28% Capital Gains Tax Rate on $1 Million Earners[EB/OL].(2024-09-04). https://www.bloomberg.com/news/articles/2024-09-04/harris-to-push-capital-gains-tax-rate-below-39-6-bucking-biden.

14 DORE K. Here's what Harris' plan to tax unrealized investment gains means for the wealthiest Americans[EB/OL].(2024-09-05). https://www.cnbc.com/2024/09/05/harris-economic-plan-tax-unrealized-gains.html.

15 LI Y. Hedge Fund Billionaire and Trump Donor John Paulson Says Market Would 'crash' under Harris Tax Plans[EB/OL].(2024-09-13). https://www.cnbc.com/2024/09/13/hedge-fund-billionaire-and-trump-donor-john-paulson-says-market-would-crash-under-harris-tax-plans.html.

16 Reuters. Berkshire's Cash Hits $277 Billion as Buffett Pulls back from Stocks; Operating Profit Sets Record[EB/OL].(2024-08-03). https://www.reuters.com/business/finance/berkshires-cash-hits-277-bln-buffett-pulls-back-stocks-operating-profit-sets-2024-08-03/.

17 KRANTZ M. Warren Buffett's Panic Sale of Apple Stock Cost $6.2 Billion[EB/OL].(2024-09-12). https://www.investors.com/etfs-and-funds/sectors/sp500-warren-buffettpanic-sale-of-apple-stock-cost-6-2-billion/.

18 DIVINE J, DUGGAN W. The Complete Berkshire Hathaway Portfolio[EB/OL].(2024-09-04).https://money.usnews.com/investing/stock-market-news/articles/the-complete-berkshire-hathaway-portfolio.

19 KONISH L. Most of Warren Buffett's Wealth was Accumulated after Age 65. Here's What that Can Teach Individual Investors[EB/OL].(2024-05-03). https://www.cnbc.com/2024/05/03/most-of-warren-buffetts-wealth-came-after-age-65.html.

20 HALEEM A, JAVAID M, SINGH R P. An era of ChatGPT as a significant futuristic support tool: A study on features, abilities, and challenges[J]. BenchCouncil Transactions on Benchmarks, Standards and Evaluations, 2022, 2(4).

21 Reuters. Microsoft in talks to invest $10 bln in ChatGPT-owner OpenAI[EB/OL]. (2023-01-10). https://www.reuters.com/technology/microsoft-talks-invest-10-bln-chatgptowner-semafor-2023-01-10/.

22 GUBERTI M. Can You Invest in ChatGPT and OpenAI?[EB/OL].(2024-06-11). https://money.usnews.com/investing/articles/can-you-invest-in-chatgpt-and-openai.

23 METZ C. OpenAI Unveils Sora, an A.I. That Generates Eye-Popping[N]. The New York Times, 2024-02-15.

24 HU K, CAI K. Exclusive: OpenAI to remove non-profit control and give Sam Altman equity[EB/OL].(2024-09-25). https://www.reuters.com/technology/artificial-intelligence/openai-remove-non-profit-control-give-sam-altman-equity-sources-say-2024-09-25/.

第七章

1 REVELL E. Buffett's Berkshire Currently Holding more short-term US Treasury bills than the Federal Reserve[EB/OL].(2024-08-08). https://www.foxbusiness.com/economy/buffetts-berkshire-currently-holding-more-short-term-us-treasury-bills-than-federal-reserve.

2 FAERBER E E. All About Bonds, Bond Mutual Funds, and Bond ETFs[M]. New York: McGrawHill, 2008.

3 EGAN M. Former Bond King Bill Gross is retiring[EB/[OL].(2019-02-04). https://www.cnn.com/2019/02/04/investing/bill-gross-retires-bond-king-janus/index.html.

4 FAERBER E E. All About Bonds, Bond Mutual Funds, and Bond ETFs[M]. New York: McGrawHill, 2008.

5 LAMONT D. We analyzed the returns that followed 22 rate-cutting cycles since 1928 [EB/OL].https://www.hartfordfunds.com/insights/market-perspectives/global-macro-analysis/how-do-stocks-bonds-and-cash-perform-when-the-fed-starts-cutting-rates.html.

6 央视新闻频道《新闻直播间》. 美联储结束2019年首次议息会议，宣布暂不加息[EB/OL].(2019-01-31). https://news.cctv.com/2019/01/31/ARTIhKGynYO3dpqIXD6rv4V1190131.shtml.

7 DUGUID K, ASGARI N, MOURSELAS C. The radical changes coming to the world's biggest bond market[N/OL].Financial Times, 2024-03-08. https://www.ft.com/content/15fb1589-35ab-4b4e-9af7-b3abd44b7999.

8 Securities Industry and Financial Markets Association. US Treasury Securities Statistics [EB/OL].(2024-07-24). https://www.sifma.org/resources/research/us-treasury-securities-statistics/.

9 U.S. Department of the Treasury. Treasury International Capital Data for June[EB/OL].

(2024-08-15). https://home.treasury.gov/news/press-releases/jy2539.

10　WALLERSTEIN E. The $27 Trillion Treasury Market Is Only Getting Bigger[N/OL]. The Wall Street Journal, 2024-03-24. https://www.wsj.com/finance/the-27-trillion-treasury-market-is-only-getting-bigger-a9a9d170.

11　同上。

第八章

1　RESTON J. Now, About My Operation in Peking[N/OL].The New York Times, 1971-07-26. https://www.nytimes.com/1971/07/26/archives/now-about-my-operation-in-peking-now-let-me-tell-you-about-my.html.

2　陈鼎. 在美国，中医药发展机遇与挑战并存[N]. 中国青年报，2021-06-29(10).

3　张辰辰，柳燕，于志斌. 2024年我国中药类商品外贸情况分析[N/OL]. 中国医药报，2025-3-20. https://www.cnpharm.com/c/2025-03-20/1068650.shtml.

4　同上。

5　李喆. 日本中药发展值得中国借鉴[N/OL]. 人民日报，2013-11-04. http://www.people.com.cn/24hour/n/2013/1104/c25408-23417105.html.

6　赵婧. 贾正兰委员：以标准化建设"破题"助力中医药扬帆"出海"[EB/OL]. (2024-03-10). http://www.sxzx.gov.cn/dsj/wyta/57034.html.

7　李喆. 日本中药发展值得中国借鉴[N/OL]. 人民日报，2013-11-04. http://www.people.com.cn/24hour/n/2013/1104/c25408-23417105.html.

8　杨彦帆，赵帅杰，杨颜菲. 源头管理保品质 道地药材更地道[N/OL]. 人民日报，2024-04-26. http://jl.people.com.cn/n2/2024/0426/c349771-40824419.html.

9　中华人民共和国中央人民政府. "十三五"财政卫生健康支出年增7.5%[EB/OL]. (2020-11-08). https://www.gov.cn/xinwen/2020/11/08/content_5558741.htm.

10　国家医疗保障局. 2020年全国医疗保障事业发展统计公报[EB/OL].(2021-06-08). https://www.nhsa.gov.cn/art/2021/6/8/art_7_5232.html.

11　杨燕绥，张丹，李乐乐. 公共政策视角的老龄化对医疗费用影响及对策：议"未老先衰"问题及改善[EB/OL].(2017-03-28). http://www.ihm.tsinghua.edu.cn/view.php?id=256.

12　蒋云赟. 北大经院两会笔谈丨蒋云赟：关注医疗保险基金的潜在缺口和区域不平衡[EB/OL].(2021-03-16). https://news.pku.edu.cn/xwzh/fb8f0ea0ffcd4114b-b5a9f2ee07afe13.htm.

13　李超然. 国家医保局：五轮集采节约药费1500亿元[N/OL]. 健康时报，2021-09-09. http://www.jksb.com.cn/html/news/industry/2021/0909/172875.html.

14　前瞻产业研究院.【医药】行业市场规模：2024年中国医药行业市场规模将保持在25000亿元化学药品制剂制造占比近30%[EB/OL].(2025-02-10). https://finance.sina.com.cn/roll/2025-02-10/doc-ineiytxe3607879.shtml.

15	唐唯珂.记"医"2023丨中药材价格一路狂飙"出圈",持续异常涨价重塑全产业链 [N/OL]. 21 世纪经济报道, 2024-01-04. https://m.21jingji.com/article/20240104/herald/959e6fbc27de89c21a8c878bf0ec84f2.html.
16	李斌,郑轶,张明等.反常涨价!中药材价格为何"狂飙"[EB/OL].(2023-09-02). https://content-static.cctvnews.cctv.com/snow-book/index.html?item_id=2093310527405179159.
17	林昀肖,莫然.中药材价格暴涨频频登上热搜,多家中成药企业回应成本上涨问题 [N/OL]. 21 世纪经济报道, 2024-06-27. https://m.21jingji.com/article/20240627/herald/137982de48a980727b68cbcfb84e0be9.html.
18	张雪."真火"还是"虚火"?多个品类中药材价格大涨 [N]. 上海证券报, 2024-07-01(5).
19	涂端玉.中成药涨价"一招鲜"或难灵验 [N]. 江苏经济报, 2024-03-27(2).
20	林昀肖,莫然.中药材价格暴涨频频登上热搜,多家中成药企业回应成本上涨问题 [N/OL]. 21 世纪经济报道, 2024-06-27. https://m.21jingji.com/article/20240627/herald/137982de48a980727b68cbcfb84e0be9.html.
21	中央电视台.食品安全在行动:冬虫夏草的秘密 [EB/OL].(2011-05-31). http://jingji.cntv.cn/20110531/111060.shtml.
22	吕明合."收购—加工—销售黑产业链已形成"疯狂虫草造假术 [N/OL]. 南方周末, 2014-10-23. https://www.infzm.com/contents/105017.
23	杨丽云,章嘉伊.中药价格"反季狂飙"!有中医痛斥中药造假掺杂行为 [EB/OL].(2023-07-20). https://m.mp.oeeee.com/a/BAAFRD000020230718820417.html.
24	张辰辰,柳燕,于志斌.2024 年我国中药类商品外贸情况分析 [N/OL]. 中国医药报, 2025-3-20. https://www.cnpharm.com/c/2025-03-20/1068650.shtml.
25	同上。
26	熊建,赵晓霞,王美华.探访"中国天冬之乡"四川省内江市东兴区,天冬种出"甜日子"[N]. 人民日报海外版, 2024-04-09(9).
27	王红蕊.为什么艾草被视为神奇之草?[N]. 人民日报海外版, 2016-07-15(11).
28	高雨阳.我市艾草产业入选国家级试点 [N]. 南阳日报, 2024-06-07(1).
29	林丽鹂.为小微企业产品提质做好"导航"[N]. 人民日报, 2024-08-05(5).
30	崔逾瑜.蕲艾产业报告发布 聚力打造全国艾行业第一品牌 [N]. 湖北日报, 2024-08-28(1).

第九章

1	USGS. Rhenium[R/OL].(2017-12-19). https://www.usgs.gov/publications/rhenium.
2	USGS. Antimony—Mineral Commodity Summaries 2024[R/OL]. https://pubs.usgs.gov/periodicals/mcs2024/mcs2024-antimony.pdf.
3	黄梓钊.锑系列深度二:供给告别"宽松时代"[R]. 五矿研究, 2024-09-08.

4　罗英杰，王小烈，柳群义，等. 中国未来锑资源需求预测 [J]. 中国矿业，2017（3）：1-5.

5　罗英杰，王小烈，柳群义，等. 中国未来锑资源需求预测 [J]. 中国矿业，2017（3）：1-5.

6　刘伟洁，赖如川. 有色金属-锑行业深度报告：战略金属叠加新能源属性，供需缺口持续扩大 [R]. 招商证券，2024-05-07.

7　USGS. Antimony—Mineral Commodity Summaries 2024[R/OL]. https://pubs.usgs.gov/periodicals/mcs2024/mcs2024-antimony.pdf.

8　CSIS. China's Antimony Export Restrictions: The Impact on U.S. National Security[EB/OL].(2024-08-20). https://www.csis.org/analysis/chinas-antimony-export-restrictions-impact-us-national-security.

9　孙承. 美中稀土竞争进入新阶段？ [EB/OL].VOA, (2020-12-03). https://www.voachinese.com/a/china-rare-earth/5684708.html.

10　商务部回应对锑等物项实施出口管制 [N]. 经济参考报，2024-08-16.

11　CSIS. China's Antimony Export Restrictions: The Impact on U.S. National Security[EB/OL].(2024-08-20). https://www.csis.org/analysis/chinas-antimony-export-restrictions-impact-us-national-security.

12　LV A, DAREEN S. Tight Supply, Solar Demand Drive Antimony Prices to Record High [EB/OL]. The Reuters, (2024-05-31). https://www.reuters.com/markets/commodities/tight-supply-solar-demand-drive-antimony-prices-record-high-2024-05-31/.

13　贾成厂，周武平. 钨——熔点最高的稀有金属 [J]. 金属世界，2012（6）：5.

14　USGS. Tungsten Statistics and Information[R/OL]. https://www.usgs.gov/centers/national-minerals-information-center/tungsten-statistics-and-information.

15　USGS. Tungsten—Mineral Commodity Summaries 2024[R/OL]. https://pubs.usgs.gov/periodicals/mcs2024/mcs2024-tungsten.pdf.

16　李兴文，苏晓洲，徐清扬. 钨矿：乱采滥挖 为何屡禁不止 [N]. 经济参考报，2006-03-31.

17　铁合金在线. 促进我国钨矿资源节约与综合利用 [EB/OL]. (2011-07-25). https://www.cnfeol.com/news/internal_summary/20110725/18003970326.aspx.

18　许正堃. 小金属系列专题之钨行业深度报告 [R/OL]. 东莞证券，2024-08-29.

19　维基百科. 锂 [EB/OL]. https://zh.wikipedia.org/wiki/锂.

20　USGS. Mineral Commodity Summaries 2024 (Lithium) [R/OL]. https://pubs.usgs.gov/periodicals/mcs2024/mcs2024-lithium.pdf.

21　USGS. Mineral Commodity Summaries 2024 (Lithium) [R/OL]. https://pubs.usgs.gov/periodicals/mcs2024/mcs2024-lithium.pdf.

22　SHEPARDSON D, KLAYMAN B. U.S. Government to End Gas-powered Vehicle Purchases by 2035 Under Biden Order[EB/OL]. The Reuters, (2021-12-08). https://

www.reuters.com/world/us/biden-pledges-end-gas-powered-federal-vehicle-purchases-by-2035-2021-12-08/.

23 皮尔巴拉最新锂精矿预拍卖价 7 100 美元 / 吨，锂价拐点未到 [EB/OL]. 澎湃新闻，2022-10-18.

24 蔡鼎 . "盐湖提锂"论文作者回应每经：新工艺可使碳酸锂产量提升一倍 [EB/OL]. 每日经济新闻，2024-10-23.

25 IEA. The Role of Critical Minerals in Clean Energy Transitions[R/OL].(2021-05). https://www.iea.org/reports/the-role-of-critical-minerals-in-clean-energy-transitions/executive-summary.

26 Albemarle. 2022 Annual[R/OL]. https://s201.q4cdn.com/960975307/files/doc_financials/2022/ar/30639fbb-0251-46c1-be72-848ccd3b4198.pdf.

27 SOLOMON D B，CAMBERO F. Codelco and SQM Ink Pact Set to Reshape Chile's Lithium Sector[EB/OL]. The Reuters, (2024-05-31). https://www.reuters.com/markets/deals/chiles-codelco-sqm-finalize-key-lithium-deal-2024-05-31/.

28 Lithium Americas Reports First Quarter 2024 Results[EB/OL].Lithium Americas, . https://lithiumamericas.com/news/news-details/2024/Lithium-Americas-Reports-First-Quarter-2024-Results/default.aspx.

29 冯典俊 . "纷争不断"！天齐锂业将退出智利 SQM？公司回应：公司暂未收到相关消息 [N]. 21 世纪经济报道，2024-06-20.

30 USGS. Rare Earth Elements—Critical Resources for High Technology[R/OL]. https://pubs.usgs.gov/fs/2002/fs087-02/fs087-02.pdf.

31 USGS. Rare Earths—Mineral Commodity Summaries 2024[R/OL]. https://pubs.usgs.gov/periodicals/mcs2024/mcs2024-rare-earths.pdf.

32 王鹏，许蕾 . 稀土的战争 [N]. 中国青年报，2012-05-11.

33 李绍飞 . 中国稀土之殇 [J]. 瞭望新闻周刊，2011-07-25.

34 刘建伟 . 大国战略竞争背景下美国稀土产业链的重建及其影响 [J]. 太平洋学报，2022, 30(12)：52-63.

35 WILLIAMS G. Rare Earths Stocks: 9 Biggest Companies in 2024[EB/OL].INN, (2024-10-07). https://investingnews.com/top-rare-earth-stocks/.

36 Investing.com. USA Rare Earth to go Public Via SPAC Deal With Inflection Point[EB/OL].(2024-08-22). https://www.investing.com/news/company-news/usa-rare-earth-to-go-public-via-spac-deal-with-inflection-point-93CH-3583034.

37 WILLIAMS G. Rare Earths Stocks: 9 Biggest Companies in 2024[EB/OL].INN, (2024-10-07). https://investingnews.com/top-rare-earth-stocks/.

38 赵超 . 钴：小金属 大用途 [N]. 中国矿业报，2023-05-30.

39 USGS. Cobalt Statistics and Information[EB/OL]. https://www.usgs.gov/centers/national-minerals-information-center/cobalt-statistics-and-information.

40 杨梓. 国际钴资源供需或进一步失衡 [N]. 中国能源报，2022-05-30.

41 IEA. The Role of Critical Minerals in Clean Energy Transitions[R/OL]. https://www.iea.org/reports/the-role-of-critical-minerals-in-clean-energy-transitions/executive-summary.

42 Cobalt Institute. Cobalt Market Report 2023[R/OL].(2024-05-01). https://www.cobaltinstitute.org/wp-content/uploads/2024/05/Cobalt-Market-Report-2023.pdf.

43 SEARCEY D，LIPTON E. A Power Struggle Over Cobalt Rattles the Clean Energy Revolution[N].The New York Times, 2021-11-20.

44 SEARCEY D，LIPTON E.A Power Struggle Over Cobalt Rattles the Clean Energy Revolution[N].The New York Times, 2021-11-20.

45 洛阳钼业. 2024 年半年度报告 [R/OL]. https://www.cmoc.com/uploadfile/2024/1021/20241021051414491.pdf.

46 The Missouri Department of Natural Resources Protect. Missouri Cobalt LLC—Madison Mine Project, Fredericktown, June 2024[EB/OL]. https://dnr.mo.gov/document-search/missouri-cobalt-llc-madison-mine-project-fredericktown-june-2024.

47 US Strategic Metals. Missouri Cobalt Holdings Changes Name To United States Strategic Metals; Announces Strategic Global Marketing Relationship With Glencore[EB/OL]. (2024-02-09). https://www.usstrategicmetals.com/missouri-cobalt-holdings-changes-name-to-united-states-strategic-metals-announces-strategic-global-marketing-relationship-with-glencore/.

48 USGS. Cobalt—Mineral Commodity Summaries 2024[R/OL]. https://pubs.usgs.gov/periodicals/mcs2024/mcs2024-cobalt.pdf.

49 COLEMAN C E.The Metallurgy of Zirconium[M]. Vienna: International Atomic Energy Agency, 2022.

50 潘文凯. 我国打破先进核级锆材"卡脖子"难题 [N]. 中国能源报，2018-12-03.

51 IAEA. Five Interesting Facts to Know About Zirconium[EB/OL]. https://www.iaea.org/newscenter/news/five-interesting-facts-to-know-about-zirconium.

52 Global Market Insights. Zirconium Market—By Product Type (Zirconium Ores and Concentrates, Zirconium Chemicals, Zirconium Metal) By Application (Nuclear Reactor Components, Ceramics and Zirconium Compounds, Zirconium Alloys) End-Use Industry & Forecast, 2023-2032[R/OL]. https://www.gminsights.com/industry-analysis/zirconium-market?gclid=CjwKCAiAxea5BhBeEiwAh4t5K52wR3CulZtqyqY-KbjZzN-wAXzd8X2fVanzwjDCdWWODtRL8HBrgtBoCaKYQAvD_BwE.

53 Rio Tinto. Rio Tinto Declares Force Majeure at Richards Bay Minerals[EB/OL]. (2021-06-30). https://www.riotinto.com/news/releases/2021/Rio-Tinto-declares-force-majeure-at-Richards-Bay-Minerals.

54 The Reuters. Rio Tinto Ends Force Majeure at South Africa Mineral Sands Project[EB/OL].(2022-03-19). https://www.reuters.com/world/africa/rio-tinto-ends-force-majeure-

south-africa-mineral-sands-project-2022-03-19/.

55 庞宇.提前涨停？东方锆业重启澳洲两锆矿项目，已连亏两年 [EB/OL]. 界面新闻, (2021-06-22). https://www.jiemian.com/article/6264862.html.

56 万宇.东方锆业：全资子公司拟转让铭瑞锆业 79.28% 股权 [N]. 中国证券报, 2024-10-22.

57 上海证券报.东方锆业转让股权,"优化业绩"还是"卖在拐点"？[EB/OL].(2024-11-05). https://finance.eastmoney.com/a/202411053229817664.html.

58 连云港市连云区政府.盛和资源年产 150 万吨锆钛新材料项目正式投产 [EB/OL]. (2023-01-03). http://www.lianyun.gov.cn/lyq/zmdt/content/6eea10b8-e6f7-4526-8e70-f6c25a3da361.html.

59 刘伟.我国是产铟大国 全球市场中却无话语权 [N]. 经济参考报，2006-12-08.

60 USGS. Indium—Mineral Commodity Summaries 2024[R/OL]. https://pubs.usgs.gov/periodicals/mcs2024/mcs2024-indium.pdf.

61 锡业股份.锡业股份 2023 年度报告 [R/OL].(2024-04-12). http://file.finance.sina.com.cn/211.154.219.97:9494/MRGG/CNSESZ_STOCK/2024/2024-4/2024-04-12/9962253.PDF.

62 株冶集团.株冶集团：2023 年年度报告 [R/OL].(2024-04-18). https://vip.stock.finance.sina.com.cn/corp/view/vCB_AllBulletinDetail.php?stockid=600961&id=9986862.

63 USGS. Indium—Mineral Commodity Summaries 2024[R/OL]. https://pubs.usgs.gov/periodicals/mcs2024/mcs2024-indium.pdf.

64 Flying Precision. The Benefits Of Titanium For Robotics Industry[EB/OL].(2023-05-10). https://flyingprecision.com/the-benefits-of-titanium-for-robotics-industry/.

65 聂文林，阳小勇，贺紫菲，等.世界钛资源分布及利用现状 [J]. 金属世界，2022（3）：14-18.

第十章

1 Wikipedia. Financial Crisis of 1914[EB/OL]. https://en.wikipedia.org/wiki/Financial_crisis_of_1914.

2 Wikipedia. Dow Jones Industrial Average[EB/OL]. https://en.wikipedia.org/wiki/Dow_Jones_Industrial_Average.

3 BBC 中文.以史为鉴：二十世纪三次世界范围经济危机揭示了什么 [EB/OL]. https://www.bbc.com/zhongwen/simp/business-63093744.

4 U.S. Department of the Treasury. Treasury International Capital Data for September [EB/OL]. (2024-11-16). https://home.treasury.gov/news/press-releases/jy2717.

5 MARTINEZ M. German Economy Unexpectedly Shrinks, Inflation Ticks Higher [EB/OL]. The Reuters, (2024-07-30). https://www.reuters.com/markets/europe/german-economy-unexpectedly-shrank-by-01-second-quarter-2024-07-30/.

6 The Reuters. German Unemployment Rises More Than Expected in October, Labour

Office Says[EB/OL].(2024-10-30). https://www.reuters.com/markets/europe/german-unemployment-rises-more-than-expected-october-labour-office-says-2024-10-30/.

7 HIRAI J, GLEDHILL A. French Bond Spreads Stabilize After Biggest Outflows Since 2022[EB/OL].Bloomberg, (2024-11-27). https://www.bloomberg.com/news/articles/2024-11-27/french-bond-spread-widens-eighth-day-as-risks-to-barnier-grow.

8 Eurostat. Social Protection Expenditure Up in 2022[EB/OL]. (2023-11-14). https://ec.europa.eu/eurostat/web/products-eurostat-news/w/ddn-20231114-3.

9 孙若男. 德国难民拒做有偿义工：我们是默克尔的客人 [EB/OL]. 中国日报网，(2016-08-19). https://world.chinadaily.com.cn/2016-08/19/content_26535663.htm.

10 杨解朴. 默克尔难民政策面临的多重困境 [EB/OL]. 人民网，(2016-02-15). http://world.people.com.cn/n1/2016/0215/c1002-28125457.html.

11 MEOTTI G. Londonistan: 423 New Mosques; 500 Closed Churches[EB/OL].Gatestone Institute, (2017-04-02). https://www.gatestoneinstitute.org/10124/london-mosques-churches.

12 CHORTLE V. The Worldwide Growth of Islam: How Many Muslims in the UK[N].The British Tribune, 2024-11-09.

13 MORRIS D. Pride Every Day: Supporting LGBTQ+ Associates and the Communities We Serve[EB/OL]. Walmart, (2022-06-13). https://corporate.walmart.com/news/2022/06/13/pride-every-day-supporting-lgbtq-associates-and-the-communities-we-serve.

14 CALHOUN D. Boeing CEO Outlines Racial Equity Action Plan[EB/OL]. Boeing, (2020-08-28). https://boeing.mediaroom.com/news-releases-statements?item=130728.

15 BOWEN S. 2023 Global Equity, Diversity & Inclusion Report Summar[R/OL]. Boeing,. https://www.boeing.com/content/dam/boeing/boeingdotcom/principles/diversity-and-inclusion/assets/pdf/Boeing_GEDI_Report_Executive_Summary_FINAL.pdf.

16 ASSOCIATED PRESS. Boeing Orders Tumble as Troubled Aircraft Maker Struggles to Overcome Its Latest Crisis[EB/OL].(2024-05-14). https://apnews.com/article/boeing-sales-cancellations-crisis-674375bc711c299cac19b6df09443d4a.

17 张磊.2024 年欧洲议会选举及其影响 [J]. 欧洲研究，2024（4）：87-112.

18 文山. 以史为鉴：贸易保护催化大萧条 [EB/OL].DW, (2018-03-26). https://www.dw.com/zh/a-43133706.

19 北京大学中国经济研究中心宏观组. 美国 30 年代大萧条及对中国当前宏观经济政策的启示 [J]. 战略与管理，1998（3）：10.

20 HAWKINS A. Trump Threatens BRICS Nations With 100 Percent Tariff [EB/OL]. Politico, (2024-11-30). https://www.politico.com/news/2024/11/30/trump-brics-tariff-trade-00192042.

21 FARRELL M. He Helped "Break" the Bank of England. Now He May Run the U.S. Treasury[N]. The New York Times, 2024-11-26.